D1931333

1781

G. de Bertier de Sauvigny

Die Geschichte der Franzosen

Mit einem Geleitwort von
Kurt Sontheimer

Hoffmann und Campe

Aus dem Französischen von
Kurt Sontheimer

Titel der Originalausgabe ›Histoire de France‹
Erschienen bei Flammarion, Paris
© Flammarion, 1977

CIP-Kurztitelaufnahme der Deutschen Bibliothek

Bertier de Sauvigny, Guillaume-André de:
Die Geschichte der Franzosen / G. de Bertier de Sauvigny. Mit e. Geleitw. von Kurt Sontheimer. [Aus d. Franz. von Kurt Sontheimer]. – 1. Aufl. – Hamburg : Hoffmann und Campe, 1980.
Einheitssacht.: Histoire de France ⟨dt.⟩
ISBN 3-455-08871-6

© der deutschen Fassung Hoffmann und Campe Verlag, Hamburg 1980
Gesetz aus der Korpus Aldus-Antiqua
Satz: Otto Gutfreund & Sohn, Darmstadt
Druck- und Bindearbeiten: Ebner Ulm
Printed in Germany

Inhalt

3 Die Karolinger (751–987)

4 Das Reich der Kapetinger (987–1328)

14 Die Herrschaft Ludwigs XV. (1715–1774)

15 Ludwig XVI. (1774–1792) und die Krise des Ancien Régime

18 Napoleon

19 Die konstitutionelle Monarchie (1814/15–1848)

Geleitwort des Übersetzers

Deutsche und Franzosen, das hat der allzu früh aus dem Leben geschiedene Schriftsteller Jean Amery in einem seiner letzten Essays festgehalten, wissen zu wenig voneinander. Noch immer neigen sie dazu, sich mit Klischeevorstellungen über »die Franzosen« oder »die Deutschen« zufrieden zu geben, die mit der facettenreichen Wirklichkeit wenig gemein haben. Was und wie die Franzosen wirklich sind und welches der Weg ihrer zweitausendjährigen Geschichte war, das wissen die meisten Deutschen, auch unter ihren Gebildeten, nur höchst unzureichend, und umgekehrt steht es nicht besser. Amery schreibt: »Woher freilich sollte bessere Kenntnis auch kommen? Da genügen ja Studentenbesuche im Nachbarland nicht, geschweige denn Tourismus in der Provence. Da wären vor allem Sprachkenntnisse nötig, um dem Volk drüben im Westen gerecht zu werden. Sprachkenntnisse und, versteht sich, *Geschichtswissen.* Um beide aber ist es west- und ostwärts des Rheins schlecht bestellt.« Jean Amery, dieser aus Österreich stammende bedeutende Mittler zwischen deutscher und französischer Kultur, fährt dann fort: »Wie soll unter diesen desolaten Umständen rein schulischen Mangels an elementarer Kenntnis auf beiden Seiten es zu einem wirklichen Sich-Verstehen kommen? Wenn der ›gebildete‹ Franzose keine Ahnung hat, wer oder was die Staufenkaiser waren, und umgekehrt der deutsche Bildungsbürger in größte Verlegenheit kommt, wenn er gefragt wird, wer wohl der erste Bourbonenkönig war – wie sollen dann die beiden Völker über die aktuelle geschichtliche Position des je anderen vernünftige Urteile abgeben können?«

Die hier vorgelegte Übersetzung der ›Histoire de France‹ von Bertier de Sauvigny erscheint dem Verlag und mir besonders geeignet, das historische Wissen der Deutschen über ihr wichtiges Nachbarland Frankreich über den allzu engen Kreis der historischen Sachkenner hinaus zu erweitern und zu vertiefen. Dieses Werk ist gerade aus dem Bemühen heraus entstanden, eine umfassende Geschichte Frankreichs in der heute zu Unrecht in den Hintergrund gedrängten Tradition narrativer Geschichtsschreibung vorzulegen, weshalb es sich besonders für Leser empfiehlt, die einen ersten Einstieg in die Geschichte Frankreichs gewinnen wollen. Der Autor hatte in seiner eigenen Lehrtätigkeit die Erfahrung gemacht, daß es ungeachtet der Fülle an Literatur über die französische Geschichte keine, wie er sagt, »einfache« Geschichte Frankreichs auf dem Markt gibt, kein Buch, das man jungen Menschen als Einführung in die Hand

geben oder Ausländern, die sich für die französische Kultur interessieren, guten Gewissens empfehlen könnte.
Nun gibt es ein solches Buch, denn der Autor hat mit Mut und Umsicht die vorhandene Lücke zu füllen gesucht und so ein Werk geschaffen, das nach meiner Auffassung für die im Rahmen der deutsch-französischen Verständigung so wichtige Aufgabe des beiderseitigen, auf der Kenntnis der Geschichte beruhenden Verstehens, hervorragende Dienste zu leisten vermag. Ihm ging es bei diesem Werk nicht um historiographische Originalität, die sich oft genug als eine vorübergehende Modeerscheinung entpuppt, noch um literarische Brillanz, wenngleich sie in unserem Nachbarland eine große Tradition hat, sondern in erster Linie um die gediegene Vermittlung von historischem Wissen, das am bewährten Leitfaden der Chronologie erzählend ausgebreitet wird. Dieses Buch vermittelt ein hohes Maß an verläßlichen Informationen; seine Lektüre erschließt uns vor allem die wichtigsten historischen Ereignisse und Persönlichkeiten, die das Werden und die glanzvolle Entfaltung der französischen Nation bestimmt haben, doch es enthält auch viele in der neueren Forschung erarbeitete Erkenntnisse der Sozial- und Wirtschaftsgeschichte Frankreichs und gewährt uns wesentliche Einblicke in die Entwicklung der französischen Kultur.
Jeder Historiker weiß, wie außerordentlich schwierig es ist, auf ein paar hundert Seiten die zweitausendjährige Geschichte eines Landes und einer großen Nation so zu erzählen, daß das Werk gut lesbar, umfassend informierend und, last not least, wissenschaftlich zuverlässig ist. Mir scheint, daß es dem französischen Historiker gelungen ist, diesem dreifachen Anspruch an eine für ein breiteres Publikum bestimmte Geschichte Frankreichs überzeugend gerecht zu werden, und er erliegt auch nicht der Suggestion nationaler Beweihräucherung, wie sie Historikern einer *grande nation* leicht aus der Feder fließt. Ich meine deshalb, daß dieses Buch bei der von Jean Amery skizzierten pädagogischen Aufgabe, ein tieferes und richtigeres Verständnis der Geschichte und Gegenwart unseres französischen Nachbarn zu gewinnen, hilfreiche Dienste leisten kann. Es ist die faszinierende Geschichte einer, trotz aller Höhen, Tiefen und Windungen des historischen Prozesses, erstaunlichen nationalen Kontinuität.
Frau Dr. Schumacher-Heiß vom Verlag danke ich für die hilfreiche Zusammenarbeit bei der Übersetzung des Werks, Frau Evelyn Riefer für gewissenhafte Schreibarbeit.

München, im Frühjahr 1980 — Professor Kurt Sontheimer

Vorwort

Ein einfacher Tatbestand brachte mich auf die Idee, das vorliegende Werk zu schreiben: Während man auf einem höheren Niveau geradezu die Qual der Wahl hat zwischen verschiedenen Geschichten Frankreichs, die von hervorragenden Gelehrten geschrieben worden und vielfach mit einem verschwenderischen Reichtum an Bildern ausgestattet sind, gibt es keine »einfache« Geschichte Frankreichs, die man als erste Einführung in die Hände junger Menschen legen oder jenen Ausländern empfehlen kann, die sich für unsere Kultur interessieren.
Bei meinem riskanten Versuch, diese Lücke zu füllen, habe ich bewußt eine altmodische Form der Darstellung gewählt: Ich habe dieses Buch chronologisch aufgebaut und den politischen Ereignissen und Persönlichkeiten großen Raum eingeräumt, wohingegen die zivilisatorische Entwicklung, die in den heutigen Studienprogrammen besonders berücksichtigt wird, weniger zur Geltung kommt. Im Laufe eines langen, dem Unterricht der Geschichte gewidmeten Gelehrtenlebens habe ich die Erfahrung gemacht, daß das scheinbar Neue in der Geschichtsschreibung vielfach nichts anderes ist als eine Wiederentdeckung von Vergangenem.

G. de Bertier de Sauvigny

1 Die Ursprünge

Das Land, das wir heute Frankreich nennen, tritt in der Epoche des Römischen Reiches in die Geschichte ein. Man nannte es damals Gallien, das Land der Gallier. Erst sehr viel später wurde es unter dem Namen Francia bekannt, Land der Franken. Die Franken waren jener germanische Stamm, der in der Zwischenzeit seine Herrschaft über den größten Teil des romanischen Gallien errichtet hatte.
Die Geschichte Frankreichs als des Reichs der Franken beginnt somit erst im Jahre 843, als das karolingische Reich geteilt wurde. Aber wenn vor diesem Zeitpunkt Frankreich auch nicht als Staat existierte, so gab es doch das Land wie auch seine Bevölkerung. In ihnen hatten die vorausgegangenen Zivilisationen, sozusagen in aufeinanderfolgenden Schichten, ihre materiellen und geistigen Spuren hinterlassen. So muß also jede Geschichte Frankreichs mit einem kurzen Überblick über jene alten Elemente beginnen, die in die körperliche und seelische Gestalt des französischen Volkes eingegangen sind.

I. Frühe Kulturen

Die vorgeschichtliche Zeit

Die Täler des südlichen Frankreich boten jenen »primitiven« Menschen, die von der Jagd lebten und in Höhlen wohnten, günstige Lebensbedingungen. In diesem Gebiet hat man einige der eindrucksvollsten Spuren der menschlichen Vorgeschichte gefunden, wie die berühmten Höhlenmalereien von Lascaux, die etwa 2000 Jahre vor Christi Geburt entstanden sind.
Zwischen dem 20. und 15. Jahrhundert vor unserer Zeitrechnung breitete sich im ganzen westlichen Europa einschließlich der britischen Inseln eine Zivilisation aus, die man megalithisch (von griech. *megas* = groß, *lithos* = Stein) nennt, weil diese Völker gigantische Denkmäler aus unbehauenem Stein errichteten. In Frankreich finden sie sich am zahlreichsten und sichtbarsten in der Bretagne: Bei Carnac stehen nicht weniger als 2000 Menhire (lange Steine) in sieben regelmäßig angeordneten Reihen. Aber auch in den meisten anderen Provinzen gibt es Menhire oder andere Steindenkmäler, die man als Dolmen bezeichnet. Auch einige Ortsnamen erinnern an inzwischen verschwundene Megalithen,

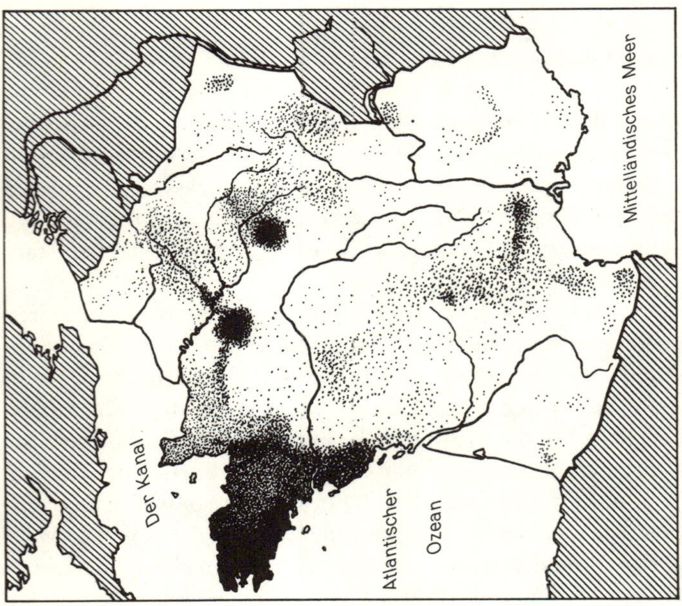

Menhire in Frankreich

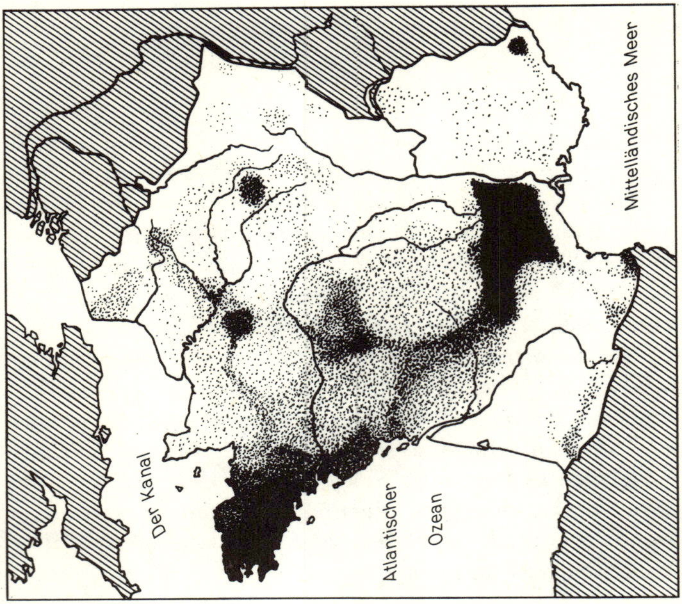

Dolmen in Frankreich

so z. B. Pierrefitte (gehobener Stein) oder Pierrelatte (großer Stein) usw.

Die griechische Kolonisation

Kulturell überlegene Völker aus dem östlichen Mittelmeerraum tauchten erstmals um das Jahr 1000 v. Chr. an den Küsten Frankreichs und Spaniens auf. Zuerst kamen Phönizier, die vor allem im heutigen Gebiet von Monaco und Port-Vendres Handelsniederlassungen errichteten. Sie waren besonders an Kupfer und Zinn interessiert, die man zur Bronzeherstellung benötigte. Diese Metalle wurden aus Bergwerken in Spanien, in den Pyrenäen, ja selbst im fernen Cornwall gefördert, von wo aus sie in der Regel auf dem Seeweg, teilweise aber auch auf dem Landweg, in die Mittelmeerhäfen gebracht wurden.
Bald folgten Griechen den Spuren der Phönizier. Aber sie begnügten sich nicht mit bloßen Niederlassungen, sondern gründeten gegen 600 v. Chr. in der Nähe der Rhônemündung eine richtige Stadt, die Massilia oder Massalia genannt wurde. Die ersten Bewohner dieser Kolonie waren Bürger der Stadt Phokäa an der Küste Kleinasiens: Als die persischen Eroberer diese in der heutigen Türkei gelegene Stadt belagerten und einnahmen, flüchtete ein großer Teil der Bevölkerung in die Kolonie Massalia (Marseille), die sich zu einer blühenden Metropole entwickelte. Schon kurze Zeit später gab es eine ganze Kette von anderen griechischen Niederlassungen entlang der Küsten Frankreichs und Spaniens. Einige Städtenamen erinnern noch heute an den griechischen Ursprung: Nizza (von *niké* = Sieg), Antibes (von *antipolis* = gegenüberliegende Stadt), Agde (von *agathe* = die Gute) usw. Die heutigen Bewohner von Marseille nennen sich gerne *Phocéens.* Neuere Ausgrabungen im Stadtzentrum haben interessante Spuren der alten griechischen Stadt zutage gefördert.
Die Griechen wagten es nicht, sich im Landesinneren niederzulassen, aber ihre Handelsstraßen reichten bis weit nach Norden. Ein außergewöhnliches Zeugnis für die Bedeutung dieses Handels ist die große Bronzevase, die man 1953 in Vix, 500 km nördlich von Marseille, entdeckt hat. In Verbindung mit dem Handel kam es zur Einführung des Geldes und der Schrift.

Die Ankunft der Kelten

Etwa um die gleiche Zeit, in der sich die Griechen in Marseille niederließen, wurde das Innere des Landes von den Kelten erobert, einem Volk, das aus den gebirgigen Regionen Mitteleuropas kam. Da diese kriegerischen Stämme im Besitz von Eisenwaffen und Kriegswagen waren, konnten sie die ursprünglichen Bewohner leicht unterwerfen, die sich dann mit den Eindringlingen allmählich vermischten. Die Kelten drangen auch nach Italien vor, und die Römer mußten harte Kämpfe mit ihnen bestehen, bevor es ihnen gelang, sie wieder über die Alpen zurückzuwerfen. Sie nannten das Land der Kelten fortan Gallien.

II. Das unabhängige Gallien

Was die französische Zivilisation von heute der keltischen oder gallischen Periode verdankt, die von etwa 600 bis 50 v. Chr. dauerte, scheint im Vergleich zum reichen Erbe aus der Zeit der Römerherrschaft nicht der Rede wert zu sein. Gleichwohl kann eine Einführung in die Geschichte und Literatur Frankreichs das mythische Bild der alten Gallier, wie es durch die Historiker und Dichter des frühen 19. Jahrhunderts nachempfunden worden ist, so unter anderem von Chateaubriand in seinem Epos ›Die Märtyrer‹, nicht ganz beiseite lassen. Dieser Mythos und seine Geschichte wurden nach der Niederlage von 1870/71 erneut belebt, als die Franzosen ihren Haß auf alles Deutsche in die Vergangenheit projizierten und den Widerstand der Gallier gegen die Eindringlinge, einerlei ob Römer oder Germanen, verherrlichten. So ist eine gewisse populäre Bilderwelt, die man Generationen von Schülern eingeimpft hat, zu einem Bestandteil der französischen Nationaltradition geworden.

Volk und Regierung

Man schätzt die Zahl der vor der römischen Eroberung in Gallien lebenden Bevölkerung auf etwa 15 Millionen. Sie war in rund 60 Stammesstaaten aufgeteilt. Viele Faktoren erklären den Mangel an staatlicher Einheit, doch der Hauptgrund dafür ist sicherlich die ungeheure Ausdehnung eines Landes, in dem dichte Wälder, weite Sümpfe und breite Flüsse die Wohngebiete voneinander isolierten. Die Namen einer großen Zahl dieser Stämme, so wie sie uns von den Römern überliefert worden sind, finden sich noch heute in den Namen französischer Städte und Provinzen:

Ambiani	Amiens	
Andegavi	Angers	Anjou
Atrebates	Arras	Artois
Bituriges	Bourges	Berry
Carnutes	Chartres	
Cenomani	Le Mans	Maine
Lemovicences	Limoges	Limousin
Namnetes	Nantes	
Pictavi	Poitiers	Poitou
Senones	Sens	
Tricasses	Troyes	
Turones	Tours	Touraine
Veneti	Vannes	

In den meisten dieser primitiven Stammesstaaten hatte eine Kriegeraristokratie den Königs- oder Führerfamilien die Macht entrissen. Es regierten gewählte Offiziere und Versammlungen, die mehr oder weniger regelmäßig zusammentraten. Oft bäumte sich das Volk gegen die herrschende Minderheit auf und suchte Schutz in einer Restauration der Monarchie. In Verbindung mit den ständigen Rivalitäten zwischen den herrschenden Familien hatte dies zur Folge, daß die Stämme und Städte der keltischen Epoche in einem Zustand fast permanenter Unruhe und Unsicherheit lebten.

Soziale Verhältnisse

Im Gegensatz zur Vielfalt der Regierungsformen waren die sozialen Strukturen, die Sitten und die Religion in ganz Gallien im wesentlichen gleich. Zwei privilegierte Klassen beherrschten den Rest der Bevölkerung: die Priester oder *Druiden* und die Adligen, welche die Römer *equites* nannten.

Die Druiden wurden in einer jahrelangen Ausbildung auf ihre Aufgabe vorbereitet, zu der nicht nur die geheimen Riten, sondern auch Kenntnisse in Astronomie, Medizin und Philosophie gehörten. Es handelte

sich hier um eine besonders respektierte und privilegierte Kaste, die vom Militärdienst und von allen Abgaben befreit war; ihre Repräsentanten waren Richter und Lehrer zugleich. Jedes Jahr versammelten sich die Druiden des ganzen Landes in einem im Gebiet der Carnuten gelegenen Ort, um ihren obersten Führer zu wählen. Mit den Druiden eng verbunden waren die *Barden*, die auch einige von deren Privilegien genossen; sie stellten sozusagen das lebende Gedächtnis des keltischen Volkes dar. In den langen Gedichten, die sie während der Festlichkeiten sangen, riefen diese Sänger und Dichter die Legenden der Götter und die großen Taten der alten Helden in Erinnerung.
Die Adligen waren zumeist reiche Leute, die über Ländereien und Pferde verfügten; ihre politische Macht und ihr sozialer Einfluß hingen von der Zahl der Menschen ab, die sie für sich mobilisieren konnten: Sklaven, Abhängige, die ihnen dienten, um durch sie geschützt zu werden, und Krieger, die, ähnlich wie die japanischen Samurai, ihren Herren bis in den Tod folgten.
Das gemeine Volk lebte von Ackerbau, Viehzucht und Jagd. Im Ernstfall griffen alle erwachsenen Männer zu den Waffen und kämpften an der Seite der Kavallerie der Adligen.
Einige Züge der gallischen Gesellschaft finden sich sogar in der mittelalterlichen Gesellschaft wieder: ein Klerus, der dieselben Privilegien besitzt wie die Druiden, sowie die Gewohnheit der Schwächeren, sich unter den Schutz eines Stärkeren zu begeben und ihm im Austausch dafür Dienste und Treue zu leisten.

Leben und Sitten

Die Kelten wohnten in runden, aus Holz, Weiden und Lehm gebauten Hütten, die mit Stroh oder Schilf gedeckt waren und oben eine Öffnung hatten, durch welche der Rauch aus der in der Mitte angebrachten Feuerstelle entweichen konnte. Die Siedlungen, welche die Römer *oppida* nannten, waren manchmal sehr ausgedehnt, doch ähnelten sie in nichts griechischen oder römischen Städten; sie waren nichts anderes als von Mauern umgebene Wohngebiete, in denen die Bevölkerung aus der Nachbarschaft im Falle der Gefahr Zuflucht finden konnte. Das Mauerwerk bestand aus unbehauenen Steinen oder Baumstämmen und war so einfach, daß von diesen Befestigungen nichts auf unsere Zeit gekommen ist.
Die Gallier trugen ein loses Hemd oder genauer gesagt: einen Kittel, der an der Taille durch einen Gürtel zusammengehalten wurde, lange Hosen

und darüber eine Art Schal oder Poncho. Den grob gewobenen Wollstoff färbten sie mit lebhaften Farben, oft mit quadratischen Mustern und Streifen wie bei Schottenstoffen. Die Männer trugen gern schwere Hals- und Armbänder, die aus kostbaren Metallen gearbeitet waren. Solche in Gräbern gefundenen Gegenstände vermitteln uns neben Waffen und Münzen einen Eindruck von der Geschicklichkeit gallischer Handwerker.

Die römischen Schriftsteller haben ein wenig schmeichelhaftes Bild des gallischen Nationalcharakters gezeichnet: einerseits tapfer, von regem Geist, redegewandt und umgänglich, andererseits unüberlegt, eitel, unstet, streitsüchtig und jeder Disziplin abhold. Es ist nicht schwierig, in diesen Charakterzügen einige der Eigenschaften zu erkennen, welche die ausländische öffentliche Meinung den Franzosen aller Zeiten zuschreibt.

Religion

Über den religiösen Glauben der Gallier weiß man nur wenig; die Druiden untersagten strikt jede schriftliche Festlegung, und bis zum Zeitpunkt ihrer Romanisierung hatten die Gallier niemals versucht, ihre Gottheiten figürlich darzustellen. Diese Gottheiten waren vor allem Mächte der Natur: das Licht, die Nacht, das Gewitter, die Bäume, das Wasser usw.

Der Name des Gottes *Borbo*, den man in den heißen Quellen zu finden glaubte, hat sich in den Namen von Thermalbädern wie Bourbon-Lancy, Bourbonne, la Bourboule etc. erhalten; auf dem Umweg über einen Ortsnamen ist er schließlich in den Namen der letzten königlichen Familie Frankreichs eingegangen, der Bourbonen.

Neben dem Kult des Waldes gab es das rituelle Abschneiden der Misteln. Es wurde an bestimmten Tagen von den Druiden vorgenommen, die dabei Sicheln mit einer Goldklinge benutzten. Ein eher anwidernder Aspekt dieser primitiven Religion war die Opferung von Menschen; das Opfer wurde zuweilen lebend in einem Schilfgehäuse verbrannt. Noch zu Beginn des 17. Jahrhunderts gab es zur Zeit der Sonnenwende Opferfeuer dieser Art, wobei Tiere die Menschen ersetzten. Dies ist nur ein Beispiel für die zahlreichen obskuren, bis heute vorhandenen Spuren keltischer Zivilisation in den Volksgebräuchen. In diesem Zusammenhang sind auch die Gräber von legendären Heiligen, wundersame Quellen, Pilgerorte und jahreszeitliche Feste zu erwähnen, die von den ersten christlichen Missionaren für ihre Zwecke »assimiliert« wurden.

III. Das romanische Gallien

Die Eroberung

Die Römer begannen mit der Eroberung Galliens um das Jahr 120 vor der Zeitwende. Sie waren von den Bewohnern Marseilles gerufen worden, als diese von keltischen Nachbarstämmen bedroht wurden. Bald war die gesamte Mittelmeerküste unter römischer Herrschaft. Diese Erweiterung ihres Territoriums nannten die Römer *Provincia,* woher der heutige Name *Provence* stammt. Wie viele Eigenheiten des Landes und vor allem der Sprache noch heute erkennen lassen, wurde diese Provinz weitaus stärker von der lateinischen Zivilisation geprägt als andere Teile des Landes.

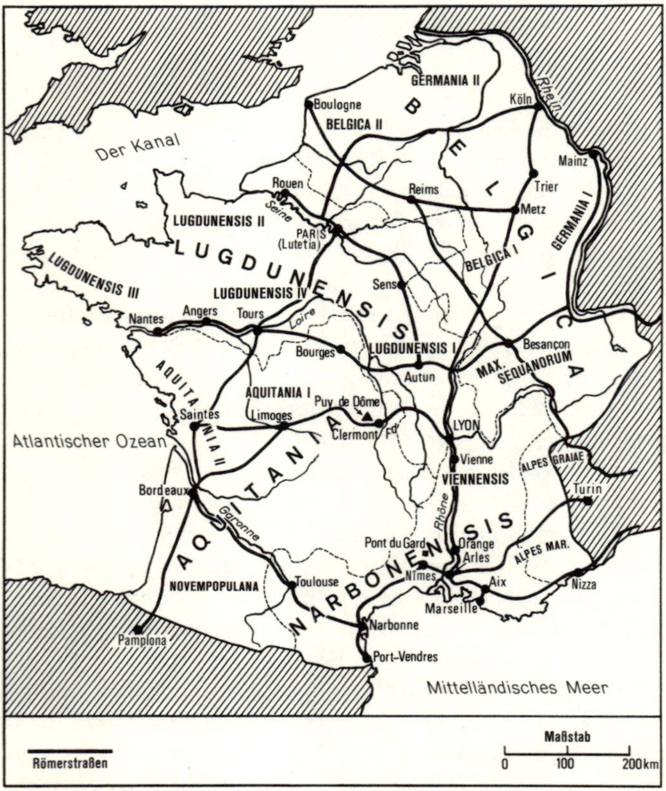

Das römische Gallien

Zwischen 58 und 50 machte sich Cäsar an die Eroberung ganz Galliens – eine Aufgabe, die ihm kaum Schwierigkeiten bereitete, denn die undisziplinierten Horden der gallischen Krieger vermochten den überlegen ausgerüsteten und geschulten römischen Legionen kaum Widerstand zu leisten; als noch wirksamer erwies sich das Geschick Cäsars, die Rivalitäten zwischen den verschiedenen gallischen Stämmen und ihren Führern für sich zu nutzen. Dennoch gab es auch harte Kämpfe. Dem jungen und tapferen Führer der Averner, *Vercingetorix,* gelang es sogar, die Mehrzahl der gallischen Stämme zu vereinigen und den Truppen Cäsars schwere Verluste zuzufügen. Am Ende sah er sich mit seiner Armee jedoch in der Befestigung von Alesia (heute Alise-Sainte-Reine im nördlichen Burgund) umzingelt und belagert und mußte sich ergeben. Die heroische Persönlichkeit des Vercingetorix wurde im 19. Jahrhundert als Symbol des nationalen Widerstandes gegen fremde Eindringlinge verherrlicht.
Die römische Oberhoheit wurde von den Besiegten relativ leicht angenommen. Die Eroberer waren weise genug, die lokalen Gebräuche und Institutionen zu respektieren. Der herrschenden Aristokratie verliehen sie Titel und offizielle Funktionen; für die Krieger öffneten sie ihre eigene Armee, so daß bald einige der besten Generale und Verwalter des Römischen Reiches gallischer Abstammung waren. Der Prozeß der Assimilation war praktisch abgeschlossen, als Kaiser Caracalla im Jahre 215 n. Chr. allen Galliern die römische Bürgerschaft verlieh. Die römische Herrschaft, die fast fünf Jahrhunderte dauerte, hat alle Bereiche der französischen Zivilisation tief und nachhaltig geprägt.

Materielle Fortschritte

Die Römer brachten Pflanzen und Obstbäume aus dem Mittelmeer nach Gallien, aber auch neue Techniken der Bodenbearbeitung und der Viehzucht. Die bemerkenswerteste Neuerwerbung war der Rebstock. Seine spätere Ausbreitung nach Norden in kältere Gegenden, wo Trauben kaum reifen konnten, erklärt sich aus der Tatsache, daß die Kirche den Wein für die Messe brauchte. Auch das Handwerk profitierte von der römischen »Technologie«, insbesondere das Textilgewerbe und das Waffenhandwerk.
Das sichtbarste Erbe der Römer aber bleibt die Schaffung eines großen Straßennetzes. Fünf Hauptstraßen von höchster Bauqualität strahlten von Lugdunum (Lyon) aus; sie waren mit Nebenstraßen verbunden,

und feste Steinbrücken, von denen einige Reste noch heute zu sehen sind, führten über die Flüsse.
Im Zuge der Entwicklung des städtischen Lebens glichen sich die gallischen Städte immer mehr den griechischen und römischen Städten an: Sie hatten ein Forum, Tempel, Theaterarenen, Triumphbögen, Brunnen und öffentliche Bäder, die ihr Wasser aus großen Wasserleitungen erhielten.
Man kann heute noch einige höchst interessante Denkmäler römischer Architektur in Frankreich besichtigen: die Arenen von Nîmes und Arles, den Tempel von Nîmes, der als *Maison Carrée* bekannt ist, das Theater von Orange, den Aquädukt von Gard, die Julier-Thermen in Paris usw.

Das geistige Erbe

Die lateinische Sprache ersetzte nach und nach die alten keltischen Dialekte; nur in der Bretagne erhielt sich der Gebrauch einer keltischen Sprache. Dieser Wechsel erfolgte ganz natürlich und ohne jeden Zwang. Das Lateinische wurde zuerst von der Oberklasse angenommen, die begierig war, in die römische Administration einzutreten; es verbreitete sich dann auch im Volk, und zwar durch den Kontakt mit den Soldaten, den Kaufleuten, den römischen Siedlern. Doch während die Aristokratie das klassische Latein annahm, und zwar so gut, daß einige berühmte Autoren der lateinischen Literatur, wie z. B. Petronius und Ausonius, gallischer Abstammung waren, war die Sprache des Volkes ein korrumpiertes Latein. Daraus entstand die romanische Sprache, die Quelle des modernen Französisch.

Die politische Organisation

Die ursprünglichen gallischen Kleinstaaten behielten im allgemeinen ihre Grenzen und ihre lokalen Regierungen bei. Man machte aus ihnen eine römische *civitas*, doch während im griechisch-römischen Modell der Begriff *polis* oder *civitas* vor allem einen Stadtkern und das darumliegende Land bezeichnete, war im gallisch-römischen System die *civitas* in erster Linie das Gebiet eines Volkes, unabhängig davon, ob sich in diesem Gebiet mehrere oder gar keine städtischen Zentren befanden. Die größten *civitates* wurden wiederum in *pagi* unterteilt; das Wort *pays* (Land), das sich davon herleitet, bezeichnet im französischen geographi-

schen Vokabular ein Territorium, das kleiner ist als eine Provinz, aber zuweilen mit einer früheren *civitas* identisch war.
Die Verwaltung der gallisch-römischen *civitas* glich sich allmählich dem römischen Modell an: Es gab einen von einer Volksversammlung gewählten Senat mit Exekutiv-Beamten, die jährlich bestimmt wurden.
Symbol der Einheit war der Kult des Kaisers und der Kult Roms. In Lyon, wo sich das Zentrum der römischen Administration befand, errichtete man einen kolossalen, Rom und Augustus gewidmeten Altar; zu seinen Füßen versammelten sich jährlich die Abgesandten der *civitates* und brachten zum Zeichen ihrer Huldigung ein feierliches Opfer dar. Diese Zusammenkunft gab ihnen auch Gelegenheit, Fragen gemeinsamen Interesses zu erörtern; es handelte sich um eine Art konsultativer Versammlung, die sich gegebenenfalls direkt an den Kaiser wenden konnte.

Das Christentum

Wie auch anderswo, so waren die Römer auch in Gallien darauf bedacht, die lokalen Gottheiten mit den Göttern aus dem griechisch-römischen Pantheon in Verbindung zu bringen.
Die christliche Religion etablierte sich gegen Ende des 1. Jahrhunderts in einigen der wichtigsten Städte, insbesondere in Lyon, wie die Geschichte des Bischofs Irenäus und die junge Märtyrerin Blandine beweisen. Doch dauerte es bis gegen das Ende des 3. Jahrhunderts, bevor man versuchte, auch die Bevölkerung der *pagi*, die *pagani* (= *paiens* = Heiden), zu christianisieren. Als Kaiser Konstantin im Jahre 313 die christliche Religion offiziell anerkannte, organisierte sich die Kirche ganz natürlich innerhalb des Rahmens der römischen Administration; aus jeder *civitas* wurde eine Diözese, die von einem Bischof geleitet wurde.
Bald wurde der Bischof sogar zur wichtigsten Persönlichkeit des Gemeinwesens: Er wurde von der Gesamtheit des christlichen Volkes gewählt, und er hatte eine permanente Funktion, während die anderen Würdenträger nur auf Zeit gewählt waren. Dieser Umstand, in Verbindung mit dem religiösen Charakter seiner Würde, stattete den Bischof mit einer überlegenen moralischen Autorität aus. Die Kaiser fügten den bischöflichen Privilegien noch andere hinzu, indem sie den Klerus vom Militärdienst und von allen Abgaben befreiten und der zivilen Gerichtsbarkeit entzogen. Die Bischöfe waren Richter über ihre eigenen Untergebenen sowie in allen Angelegenheiten religiösen Charakters. Am Ende gebot der Bischof dank der Anhäufung von Stiftungen und Schenkungen

sowie den vom Volk bezahlten Abgaben über ein großes Vermögen, das hauptsächlich in Ländereien bestand. Er verwaltete es im Interesse der von der Kirche betriebenen Werke der Barmherzigkeit und der Erziehung.
Als die römische Administration unter dem Ansturm der barbarischen Invasion zusammenbrach, als die kaiserlichen Beamten aus Mangel an militärischen und finanziellen Mitteln machtlos wurden und als auch die lokalen Würdenträger die Flucht ergriffen, blieben die Bischöfe in vielen Fällen die einzigen, an die sich das Volk wenden konnte. Sie organisierten die Verteidigung der Städte, verhandelten mit den Eindringlingen und trugen auf diese Weise dazu bei, daß einige der Errungenschaften der römischen Zivilisation in Gallien erhalten blieben. So haben die Umstände den Klerus schon früh in eine politische Rolle gedrängt, die er auch im weiteren Verlauf der Geschichte Frankreichs ausüben sollte, wenn auch gelegentlich zu Lasten seiner geistlichen Mission.

2 Die Zeit der Merowinger (482–751)

Im Laufe des 5. Jahrhunderts wurden die politischen Strukturen des römischen Gallien durch den Einbruch barbarischer Völkerschaften in das Römische Reich zerstört. Während deren Führer sich mehr oder weniger kurzlebige Königreiche schufen, kam es angesichts eines allgemeinen Verfalls und des daraus resultierenden Zustands der Unsicherheit zu einem Rückschritt der Zivilisation. Die neuen Herren verwandelten in der Berührung mit der gallisch-römischen Bevölkerung deren Sitten und Gebräuche. Dennoch blieb die Idee der Einheit des Landes lebendig, wie auch die Idee der Zugehörigkeit zu einem größeren Ganzen, dem Reich, nie ganz erlosch. Am Ende dieses Prozesses befand sich der größere Teil des alten Gallien unter dem Zepter der fränkischen Dynastie der Merowinger. Während ihrer mehr als zwei Jahrhunderte dauernden Herrschaft (6. und 7.) entstand eine neue Kultur. Sie war das Ergebnis der Verschmelzung neuer germanischer und christlicher Elemente mit den Spuren der alten römischen Ordnung.

I. Die Invasionen

Barbaren und Römer

Für die Römer waren alle Völker, die jenseits der Grenzen ihres Imperiums lebten, Barbaren. An der nordwestlichen Grenze jenseits des Rheins handelte es sich im wesentlichen um germanische Stämme. Halb seßhaft und weniger entwickelt als die Gallier zur Zeit der römischen Eroberung, galt den Germanen der Krieg als die einzige Beschäftigung, die eines erwachsenen Mannes würdig war; sie bildeten unter der Leitung gewählter Führer Horden, die auf eigene Rechnung oder im Dienst anderer Krieg führten.

Zum Schutz gegen die Einfälle der Barbaren hatten die Römer entlang ihrer Grenzen ein tiefgestaffeltes Verteidigungssystem geschaffen, das aus befestigten Lagern, Städten und strategischen Straßen bestand. Am Ende des 4. Jahrhunderts war diese *Limes* genannte Grenzzone, die früher Süddeutschland durchzog, auf die Linie des Rheins zurückgenommen worden; eine starke Armee, die im Pariser Becken stationiert war, sollte sich schnell zu den bedrohten Punkten begeben können. In dem Maße jedoch, in dem sich die Zentralgewalt abschwächte, bauten die

aufeinanderfolgenden Führer dieser Armee ihre eigene Machtstellung aus; dies ging sogar so weit, daß einige von ihnen versuchten, sich zu unabhängigen Monarchen zu machen.
Der Limes war jedoch kein undurchdringlicher Grenzwall. Während der zweiten Hälfte des 3. Jahrhunderts hatte sich eine Welle von Barbaren über das römische Gallien ergossen und hie und da Kerne fremder Bevölkerungen hinterlassen. Obwohl es den Römern gelang, die Situation wiederherzustellen, begünstigten sie andererseits eine Art friedlicher Durchdringung, indem sie Krieger aus den Reihen der Barbaren in ihre Dienste nahmen, zuerst als Hilfskräfte, dann als reguläre Legionäre. Führer aus den Reihen der Barbaren erhielten hohe Ränge in der Armee oder zivile Funktionen. Man bediente sich der Arbeitskraft der Barbaren in den Städten oder als Landarbeiter auf den großen Gütern; in freien Territorien wurden Bauerngenossenschaften eingerichtet, die man *letes* nannte. Einige heutige Ortsnamen erinnern noch an solche Niederlassungen: z. B. Allemagne, Allemanche (Alemannen), Gueux (Goten), Marmagne (Markomannen), Sermaize, Salmaise (Sarmaten), Gandalou (Wandalen), etc.
Die germanische Durchdringung Galliens war also bereits eingeleitet, als sie zu Beginn des 5. Jahrhunderts plötzlich eine katastrophale Wendung nahm.

Die Westgoten

Die massive Wanderung der germanischen Völker war dadurch ausgelöst worden, daß an ihren Grenzen im Osten besonders gefürchtete asiatische Eindringlinge erschienen, die Hunnen. Die ersten, die von ihnen heimgesucht wurden, waren die West- und Ostgoten, die sich im südlichen Rußland niedergelassen hatten. Sie flüchteten zunächst in die Balkanprovinzen des Römischen Reiches (378), dann im Jahre 405 unter der Führung ihres Königs Alarich nach Italien, das sie verwüsteten. Rom selbst wurde 410 eingenommen und geplündert. Von dort aus drangen sie in das südliche Gallien vor – offenbar in der Absicht, auf dem Weg über Spanien bis nach Afrika zu gelangen. Aber der römische Kaiser Honorius verhandelte mit ihrem König und gestand ihm zu, daß sich die Westgoten in den gesamten eroberten Provinzen, die von Bordeaux bis Toulouse reichten, nach dem Prinzip der »Hospitalität« auf Dauer niederlassen konnten. Dies bedeutete, daß die Soldaten der Barbaren bei den Einwohnern einquartiert wurden und von diesen unterhalten werden mußten. Der germanische König übte im Namen des römischen Kaisers die gesamte militärische Gewalt aus; die zivile Administration blieb im Prinzip in den Händen der kaiserlichen Beamten, doch sie war ohnmächtig und ohne Waffen. Dieser erste große Staat der Barbaren innerhalb des Römischen Reiches sollte sich dann zu Zeiten des Königs Eurich (466–485) über das ganze südliche Gallien ausdehnen, vom Atlantik bis zur Loire und zur Rhône und über die Pyrenäen bis tief nach Spanien hinein.

Alemannen, Burgunder und Bretonen

Die Unruhe, welche die Goten zum Einbruch ins Römische Reich getrieben hatte, erfaßte gegen Ende des Jahres 406 auch die germanischen Völkerstämme auf der rechten Seite des Rheins. Sie überwanden in Massen die Verteidigungsbastionen des Limes, dessen Garnisonen nach Italien zurückgerufen worden waren. Einige Völkerschaften ergossen sich wie ein Sturzbach über das ganze Land. Die Sueben und Wandalen verheerten zwei Jahre lang die gallischen Provinzen; danach plünderten sie Spanien und ließen sich dort nieder.
Andere Stämme drangen nicht so weit vor, sondern ließen sich bald dauerhaft nieder. Die Alemannen blieben in der oberrheinischen Tiefebene und einem Teil der Schweiz, ohne jedoch die römische Kultur anzunehmen. Auf diese Weise bildete sich in diesen Ländern eine Sprachgrenze, die bis heute erhalten geblieben ist.
Die Burgunder, die zuerst im Rheinland ansässig waren, zogen in das Gebiet der heutigen romanischen Schweiz und breiteten sich allmählich bis ins Rhône- und Saônetal aus. Zu Beginn des 6. Jahrhunderts herrschte der Burgunderkönig Gundobad über einen riesigen Staat, im Osten begrenzt durch den Jura und die Alpen, im Westen durch den Oberlauf der Loire, im Norden durch die Ebene von Langres und im Süden durch die Durance. Dieser Staat, den die Franken im Jahre 536 zerstörten, hat immerhin so tiefe Spuren hinterlassen, daß er sich in gewissen Zeitabständen wieder erhob und seinen Namen einer französischen Provinz verlieh: Burgund.
Auf ähnliche Weise kam die Bretagne zu ihrem Namen. Gegen Ende des 5. Jahrhunderts hatten sich in aufeinanderfolgenden Wellen Bretonen dorthin geflüchtet, die durch die Invasion der Sachsen aus Großbritannien vertrieben worden waren. Sie konnten sich um so leichter mit den Einheimischen vermischen, als diese stärker als alle anderen Gallier Züge der keltischen Zivilisation bewahrt hatten.

Die Franken

Die Franken, die seit langem am Unterlauf des Rheins lebten, hatten schon gegen Ende des 3. Jahrhunderts militärische Dienstleistungsverträge mit den römischen Behörden geschlossen. Zum Tausch bot man ihnen Ländereien auf der linken Rheinseite, im heutigen Belgien. Sie nützten das allgemeine Durcheinander, das nach der Überwindung des Limes gegen Ende des Jahres 406 eintrat, und stießen langsam nach Süden vor; ein Teil, den man die Ripuarischen Franken nannte, besetzte das Gebiet um den Unterlauf der Mosel und der Maas; die anderen, die man die Salier nannte, drangen bis an die Somme vor, nachdem sie sich Tournais' und Cambrais' bemächtigt hatten. Merowech, König eines Stammes der Salier, wurde zum Begründer einer Ahnenreihe von Herrschern, denen es gelang, Gallien in Gestalt eines großen fränkischen Königreiches wiederzuvereinigen.

Die Hunnen

Dieses mongolische Nomadenvolk aus den Steppen Zentralasiens hatte die große germanische Völkerwanderung ausgelöst. Mit ihrem ungewohnten und abstoßenden Äußeren, der blitzartigen Schnelligkeit ihrer durch Reiterhorden ausgeführten Überfälle und ihrer Wildheit, die niemanden schonte, verbreiteten die Hunnen bald auch in Mitteleuropa Angst und Schrecken. Um die Mitte des 5. Jahrhunderts hatte ihr König Attila sich ein großes Reich geschaffen und die Römer zu Tributzahlungen gezwungen. Im Jahre 451 überquerte er mit seinen Horden den Rhein, zerstörte Belgien und drang in das Pariser Becken vor. Alles floh vor ihm. Sogar die Pariser bereiteten sich zur Aufgabe ihrer Stadt vor, doch ließen sie sich durch die Ermahnungen einer Frau davon abhalten: der heiligen Geneviève, die als eine Art Prophetin verehrt wurde. Tatsächlich verzichtete Attila darauf, Paris anzugreifen, und begann mit der Belagerung von Orléans.

Der vom Bischof Aignan organisierte Widerstand dieser Stadt ermöglichte es dem römischen General Aetius, eilig eine Armee aufzustellen, der neben römischen Legionen auch Kontingente von in Gallien lebenden Barbaren angehörten: Westgoten, Burgunder und Franken. Als diese Armee vor Orléans erschien, zog sich Attila in die Champagne zurück, deren Ebenen den Bewegungen seiner Reiter günstiger waren. Es kam zu einer entscheidenden Schlacht auf den Katalaunischen Feldern zwischen Sens und Troyes. Die besiegten, aber nicht vernichteten Hun-

nen zogen sich unter Mitnahme ihrer Beute bis über den Rhein zurück. Bald darauf (463) starb Attila, und sein Reich zerfiel.
Diese Episode beleuchtet die Zusammenarbeit sowie den Beginn der Vermischung zwischen dem gallisch-römischen Element und den inzwischen seßhaft gewordenen germanischen Eindringlingen.

II. Das Fränkische Reich

Chlodwig (482–511)

Chlodwig, ein Enkel von Merowech und Sohn von Childerich, einem der engsten Mitarbeiter des Generals Aetius, wurde 481 König der Sicambrer. Zu dieser Zeit hatte sich der römische General Syagrius, ein Nachfolger des Aetius, zum König ausgerufen. Er hatte dabei von dem Umstand profitiert, daß in Rom im Jahre 476 der letzte Kaiser des Westens, Romulus Augustulus, abgesetzt worden war. Chlodwig griff Syagrius an und besiegte ihn. Er gab sich als Rächer der kaiserlichen Autorität aus, die noch immer durch den in Konstantinopel residierenden Ostkaiser repräsentiert wurde. Die Reste der römischen Armee kamen unter seine Gewalt, und die lokalen Autoritäten schlossen sich ihm ohne Zögern an. Paris öffnete ihm seine Tore, und Chlodwig errichtete im alten Palast des Kaisers Julian seine Hauptresidenz. Damit wollte er zum Ausdruck bringen, daß er aus dem Status des kleinen verbündeten Barbarenkönigs in den des Repräsentanten der kaiserlichen Autorität aufgerückt war.
In dieser Eigenschaft fiel es ihm 496 zu, das Land gegen eine versuchte Invasion der Alemannen zu verteidigen. Durch den Sieg, den er bei Zülpich in der Nähe von Köln über sie errang, festigte er sein Prestige.
Wenig später vollzog er einen politischen Akt, der von entscheidender Bedeutung für die Zukunft seiner Dynastie und des Landes werden sollte. Die beiden anderen in Gallien ansässigen Barbarenvölker, die Westgoten und die Burgunder, hatten zuvor die christliche Religion in der ketzerischen Form des Arianismus angenommen, wie sie auch die Kaiser von Konstantinopel pflegten. Die gallischen Bischöfe und das Volk waren jedoch der römischen Orthodoxie treu geblieben. Wegen dieser religiösen Differenz blieb ein Graben zwischen der gallisch-römischen Bevölkerung und ihren barbarischen Beherrschern bestehen.
Die Franken waren bis dahin ihrer alten germanischen Religion treu geblieben; mit anderen Worten, sie standen als Heiden außerhalb des Streits zwischen Arianern und Orthodoxen. Im Jahre 496 hatte Chlodwig Chlothilde geheiratet, eine katholische Prinzessin und Nichte der

Burgunderkönige. Unter ihrem Einfluß entschloß er sich, das römische Christentum anzunehmen; er wurde zusammen mit 3000 seiner Krieger durch Bischof Remigius in Reims getauft. Von nun an konnten sich die herrschenden Klassen der fränkischen Krieger und der gallisch-römischen Großgrundbesitzer und Beamten durch Heirat vermischen. Die orthodoxen Bischöfe in ganz Gallien sahen in Chlodwig ihren Mann.
Chlodwig griff im Jahre 500 den König der Burgunder an und besiegte ihn, doch begnügte er sich damit, ihm einen Tribut aufzuerlegen. Dann kamen die Westgoten dran. Dieser Krieg, der im Jahre 507 wie ein religiöser Kreuzzug geführt wurde, entschied sich bei Vouillé in der Nähe von Poitiers durch die Niederlage und den Tod des westgotischen Königs Alarich II. Von da an beugte sich das ganze Land zwischen Loire und Pyrenäen der Autorität Chlodwigs.
Wenig später übersandte ihm der oströmische Kaiser die Insignien eines Patriziers und eines Konsuls und bestätigte ihn dadurch in seiner Rolle als ziviler und militärischer Vertreter des Imperiums. Im Laufe dieser Jahre war es Chlodwig ferner gelungen, die anderen fränkischen Könige durch Mord und List auszuschalten und seine Herrschaft auch auf deren Völker auszudehnen. Als er 511 starb, erstreckte sich sein Reich von den Pyrenäen bis über den Rhein.

Die ersten Merowinger

Die vier Söhne Chlodwigs – Theuderich, Chlodomer, Childebert und Chlothar I. – hatten ihre vom Vater ererbten Besitztümer gemäß der fränkischen Tradition aufgeteilt. So sollte es auch in jeder künftigen Generation bleiben. Daher kommt es, daß die Geschichte der merowingischen Dynastie nicht weniger als 30 Persönlichkeiten kennt, die entweder gleichzeitig oder nacheinander den Titel eines Königs trugen. Es ist eine verwirrende und blutige Geschichte voller Nachfolgekonflikte, Ehekombinationen, Morde, Usurpationen, Bruderkriege.
Trotz dieser immer wieder in Frage gestellten Teilungen blieb wenigstens die Grundidee des Fränkischen Reiches erhalten. Die einzelnen Teile bestanden aus Parzellen, die auf mehrere Regionen Galliens verteilt waren; die Provinzen, die vorher eine selbständige Existenz gehabt hatten, wie Aquitanien, Burgund, Provence, wurden am häufigsten geteilt, um separatistische Tendenzen auszuschalten. Die Städte, die man als Hauptstädte für die vier Söhne Chlodwigs ausgesucht hatte, nämlich Reims, Orléans, Paris, Soissons, lagen alle im Pariser Becken, in jenem Landstrich also, der durch Chlodwig zum Gravitationszentrum der frän-

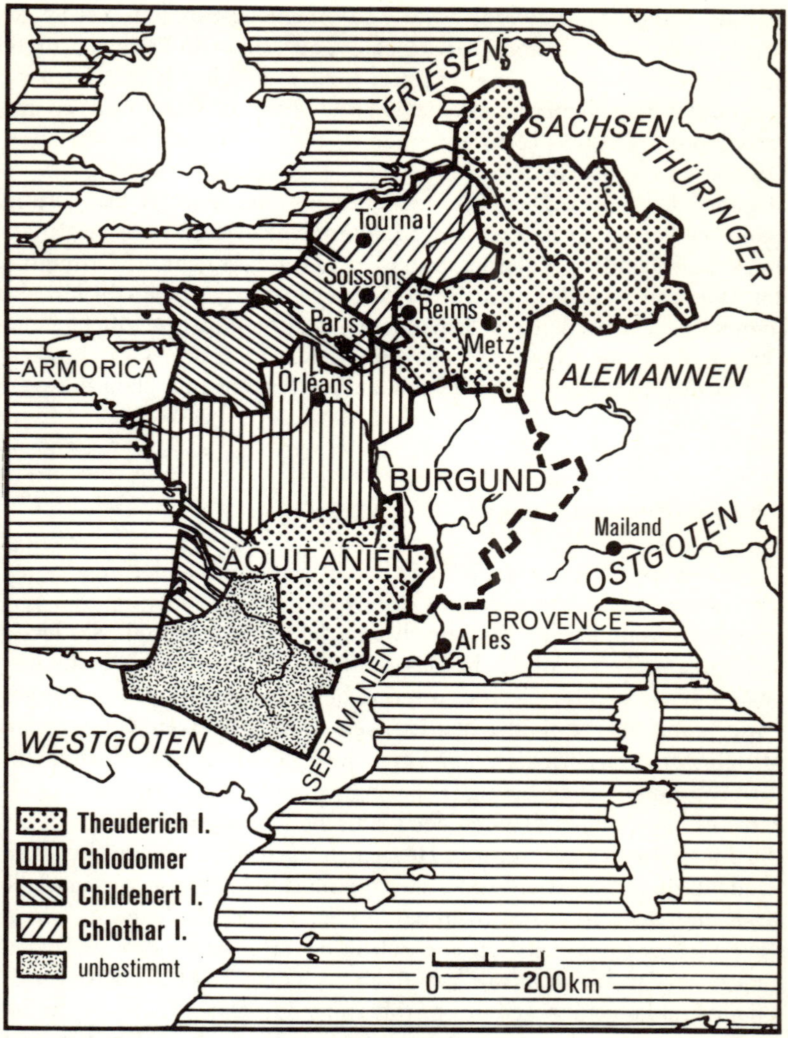

Herrschaftsbereiche bei Chlodwigs Tod (511)

kischen Monarchie geworden war. Zu einem bestimmten Zeitpunkt wurde Paris sogar als unteilbares Gebiet angesehen. In Paris errichtete man den Sitz der Regierung, wenn es wieder einmal gelang, das ganze Land unter dem Zepter eines einzigen Souveräns zu vereinigen, so unter Chlothar I. (558–561), Chlothar II. (613–623) und dessen Sohn Dagobert I. (629–639).
Dagobert I. ist der einzige Merowingerkönig, der in guter Erinnerung geblieben ist, was er zweifellos der Erkenntlichkeit des Klerus verdankt, den er mit Wohltaten überhäuft hat. Auf Dagobert geht die Gründung der Abtei von Saint-Denis zurück, wo er auch begraben liegt. Die kirchlichen Ratgeber, mit denen er sich umgab – darunter die Bischöfe Eloi und Ouen –, verliehen seiner Herrschaft ein Maß an Ordnung, Gerechtigkeit und Sittlichkeit, wie man es bei den anderen merowingischen Königen kaum fand.

Die Expansion der Franken

Die ersten merowingischen Könige hatten gemeinsam oder im eigenen Interesse versucht, ihre Grenzen zu erweitern. Die Eroberung und Teilung des burgundischen Königreiches im Jahre 536 beseitigte das letzte der germanischen Königreiche, das es im alten Gallien noch gab; die Annexion der Provence, die vom ostgotischen Königreich in Italien zugestanden wurde, verschaffte den Franken einen günstigen Zugang zum Mittelmeer. Trotz wiederholter Versuche gelang es ihnen jedoch nicht, auch Septimanien (das heutige Bas Languedoc und Roussillon) anzugliedern; es blieb in den Händen der spanischen Westgoten.
Die Merowinger dehnten ihre Herrschaft auch über den größten Teil Süddeutschlands aus, entweder durch einfache Annexion wie im Falle des Königreichs von Thüringen oder in Form eines Protektorats wie in Bayern. Diese expansionistische Politik dauerte jedoch nur bis gegen Ende des 6. Jahrhunderts an. Vor allem nach dem Tod Dagoberts verloren die Franken einen Teil ihrer Eroberungen in Deutschland; an anderen Grenzen hatten sie große Mühe, die Einfälle der benachbarten Völker zurückzuschlagen.

Schwächung der königlichen Macht

Die Macht eines merowingischen Königs stützte sich im wesentlichen auf drei Säulen: auf die unmittelbare Umgebung seiner hohen Beamten, die mit den an einem Hof anfallenden Aufgaben beschäftigt waren; auf eine Kanzlei, welche die Briefe und Edikte verfaßte; und auf eine Anzahl ergebener Krieger, die man *leudes* nannte. Innerhalb dieses rudimentären Hofstaates war die Gestalt des *major domus* oder Hausmeiers die beherrschende Figur; er war vor allem verantwortlich für die Bewirtschaftung der großen Domänen, aus denen der König im wesentlichen seine Einkünfte bezog.

Im Lande selbst wurden die alten gallisch-romanischen *civitates* und *pagi* von Grafen (*comtes* = *comites*) regiert. Als Statthalter der königlichen Macht wurden sie von Bischöfen überwacht, manchmal auch vertrieben. An manchen Orten wurde ein Herzog (*duc* = *dux*) als oberster militärischer Befehlshaber den Grafen einer Provinz vorgesetzt.

Um sich der Treue seiner hochgestellten Mitarbeiter zu versichern, bot der König ihnen Immunität (Straffreiheit) und Ländereien, denn Geld hatte er nicht. Vom 6. Jahrhundert an wurden diese Vergünstigungen nicht mehr auf Widerruf, sondern auf Lebenszeit gewährt, schließlich wurden sie erblich. So war die merowingische Monarchie machtlos, als sie nichts mehr zu vergeben hatte, und die Regierungsgewalt ging in die Hände einer Aristokratie von Großgrundbesitzern über, welche die Funktionen und Würden der Grafen und Bischöfe bei sich monopolisierten. Den Mächtigsten unter ihnen gelang es schließlich, ihre Hand auch nach der königlichen Macht auszustrecken, indem sie sich zu Hausmeiern ernennen ließen.

Der Zerfall im 7. Jahrhundert

Die Idee der Einheit des Königreiches war durch zentrifugale Tendenzen verblaßt, aber auch durch Spaltungen, die sich als dauerhafter erwiesen als die Teilungen des 6. Jahrhunderts. Den Bretonen war es schon immer gelungen, ihre Autonomie zu behaupten. Aquitanien wurde unter Dagobert zum Sitz eines Fürstentums, dessen Führer sich praktisch souverän machten. Später geschah dasselbe mit Burgund und der Provence. Vor allem der Norden des Königreichs, der Sitz der fränkischen Macht, war in zwei große autonome Einheiten aufgeteilt: Austrasien mit der Ostgrenze zwischen Marne und Rhein und Neustrien mit dem größten Teil des Pariser Beckens zwischen Somme und Loire; die erste Hälfte behielt aufgrund ihrer Kontakte mit Deutschland einen mehr germanischen Charakter, die zweite war wegen ihrer Meeresflanke und vor allem wegen ihres direkten Kontakts mit der romanisierten Bevölkerung südlich der Loire offener für ausländische Einflüsse.

Nach Dagoberts Tod wurde die Geschichte des fränkischen Gallien vom Antagonismus zwischen Austrasien und Neustrien beherrscht, ein Duell, das im übrigen nicht mehr von den merowingischen Königen, die zu Nullen geworden waren, ausgefochten wurde, sondern von ihren Hausmeiern. Am Anfang schienen die Neustrianer den Sieg davonzutragen, doch nach der entscheidenden Schlacht von Tertry bei Saint-Quentin (687) gelang es dem austrasischen Hausmeier Pippin II., die Einheit des fränkischen Königreiches wiederherzustellen. Er bediente sich dabei einer Reihe von Marionettenkönigen, degenerierten Nachfolgern der merowingischen Dynastie. Neustrien behielt gleichwohl seine eigene Verwaltung mit einem Hausmeier, der kein anderer war als der Sohn Pippins.

Der Aufstieg einer neuen Dynastie

Zu Zeiten Dagoberts trat in Austrasien eine mächtige Familie hervor, die sich auf ein Netz von Bündnissen stützte, über eine erhebliche Gefolgschaft verfügte und in den Tälern der Maas und der Mosel große Ländereien besaß. Ihr Führer, Pippin von Landen, hatte sich zum Hausmeier des austrasischen Königreichs ernennen lassen. Sein Sohn und Nachfolger Grimoald wagte es, den merowingischen König von Austrasien entthronen zu lassen und seinen eigenen Erben an dessen Stelle zu setzen. Es war ein voreiliger Vesuch: Ebroin, der Hausmeier von Neustrien, reagierte kraftvoll und verhalf dem Repräsentanten der legitimen Dynastie wieder zu seinem Recht. In der darauffolgenden Generation revanchierte sich Pippin II. dafür und wurde *de facto*, wenn auch nicht *de iure*, Oberherr des fränkischen Königreiches.

Karl Martell (714–741)

Pippins Werk schien zu zerfallen, als bei seinem Tod im Jahre 714 nur ein sechsjähriger Enkel als Erbe vorhanden war: Die Neustrianer und Aquitanier nutzten die Gelegenheit zur inneren Revolte; die Sachsen und Friesen versuchten, von außen in das Königreich einzudringen. Daraufhin wählten die Großen von Austrasien einen Bastard Pippins II., namens Karl Martell, zu ihrem Führer. Und er erwies sich ihres Vertrauens als würdig: Durch seine Energie und die verblüffende Schnelligkeit seiner militärischen Interventionen gelang es ihm bald, die Situation in Neustrien und an den Nordgrenzen wiederherzustellen. 732 bot sich ihm die Gelegenheit, auch im Süden zu intervenieren: Die spanischen Mauren, die in die Gascogne vorgedrungen waren, überschritten die Garonne und die Dordogne und verbreiteten Schrecken und Verwüstung. Der Herzog von Aquitanien, der bis dahin ein Feind Karl Martells gewesen war, bat ihn um Hilfe. Bei Poitiers kam es zur großen Schlacht zwischen Franken und Mauren. Karl Martells Sieg brachte ihm die dankbare Unterwerfung der Aquitanier sowie unvergleichlichen Ruhm in der ganzen Christenheit ein. Man kann in dieser Schlacht eines der entscheidenden historischen Ereignisse für die Zukunft Westeuropas sehen, denn durch sie wurde die bis dahin ungehemmte Expansion des Islam zum Stehen gebracht.

In den folgenden Jahren mußte Karl noch weiter gegen die Mauren Krieg führen, die mit Billigung der Landesherren der Provence Arles und Avignon eingenommen hatten. Er brachte diese Provinz wieder unter seine Botmäßigkeit, vertrieb die Muselmanen aus dem Rhônegebiet, doch gelang es ihm nicht, ihnen auch Narbonne und das Roussillon abzunehmen.

Karl Martell nutzte die Dienste, die er der Christenheit erwiesen hatte, um zahlreiche Güter der Kirche nach eigenem Gutdünken an seine Getreuen und Krieger zu verteilen. So gelang es ihm, mehr Anhänger als seine Rivalen zu gewinnen, ohne sich selber seiner Besitztümer zu begeben, wie es die unglücklichen Merowinger getan hatten. 737 war er, ausgestattet mit dem Titel eines »Herzogs und Fürsten der Franken« *(Duc et Prince des Francs)*, so mächtig, daß er es sich leisten konnte, für den regierenden Merowinger Theuderich IV., der gerade gestorben war, keinen Nachfolger einzusetzen. Wegen der Macht der Tradition wagte er es allerdings noch nicht, sich selbst zum König zu proklamieren. Es blieb seinem Sohn vorbehalten, diesen letzten Schritt zu tun, das Recht mit der Wirklichkeit zu versöhnen und eine neue Dynastie zu begründen.

III. Die merowingische Kultur

Städte und Domänen

In der Merowingerzeit trat ein Phänomen stärker hervor, das bereits am Ende des Römischen Reiches zu beobachten war: der Niedergang der Städte. Sie sahen sich auf ihren Kern zurückgeworfen, den man eilig mit einer Mauer umgab, die oft aus Überresten öffentlicher Gebäude stammte; die Städte verloren mehr und mehr ihre administrativen und gewerblichen Funktionen. Die alten Honoratioren zogen sich auf ihre großen

Domänen zurück, wo sie, umgeben von Soldaten, Dienstleuten, Sklaven und Arbeitern aller Art, ein luxuriöses Leben führten. Die eindringenden Barbaren hatten sich diesem Rahmen angepaßt: Sie wurden zu Herren von Domänen, die man zur römischen Zeit *villae* nannte. Dieser Vorgang ist heute noch daraus ersichtlich, daß man vor allem im Norden des Landes germanische Personennamen mit der lateinischen Beifügung *court (curtis)* oder *ville (villa)* findet. Beispiele: Azincourt, Beaudricourt, Angerville, Charleville.

Das Christentum

Zur Zeit der Völkerwanderung war das Christentum nur in den Städten und ihrer unmittelbaren Umgebung verankert. Der Einbruch der Barbaren hatte zunächst eine Zurückdrängung des Christentums im Norden des Landes zur Folge. Die Wiedereroberung und Christianisierung der ländlichen Gebiete geschah vom Süden aus. Mit diesem Werk verbindet sich vor allem der Name des Bischofs Martin von Tours, dem man an zahlreichen heiligen Stätten begegnet.
Die Ausbreitung des Christentums ging mit der Schaffung zahlreicher Klöster einher. Der östliche Typ mönchischer Lebensweise, wie ihn der heilige Honorat in Lérins und anderen Örtlichkeiten des Südens pflegten, wurde durch das Werk des heiligen Columban aus Irland verdrängt: Seine erste Gründung in Luxeuil in Burgund (590) führte zur Entstehung eines guten Dutzends anderer Klöster. Gegen Ende des 7. Jahrhunderts wurde im fränkischen Gallien die Regel des heiligen Benedikt eingeführt, die weithin an die Stelle der Regel des heiligen Columban trat. Die Klöster, die von den Königen und großen Vasallen reichlich mit Ländereien versehen worden waren, wurden zu aktiven Keimzellen eines ebenso umfassenden wie autonomen ökonomischen Lebens; sie rivalisierten mit den großen Domänen, und sie bewahrten darüber hinaus durch ihre Schreibstuben und Bibliotheken einen Teil des kulturellen Erbes der antiken Welt.

Kunst und Literatur

Die Zeiten der Merowinger haben wenig zum architektonischen und künstlerischen Reichtum Frankreichs beigetragen; man brachte im Gegenteil zahlreiche römische Bauwerke zum Verschwinden; sie wurden geplündert oder zerstört, um Baumaterial für Befestigungen oder neue

Kirchen zu gewinnen. Von den Kirchen dieser Zeit sind nur wenige Spuren erhalten geblieben: Es handelte sich um einfache Bauten von bescheidenem Ausmaß. Die eigentliche Kunst dieser Zeit fand ihren Ausdruck in Grabmälern mit Motiven aus der Antike, daneben vor allem in Juwelen von seltenem Glanz und einer Technik, die der der Römer überlegen gewesen sein soll. Der Schmuck zeigt stilisierte Tierformen, die offensichtlich von der Kunst der fernen Völker Osteuropas inspiriert worden sind.
Eine Literatur existierte fast nicht, doch *ein* Werk von kapitaler Bedeutung ist uns geblieben: ›Die Geschichte der fränkischen Könige‹ (Historia Regum Francorum), die von Bischof Gregor von Tours (539–594) lateinisch aufgezeichnet wurde. Aus ihr beziehen wir unsere wesentlichen Kenntnisse über das fränkische Gallien.

Die Herausbildung der französischen Nation

Die Bilanz des Beitrags der Merowingerzeit zur französischen Zivilisation würde mager, ja sogar negativ erscheinen, gäbe es nicht ein wesentliches Faktum: die Verschmelzung zwischen den Überresten aus der römischen Zeit und dem germanischen Beitrag, ein Prozeß, der durch die Bekehrung der Franken zum Christentum außerordentlich begünstigt wurde. Zu Beginn waren die römischen Gallier und Barbaren rechtlich voneinander getrennt, jede ethnische Gruppe richtete sich nach den ihr eigenen Gesetzen. Für die Franken galt vor allem das salische Recht, wie es zu Zeiten Chlodwigs schriftlich fixiert worden war. Doch nach und nach kam es zu einer gegenseitigen Durchdringung der Sitten und Gebräuche wie auch zu Mischehen, die dazu führten, daß die ethnischen Differenzen zurückgingen, wobei die herrschende Aristokratie den Anfang machte. Der Assimilationsprozeß vollzog sich je nach Region unterschiedlich: Im Norden war das germanische Element ausgeprägter, im Süden blieb das gallisch-römische Erbe stärker erhalten.
Vergleicht man damit das Schicksal der anderen Fragmente des Römischen Reiches, so erscheint die im fränkischen Gallien gelungene originelle Synthese als die Keimzelle der westlichen Kultur im Mittelalter.

3 Die Karolinger (751–987)

Die drei ersten Monarchen der neuen Dynastie stellten die Einheit des Königreichs wieder her und erweiterten seine Grenzen durch Eroberungen ganz erheblich. Vollendet wurde das Ganze durch die Wiedererrichtung des Westreiches unter Karl dem Großen. Dank seiner hervorragend organisierten und weisen Verwaltung, die von der Kirche machtvoll unterstützt wurde, gab es damals so etwas wie eine erste Blüte der abendländisch-christlichen Zivilisation.
Aber dieses Werk erwies sich als zerbrechlich. Zuerst zerfiel das Reich in drei Teile, dann in eine Unzahl unabhängiger, miteinander rivalisierender Fürstentümer, während die Barbaren das Land erneut heimsuchten. Die Idee des Staates und der Monarchie, die von den Römern ererbt worden war, verschwand fast völlig und wich dem neuen System der Feudalordnung.

I. Das Reich Karls des Großen

Pippin der Kurze (741–768)

Als Karl Martell starb, hatte er über sein Königreich wie ein echter fränkischer Herrscher verfügt, indem er es unter seine zwei Söhne Karlmann und Pippin III. aufteilte, den man den Kurzen nannte, weil er so klein gewachsen war. Die beiden Brüder mußten zunächst Revolten unterdrücken, die sofort nach ihrem Amtsantritt in den außenliegenden Besitzungen ausgebrochen waren: in Aquitanien, Bayern, Alemannien, Sachsen. Um den Intrigen der großen Familien, die mit ihnen um die Macht rivalisierten, jeden Vorwand zu nehmen, setzten sie einen letzten Merowinger, Childerich III., auf den Thron, ohne jedoch ein Stück ihrer wirklichen Macht abzugeben. 747 entsagte Karlmann der Krone und wurde Mönch im Kloster von Monte Cassino in Italien. Nun war Pippin Alleinherrscher.
Nachdem er die Ordnung und den inneren Frieden wiederhergestellt hatte, schrieb er Papst Zacharias: »Wer verdient es, König zu sein, derjenige, der ohne Unruhe und ohne Gefahr in seinem Wohnort bleibt, oder derjenige, der das Gewicht des ganzen Königreichs auf seinen Schultern trägt?« Da die Antwort der Frage gemäß ausfiel, ließ sich Pippin durch eine Versammlung der Großen und Bischöfe, die er nach Sois-

Die Karolinger

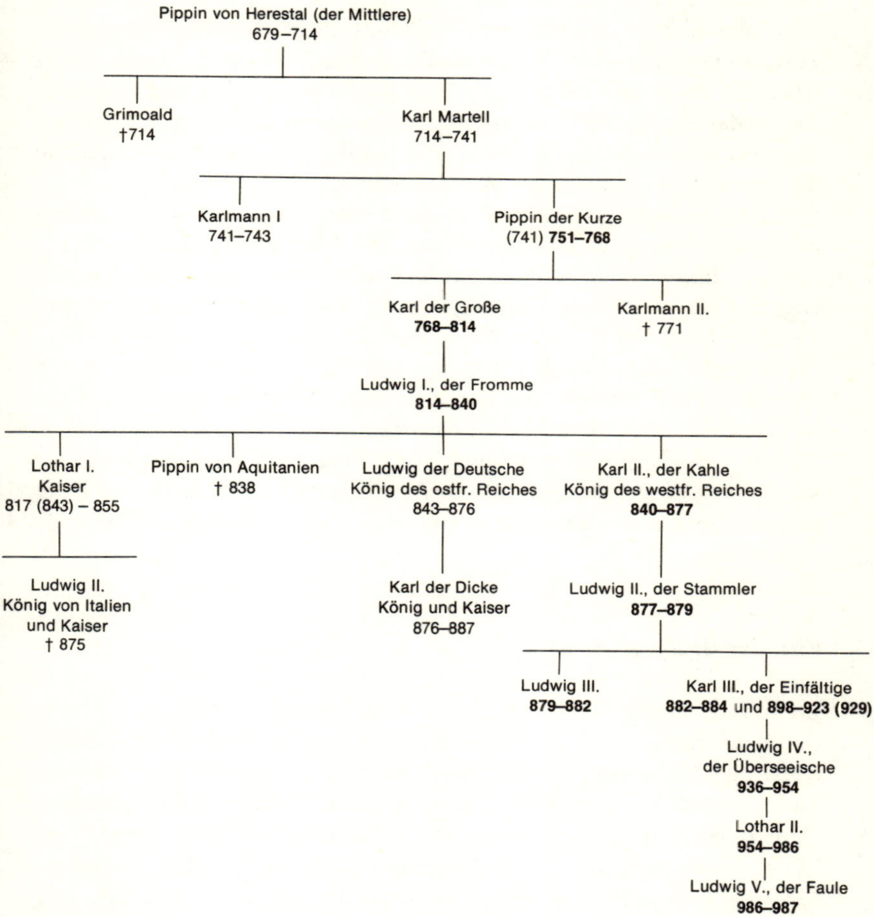

sons (751) einberufen hatte, zum König wählen. Einem Ritus des Alten Testaments folgend, wurde er von Bischof Bonifatius mit geweihtem Öl gesalbt. Drei Jahre später erneuerte Papst Stephan II., der nach Frankreich gekommen war, um Pippin um Hilfe zu bitten, dieses Sakrament in feierlicher Weise in der Basilika von Saint-Denis; diesmal waren auch die beiden Söhne des Königs in die Salbung eingeschlossen. Durch diese Zeremonie wurde der neuen Dynastie ein Stück religiöser Macht verliehen, die jener der Merowinger überlegen war; zum germanischen Recht, das aus der Wahl hervorging und weitervererbt wurde, kam nun ein göttliches Recht, welches ein Attribut der französischen Monarchie bis zu ihrem Verschwinden im 19. Jahrhundert bleiben sollte.
Der neue König trug seine Dankesschuld gegenüber dem Papst ab, indem er in Italien gegen die Lombarden kämpfte. Nachdem er sie zweimal geschlagen hatte, nahm er ihnen die alte byzantinische Provinz Ravenna weg und schenkte sie dem Papst. So wurde auch der Papst ein weltlicher Herr, der über Territorien verfügte und Untertanen besaß wie die anderen Könige auch, eine Situation, die bis ins Jahr 1870 andauerte. Durch diese Vorgänge entstand ein besonders enges Bündnis zwischen der karolingischen Dynastie und dem Papsttum.
Im übrigen gelang es Pippin, den Mauren Septimanien zu entreißen, das am Mittelmeer gelegene Land zwischen Rhône und Pyrenäen; mit Hilfe einiger militärischer Expeditionen konnte er seine Herrschaft über ganz Aquitanien festigen.

Karl der Große (768–814)

Beim Tode Pippins (768) wurde das Königreich wiederum unter zwei Söhnen aufgeteilt: Karlmann und Karl. Ein weiteres Mal gelang es durch Zufall, die Einheit des Reiches zu erhalten, weil einer der beiden Erben, Karlmann, im Jahre 771 starb. Damit war Karl Alleinherrscher. Er zählte damals 29 Jahre und sollte noch weitere 43 Jahre am Leben sein.
Diese für die damalige Zeit außergewöhnliche Langlebigkeit war zweifellos ein wesentliches Element für die Größe seines Werkes. Sie zeugt auch für die Vitalität eines Mannes, den uns die Zeitgenossen als groß und stark schildern, als einen Liebhaber guter Kost und schöner Frauen, als guten Schwimmer und begeisterten Jäger. Im Unterschied zu seinen königlichen Vorgängern hatte Karl darüber hinaus eine ausgezeichnete Erziehung genossen. Sie lag in Händen des sächsischen Mönches Alkuin, der als der gelehrteste Mann seiner Zeit angesehen wurde. Karl las und sprach das Lateinische ebenso leicht wie das Fränkische. Er verstand

Das Reich Karls des Großen

Griechisch, kannte sich aus in Mathematik und Astronomie; während seiner Mahlzeiten ließ er sich gern historische Schilderungen oder aus der Heiligen Schrift vorlesen.

Karls Eroberungen

Jedes Jahr führte der König sein Heer auf nahe oder ferne Expeditionen, die die Annexion neuer oder zumindest die Oberherrschaft über andere Gebiete zur Folge hatten. Diese Eroberungen waren von keiner systematischen Absicht geleitet, sondern allein von der Sorge, die Sicherheit seiner Untertanen vor den Einfällen unruhiger Nachbarn zu gewährleisten oder überall die christliche Ordnung aufzurichten, als deren höchsten Sachwalter er sich empfand.

In Italien bemächtigte sich Karl des Königreichs der Langobarden, dessen Krone er sich selbst aufsetzte. Er vergrößerte den päpstlichen Staat und dehnte seine eigene Herrschaft in der einen oder anderen Form über den größten Teil der südlichen Halbinsel aus. Nur die äußersten Spitzen von Kalabrien und Sizilien blieben unter byzantinischer Herrschaft.
In Spanien führte er sieben Expeditionen durch und schuf eine Grenzprovinz, die Mark Spanien, mit Barcelona als Hauptstadt. Bei der Rückkehr von der ersten Expedition wurde die fränkische Nachhut, die unter dem Befehl des Grafen Roland, eines Neffen des Königs, stand, bei Roncevaux von baskischen Bergbewohnern überraschend angegriffen und vernichtet. Diese Episode wurde im ›Rolandslied‹ verewigt, dem ersten großen epischen Gedicht der mittelalterlichen Literatur.
Die meisten Gebiete, die unter Karl dem Großen dem fränkischen Königreich einverleibt wurden, lagen in Deutschland. Karl unterwarf sich praktisch alle germanischen Völker, die bis dahin unabhängig geblieben waren. Als am zähesten erwiesen sich die Sachsen; zu ihrer Unterwerfung bedurfte es nicht weniger als 18 Expeditionen, massiver Vertreibungen sowie der Errichtung eines Netzes strategischer Straßen und Befestigungen. Das Werk wurde schließlich durch die Bekehrung der Sachsen zum Christentum vervollständigt. Insgesamt ist die fränkische Eroberung Germaniens in ihrer Bedeutung der Eroberung Galliens durch die Römer durchaus vergleichbar: Aus ihr ist das moderne Deutschland hervorgegangen.
Durch seine Eroberungen geriet der fränkische Staat in Berührung mit anderen Barbarenvölkern: den Skandinaviern im Norden, den Slawen im Osten und (in der Donauebene) den Awaren, den Nachfolgern der Hunnen. Gegen sie unternahm Karl drei Feldzüge, an deren Ende der Führer der Awaren zum Christentum übertrat und Karl dem Großen huldigte.

Das wiederhergestellte Reich

Um das Jahr 800 hatte Karl der Große die meisten der Länder des westlichen Europa, die zum Römischen Reich gehört hatten, unter seine Herrschaft gebracht. Es erschien darum nur natürlich, diesem Reich die Kaiserwürde zurückzugeben; und dies um so mehr, als das Ostreich von Konstantinopel, das damals von einer Frau regiert wurde, die östlichen Bischöfe in ihrer papstfeindlichen Haltung unterstützte.
Karl der Große war gegen Ende des Jahres 800 nach Rom gekommen, um die aristokratischen Cliquen zu unterdrücken, welche die Sicherheit Papst Leos III. bedrohten. Dieser nutzte die Gelegenheit, um jenen Akt

zu vollziehen, den alle Bischöfe des Westens, aber zweifellos auch Karl selbst, ersehnten: In der Weihnacht setzte der Papst im Petersdom Karl dem Großen eine Goldkrone auf und ließ ihn zum Kaiser ausrufen. Von da an lautete sein Titel in offiziellen Dokumenten: »Karl, der Erhabene, von Gott gekrönter, großer und friedlicher Kaiser, Herrscher über das Römische Reich, König der Franken und Lombarden von Gottes Gnaden.« Der Kaiser von Konstantinopel hatte zuerst gegen die Usurpation protestiert, erkannte Karl den Großen aber schließlich als seinen »Bruder« an. Die unabhängigen Könige der iberischen Halbinsel und Britanniens huldigten ihm. Sein Prestige reichte weit über die christliche Welt hinaus: Der mächtige Kalif von Bagdad, Harun al-Raschid, richtete eine Gesandtschaft bei ihm ein und anerkannte ihn als Protektor der heiligen Stätten von Jerusalem.

Die Regierung

Karl der Große bemühte sich, seinen ererbten wie seinen eroberten Gebieten eine geregelte und einheitliche Verwaltung zu geben, in welcher die Prinzipien des Christentums respektiert wurden. In diesem System ist der Kaiser bzw. König von Gott an die Spitze einer Regierung gesetzt; ihm Gehorsam zu leisten, ist daher eine religiöse Pflicht, wie aus dem Treueeid hervorgeht, den alle Inhaber eines Teils der Macht ihm zu leisten haben.
Wenn der König nicht bei seinem Heer ist, weilt er mit den Mitarbeitern, die seinen Hof bilden, jeweils in einer seiner Pfalzen; erst am Ende seiner Ära hat sich Karl der Große in Aachen niedergelassen, wo er eine Kirche bauen ließ, die als das typischste architektonische Denkmal der Karolingerzeit gelten kann.
Jedes Jahr, und zwar vor dem »großes Maifeld« genannten Treffen des Heeres, berief der König den Reichstag, eine Versammlung der Großen und Bischöfe des Reiches ein; auf ihm beriet er sich mit ihnen über die Angelegenheiten des Reiches, und die dabei getroffenen Entscheidungen wurden anschließend als sogenannte Kapitularien veröffentlicht.
Die Anwendung dieser Beschlüsse in allen Teilen des Reiches oblag den Grafen *(grafio)* und Bischöfen, die der König vorschlug und die im allgemeinen aus den Reihen des fränkisch-austrasischen Adels gewählt wurden. In einigen gefährdeteren Regionen wurde ein Herzog als höchster Militärbefehlshaber den Grafen übergeordnet. An der Spitze der vorgerückten Verteidigungszonen, die man Marken nannte, stand ein Markgraf.

Die originellste Einrichtung des politischen Systems Karls des Großen waren sicherlich die *missi dominici* (Königsboten); es handelt sich dabei um Beauftragte des Königs, jeweils einen Laien und einen Bischof, die regelmäßig zu zweit alle Provinzen bereisten, um das Verhalten der Grafen und Bischöfe und die Durchführung der Kapitularien zu überwachen.
Alle freien Männer waren militärdienstpflichtig, doch mobilisierte man jedes Jahr nur so viele, wie man meinte nötig zu haben, und dies vor allem in den Provinzen, die dem vorgesehenen Operationsfeld am nächsten lagen. Da die Kavallerie militärisch immer wichtiger wurde, die damit verbundenen höheren Kosten jedoch nicht von allen getragen werden konnten, entwickelte Karl der Große die Praxis, im Austausch für den Dienst zu Pferde Land als Lehen zu geben. Die übrigen Großen des Reiches wurden ermuntert, ebenso zu verfahren. Hier ist einer der Ursprünge des Feudalsystems (Lehenswesen) zu suchen.

Die Kirche

Karl der Große fühlte sich auch für die Kirche verantwortlich. Er berief mehrere Male Konzile und Synoden von Bischöfen ein, um Vorschriften über die Erziehung und Disziplin des Klerus durchzusetzen. So wurde im Prinzip festgelegt, daß jede Pfarrkirche über Land verfügen sollte, um die materielle Existenz des Pfarrers zu gewährleisten. In den Städten sollte der Klerus ein gemeinsames Leben mit dem Bischof im Mittelpunkt führen; auf diese Weise entstanden die Domkapitel. Auch das Klosterleben wurde strenger geregelt; überall wurde die vom heiligen Benedikt von Aniane renovierte Benediktiner-Regel verbindlich.

Die karolingische Renaissance

Die Sorge um die Erziehung des Klerus hat Karl der Große zu zwei Initiativen veranlaßt, die zu einem Phänomen beigetragen haben, das man etwas ungenau die karolingische Renaissance nennt:
1. Alle Klöster und Kathedralen wurden zur Errichtung von Schulen verpflichtet. Als Modell galt eine dem kaiserlichen Palast angeschlossene Schule, die von Kindern einfacher Herkunft und Söhnen der Adligen gleichermaßen besucht wurde.
2. Ein umfassendes Programm der Überprüfung und Transkription heiliger und profaner Texte wurde in die Wege geleitet: Die meisten alten

Texte, die wir heute kennen, sind uns durch die wunderbaren karolingischen Handschriften überliefert worden, die in den *scriptoria,* den Schreibstuben der Klöster, hergestellt wurden.

II. Die Auflösung des Reiches

Ludwig der Fromme (814–840)

Als Karl der Große am 28. Januar 814 starb, ging sein Erbe auf den einzigen Überlebenden seiner Söhne über, Ludwig den Frommen. Man nannte ihn so, weil er besonderen Eifer entfaltete, um die innere Zucht der Kirche und die Herrschaft des Klerus über die Gesellschaft zu verstärken. Einer Charakterschwäche verdankt er seinen anderen Namen: Ludwig der Gutmütige.
Beeinflußt von seinen kirchlichen Ratgebern, wollte Ludwig zunächst die Idee des Reiches neu beleben und festigen; er gab den Titel König der Franken und der Langobarden auf und ließ sich vom Papst zum Kaiser krönen. Von 817 an traf er Anstalten, um den Erhalt der Reichseinheit sicherzustellen: Ludwigs ältester Sohn Lothar wurde zum stellvertretenden Kaiser ernannt; seine beiden anderen Söhne, die Könige in den Randgebieten des Reiches waren – Ludwig der Deutsche in Bayern und Pippin in Aquitanien –, wurden ausdrücklich der Oberhoheit ihres älteren Bruders unterstellt, ebenso das Königreich Italien, das man seinem Neffen Bernhard gegeben hatte. Dieser revoltierte dagegen, wurde besiegt und umgebracht. Daraufhin wurde Italien von Lothar direkt regiert.

Die Revolte der Söhne

Dieses Gleichgewicht wurde erneut gestört, als aus einer zweiten Ehe Ludwigs des Frommen ein vierter Sohn hervorging, Karl, den man später den Kahlen nannte. Seine Mutter, die ambitiöse Judith, drängte den Kaiser zu einer neuen territorialen Aufteilung, damit auch ihr Sohn wie seine älteren Brüder ein Königreich bekäme. Doch diese verbündeten sich gegen ihren Vater. Ludwig sah sich von der mächtigen Partei der Kirche verlassen, welche für die Einheit des Reiches fürchtete. 832 wurde er all seiner Macht entkleidet, von seiner Frau und seinem Sohn Karl getrennt und in ein Kloster gesperrt. Lothar wurde zum alleinigen Kaiser proklamiert. Ludwig wurde zu einem öffentlichen Reuebekennt-

nis vor den Großen und Bischöfen des Reiches in der Kirche Saint-Médard de Soissons (833) gezwungen.
Das Übermaß dieser Demütigung bewirkte einen Meinungsumschwung zu seinen Gunsten. Ludwig der Deutsche und Pippin von Aquitanien näherten sich aus Verärgerung über den Machtanspruch Lothars wieder ihrem Vater. Nachdem sie Lothar nach Italien vertrieben hatten, ließen sie Ludwig wieder in alle seine Rechte einsetzen (835). Dank einer neuen Aufteilung des Reichsgebietes erhielt der junge Karl ein Königreich zwischen Maas und Loire; nach dem Tod seines Bruders Pippin kam auch noch Aquitanien dazu.

Der Friede von Verdun (843)

Ludwig der Fromme starb 840, als er mit seinem Heer gegen seinen Sohn Ludwig den Deutschen marschierte. Dieser hatte sich gegen das Arrangement zugunsten Karls aufgelehnt.
Lothar, der seinen kaiserlichen Titel geltend machte, wollte seine Brüder wieder in die Rolle von Untergebenen verweisen und schürte Revolten in ihren Königreichen. Ludwig und Karl vereinten ihre militärischen Kräfte gegen den Kaiser; eine entscheidende Schlacht fand am 25. Juni 841 in Fontenay bei Auxerre statt. Dieser Bruderkampf war verbissen und grausam und soll nach dem Bericht eines Chronisten 80000 Menschenleben gefordert haben. Der besiegte Lothar floh nach Italien. Ludwig und Karl festigten ihr Bündnis durch einen feierlichen Eid, den sie in Gegenwart ihrer Armeen in Straßburg ablegten (14. Februar 842). Dieses sowohl in romanischer wie in germanischer Sprache geschriebene Dokument ist das erste Schriftstück in den beiden Sprachen, aus denen sich dann das moderne Französisch und Deutsch entwickelt haben.
Nachdem Lothar schließlich die Dreiteilung des Reiches im Prinzip akzeptiert hatte, kam es zu zähen Verhandlungen über die Gebietsaufteilung, die im Frieden von Verdun im August 843 besiegelt wurde. Zwischen einem Königreich Frankreich im Westen und dem Königreich Deutschland im Osten, die beide relativ homogen waren, lag das Reich Lothars, das von Norden nach Süden einen Kranz von sehr unterschiedlichen Ländern umfaßte und das in Ermangelung einer besseren Bezeichnung Lotharingien genannt wurde, ein Name, an den heute noch Lothringen erinnert.

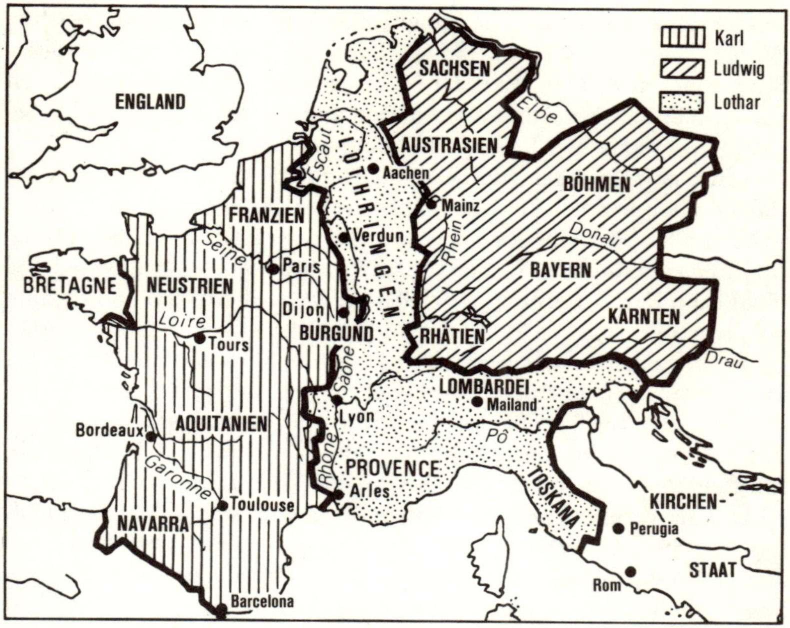

Teilung des Reiches Karls des Großen (843)

Die letzten Karolinger (855–987)

Schon beim Tod Lothars (855) zerbrach die künstliche Konstruktion seines Reiches in drei weitere Königreiche, eines für jeden seiner drei Söhne: Italien, die Provence und ein Rest-Lotharingien zwischen Nordsee und dem Oberlauf der Rhône. Alle diese Länder, vor allem aber das letztere, wurden zum Gegenstand eines erbitterten Ringens zwischen den beiden großen Nachbarn. Es ist eine verwirrende Geschichte aus kurzlebigen Koalitionen und ebenso schlecht wie grausam geführten Kriegen zwischen Onkeln und Neffen. Am Ende gelang es Karl dem Kahlen, den größten Teil Lotharingiens und auch Italiens an sich zu reißen, nachdem der letzte Nachfolger der Söhne Lothars gestorben war. Bei dieser Gelegenheit ließ er sich in Rom die Kaiserkrone aufsetzen, die vorher Ludwig II. beim Tod seines Vaters erhalten hatte.
Es war ein vorübergehender Triumph. Karl starb bei seiner Rückkehr aus Italien (877). Seine schwächlichen Nachfolger – Ludwig der Stammler, Ludwig III., Karl der Einfältige – sahen sich nicht imstande, die Einheit

und Sicherheit des westlichen Königreiches aufrechtzuerhalten. Für eine Zeitlang gewannen die Nachfahren Ludwigs des Deutschen die Oberhand. Einer von ihnen, Karl der Dicke, ließ sich 885 an der Stelle von Karl dem Einfältigen zum Kaiser krönen und wurde von den Großen des gesamten fränkischen Reiches als König anerkannt.
Von nun an sind die letzten Karolinger nur mehr Marionetten in der Hand der Großen des Reiches. Weil Karl der Dicke sich als unfähig erweist und Karl der Einfältige noch zu jung ist, wählen die Großen einen der ihren zum König, Odo, den Grafen von Paris (888). Nach dessen Tod (898) kann Karl der Einfältige den Thron wieder besteigen und 25 Jahre lang regieren. Doch 923 wird er von Rebellen gestürzt und von Raoul, dem Herzog von Burgund, abgelöst. Der Sohn Karls des Einfältigen, der IV. Ludwig, genannt der Überseeische, wird 936 zurückgerufen und kämpft nicht ohne Erfolg gegen die erdrückende Vorherrschaft von Hugo dem Großen, einem weiteren Neffen Odos, der Herzog von Frankreich, Burgund und Aquitanien sowie Regent des Königreichs ist. Ludwig IV. stirbt unerwartet. Sein Sohn Lothar (954–986) und sein Enkel Ludwig V. (986–987) verfügen über keinerlei Macht mehr; diese wird durch den Nachfolger Hugos des Großen, Hugo Capet, ausgeübt. Ihm gelingt es schließlich, sich 987 zum König wählen zu lassen; er wird damit zum Begründer der neuen Dynastie der Capetinger.

Normanneneinfälle

Die Bevölkerung hatte im 9. und 10. Jahrhundert nicht nur unter den unaufhörlichen Kämpfen zwischen Königen und anderen Landesherren zu leiden, sondern mehr noch unter einer neuen und letzten Welle von Invasionen. Beide Mißgeschicke standen übrigens im Zusammenhang miteinander: Einerseits konnten die Eindringlinge sich die herrschende Anarchie bei der Verteidigung des Landes zunutze machen, andererseits aber diente der notwendige Kampf gegen sie zur Rechtfertigung von Usurpationen, oder er lähmte den einen oder anderen der im Konflikt stehenden Konkurrenten.
Im südlichen Mittelmeer waren es die Sarazenen oder Mauren, mohammedanische Piraten, die aus Nordafrika gekommen waren. Im Osten erschienen die Ungarn, ein Reitervolk, das sich ein Jahrhundert zuvor in der Donauebene gebildet hatte; mehrmals, vor allem 926 und 927, trugen sie ihre Angriffe über Burgund bis nach Aquitanien vor, wobei sie alles, was auf ihrem Wege lag, plünderten und töteten wie einst die Hunnen.

Doch die in punkto Häufigkeit und Ausdehnung verheerendsten Invasionen kamen von den Normannen (den Männern des Nordens), die aus Skandinavien stammten. Sie erschienen mit ihren langen Schiffen, die über 60 Soldaten aufnehmen konnten, schon gegen Ende der Regierungszeit Karls des Großen an den Küsten Frankreichs. Zunächst verübten sie nur schnelle Anschläge auf die Dörfer und Klöster in der Nähe des Strandes, an dem sie überraschend landeten. Dann fielen sie tiefer ins Land ein, und zwar mit Hilfe einer improvisierten Kavallerie, für die sie die Pferde an Ort und Stelle raubten. Schon bald wagten sie es, die wichtigsten Flüsse hinaufzufahren, die zu richtigen Invasionsschneisen wurden: Nantes, Orléans, Rouen, Paris, Toulouse und viele andere Orte wurden angegriffen und geplündert. Mehr noch: Die Normannen umfuhren Spanien, erschienen an den Küsten des Mittelmeers, fuhren die Rhône hinauf und verheerten die Städte Nîmes, Arles und Valence. Während sie anfangs nach jeder Invasion wieder nach Hause zurückkehrten, errichteten sie später dauerhafte und befestigte Stützpunkte an den Mündungen der Flüsse.
Karl der Kahle versuchte, den Schaden in Grenzen zu halten, indem er mehrmals den Rückzug der Normannen durch enorme Tributzahlungen erkaufte. Dann vertraute er die Verteidigung der Provinzen zwischen Loire und Seine einem einzigartigen Führer an, Robert dem Tapferen. Der Ruhm und die Macht, die seinen großen Taten folgten, wurden zum Ausgangspunkt für das Vermögen, das seine Nachfahren auf den Thron Frankreichs hob; dies galt in erster Linie, wie wir sahen, für seinen Sohn, den Grafen Odo, der 885 das von den Normannen belagerte Paris mit Erfolg verteidigte.
Doch die nordischen Eindringlinge begannen nach und nach, die Vorteile eines seßhaften Lebens zu schätzen; sie besetzten schließlich das ganze Land am Unterlauf der Seine. Karl der Einfältige war bereit, dem Normannenführer Rollon das ganze Gebiet abzutreten und ihm den Herzogtitel zu verleihen, wenn er sich zum Christentum bekehre und den König von Frankreich als seinen Oberherrn anerkenne. Der Handel wurde akzeptiert und im Frieden von Saint-Clair-sur-Epte (911) besiegelt. Seither hörten die Invasionen auf. Diesem Teil Frankreichs, den man von nun an die Normandie nannte, floß dadurch ein sehr originelles menschliches Element zu, nämlich das von den Wikingern ererbte Interesse an fernen Expeditionen. Es waren die aus Frankreich kommenden Normannen, die später England, Sizilien und Süditalien eroberten.

III. Die Entstehung des Feudalsystems

Die Invasionen und inneren Kämpfe beschleunigten die Auflösung der fränkischen Monarchie. Um Mitstreiter für ihre eigenen Herrschaftsinteressen oder zur Verteidigung gegen die Normannen zu gewinnen, hatten die karolingischen Herrscher den Großen des Reiches einen wachsenden Teil ihrer Güter und ihrer königlichen Rechte abtreten müssen. Die Auflösung der Monarchie hat einen doppelten Aspekt: Der rein politische oder territoriale betrifft die Bildung großer, praktisch autonomer Fürstentümer; der soziale und juristische berührt den Begriff der Souveränität und die Idee des Staates.

Territoriale Zerstückelung

Am Ende der territorialen Verschiebungen fielen mehrere Regionen, die einst zum römisch-fränkischen Gallien gehört hatten, endgültig aus diesem Gebietsverband heraus: die Herzogtümer von Ober- und Unterlothringen zwischen Rhein und Maas, die Grafschaft Burgund und die Provence; alle diese Länder gehörten von nun an, und für Jahrhunderte, zum Herrschaftsbereich des deutschen Kaisers.
Innerhalb des westlichen französischen Königreichs hatte sich ein Dutzend faktisch autonomer Fürstentümer gebildet. Einige hatten ihre Grundlage in einem ethnischen oder kulturellen Partikularismus, wie z. B. die Herzogtümer der Normandie, der Bretagne, der Gascogne und die Grafschaft Toulose; andere waren aus den großen territorialen Besitzungen der Könige hervorgegangen oder verdankten ihre Entstehung unternehmenden und glückhaften Persönlichkeiten wie den Grafen von Flandern, von Vermandois und der Champagne.

Die Feudalordnung

Das Verblassen der Idee des monarchischen Staates bzw. seine Verdrängung durch das neue System politischer und sozialer Beziehungen, das man Feudalsystem nennt, war das Resultat eines unausweichlichen Prozesses, der sich über mehrere Jahrhunderte erstreckte.
Will man diese Entwicklung schematisch darstellen, so muß man folgende Punkte erwähnen:
1. das Aufeinandertreffen von zwei Institutionen, die aus dem Zustand

der Unsicherheit im Gefolge der Invasionen und der Anarchie hervorgegangen waren:

— *die Commendatio:* Sie existiert seit merowingischer Zeit und bedeutet, daß der Schwächere sich mitsamt seinen Gütern unter den Schutz des Stärkeren begibt; dafür schuldet er ihm gewisse Dienstleistungen. Er wird so zum Vasallen eines Herrn, dem er einen Treueeid leistet;

— *das Benefizium:* Diese Institution ist von Karl Martell und seinen Nachfolgern systematisch entwickelt worden. Der König oder Fürst bindet Krieger, Soldaten oder lokale Repräsentanten dadurch an sich, daß er ihnen Land zu Lehen gibt. Die Landgabe wird durch einen Eid bekräftigt und bewirkt, wie im analogen Fall der Commendatio, einen Vasallenstatus. Der Unterschied ist nur, daß im Falle des Benefiziums der Höhergestellte dem niedriger Gestellten etwas zu Lehen gibt, während im Falle der Commendatio der Ärmere sein Gut einbringt;

2. die Umkehrung der Beziehung zwischen Lehen und Vasallenstatus. Während zu Anfang Schutz und Dienstleistung die eigentliche Ursache für das Lehen sind, wird man später zum Vasallen in der alleinigen Absicht, ein Lehen zu erwerben;

3. der massenhafte Eintritt des Adels in diesen Beziehungsrahmen: Die kleinen Herren, Gebieter über einigen Landbesitz und ein befestigtes Schloß, bekennen sich selbst als Vasallen eines höheren Herrn. Daraus resultiert ein Zerfall der Idee des Eigentums und der Souveränität. Das Lehen ist gleichzeitig im Besitz des Oberherrn und des Vasallen. Der Oberherr übt gegenüber seinen Vasallen Rechte aus, die einst dem König zustanden, und die Vasallen erkennen keine andere Autorität über sich an als die des Herrn, dem sie den Treueeid geleistet haben, auch Lehenshuldigung genannt.

Auf diesem Wege hat sich eine Anpassung der politischen und sozialen Beziehungen an die konkreten Gegebenheiten einer agrarischen Zivilisation vollzogen. Auf den durch große, unkultivierte Räume voneinander getrennten Gütern, die nicht durch Straßen miteinander verbunden waren, konnten die Menschen die Idee der Autorität nur mehr in Gestalt eines physisch vorhandenen Herrn begreifen; sie waren unfähig, die abstrakten Ideen des Staates und der Monarchie zu verstehen.

Die vom römischen Beispiel inspirierte karolingische Konstruktion war zu ehrgeizig, um dauerhaft zu sein. Ihr Verschwinden legte einen Nährboden für grundlegende und natürliche Verpflichtungen frei, der sich langsam von unten her gebildet hatte. Auf ihm konnte nach und nach eine neue politische Ordnung wachsen.

4 Das Reich der Kapetinger (987–1328)

Der Gegensatz zwischen der Entwicklung der kapetingischen Monarchie und den beiden vorausgehenden Dynastien ist frappierend. Die Merowinger und die Karolinger, mächtig zu Beginn, wurden immer schwächer bis zu ihrem jämmerlichen Ende. Die Kapetinger hingegen haben bescheiden begonnen, wurden stärker und stärker, bis ihr Königreich schließlich zur Hauptmacht der westlichen Christenheit wurde. Sicherlich war dabei auch Glück mit im Spiel: Es ersparte ihnen zehn Generationen lang jeden Nachfolgekonflikt. Aber da war auch ein Sinn für Folgerichtigkeit und Wirklichkeit sowie eine Klugheit, mit deren Hilfe die Kapetinger alle Gelegenheiten zu nutzen wußten, um ihr Gebiet Stück für Stück zu erweitern, sich die großen Lehen einzuverleiben und das feudale Recht für sich auszuspielen, um so die administrative Einheit des Königreichs vorzubereiten.

I. Der Aufstieg der Dynastie

Ein dunkles Jahrhundert

Hugo Capet und seine ersten Nachfolger waren nur Herren über jene Ländereien, Schlösser und Städte, die man die königliche Domäne nannte, also dort, wo ihnen die Vasallen unmittelbar, ohne Einschaltung eines anderen Oberherren, zur Treue verpflichtet waren, aber selbst hier gab es noch Herren, die mächtig genug waren, ihnen Widerstand zu leisten. Doch wenn diese königliche Domäne auch kleiner war als die meisten der anderen Fürstentümer des Königreiches, so umfaßte sie immerhin fruchtbare Ebenen und mit Paris und Orléans zwei Zentren von kommerzieller und strategischer Bedeutung. Vor allem aber hatte die sakrale Salbung den König zu einem Erwählten Gottes gemacht, zum Inhaber einer fast priesterlichen Macht; die Bischöfe und Klöster des ganzen Königreichs betrachteten ihn als ihren natürlichen Beschützer, und die großen Fürstenfamilien sahen in ihm einen höchsten Schiedsrichter.

Diese echten Trümpfe wurden von Hugo Capets unmittelbaren Nachfolgern – Robert II., der Fromme (996–1031), Heinrich I. (1031–1060) und Philipp I. (1060–1108) – kaum ausgespielt. Ihr einziges Verdienst war es, jede weitere Zerstückelung der königlichen Domäne verhindert und

Die Kapetinger

Robert der Tapfere
† 867

Odo **888–898**

Robert I.
922–923

Hugo der Große
† 956

Raoul de Bourgogne
923–936

Hugo Capet
987–996

Robert II., der Fromme
996–1031

Heinrich I.
1031–1060

Philipp I.
1060–1108

Ludwig VI., der Dicke
1108–1137

Ludwig VII.
1137–1180

Philipp II. Augustus
1180–1223

Ludwig VIII.
1223–1226

Ludwig IX.
1226–1270

Robert von Artois

Alphons von
Poitiers

Karl von Anjou
König von Neapel
† 1285

Philipp III., der Kühne
1270–1285

Philipp IV., der Schöne
1285–1314

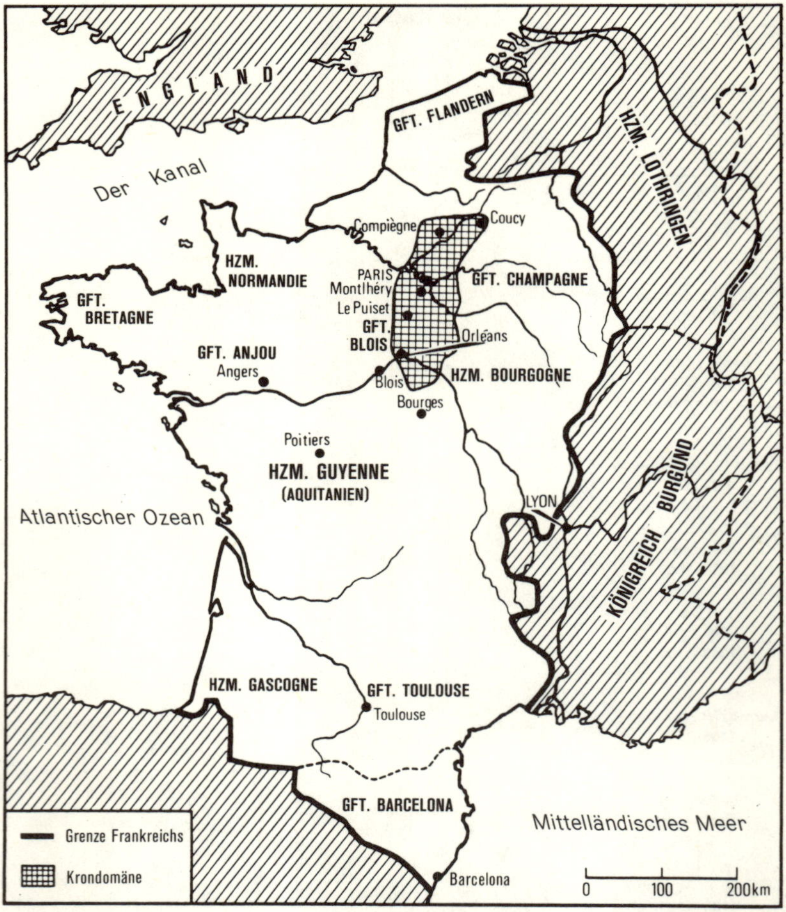

Frankreich zu Beginn des 11. Jahrhunderts

in jeder Generation für eine unumstrittene Nachfolge gesorgt zu haben, indem sie schon zu Lebzeiten jeweils den ältesten Sohn zum König salben ließen.
In der Regierungszeit Philipps I. kam es ohne dessen Zutun zu zwei Ereignissen von überragender Bedeutung für die Zukunft des Königreichs:
1. der Eroberung Englands durch den Herzog der Normandie, Wilhelm den Eroberer (1066); fortan hatte der kleine König von Frankreich einen Vasallen, der ebenfalls einen königlichen Titel trug und viel mächtiger war als er;
2. dem ersten Kreuzzug, ausgerufen von Papst Urban II., anläßlich des im Jahre 1096 in Clermont in der Auvergne abgehaltenen Konzils.

Ludwig VI., der Dicke (1108–1137)

Nach mehr als hundert Jahren der Stagnation erwachte die Monarchie der Kapetinger mit Ludwig VI., den man den Dicken nannte, zu neuer Bedeutung. Er selbst war ein unermüdlicher Kriegsmann, doch hatte er auch das Glück, einen tugendhaften und weisen Menschen zum Freund und Helfer zu haben, Suger, den Abt von Saint-Denis. Der König beendete die Raubzüge der Herren in seiner königlichen Domäne und stellte die Ordnung wieder her, indem er außerhalb des feudalen Rahmens eine einfache Verwaltungsorganisation einrichtete. Es handelte sich um Vögte, die den Auftrag hatten, in einem bestimmten Gebiet Abgaben für den König einzutreiben, Soldaten auszuheben und in erster Instanz Recht zu sprechen.
Ludwig VI. hob das Ansehen der Krone, indem er im gesamten Königreich seine Prärogativrechte zu wahren wußte: bewaffnete Intervention und Schlichtung von Konflikten zwischen den Standesherren, Kontrolle über die Wahlen der Bischöfe, Verleihung von Immunitätsrechten an städtische Gemeinden und Klöster.
Schließlich widerstand er auch dem deutschen Kaiser, der damals im Kampf mit dem Papst lag, und gewährte zwei Päpsten Asyl, die aus Italien vertrieben worden waren. Als Kaiser Heinrich V. 1124 versuchte, in das französische Königreich einzudringen, vermochte Ludwig der Dicke ihm eine imponierende Armee mit Kontingenten aus allen Teilen des Königreichs entgegenzustellen, so daß allein schon die Mobilisierung dieses Heeres genügte, den Angreifer zum Rückzug zu veranlassen. Im Jahre seines Todes krönte Ludwig VI. sein Werk durch die Verheiratung

seines Sohnes Ludwig mit Eleonore von Aquitanien, der Erbin der Herzogtümer von Guyenne und Gascogne sowie zahlreicher Lehen im Herzen Frankreichs.

Ludwig VII. (1137–1180)

Ludwig VII., der sehr fromm und ehrbar, doch schwachen Charakters war, verspielte diesen Machtgewinn. Im Jahre 1146 nahm er am zweiten Kreuzzug, zu dem der heilige Bernhard aufgerufen hatte, teil und machte Suger zum Regenten des Königreichs. Bei seiner Rückkehr ließ er seine Ehe mit Eleonore annullieren. Die Königin hatte ihm in zehnjähriger Ehe keinen männlichen Erben geschenkt, zudem war ihr schlechtes Betragen während des Kreuzzuges notorisch geworden.
Zwei Monate später schon heiratete Eleonore Henry Plantagenet, den Herzog von Anjou, der seit 1150 auch Herzog der Normandie war. Zusammen mit den aquitanischen Besitzungen von Eleonore war Plantagenet nun Herr über einen enorm großen Staat, der sich von der Picardie bis zu den Pyrenäen erstreckte; selbst die Bretagne gehorchte ihm. 1154 fiel ihm auch noch die englische Krone zu. Der neue Herrscher, der den Namen Henry II. annahm, war außerordentlich ehrgeizig und aktiv; er versah seine Länder mit einer starken Administration und versuchte, seine Herrschaft über die Gesamtheit der britischen Inseln wie über den Kontinent auszudehnen. Die Existenz einer so starken Macht gegenüber dem Königreich der Kapetinger, die diesem an Ausdehnung und an Ressourcen zehn- bis fünfzehnmal überlegen war, mußte zu einem fatalen Konflikt führen. Nahezu ein Jahrhundert lang wurde die Geschichte Frankreichs vom Kampf zwischen den Kapetingern und den Plantagenets beherrscht – ein erster hundertjähriger Krieg.
Die Feindseligkeiten waren schon 1153 ausgebrochen. Sie sollten sich mit Unterbrechungen bis zum Tode Ludwigs VII. hinziehen. Obwohl dieser militärisch geschlagen wurde, gelang es ihm schließlich, die Gesamtheit seiner Besitzungen zu erhalten, indem er zwei Trümpfe ausspielte: einerseits die Ambitionen der Söhne Henry's II., deren Intrigen und Revolten er schürte; andererseits – und dies in erster Linie – sein Bündnis mit der Kirche und dem Papsttum, welches damals sowohl mit dem deutschen Kaiser wie mit dem englischen König in Konflikt lag. So zwang der päpstliche Legat im Jahre 1177 Henry II., Frieden zu schließen, indem er damit drohte, alle Staaten des Kontinents mit dem Bann zu belegen.

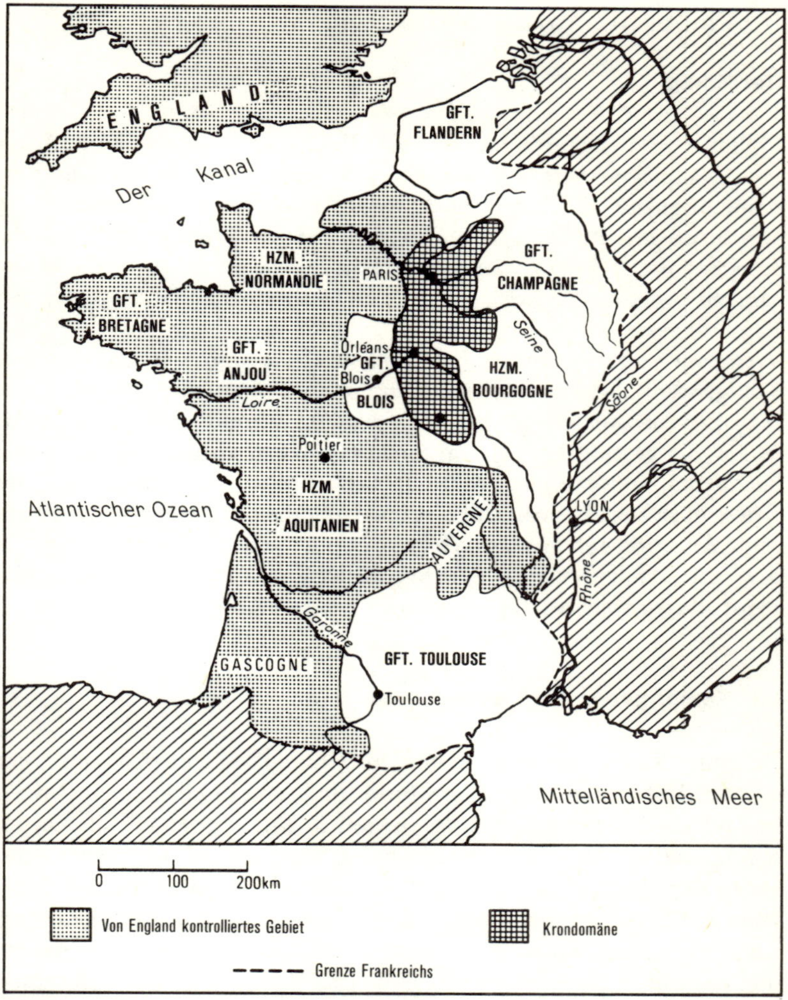

Das Reich des Hauses Plantagenet

II. Philipp II. Augustus (1180–1223)

Der König

Philipp II., der einzige Sohn Ludwigs VII. und seiner dritten Frau, Adele von Champagne, wurde König, als er fünfzehn Jahre alt war. Der Beiname Augustus, den ihm seine Zeitgenossen verliehen und den auch die Geschichte beibehalten hat, kennzeichnet seine Erfolge bei der Vermehrung (lat. *augere*) der Größe seines Herrschaftsbereichs sowie die Wirksamkeit königlicher Machtausübung im Laufe einer 43 Jahre währenden Regierungszeit.
Wenn auch über die menschliche Seite der Persönlichkeit dieses großen Königs wenig bekannt ist, so zeigen ihn die Dokumente doch als einen realistischen, von wenig Skrupeln geplagten, geduldigen und zähen Politiker, der geschickt genug war, nicht nur alle günstigen Gelegenheiten zu nutzen, sondern auch selbst solche zu schaffen; er war mutig im Krieg, doch zog er es vor, mit List und Diplomatie zu arbeiten. Da er um seine Autorität außerordentlich besorgt war, ließ er keinerlei Übergriffe der Vertreter der Kirche auf die Rechte der Krone zu und gehorchte dem Papst nur so weit, wie es im eigenen Interesse lag.

Der Kampf gegen die Plantagenets

Der junge König umschmeichelte Henry II. und bediente sich seiner, um sich der Vormundschaft seiner Mutter und seiner Onkel zu entledigen und um danach eine gegen ihn gerichtete Koalition großer Feudalherren auszuschalten. Als er dies erreicht hatte, wandte sich Philipp wiederum gegen den Plantagenet. Er ermutigte Richard Löwenherz, einen Sohn Henry's II., der vergeblich den sofortigen Besitz Aquitaniens gefordert hatte, sich gegen seinen Vater zu stellen, empfing ihn als guten Freund und zog mit ihm gegen den englischen König ins Feld. Der von seinen Nächsten verratene König wurde besiegt und starb wenig später; er wurde in der Abteikirche von Fontevrault in Anjou beigesetzt (1189).
Nun war der zum König von England aufgestiegene Richard der zu bekämpfende Rivale. Der unvermeidliche Krieg wurde jedoch aufgeschoben, weil die beiden »Freunde« sich geschworen hatten, gemeinsam in den dritten Kreuzzug zu ziehen. Philipp entschloß sich, allein zurückzukehren, nachdem er einige Monate im Heiligen Land verbracht und sich dort für krank ausgegeben hatte. Er hatte Richard versprochen, dessen Besitzungen mit der gleichen Umsicht zu schützen, die er auch für die

Verteidigung seiner eigenen Stadt Paris aufbringen würde. Doch kaum war er im Dezember 1191 zurückgekommen, da verständigte er sich heimlich mit Johann ohne Land, dem Bruder Richards. Er versprach ihm seine Unterstützung bei der Besteigung des englischen Thrones, wenn er ihm dafür die Normandie und die Touraine abträte. Richard, den man informiert hatte, entschloß sich daraufhin zur Heimkehr. Doch auf dem Rückweg fiel er in die Hände des Herzogs von Österreich, der ihn an seinen Feind, Kaiser Heinrich VI., auslieferte. Philipp Augustus intervenierte, um die Gefangenschaft seines Gegners noch zu verlängern.
Richard, der im Februar 1194 schließlich freigekommen war, setzte alles daran, die Treulosigkeit des Kapetingers zu rächen. Er erklärte ihm einen gnadenlosen Krieg. Nach fünf Jahren wurde Philipp vernichtend geschlagen und mußte den Beistand des Papstes erbitten, um einen Waffenstillstand zu erreichen (Januar 1199). Richard nutzte die Zwischenzeit, um einen Streit mit einem seiner Vasallen im Limousin zu regeln; dabei wurde er vor Châlus tödlich verwundet.
Johann ohne Land folgte ihm auf den englischen Thron. Die Besitztümer der Plantagenets auf dem Kontinent wurden ihm jedoch im Namen seines Neffen Arthur von Bretagne streitig gemacht. Philipp, der zuerst die Partei Arthurs ergriffen hatte, war schließlich bereit, Johann alle seine französischen Besitztümer zu überlassen unter der Bedingung, daß dieser zu einem Vasallen des Königs von Frankreich wurde.
Wenig später nutzte Philipp Augustus die neue Rechtslage, um in einem Konflikt zwischen dem König von England und einem seiner aquitanischen Vasallen zu intervenieren. Johann wurde vor den Hof des französischen Königs zitiert, weigerte sich jedoch zu erscheinen. Gemäß dem feudalen Recht wurde er als treubrüchig erklärt und zum Verlust aller seiner Lehen verurteilt. In Ausführung dieses Schuldspruchs bemächtigte sich Philipp Augustus der Normandie, dann Anjous, der Touraine, des Maine und des Poitou, die ihm ohne große Anstrengung zufielen, da Johann ohne Land sich den Städten wie auch den Landesherren dieser Provinzen entfremdet hatte. Ernsthaften Widerstand gab es nur von seiten der mächtigen Festung von Château-Gaillard, die von Richard Löwenherz auf einem Vorsprung des Seinetals gebaut worden war; sie ergab sich erst nach einer Belagerung von sechs Monaten.

Bouvines

Zunächst schien es, als würde Johann die so entstandene Situation akzeptieren, doch gelang es ihm 1213, eine riesige Koalition gegen den König von Frankreich zustande zu bringen, der neben den Grafen von Flandern und Burgund und einer Fülle kleinerer Herren auch der deutsche Kaiser Otto IV. angehörte. Die Koalitionspartner im Norden griffen im Sommer 1214 an, während Johann in La Rochelle landete und seine Offensive entlang der Loire vortrug. Prinz Ludwig, Sohn von Philipp Augustus, besiegte die englische Armee in La Roche-aux-Moines (2. Juli); drei Wochen später, am 27. Juli, schlug der französische König die Flamen und die kaiserlichen Truppen bei Bouvines, in der Nähe von Lille. Dieser großartige Sieg, bei dem sich die städtischen Milizen ebenso ausgezeichnet hatten wie die Königliche Kavallerie, rief im ganzen Königreich große Begeisterung hervor. Er ermöglichte dem König, dessen Prestige enorm gewachsen war, die ungestörte Inbesitznahme seiner Eroberungen, durch welche die Größe seines Reiches praktisch vervierfacht wurde.

Dieser Sieg hatte auch Folgen für das Ausland: In Deutschland verlor Kaiser Otto seine Krone an Friedrich II. In England wurde König Johann durch eine Rebellion seiner Barone gezwungen, ihnen die Magna Charta zu gewähren, die zum Ursprung für das britische parlamentarische System wurde.

Die Regierung im Innern

Weniger spektakulär, doch nicht minder bedeutsam für die Zukunft der Monarchie waren die beständigen Bemühungen des Königs, seine eigene Autorität im Innern auszuweiten und zu festigen. Die finanziellen und militärischen Verpflichtungen der Herren seines ihm direkt unterstellten Gebietes wurden erweitert und präzisiert; Philipp Augustus schuf eine neue Klasse von Beamten zur Überwachung der Vögte und Standesherren; es waren die Amtmänner (*baillis*), die beauftragt waren, königliches Recht zu sprechen und die Einnahmen zu zentralisieren.

Andererseits nutzte der König auch die Möglichkeiten des feudalen Rechts, um gewissermaßen von innen her die Besitztümer der großen Vasallen zu schmälern. Heiraten, Erbfolgen, Minderjährigkeit und verschiedene Konflikte verschafften ihm den jeweiligen Vorwand zur Intervention, die er sich sodann durch die Abtretung von Territorien oder von Rechten bezahlen ließ, woraus sich meist bald neue Möglichkeiten zur Machtschmälerung der Vasallen ergaben. Zum gleichen Ergebnis führte die Ausübung der königlichen Patronage über die Bistümer und Klöster sowie die Gründung von Gemeinden, die durch königliches Dekret von Abgaben befreit waren. Die großen Fürstentümer sahen sich allmählich von zahlreichen, unmittelbar der Krone unterstehenden Enklaven durchsetzt, so daß sie mit dieser nicht mehr zu konkurrieren vermochten. Bedeutsam ist auch, daß Philipp Augustus der erste König seiner Dynastie war, der es nicht für notwendig hielt, schon zu Lebzeiten seinen Nachfolger wählen und salben zu lassen.

Ludwig VIII. (1223–1226)

Ludwig VIII., der mit 36 Jahren König wurde, setzte das Werk seines Vaters kraftvoll fort. Henry III. von England, ein Sohn von Johann ohne Land, hatte ihm unklugerweise den Krieg erklärt. So entwand er ihm schnell die Provinzen Aunis, Saintonge, Limousin, Périgord, doch scheiterte er vor Bordeaux.

Seine Hauptbemühung galt jedoch dem Languedoc im Süden. Der stets sehr ausgeprägte Partikularismus der Bevölkerung dieses Landes hatte seinen religiösen Ausdruck in einer seltsamen Ketzerbewegung gefunden, den Albigensern, die vom Grafen von Toulouse, Raymond VI., heimlich begünstigt wurde. 1209 rief Papst Innozenz III. zu einem Kreuzzug gegen ihn auf. Philipp Augustus weigerte sich, selbst daran teilzunehmen, schickte aber seine Vasallen, ja 1215 sogar seinen eigenen Sohn, wenn auch nicht in offizieller Funktion. Unter der Leitung von Simon de Montfort, eines kleinen Barons aus der Ile-de-France, drang eine Reiterarmee vom Norden in den Süden ein und veranstaltete ein erbarmungsloses Blutbad unter den Ketzern. Simon de Montfort, der die Besitztümer von Raymond VI. übernahm, wurde zum Vasallen des Königs von Frankreich. Doch nach seinem Tod (1218) gelang es seinem Sohn Amaury nicht mehr, die Rebellen aus dem Languedoc in Schach zu halten; 1225 verkaufte er alle seine Rechte an Ludwig VIII. Der König rüstete sofort zu einem neuen Feldzug, in dessen Verlauf er das ganze Land fast kampflos besetzte. Der Herzog von Toulouse, Raymond VII., konnte einen Teil seines Gebiets behalten, unter der Bedingung jedoch, daß seine einzige Tochter und Erbin Alfons, den zweiten Sohn Ludwigs VIII., heiraten würde; auf diese Weise sollte das ganze Languedoc wieder den Kapetingern zufallen.

Doch bei der Rückkehr von diesem Feldzug starb Ludwig VIII. plötzlich an Ruhr. So kurz seine Regierungszeit auch war, so hatte sie doch zum wesentlichen Ergebnis, daß sich die königliche Herrschaft nun bis an die Gestade des Mittelmeers erstreckte.

III. Ludwig IX., der Heilige (1226–1270)

Der minderjährige König

Ludwig IX. war erst 12 Jahre alt, als sein Vater starb. Die Regentschaft wurde von seiner Mutter, Blanca von Kastilien, übernommen, einer ebenso intelligenten wie energischen Frau, die auch noch einige Jahre nach der Volljährigkeit ihres Sohnes die Macht ausübte und später noch einmal (zwischen 1249 und 1254), als der König im Orient weilte. Die Regentin mußte mit mehreren Revolten der großen Herren fertig werden, die der Meinung waren, daß es einer Frau nicht zustehe, ein so großes Königreich wie das französische zu regieren. Doch alle diese Versuche wurden zerschlagen, selbst das militärische Unternehmen des englischen Königs Henry III., der 1229 in Saint-Malo landete, um die alten Besitztümer der Plantagenets zurückzuerobern.

Der König

Dank der Schilderung von Zeugen anläßlich des Verfahrens der Heiligsprechung Ludwigs IX. sind wir über seine Persönlichkeit von allen französischen Herrschern des Mittelalters am besten unterrichtet. Ludwig war, so erzählt uns u.a. der unvergleichliche Sire de Joinville, überdurchschnittlich groß, blond, hatte ein engelgleiches Gesicht und war im Umgang leutselig und würdevoll, als Soldat tapfer bis zur Verwegenheit. Als König verstand er es, Güte mit Entschlossenheit zu verbinden; er hörte auf Ratschläge, traf seine Entscheidungen jedoch allein und schreckte auch vor Härte nicht zurück, wenn es notwendig schien. Vor allem jedoch bemühte er sich darum, sowohl in seinem persönlichen Leben wie in seiner königlichen Funktion nach den christlichen Weisungen zu handeln, die ihn Blanca von Kastilien gelehrt hatte. Dem mittelalterlichen Vorbild gemäß drückte sich sein religiöses Wesen in einer fast mönchischen Frömmigkeit, in der Praxis körperlicher Buße und der Barmherzigkeit gegenüber den Unglücklichen aus. Noch heute zeugen davon das Krankenhaus der Quinze-Vingts, welches 300 arme Blinde aufnahm, und die Sainte-Chapelle in Paris, die zur Aufbewahrung von Reliquien der Passion Christi erbaut wurde.

Der siebte Kreuzzug

Die mystische Liebe des Heiligen Ludwig für seinen Herrn Jesus Christus gab ihm den politisch nicht zu rechtfertigenden Plan ein, das Heilige Land den Ungläubigen zu entreißen. Er glaubte, es wäre das beste, die Sarazenen im Herzen ihrer Macht, nämlich in Ägypten, zu treffen. Eine genuesisch-französische Flotte brachte den König und seine Armee bis nach Damiette, das im Mai 1249 mit leichter Hand genommen wurde. Aber nach diesem ersten Erfolg dauerte es mehrere Monate, bis man in Richtung Kairo weitermarschierte. Die Kreuzzugsarmee erlitt vor Mansourah eine vernichtende Niederlage, und der König selbst fiel in die Hände der Sarazenen. Sie behandelten ihn mit Respekt, und er konnte sich durch die Zahlung eines hohen Lösegeldes und die Preisgabe von Damiette freikaufen. Erst danach konnte er nach Palästina weiterziehen, wo er die Heiligen Stätten besuchte und die christlichen Festungsanlagen ausbaute. Der Tod seiner Mutter, der Regentin des Königreiches, veranlaßte ihn 1254 jedoch zur Rückkehr, nachdem er fünf Jahre lang im Ausland gewesen war.

Die innere Ordnung

Ludwig IX. bemühte sich, seinen Untertanen die Wohltaten des christlichen Friedens, der christlichen Gerechtigkeit und der christlichen Ordnung zuteil werden zu lassen. Seinen Standesherren verbot er, zu den Waffen zu greifen und ihre Vasallen zu belästigen. Seinen Beamten der verschiedenen Kategorien gab er in einer Reihe von Erlassen einen verbindlichen Moralkodex an die Hand. Selbst die Bischöfe wurden nachdrücklich an ihre Pflichten erinnert und zur Respektierung der königlichen Rechte angehalten. Die Legende überliefert das Bild Ludwigs IX. als eines gerechten Richters, der in Vincennes unter freiem Himmel am Fuße einer Eiche improvisierte Verhandlungen abhält, um den kleinen Leuten ihr Recht zuteil werden zu lassen. Die Geschichte der Institutionen freilich kennt solche Legenden nicht, sie verzeichnet die Schaffung einer speziellen Abteilung für königliche Gerichtsbarkeit, die zur Keimzelle des Parlaments (= Gerichtshof) werden sollte. Aus einer anderen Kommission, die mit der Überprüfung des Finanzgebarens der königlichen Beauftragten befaßt war, ging der spätere Rechnungshof hervor. Ludwig der Heilige ließ außerdem königliche Münzen prägen, die im ganzen Reich galten und in einem festen Umtauschverhältnis zu den anderen kursierenden Münzen standen.

Der Friedensstifter

Die gesamte auswärtige Politik Ludwigs des Heiligen war von dem Wunsch beseelt, unter allen christlichen Fürsten Frieden zu halten und Eroberungsabsichten zu ächten. Er selbst gab ein Beispiel dafür, als er den hundertjährigen Konflikt zwischen Kapetingern und Plantagenets beendete.

Noch 1242 hatte Henry III. unter Ausnutzung der Rebellion einiger Barone von Aquitanien – der einzigen, die während seiner Herrschaft stattfand – versucht, mit einer Armee in Royan zu landen. Ludwig stellte ihn und besiegte ihn bei Taillebourg. Der dann folgende lange Waffenstillstand ließ die Ansprüche Henry's III. unberührt. Als der König aus dem Orient zurückkehrte, leitete er Verhandlungen ein, die zum Vertrag von Paris führten (1258): Darin gab der König von Frankreich die von seinem Vater gemachten jüngsten Eroberungen wieder an England zurück, während Henry III. seine Ansprüche auf die viel größeren und reicheren Gebiete aufgeben mußte, die von Philipp Augustus erobert worden waren; für alle seine kontinentalen Besitzungen unterwarf sich der Engländer der Oberhoheit des französischen Königs.

Im selben Jahr vereinbarte Ludwig der Heilige ein ähnliches Arrangement mit dem König von Aragon; dieser verzichtete auf seine Ansprüche bezüglich der Grafschaft Toulouse, während der König von Frankreich seinerseits seine Lehensherrschaft über das Roussillon und über Katalonien aufgab.

Das Prestige des Königs und das Vertrauen in seinen Gerechtigkeitssinn waren so groß, daß man sich von allen Seiten mit der Bitte um Schlichtung an ihn wandte, nicht so sehr an den Kaiser oder den Papst. So geschah es 1264 im Konflikt der englischen Barone mit ihrem König Henry III. Im Falle des gnadenlosen Duells zwischen Papsttum und Kaisertum lehnte Ludwig der Heilige es ab, sich für die eine oder andere Seite zu erklären; ihm ging es in erster Linie um die Wiederherstellung des Friedens und die Garantie der Unabhängigkeit des Heiligen Stuhls. Er war dagegen, daß sein jüngerer Bruder Karl von Anjou, der bereits Herrscher über die Provence war, 1263 das Königreich Neapel übernahm. Doch dieser hatte die Unterstützung des Papstes, und so gelang es ihm mit grausamer Energie, die Dynastie von Anjou zu begründen, die bis zur Mitte des 15. Jahrhunderts dort die Herrschaft innehatte.

Der letzte Kreuzzug

Der Ehrgeiz Karls von Anjou zielte auf nichts Geringeres als auf die Errichtung eines großen mittelmeerischen Reiches, wogegen übrigens auch Ludwig IX. nicht ganz immun gewesen zu sein scheint, zumindest ging seine letzte große Unternehmung in eine diesem Ehrgeiz verwandte Richtung. Der König hatte sich mit dem Scheitern seines ersten Kreuzzuges nie abfinden können. Er verwarf alle klugen Ratschläge seiner Berater und beschloß 1267, einen neuen Versuch zu wagen. Sein Bruder Karl, der Herr über Sizilien war und in Tunesien Fuß fassen wollte, redete ihm ein, daß der Emir dieses Landes sich zum Christentum bekehren und ihm eine starke Reitertruppe zur Verfügung stellen wollte. Die drei Jahre lang sorgfältig vorbereitete Expedition landete 1270 im ungünstigsten Moment in Karthago, nämlich mitten im Juli. Die schlecht untergebrachte und verpflegte französische Armee wurde eine Beute der Pest und der Ruhr und schmolz gleichsam in der Hitze der Hundstage dahin. Der König, der schon bei Beginn des Unternehmens krank gewesen war, starb am 25. August 1270 an Erschöpfung.
Dieser Tod verlieh der Heiligkeit des Königs die Aureole des Märtyrers. Zumindest stattete das historische Bild Ludwigs des Heiligen, der als die vollendete Gestalt eines christlichen Königs galt, die Krone Frankreichs und die kapetingische Dynastie mit einem religiösem Glanz aus, der ihr, in Verbindung mit der materiellen Macht, den ersten Rang unter den königlichen Familien Europas sicherte.

IV. Philipp IV., der Schöne (1285–1314)

Philipp III., der Kühne

Die 15 Jahre der Regierungszeit Philipps III. (1270–1285) sind ohne denkwürdiges Ereignis geblieben. Sein Onkel, Karl von Anjou, beeinflußte ihn stark und verleitete ihn schließlich zu einer Offensive gegen seinen Rivalen, den König von Aragon. Es war ein unglücklicher Feldzug, der mit dem Tod des Königs in Perpignan im Oktober 1285 sein Ende fand.

Die Legisten

Unter Philipp IV., genannt der Schöne, erhielt die königliche Macht einen brutalen und zynischen Charakter. Es ist jedoch unklar, ob diese Wendung durch den König selbst oder durch seine Berater bewirkt wurde, die damals einen beherrschenden Einfluß gewannen. Man nannte sie die Legisten, weil sie sich aus jener Gruppe von Experten rekrutierten, die am Hof mit richterlichen und legislativen Aufgaben befaßt waren. Sie versuchten das Prinzip neu zu beleben, das sie im römischen Recht entdeckt hatten und demzufolge der Wille des Herrschers zugleich das Gesetz ist: »Si veut le roi, si veut la loi.« Nach dieser dem Feudalrecht genau entgegengesetzten Theorie gab es für die königliche Macht keinerlei Schranken.

Der Konflikt mit dem Papst

Die Ansprüche des Königs kollidierten mit den nicht weniger anmaßenden Forderungen des Papstes Bonifaz VIII., der ebenfalls ein Legist war und das Papsttum zur obersten Instanz über alle christlichen Herrscher erheben wollte. Zum Konflikt kam es 1301, als der Papst ohne die Zustimmung des Königs ein neues Bistum in Frankreich einrichtete. Der König ließ den vom Papst ernannten Bischof verhaften, worauf der Papst ankündigte, er werde alle französischen Bischöfe nach Rom rufen, um das Verhalten Philipps IV. untersuchen zu lassen. Der Hauptberater des Königs, Guillaume de Nogaret, ein skrupelloser Mann, veröffentlichte eine bösartig gefälschte Version des päpstlichen Schreibens, welche die Selbstachtung der Franzosen verletzte. Der darob empörte Bonifaz exkommunizierte den König und entband alle seine Untertanen von ihrem Treueeid. Nogaret verfaßte eine auf erfundenen Verbrechen basierende Anklageschrift gegen den Papst, um dessen Absetzung zu rechtfertigen. Dann begab er sich schnell nach Italien. Mit einer Bande von Mietlingen, zu denen sich die persönlichen Feinde des Papstes gesellten, überraschte er Bonifaz VIII. in dessen Sommerresidenz in Anagni. Er überschüttete ihn mit Beleidigungen und forderte seine Abdankung, doch der Papst, ein Greis von 86 Jahren, blieb hart. Zwei Tage später erhoben sich die Bewohner von Anagni zugunsten des Papstes, und Nogaret mußte fliehen.

Der Papst, den das Geschehen schwer erschüttert hatte, starb wenig später. Sein erster Nachfolger, Benedikt IX., nahm die Exkommunikation des Königs wieder zurück, weigerte sich jedoch, auch Nogaret die

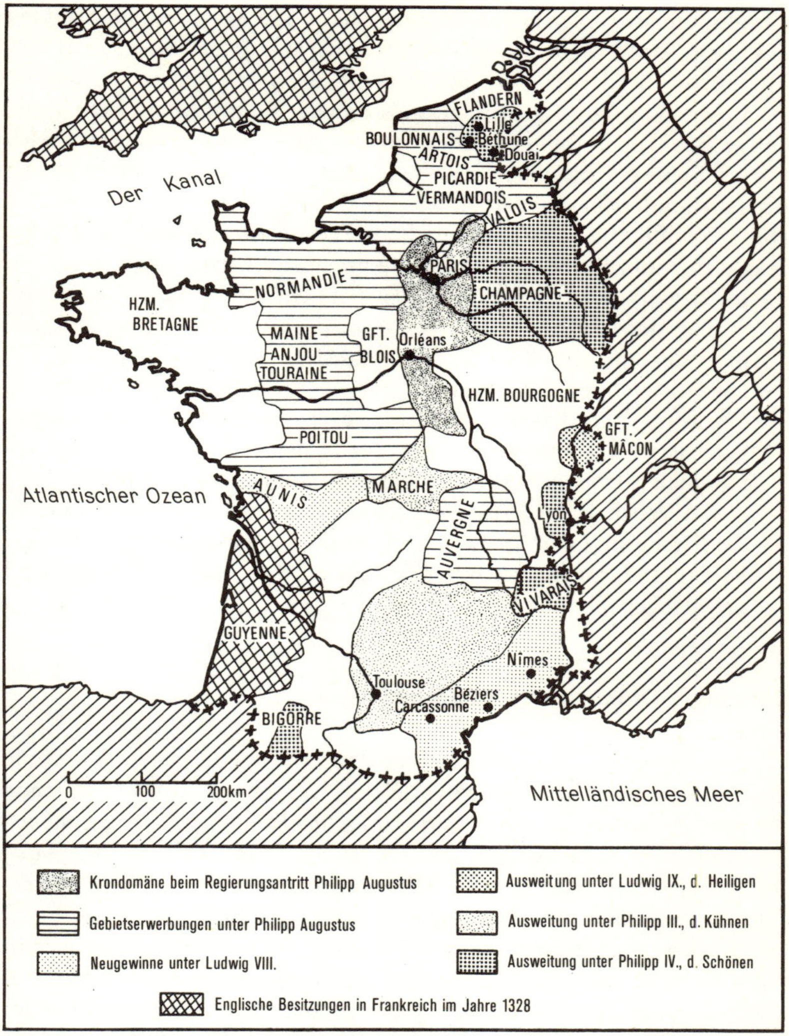

Frankreich unter den Kapetingern

Absolution zu erteilen. Daraufhin ließ dieser ihn vergiften. Nun gelang es Philipp, einen Mann seiner Wahl zum Papst küren zu lassen, den Erzbischof von Bordeaux, Bertrand de Goth, der sich Clemens V. nannte. Da dieser aus gutem Grund die Feindschaft der Römer zu fürchten hatte, ließ er sich 1309 in Avignon unter dem Schutz des Königs von Frankreich nieder. Seine Nachfolger, die ebenfalls Franzosen waren, behielten fast ein Jahrhundert lang Avignon als Sitz des Papsttums bei.
Dieser Konflikt und sein Ausgang hatten ungeheuere Konsequenzen für Frankreich und Europa sowie für die gesamte Christenheit:

— Im Gegensatz zu den von den Päpsten gehegten Träumen von einer Einheit der Christenheit behaupteten die weltlichen Herrscher und ihre Staaten die völlige Unabhängigkeit.
— Die Schwächung des Papsttums, das eine Zeitlang zum Werkzeug des Königs von Frankreich wurde, beraubte die Christenheit eines Schiedsrichters und Moderators, der in der Lage gewesen wäre, die nationalen Leidenschaften und Gewalttätigkeiten zu dämpfen.
— Der Aufenthalt der Päpste in Avignon bereitete das große Schisma der Kirche am Ende des 14. Jahrhunderts vor, das zur Korruption des Klerus und zur Schwächung der christlichen Kultur entscheidend beigetragen hat.

Die innere Ordnung des Königreiches

Philipp der Schöne versuchte vergeblich, zwei große Lehen der Krone seinem eigenen Gebiet einzuverleiben. Im Süden wurde Guyenne zweimal erobert und zweimal dem englischen König zurückgegeben, zuletzt durch ein Arrangement, das sich für die Zukunft als besonders unheilvoll erweisen sollte: die Verheiratung von Isabella, der Tochter Philipps des Schönen, mit dem englischen König Edward II.
Im Norden versuchte der König, die Gebiete des Grafen von Flandern in seine Hand zu bekommen, der den Fehler begangen hatte, sich mit dem englischen König zu verbünden. Aber die mächtigen Städte des Landes rebellierten gegen die Statthalter des französischen Königs. Die von Philipp entsandte Armee, welche sie zur Raison bringen sollte, wurde in der Schlacht von Courtrai von den flämischen Volksmilizen erbärmlich geschlagen (12. Juli 1302). Der König suchte seine Revanche zwei Jahre später in Mons-en-Puelle. Dieser Sieg erlaubte es ihm schließlich, Lille, Douai und Valenciennes zu behalten. Der Rest verblieb beim Grafen von Flandern, der bereit war, dem König erneut zu huldigen.
Diese Unternehmen kamen Philipp den Schönen freilich teuer zu stehen,

und er mußte allerlei neue Möglichkeiten ersinnen, um sich die notwendigen Mittel zu verschaffen. Die feudale Verpflichtung zum Kriegsdienst lieferte ihm den Vorwand für eine im ganzen Reich erhobene Steuer, die »Aide de l'Est«; sie war der Beginn einer regelmäßigen Steuererhebung von seiten des Königs sowie einer zentralen Verwaltung in den großen Lehen und in den Besitztümern der Krone. Der König bediente sich auch unsauberer Praktiken: Er manipulierte den Wert und die Prägung der Münzen; er zwang die lombardischen und jüdischen Händler, ihm Geld zu borgen; oder er behalf sich einfach mit brutalen Enteignungen.

Die Templer-Affäre

Ein Beispiel, dessen Zynismus nicht mehr überboten werden kann, war die Behandlung der Templer. Dieser zwei Jahrhunderte zuvor im Heiligen Land gegründete religiöse und militärische Orden war zu einer großen Finanz- und Territorialmacht geworden. Er verfügte über zahlreiche Güter, »Commanderies« genannt, und diente den christlichen Fürsten als Bank. In einer dem Orden gehörenden Festung in Paris, *le Temple,* befand sich auch der königliche Schatz. Im Oktober 1307 befahl der König die Beschlagnahme aller Güter und die Verhaftung aller Mitglieder des Ordens unter dem Vorwand, sie hätten sich der Unmoral und Ketzerei schuldig gemacht. Ein Prozeß fand statt, den Nogaret leitete. Mit Hilfe der Folter erzwang man die notwendigen Geständnisse, woraufhin Clemens V. die Auflösung des Ordens verfügte. Der Großmeister des Ordens, Jacques de Molay und 58 Ritter, die ihre Geständnisse widerrufen hatten, starben auf dem Scheiterhaufen.

Diese Grausamkeiten waren nicht die einzigen, die die Regierungszeit Philipps des Schönen verdunkelten. Von den vielen anderen Fällen sei noch der von zwei Rittern erwähnt, die ehebrecherischer Beziehungen mit den Schwiegertöchtern des Königs beschuldigt wurden. Der König ließ sie entmannen, foltern und vierteilen. Die christliche Gerechtigkeit des heiligen Königs Ludwig war nur mehr eine nostalgische Erinnerung.

5 Das Leben unter den Kapetingern

Das politische Werk der Kapetinger vollzog sich vor dem Hintergrund tiefgreifender Veränderungen, die das materielle und geistige Leben der französischen Nation berührten. Als wichtigste Punkte sind zu nennen: Bevölkerungsvermehrung, Fortschritte in der Landwirtschaft, Entfaltung der Handelsbeziehungen, Entwicklung des städtischen Lebens, stärkere religiöse Ausstrahlung und eine Blütezeit für Literatur und Kunst.

I. Wirtschaft und Gesellschaft

Neuerungen in der Landwirtschaft

Das Ende der Invasionen und die mit der Stärkung der königlichen Autorität und dem friedlichen Einfluß der Kirche einhergehende relative Sicherheit für die Bevölkerung hätten gewiß allein schon den Fortschritt in der Landwirtschaft beschleunigt und zur verbreiteten Nutzung von Ackergeräten aus Metall geführt, aber das Mittelalter hat darüber hinaus auch einige bemerkenswerte technische Neuerungen hervorgebracht:

— das Zaumzeug und das Beschlagen der Pferde mit Hufeisen, wodurch ein sehr viel wirksamerer Einsatz der Pferde möglich wurde;

— eine neue Pflugform, die eine tiefergehende und häufigere Bearbeitung des Bodens gestattete und sich auch für steinige und wurzelreiche Böden eignete;

— die Wassermühle, mit der man nicht nur Getreide mahlen, sondern darüber hinaus Werkstoffe für die Industrie bearbeiten, Werkzeuge schärfen oder Holz sägen konnte;

— schließlich einen regelmäßigen Wechsel im Anbau, der die Zahl der brachliegenden Felder verringerte.

Die Folge waren bessere Erträge, eine schnellere Kultivierung von Anbauflächen und ein gleichzeitiges Zurückdrängen von Steppen, Sümpfen und Wäldern; an die Entsumpfung erinnern noch heute unzählige Ortsnamen mit den Wurzeln *essarts, sarts* und im Süden *artigue.* Auch der Weinbau verbreitete sich schnell und lieferte ein Produkt von großem Handelswert, welches es der Landwirtschaft erlaubte, aus dem autarken Rahmen einer bloßen Selbsterhaltungswirtschaft herauszutreten.

Bevölkerungszuwachs

Dieser außerordentliche Fortschritt ermöglichte aber auch ein außergewöhnliches demographisches Wachstum. Die Ursachen dieses Phänomens sind im einzelnen schwer zu ermitteln, aber die Anzeichen dafür sind leicht zu verfolgen (und bis heute noch vorhanden): eine Fragmentierung der ländlichen Anbaugebiete, eine Vermehrung der Dörfer (das Wort *villa,* das bis dahin eine große Domäne bezeichnet, wird fortan im modernen Sinn von *village* = Dorf verwendet); hinzu kommt die Entstehung zahlreicher neuer ländlicher Gemeinden, die von weltlichen oder geistlichen Herren gegründet werden, um die Erde urbar zu machen; man nennt sie *villes neuves, franchises, sauvetés, bourgs;* die Bauern werden durch Vergünstigungen zur Ansiedlung bewogen, denn sie sind von zahlreichen Lasten und Frondiensten befreit, die Landwirte andernorts zu leisten haben.
Man muß in diesem Zusammenhang auch das Anwachsen der Städte erwähnen, die Vermehrung der Mönchsorden und schließlich jene Emigrationsbewegung, durch die in Frankreich nicht gebrauchte Soldaten von Zeit zu Zeit nach Spanien, nach Süditalien und nach dem Orient gelangten.
Nach einer ernstzunehmenden Schätzung soll die Bevölkerung innerhalb des vom französischen König unmittelbar kontrollierten Gebietes im Jahre 1328 zwölf Millionen betragen haben gegenüber nur vier Millionen 1086; sie hätte sich also innerhalb von zweieinhalb Jahrhunderten verdreifacht. Dies ist eine Wachstumsrate, wie sie in der französischen Geschichte nicht mehr erreicht wurde. Zum selben Zeitpunkt zählte das gesamte Königreich unter Einschluß der großen Lehen etwa 16 bis 17 Millionen Einwohner.

Handel und Gewerbe

Die Überschüsse der landwirtschaftlichen Produktion hatten einen stimulierenden Effekt für die anderen Bereiche sozialer Tätigkeit. Durch den Einkommenszuwachs hatten die Landesherren und Grundeigentümer, die die Hauptnutznießer dieses Fortschritts waren, die Möglichkeit und auch das Bedürfnis, ihre materiellen Existenzbedingungen zu verbessern. Dies bedeutete, daß man beim Bau der Schlösser anstelle von Holz mit dem wertvolleren Stein arbeitete, daß man die Angriffs- und Verteidigungsrüstung verbesserte sowie sich anspruchsvoller kleiden und ernähren konnte; der Klerus nutzte die allgemeine Tendenz zum

Bau von immer größeren und großartiger geschmückten Kirchen und Klöstern.

Viele Verbrauchsgüter mußte man von weither beziehen; daher kam es zur Wiederbelebung eines regen Handelsaustausches zwischen Regionen mit verschiedenen Produktionsschwerpunkten, und zwar innerhalb des Königreiches wie auch über dessen Grenzen hinaus. Sowohl im Norden wie im Süden Frankreichs wurden neue Hafenanlagen errichtet, im Norden mit Verbindungen nach der Nord- und Ostsee, seit die Wikinger sich zum Christentum bekehrt hatten; im Mittelmeer, das drei Jahrhunderte lang wegen der arabischen Eroberung dem christlichen Handel verschlossen gewesen war, gelang durch die Kreuzzüge eine neue Öffnung nach draußen: Venedig, Genua, Pisa, Barcelona und Marseille wurden zu Niederlassungen für die begehrten Erzeugnisse des Orients wie Gewürze, Parfüme, kostbare Stoffe, Teppiche, Waffen, Schmuck etc.

Die Kaufleute, die diese Waren verschifften und verkauften, sahen sich gezwungen, sich zusammenzuschließen, um sich sowohl gegen die auf ihren Handelswegen auftretenden Räuberbanden wie auch gegen die Abgaben zu wehren, die ihnen von den Landesherren, deren Gebiet sie berührten, abgefordert wurden. Diese Vereinigungen von Kaufleuten, die sich Gilde, Hanse oder Bruderschaft nannten, führten mitunter zur Gründung von Städten, so etwa der Hanse der Schiffahrtsunternehmer von Paris; an die bedeutsame Rolle der Hanse erinnert noch heute das Schiff im Wappen der Stadt.

Die Märkte

Um die Versorgung unter optimalen Bedingungen sicherzustellen, versammelten sich die oft von weither gekommenen Kaufleute des Groß- und Einzelhandels zu einem festen Zeitpunkt an bestimmten Orten, im allgemeinen in unmittelbarer Nähe einer wichtigen Stadt. Diese Märkte dauerten mehrere Wochen; ein raffiniert erdachtes System der Notierung von Schulden und Guthaben erlaubte die Abwicklung eines weit höheren Geschäftsvolumens, als es auf der Basis direkter Geldzahlung möglich gewesen wäre.

Im 13. Jahrhundert fanden die bedeutendsten Märkte des Westens in der Champagne, in Troyes und in Provins statt, in einer Region also, wo die Handelsströme aus dem Norden via Maas und Schelde, aus dem Westen via Seine und Marne und aus den mittelmeerischen Gebieten via Rhône und Saône zusammentrafen.

Die Städte

Die Wiederbelebung des Handels führte auch zum Erwachen des städtischen Lebens. Neben den alten, von ihren Mauern eng umschlossenen Zentren entstanden Vorstädte (*faubourgs*), in denen sich Kaufleute und Handwerker niederließen; sie schlossen sich ebenfalls zu Gilden oder Zünften zusammen und zogen weitere Arbeitskräfte aus der umgebenden Provinz nach. Die für das tägliche Leben wichtigen Handwerker gab es praktisch überall: Metzger, Schreiner, Bäcker, Küfer, Seiler usw., doch gewannen vor allem diejenigen Städte an Bedeutung, in denen eine Textilindustrie für den Export arbeitete; dies gilt vor allem für die Tuchweberstädte, die sich im Gebiet zwischen Somme und Schelde entwickelten.
Manchmal handelte es sich um ganz neue Ansiedlungen, die an für den gewerblichen Austausch besonders günstigen Punkten entstanden: an Straßenknotenpunkten, Überquerungen oder Zusammenflüssen von Strömen oder kleineren Flüssen bzw. Wasserläufen, die zur Errichtung von Mühlen oder Häfen besonders geeignet schienen. Sobald diese Ansiedlungen eine gewisse Bedeutung erlangten, umgaben sie sich mit Mauern.
Inmitten einer Gesellschaft, die ganz auf die Bedürfnisse der Landwirtschaft und auf feudale Beziehungen ausgerichtet war, stellten diese bürgerlichen Lebensformen ein fremdes, nicht assimilierbares Element dar. Sobald sie stark genug waren, schlossen sich die Führer der Kaufmanns- und Handwerksgilden zu Gemeinden *(communes)* zusammen und leisteten sich gegenseitig einen Eid, um der Landesherrschaft Konzessionen abzutrotzen, mit deren Hilfe sie eine ihren Tätigkeiten angemessene kommunale Verfassung entwickeln konnten. Dazu gehörten: die Beschränkung und Festlegung der an den Herrn zu entrichtenden Abgaben; ein gleicher Rechtsstatus für alle Mitglieder der Gemeinde, ungeachtet ihrer Herkunft; eine besondere Gerichtsbarkeit; Befreiung von Zöllen und anderen Abgaben, wie sie sonst überall erhoben wurden; und die Ermächtigung zur Aufstellung einer eigenen Miliz zum Zwecke der Verteidigung. Dies war im allgemeinen der Inhalt der Urkunden, die man den Herren manchmal durch eine gewaltsame Erhebung, in häufigeren Fällen jedoch durch Geldzahlungen abtrotzte. Sobald die Gemeinden sich aus dem Feudalsystem gelöst hatten, gaben sie sich eine eigene Regierung, die von der Schicht der wohlhabenden Bürger gewählt wurde. Im Norden des Landes nannte man die Magistrate *échevins*, im Süden, in Erinnerung an die römischen Institutionen, *consuls*.
Paris spielte zu dieser Zeit unter den Städten des Königreichs eine her-

ausragende Rolle, denn zu seinen normalen Funktionen als Handels- und Gewerbezentrum kam noch hinzu, daß es Sitz der königlichen Verwaltung war und über die ruhmreichste Universität des Westens verfügte. Seine Bevölkerung erreichte zu Zeiten Ludwigs des Heiligen gegen 50000 Einwohner. Die weiten Vorstädte, die sich entlang der beiden Ufer der Seine, außerhalb des ursprünglichen Stadtkerns der Ile de la Cité, entwickelt hatten, waren von Philipp Augustus mit einem etwa 4800 m langen Festungsgürtel umgeben worden, von dem noch heute Spuren zu erkennen sind.

Ritterschaft und Adel

Die neue Gesellschaft in den Städten und die Geldwirtschaft, von der sie lebte, bewirkten nach und nach eine Auflösung der sozialen Ordnung, die aus dem Feudalsystem des hohen Mittelalters hervorgegangen war. »Die einen beten, die anderen kämpfen, die übrigen schließlich arbeiten«, dies war das Bild, das sich im Jahre 1031 der Bischof von Laon namens Adalbéron von der Situation gemacht hatte, und dieses Bild blieb weiter wirksam, auch wenn ihm die Wirklichkeit nicht mehr entsprach.
Die Klasse der Krieger *(milites)* vereinigte sehr unterschiedliche Elemente in sich. Sie bestand teils aus Hohen Herren, Fürsten und Burggrafen; teils aus kleineren Herren, die auf einer bescheidenen eigenen Domäne im Herrschaftsbereich einer Burg lebten und sich ständig bereit hielten, dem Ruf des Oberherrn zu folgen, dessen militärische Reserve sie bildeten; schließlich aus einfachen Soldaten, die über keinen eigenen Besitz verfügten und in den Festungen mit den Burgherren zusammenlebten. Alle diese Männer wußten sich durch die gemeinsame kriegerische Berufung miteinander verbunden, die für sie den Lebensinhalt ausmachte. Sie nannten sich Ritter, denn erst der Besitz einer Pferdemontur ermöglichte die Teilnahme an Feldzügen. Durch eine Zeremonie, *l'adoubement* (Ritterschlag), rückte der Reitersoldat in die Klasse der Privilegierten auf und lebte fortan von der Arbeit derer, die er, zumindest im Prinzip, schützen sollte.
Je mehr die Errichtung der königlichen und kirchlichen Ordnung jedoch die Gelegenheiten zu kriegerischen Auseinandersetzungen verminderte, je mehr der Reichtum aus regelmäßigen Feudaleinkünften und nicht mehr aus Kriegsbeute stammte und je stärker sich schließlich die Söldnerarmeen entwickelten, desto bedeutsamer wurde die Idee der Herkunft *(lignage)* für die Bestimmung des adligen Status der Ritter. Es war die

Idee von einer Gemeinsamkeit der Interessen, welche die Nachfahren eines großen Ahnen miteinander verband und auf dessen Erbe sich Macht und Glanz einer Familie gründeten. Die Autorität des Hausherrn, des jeweils Ältesten unter den männlichen Nachkommen, verdrängte die Bindung an den Lehensherrn. Ein Zeichen für diese Entwicklung war die wachsende Verbreitung von Familiennamen, die auf den Namen eines Besitzes, eines Schlosses oder einer Stadt zurückgehen.

Die ländlichen Verhältnisse

In der bäuerlichen Welt war die Entwicklung nach Regionen unterschiedlich und im ganzen sehr langsam, doch ging sie im allgemeinen in die Richtung einer Nivellierung der Rechtsverhältnisse, sowohl was das Land wie die Personen anbetraf.

1. Im 9. Jahrhundert unterschied man neben den direkt als Lehen gehaltenen Gütern zwei Arten von Land: die *censives* und die *alleux*. Die *censive* (Zinsgut) wurde von einem Herrn einem Pächter überlassen, der dafür in Geld oder Naturalien zu zahlen hatte, die man *cens* (Zins) nannte. Die *alleux* (Freigüter) waren freie und erbliche Grundstücke. Im Laufe der Jahrhunderte verschwanden diese Freigüter mehr und mehr: Die meisten wurden in Zinsgüter umgewandelt, während die wichtigsten zu Lehensgütern gemacht wurden. Die Lehen waren wiederum in zwei Gruppen unterteilt *(manses* oder *coutures)*, je nachdem, ob sie von Leibeigenen oder von freien Bauern bewirtschaftet wurden. Am Ende der Entwicklung war der ganze Grund und Boden in ein Gewebe von Familienwirtschaften aufgeteilt, die man *feux* nannte und die in kirchliche Gemeinden aufgegliedert waren; sie mußten verschiedene Leistungen für den Herrn entrichten, von dem es in der damaligen Sprache hieß, daß er über den Bann gebot.

2. Eine ähnliche Entwicklung führte zur Nivellierung der Lebensbedingungen der Menschen. Die ehemaligen Sklaven wurden Leibeigene in direkter Verbindung mit dem ihnen zur Bewirtschaftung überlassenen Land. Nach und nach näherte sich ihr Rechtsstatus dem der Freien, die einem Herrn auf dem ihnen überlassenen Land tributpflichtig waren, oder dem Status von »Gästen« *(hôtes)*, die man geholt hatte, wenn man das Land urbar machen wollte. Ähnlich den städtischen Gemeinden schlossen sich auch die Bauern verschiedener Herkunft gelegentlich zusammen, um eine *charte* zu erhalten, worin ihre Verpflichtungen begrenzt und festgelegt wurden, oder sie konnten sich durch Geld von gewissen Frondiensten freikaufen.

Am Ende dieser Entwicklung gab es eine deutlichere Scheidung als zur karolingischen Zeit zwischen der adligen Klasse der Herren und Ritter und der Klasse der Landarbeiter, die von den Bürgern in den Städten nicht weniger verachtet wurden wie von den Adligen. Daher kommt die mehr oder weniger pejorative Bedeutung einiger französischer Wörter, die ursprünglich einen durchaus konkreten Sinn hatten: ein *vilain* (heute gleichbedeutend mit häßlich, gemein) war ursprünglich ein Landarbeiter in einer großen Domäne (= *villa*); ein *manant* (heute gleichbedeutend mit Bauernlümmel) war jemand, der mit einer *manse* verbunden war; ein *rustre* oder *rustaud* (heute Bauernlümmel oder Flegel) war ursprünglich ein Mann vom Land; und ein *roturier* (heute gleichbedeutend mit nichtadelig oder gemein) war ursprünglich ein Landwirt, dem man Land zur Urbarmachung gegeben hatte.

II. Die Kirche

Eine wesentliche Rolle

In dieser Zeit betrachtet sich jeder Franzose unabhängig von seiner politischen Zugehörigkeit, unabhängig auch von seinem sozialen Status, und zwar vom König bis hinunter zum einfachsten *vilain*, in erster Linie als Christ, d.h. als Mitglied jener großen Gesellschaft, die sich Kirche nennt. Von ihr erwartet man Hilfe und Belehrung, um das Hauptziel des Lebens zu erreichen, die Glückseligkeit des Paradieses; die Gebräuche und Sakramente der Kirche begleiten das Leben jedes einzelnen von der Geburt bis über den Tod hinaus; die kirchliche Hierarchie umspannt die Gesellschaft auf allen Stufen wie mit einem weiten Netz, das sich um so wirksamer erweist, als ihre menschlichen Repräsentanten in der Regel eine moralische und geistige Elite darstellen. *Clerc* (Kleriker) zu sein, ist in dieser Epoche gleichbedeutend mit dem Status eines gebildeten Menschen. Da dieser Klerus jedoch der Regel des Zölibats unterworfen ist, kann er sich nur erneuern, indem er sich Nachwuchs aus allen Schichten der Gesellschaft holt; darum bildet der Klerus keine vom übrigen Volk getrennte Kaste, sondern ist aufs engste mit dem Leben der christlichen Laien verbunden.

Doch gerade weil die Kirche so stark in die menschliche Gesellschaft eingebunden ist, ist sie auch ständig in Gefahr, von deren Schwächen und Lastern angesteckt zu werden. Ihre Institutionen sind in vieler Hinsicht eine Widerspiegelung der Einrichtungen, wie sie zu jeder Epoche von der bürgerlichen Gesellschaft entwickelt wurden.

Schließlich muß man darauf hinweisen, welch herausragende Rolle gerade Frankreich in der Christenheit des 12. und 13. Jahrhunderts gespielt hat. Mehr als einmal konnten die Päpste nach Frankreich flüchten, wenn sie mit dem deutschen Kaiser im Streit lagen, und auf französischem Boden ihre Konzilien abhalten. In Frankreich bekam die Idee der Kreuzzüge ihr volles Gewicht; hier vor allem sind die großen Mönchsorden entstanden, die sich dann über ganz Europa ausgebreitet haben; hier hat sich das großartige geistige Zentrum der Universität Paris entwickelt. Frankreich war es schließlich, das dem westlichen Europa die Formeln für eine neue Architektur und eine neue Bildersprache lieferte.

Der weltliche Klerus

Man nannte ihn so, weil er in der »Welt« lebte, mit dem christlichen Volk vermischt war und deshalb der Ansteckung durch eine brutale Gesellschaft am stärksten ausgesetzt war. Die beträchtlichen Reichtümer, welche die Kirche in den Bistümern angesammelt hatte, und die ständigen Einnahmen, die mit ihren Funktionen verbunden waren, hatten die Begehrlichkeit der Laien geweckt. Im 10. Jahrhundert verfügten die Fürsten und übrigen Herren über hohe kirchliche Ämter, als wäre es ihr eigener Besitz, den man einem Getreuen oder einem Familienmitglied überlassen, ja sogar an den Meistbietenden verkaufen konnte. War nicht der päpstliche Thron von Rom selbst zum Zankapfel zwischen den italienischen Fürsten und dem deutschen Kaiser geworden? Die unter solchen Voraussetzungen ernannten Bischöfe lebten wie weltliche Herren, führten Krieg, gingen auf die Jagd, unterhielten Konkubinen, während die Pfarrer in den Gemeinden Ehen eingingen und sich in ihrem Lebenswandel kaum mehr von ihren »Schäfchen« unterschieden.
Vor allem zwei Faktoren trugen dazu bei, daß die Kirche vom 11. Jahrhundert an aus diesem traurigen Zustand herauskam:
1. Eine Art geistliche Erweckung aus Anlaß des tausendsten Geburtstages Jesu Christi: Aufgrund einer falschen Interpretation der Heiligen Schrift glaubte man an das unmittelbar bevorstehende Ende der Welt und das Jüngste Gericht. Die Plagen, die damals die Christenheit heimsuchten – Pest, Hungersnot, Kriege, Ketzerei –, waren in der Offenbarung Johannes' als Vorzeichen des kommenden Endes angekündigt worden. Die Angst rüttelte das Gewissen der Menschen auf, führte sie zur Buße und Besserung, um den Zorn Gottes zu besänftigen. Diese Vorstellung erklärt, warum auch nach dem Schwinden der großen Angst des Jahres 1000 im Tympanon aller neuen Kirchen immer wieder das Thema

des Jüngsten Gerichts zu finden ist.
2. Der Investiturstreit: Papst Gregor VII., ein im französischen Cluny ausgebildeter Benediktinermönch, führte einen denkwürdigen Kampf gegen den deutschen Kaiser; er setzte durch, daß kirchliche Ämter nicht mehr von Königen, Fürsten und weltlichen Herren vergeben werden durften. Die Bischöfe, die von nun an durch das Domkapitel und das Volk gewählt wurden, sollten ihr geistliches Amt allein vom Papst, wenn auch vermittelt durch Erzbischöfe, erhalten. Der Souverän oder weltliche Herr sollte nur mehr das Recht haben, bei der Investitur der weltlichen Güter, die zu einem Bistum gehörten, mitzuwirken.

Diese gregorianische Reform wurde auch in Frankreich eingeführt und von den frommen Königen Ludwig VII. und Ludwig dem Heiligen praktiziert; sie führte zur Entstehung eines hochwertigen Episkopats. Die Bischöfe waren ihrerseits bemüht, die Würde des niederen Klerus zu heben; sie bekämpften vor allem das Konkubinat, aber der ländliche Klerus blieb aufgrund seiner mangelnden Ausbildung noch lange einer religiösen Praxis verhaftet, die von heidnischen Glaubensvorstellungen und Gebräuchen durchsetzt war.

Die Wiedergeburt der Städte führte den Bischöfen und dem Klerus neue Gemeinden zu. Unterstützt durch den Wettbewerbsgeist der gewerblichen Gilden und der städtischen Gemeinden entstand so auf französischem Boden jenes »weiße Gewand neuer Kirchen«, das der klösterliche Chronikschreiber Raoul Glaber bereits zu Beginn des 11. Jahrhunderts gefeiert hat. Es ist zwar Sache der Kunsthistoriker, die Entwicklung der mittelalterlichen Architektur zu beschreiben, doch sollten wir hier wenigstens darauf hinweisen, daß die originellste Schöpfung der neuen Baukunst, die gotische Architektur der großen Kathedralen, auf französischem Boden, genauer: im unmittelbaren Herrschaftsbereich des Königs, entstanden ist. Die von Suger zwischen 1132 und 1144 wiederaufgebaute königliche Abteikirche von Saint-Denis wurde zum vollendetsten Modell der neuen Bautechnik. Sie galt dem zur Nachahmung bereiten christlichen Europa als das *opus francigenum*, das französische Meisterwerk.

Die Mönchsorden

Klöster, die über umfangreiche Ländereien verfügten, waren vielfach zur Beute weltlicher Herren geworden. Die gregorianische Reform erlaubte es den Mönchen fortan, sich stärker wesentlichen Aufgaben zu widmen, jenem beständigen Gebet zum Himmel, welches für die Leben-

den wie für die Toten Vergebung erfleht. Die Klöster boten denen, die die Brutalität und die Unmoral der feudalen Gesellschaft ablehnten, eine friedliche Zuflucht, den Bauern ihrer Umgebung einen geheiligten Unterschlupf vor Kriegsleuten, den Armen die Versorgung mit Lebensmitteln; die Kinder der adligen Familien und der Nachwuchs an Geistlichen gingen hier zur Schule.
Wenn eine Abtei zu groß geworden war oder ein zusätzliches Gebiet erworben hatte, konnte sie Zweigstellen einrichten; blieben diese ihrem Mutterhaus verbunden, dann nannte man sie Prioreien *(prieurés)*.
Nachdem das Papsttum seine Unabhängigkeit gegenüber den weltlichen Herren behauptet hatte, nutzte es den Vorteil, den die Klöster ihm boten. Die Klöster wurden dem Papst unmittelbar unterstellt und der bischöflichen Aufsicht entzogen. Die von den Mönchen gewählten Äbte erhielten ihre geistliche Vollmacht unmittelbar vom Heiligen Stuhl; dieser Akt bedurfte jedoch der Zustimmung des Königs, nicht zuletzt wegen der außerordentlich großen territorialen Besitztümer, welche die Äbte verwalteten oder denen sie als Herren im Sinne des Feudalsystems vorstanden.

Cluny

Ein drittes Element der Reform des klösterlichen Lebens war die Entstehung einer großen Zahl von Häusern, die von *einer* Leitung abhängig waren und alle die gleiche Regel befolgten. Das Beispiel kam aus Cluny, einer Benediktinerabtei, die seit ihrer Gründung im Jahre 910 allein dem Papst unterstellt war. Ihr Abt Odilon erreichte um das Jahr 1000, daß auch seine »Filialen« in gleicher Weise von der bischöflichen Oberherrschaft befreit wurden, so daß ihre Leiter, Äbte oder Prioren, allein dem Mutterhaus und seinem Generalabt unterstanden. Dieser konnte überall dieselben Regeln zur Geltung bringen.
Der großartige Aufstieg des Clunyazenserordens ist vor allem der Leitung zweier Männer zu verdanken, die sowohl hinsichtlich ihrer Fähigkeit wie auch hinsichtlich der Dauer ihres Amtes außergewöhnlich waren: Odilon (994–1049) und Hugo der Große (1049–1109). Beim Tode Hugos zählte der Orden nicht weniger als 1184 »Filialen«; es war ein Reich, dessen Führer kaum weniger mächtig war als der Papst. In Cluny selbst, wo 300 Mönche mit Hunderten von Laien oder Bediensteten zusammen lebten, hatte Hugo die größte Kirche der Christenheit bauen lassen: Sie war 187 m lang, 73 m breit, mit fünf Längsschiffen, deren höchstes 30 m maß.

Citeaux

Im 12. Jahrhundert jedoch war das Leben der Clunyazensermönche, in dessen Mittelpunkt eine prächtige Liturgie stand, so manchem, der nach christlicher Vollendung strebte, zu weltlich oder in materieller Hinsicht zu leicht geworden. So kam es zu Neugründungen: Der Heilige Bruno etwa richtete in einem fast unzugänglichen Gebirge den Kartäuserorden ein, dessen Mönche sich ganz einem Leben in der Einsamkeit widmeten; noch ausgeprägter war das Beispiel von Robert de Molesmes in Citeaux (1098). Die Zisterzienser wollten zur ursprünglichen Reinheit der Regel des Heiligen Benedikt zurückkehren; sie verschmähten jeden überflüssigen Luxus im Gottesdienst und bei der Ausstattung von Gebäuden; sie lebten abstinent und in der Stille, waren mit einfachem, weißem Wollstoff gekleidet und verbrachten ihre Zeit mit Gebet und Arbeit. Um der Welt zu entfliehen, errichteten sie ihre Klöster inmitten von Sümpfen und Wäldern, die sie selbst rodeten und kultivierten, denn sie wollten weder dienstbare Geister noch Vasallen haben. Die Leitung des Ordens folgte nicht wie bei den Clunyazensern monarchischen Prinzipien, sondern oblag einer jährlich in Citeaux zusammentretenden Versammlung, auch Generalkapitel genannt.
Die Ausbreitung des Ordens war in erster Linie das Werk des Abtes Bernhard von Clairvaux (1091–1153): Er war Prediger, Reformator, Autor von geistlichen und theologischen Büchern, Berater von Königen und Päpsten zugleich; zusammen mit Ludwig dem Heiligen gilt er als eine der vollkommensten Verkörperungen des mittelalterlichen Geistes. Als er starb, zählte der Zisterzienserorden bereits 343 Klöster, gegen 1300 waren es fast 700.

Die Bettelmönche

Die Suche nach einem wahrhaft christlichen Leben in vollständiger Armut führte zu Beginn des 13. Jahrhunderts zu einer neuen Formel für das religiöse Leben. Fast zur gleichen Zeit (1210 und 1215) ließen der Italiener Franz von Assisi und der Spanier Dominikus von Osma, der nach Languedoc gekommen war, um die albigensischen Ketzer zu bekämpfen, ihre Idee zur Schaffung von Bettelorden durch Rom sanktionieren; es sollten Mönche sein, die weder Ländereien noch Häuser besaßen, sondern nur von Almosen lebten. Im Gegensatz zu den Kartäusern und Zisterziensern, die ihr Heil in einer möglichst vollständigen Trennung von der Welt suchten, wollten Franziskaner und Dominikaner mit dem Volk

leben; sie wollten »Prediger und Täter des Wortes« sein und lebten darum vor allem in Städten.
Obwohl ausländischen Ursprungs, haben sich diese beiden Orden in Frankreich sehr schnell verbreitet. Das 11. Jahrhundert war das Jahrhundert der Clunyazenser, das 12. das der Zisterzienser, das 13. sollte das Jahrhundert der Bettelorden werden.
Die Notwendigkeit zu lernen, um besser lehren zu können, und die Lehre zu vertiefen, um sie besser gegen die Anfechtungen einer Epoche verteidigen zu können, die an kühnen Geistern reich war, führte einige dieser Mönche zu einer herausragenden Stellung unter den Doktoren der Universität von Paris. Zu erwähnen ist vor allem der Franziskaner Bonaventura und der Dominikaner Thomas von Aquin.

Die Universität

Jede Hauptkirche (Kathedrale) sollte im Prinzip eine Schule für die Ausbildung der Geistlichen unterhalten. Die Schule bei der Kirche Nôtre-Dame von Paris war die bekannteste; sie wurde nicht nur von Studenten aus allen Provinzen des Königreichs, sondern auch von Ausländern besucht. Neben den vom Bischof eingesetzten Lehrern, die allein berechtigt (habilitiert) waren, Diplome und Grade zu verleihen, gaben in zunehmendem Maße auch Lehrer ohne offiziellen Titel Unterricht. Zunächst waren es einfache Repetitoren, doch gelang es ihnen bald, die offiziellen Lehrer der bischöflichen Schule geistig zu übertreffen. Mit der Unterstützung ihrer Studenten forderten sie das Recht, sich, ähnlich wie die anderen städtischen Gewerbe, autonom zu organisieren. Nach langen Auseinandersetzungen mit dem Bischof und den Vertretern des Königs und dank einer Intervention seitens des Papstes erhielten sie schließlich, was sie forderten: In zwei päpstlichen Erlassen der Jahre 1215 und 1231, die auch vom König gebilligt wurden, konstituierte sich die *Universitas magistrorum et scolarum* als autonome Korporation, die von der Autorität des Bischofs völlig unabhängig war und einen gewissen Schutz vor strafrechtlicher Verfolgung genoß.
Es gab damals noch keine speziellen Unterrichtsgebäude; die Studenten wohnten nach Möglichkeit in dem Viertel von Paris, das sich zwischen dem Hügel Sainte Geneviève und der Seine an der Stelle der alten Römerstadt entwickelt hatte. Man nannte es das *Quartier Latin.*
Am günstigsten waren die Bedingungen für jene Studenten, die als Stipendiaten in die Kollegien *(collèges)* aufgenommen wurden, in denen meist die Studierenden eines Landes zusammenlebten. Das berühmteste

dieser Kollegien war von Robert de Sorbon, einem Kaplan von König Ludwig dem Heiligen, gegründet worden; es nahm nur Studenten der Theologie auf. Die Professoren der Sorbonne wurden zur geachtetsten Lehrautorität der Christenheit; die Universität von Paris war nach den Worten eines Zeitgenossen »der Ofen, in dem man das geistige Brot für die ganze Welt buk«.

Pilgerzüge

Das christliche Leben des mittelalterlichen Frankreich und seine materielle und künstlerische Gestalt sind durch die Praxis der Pilgerzüge fast ebenso stark geprägt worden wie durch den Aufschwung der Mönchsorden. Das Pilgertum war die Sublimierung eines natürlichen Bedürfnisses nach einem Ortswechsel. In ihm haben sich primitive magische Züge in christlicher Verwandlung erhalten; der Pilger war teils erfüllt von dem Glauben an die übernatürliche Kraft der Berührung bzw. Nähe der Leichname der Heiligen oder der Reliquien des Leidensweges Christi, teils erfüllt von der Hoffnung, daß an bestimmten Orten – vor allem denjenigen, die Jesus auf seinem irdischen Weg selbst berührt hatte – die Gnade der reinigenden Vergebung, ja sogar die physische Heilung leichter zu erlangen sei als anderswo. Dazu kam der erlösende Wert der Askese, der in dem oft langen Pilgerweg mit all seinen Mühen und Gefahren beschlossen lag.
Die Profite, die sich aus dem Zustrom der Pilger schlagen ließen, veranlaßten die Abteien, sich besonders wertvolle Reliquien, falsche oder echte, zu verschaffen und die Tugenden und wundersamen Kräfte der Heiligen zu preisen, deren Überreste sie aufbewahrten. Die vereinnahmten Gelder wurden zur Herstellung großartiger, mit Gold und wertvollen Steinen verzierter Reliquienschreine verwendet sowie zum Bau immer kunstvollerer Altäre. Die weitesten Pilgerreisen gingen bis zum Grab Christi nach Jerusalem oder zu dem der Apostel Petrus und Paulus in Rom. Aber es gab auch nähere Ziele; die meisten Franzosen pilgerten nur zum Heiligen Martin nach Tours, zum Heiligen Benedikt nach Fleury-sur-Loire oder zum Heiligen Apostel Jakobus nach Compostella in Spanien. Auf den Wegen, die nach Compostella führten, richteten die Clunyazenser ein Netz von Stationen mit Klöstern und Unterkünften ein, das die burgundische Baukunst bis nach Spanien hineintrug.

Die Kirche und der Friede

Als im 10. und 11. Jahrhundert die Feudalkriege tobten und sich die königliche Autorität als zu schwach erwies, um dagegen etwas zu unternehmen, ergriff die Kirche durch ihre zum Konzil vereinigten Bischöfe oder auch durch individuelle Entscheidungen eine ganze Reihe von Initiativen, um das Unheil zu begrenzen und die Schwachen gegen die Brutalität der Mächtigen zu schützen:

— durch das Kreuz abgesteckte Zonen schützten unter Androhung der Exkommunikation die Güter der Kirche, der Bauern und Handwerker;
— durch den Friedenseid, der der Huldigung des Vasallen nachempfunden ist, verpflichteten sich Kriegsleute, die Angehörigen und Besitztümer des Klerus und der Waffenlosen nicht anzutasten;
— in sogenannten Friedensvereinigungen kämpften deren Mitglieder gegen die Anstifter von Unruhen;
— der Gottesfriede verbot es, an bestimmten Wochentagen oder in bestimmten Abschnitten des Kirchenjahres, wie dem Advent, der Fastenzeit, der Weihnachts- und Osterzeit, zu den Waffen zu greifen.

Es gelang der Kirche auch, die Riten des Ritterschlages für ihre Zwecke zu nutzen. Die Segnung der Waffen und die Ableistung eines Eides machten den christlichen Ritter zum Beschützer von Geistlichen, Frauen und Waisen; die Tugenden der Loyalität, der Nächstenliebe und der Gerechtigkeit galten ihm als ebenso erstrebenswert wie physischer Mut und geschickter Umgang mit Waffen. Letztendlich sollte nur noch der Kampf gegen die Feinde Gottes und der Armen erlaubt sein.

Die Kreuzzüge

Die Bewegung für den Gottesfrieden mußte natürlich in den Heiligen Krieg, den Kreuzzug, münden. Auch hierbei war das Pilgermotiv mächtig, denn die ersten Kreuzritter zogen tatsächlich aus, um den Christen einen freien Zugang zum Grab Jesu zu verschaffen.
Es ist hier nicht der Ort, im einzelnen auf die Geschichte der acht Kreuzzüge einzugehen, die vom 9. bis 13. Jahrhundert mehrere in allen Teilen der Christenheit rekrutierte Heere nach dem Osten führten. Man muß jedoch daran erinnern, daß der erste Kreuzzug 1095 in Clermont in Frankreich durch Papst Urban II. ausgerufen worden ist, der zweite durch den Heiligen Bernhard in Vézelay im Jahre 1146. Frankreich

stellte bei weitem die größte Zahl der Kreuzfahrer, u.a. drei Könige: Ludwig VII., Philipp Augustus und Ludwig den Heiligen.
Aus diesem Grunde waren die Nachwirkungen der Kreuzzüge auf die europäische Gesellschaft in Frankreich am deutlichsten zu spüren. Sie sind in folgendem zu sehen:
1. Im Orient entdeckten die Kreuzfahrer die Reize einer materiell raffinierteren Zivilisation; sie entwickelten einen Sinn für Luxus, zu dessen künftiger Befriedigung Schiffahrtrouten durch das Mittelmeer und Handelswege von den Häfen bis in die Städte des Landesinneren eingerichtet wurden. Darauf beruhte die Prosperität der Kaufleute. Auch die Einführung einiger neuer Baumarten und Pflanzen sowie die Verbreitung bestimmter handwerklicher Techniken haben wir den Kreuzzügen zu verdanken.
2. Die Kreuzzüge waren für die Verhältnisse im Innern ein Faktor der Ordnung und des Friedens; sie lenkten die kriegerische Unruhe und die Eroberungsgier der militärischen Klasse nach außen ab.
3. Sie trugen ferner zur Schwächung der Macht der Landesherren bei: Tausende von ihnen ließen ihr Leben, und die Überlebenden verarmten vielfach, weil sie große Schulden machen mußten, um die Reise finanzieren zu können. Das Königtum freilich vermochte seine Autorität dadurch zu stärken; es gelang ihm, viele nicht mehr vererbbare Territorien an sich zu bringen, während Städte und ländliche Gemeinden sich Freibriefe verschaffen konnten.
4. In allen Anrainerländern des östlichen Mittelmeers hinterließen die französischen Kreuzfahrer Spuren ihrer Sprache, ihrer militärischen Einrichtungen oder die abschreckende bzw. großartige Erinnerung an ihre Taten; es war ein Einfluß, den die französischen Regierungen bis in das 19. Jahrhundert für sich nutzen konnten.

6 Der Hundertjährige Krieg (1339–1453)

Auf die Errungenschaften der kapetingischen Herrscher und die großartige Entfaltung der französischen Kultur im 13. Jahrhundert folgten 150 Jahre des Unglücks. Ein nicht endenwollender, grausamer Krieg verheerte das Land und verstärkte die Wirkung der natürlichen Plagen, der Pest- und Hungersnot, welche die Bevölkerung dezimierten. Die Autorität der Krone blieb umstritten. Aber am Ende dieses Zeitraums zeigte sie sich von neuem gestärkt, desgleichen die territoriale und moralische Einheit der Nation.

I. Philipp VI. von Valois und die Ursachen des Krieges

Der Aufstieg der Familie Valois

Der älteste der drei Söhne Philipps des Schönen war seinem Vater 1314 ohne Schwierigkeiten nachgefolgt. Aber Ludwig X. starb bereits nach zwei Jahren. Er hinterließ nur eine Tochter, doch seine Frau war schwanger. Der Bruder des verstorbenen Königs, Philipp der Lange, wurde zum provisorischen Regenten ernannt; die verwitwete Königin gebar einen männlichen Erben, der unter dem Namen Johann I. zum König proklamiert wurde, doch das Kind starb fast unmittelbar darauf. Nach feudalem Recht hätte ihm seine Schwester Jeanne, die damals acht Jahre alt war, auf den Thron folgen müssen. Aber Philipp ließ sich mit Zustimmung seiner Familie und der Großen des Reiches selbst zum König ausrufen.

So war ein Präzedenzfall geschaffen, der in analogen Verhältnissen noch eine Rolle spielen sollte, nämlich als Philipp V. und später sein Bruder Karl IV., der Schöne, ohne männlichen Erben starben: Philipp von Valois, der älteste der Vettern der drei verstorbenen Könige, wurde zunächst als Regent anerkannt, später als König (1328). Diese Entscheidung, die von einer Versammlung von Prälaten und Baronen getroffen worden war, wurde durch den König von England, Edward III., einen Enkel bzw. Sohn der älteren Töchter der beiden französischen Könige, angefochten. Doch man wollte um keinen Preis einen englischen Oberherrn haben. Um die Ausschaltung des Briten von der Thronfolge zu rechtfertigen, die den vorher praktizierten Präzedenzfall umging, berief man sich auf einen Brauch der salischen Franken, demzufolge keine Frau auf den Thron

Die ersten Valois

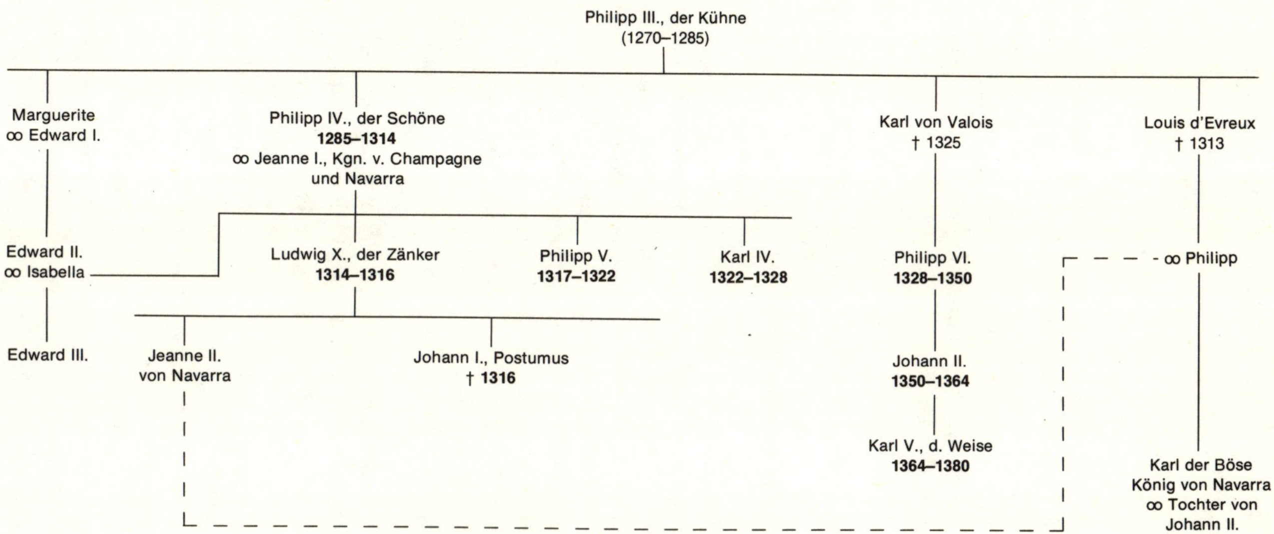

gelangen, noch einem ihrer Söhne das Thronfolgerecht übertragen werden dürfe. Dieses angeblich salische Recht, das man der Umstände halber erfunden hatte und das von keiner anderen regierenden Familie angewendet wurde, sollte von nun an die Erbfolge der französischen Könige regeln. Dadurch ließen sich die Unannehmlichkeiten ehelicher Kombinationen vermeiden, die in vielen Fällen mit der Amtsübernahme durch eine junge Königin verbunden waren.
Zunächst jedoch riß diese umstrittene Erbfolge das Land in den längsten und verheerendsten seiner Kriege.

Zeit der Not

Die Geißel des Krieges war nur eine unter vielen anderen Plagen. Schon zu Beginn des 14. Jahrhunderts hatte sich die günstige wirtschaftliche Konjunktur, die den Aufschwung des Frankreichs der Kapetinger getragen hatte, ins Gegenteil gekehrt. Die Ausdehnung der Anbaufläche durch Urbarmachung schien an ihre natürlichen Grenzen zu stoßen; die Erträge wurden durch häufige kalte und regenreiche Sommer gemindert, in denen sich ein allgemeines Erkalten des Klimas anzukündigen schien. Die Unbilden des Wetters und die Hungersnöte dezimierten die Bevölkerung und senkten die Geburtenrate. Auch der Handel hatte unter der Verschlechterung der landwirtschaftlichen Erträge sowie unter der Verknappung kostbarer Metalle und den daraus resultierenden monetären Manipulationen zu leiden. Die großen Märkte der Champagne verfielen schnell. Der Handelsaustausch zwischen Italien und Flandern verlagerte sich stärker auf das Meer.
Ende 1347 kam der schwarze Tod. Italienische Schiffe, die das Schwarze Meer befuhren, hatten die Pest aus Zentralasien eingeschleppt; die ansteckende Krankheit breitete sich 1348 über Marseille und Avignon mit unheimlicher Geschwindigkeit aus und wütete mit großer Heftigkeit: Je nach geographischer Lage raffte sie zwischen einem Drittel und einem Achtel der Bevölkerung dahin; in einigen Städten fielen ihr sogar mehr als die Hälfte der Einwohner zum Opfer. Alle Tätigkeit kam zum Erliegen, selbst der Krieg. Nach dieser ersten großen Katastrophe schlummerte die Krankheit ein Jahrhundert lang unter der Oberfläche; von Zeit zu Zeit brach sie an bestimmten Orten wieder aus; 1361 erfaßte sie noch einmal das ganze Land.
Hungersnot, Pest und Kriegsfolgen verringerten die Bevölkerung auf dem Lande so sehr, daß viele Dörfer gegen Ende des 14. Jahrhunderts vollständig verlassen waren und große Anbauflächen aufgegeben wur-

den. Die ländliche Arbeitskraft mußte nun teurer bezahlt werden. Die Grundeigentümer erhielten weniger Abgaben und befürchteten eine weitere Minderung ihres Einkommens. Darum widersetzten sie sich dem Verlangen des Königs nach Unterstützung. Dieser war selbst verarmt, stand aber unter dem Druck des Krieges. So bildeten sich schließlich Versammlungen von Adligen und Bürgern, die versuchten, die königliche Regierung unter ihre Kontrolle zu bringen.
Zu den erwähnten Übeln kamen noch die politischen Kämpfe, die bis zum Bürgerkrieg gingen, sowie soziale Unruhen, in denen sich der Antagonismus der vom wirtschaftlichen Niedergang heimgesuchten Klassen Luft machte.

Philipps VI. (1328–1350) erste Regierungsjahre

Die Regierungszeit Philipps VI. von Valois hatte gut begonnen. Edward III., der einen Krieg gegen die Schotten führte, schien auf seine Ansprüche verzichten zu wollen, da er dem König für seine Gebiete auf dem Kontinent Huldigung geleistet hatte. Die Flamen, die sich ein weiteres Mal erhoben hatten, waren in der Schlacht von Cassel vernichtend geschlagen und einer brutalen Repression unterworfen worden. Die Politik Philipps VI. bereitete klug die Annexion der Dauphiné[1] und Burgunds vor; sie beschäftigte sich sogar ernsthaft mit der Planung für einen weiteren Kreuzzug.

Der Bruch mit Edward III.

1337 ließ Philipp VI. durch sein Parlament die Beschlagnahmung aller französischen Güter Edwards III. aussprechen; er sollte dafür bestraft werden, daß er Robert d'Artois, Philipps Todfeind, Asyl gewährt hatte. Daraufhin forderte der König von England offiziell die Krone Frankreichs.
Warum wagte Edward diese Herausforderung Philipps VI.? Vielleicht, weil er die Gelegenheit für günstig hielt, um endlich die jahrhundertealte Anomalie zu beenden, die aus dem König von England einen Vasallen des Königs von Frankreich machte; vielleicht, weil er seine Hände nach dem Sieg über die Schotten frei hatte; vielleicht, weil er Aquitanien

[1] Seither trägt der Thronerbe den Titel Dauphin.

wieder an sich bringen wollte, das ihm Karl IV. entrissen hatte und von wo die Engländer ihren Wein und andere Waren bezogen; ein wichtiger Grund war schließlich, daß er in Deutschland und vor allem in Flandern Verbündete für sein Unternehmen fand; die Flamen erpreßte er durch ein Embargo auf die Ausfuhr schottischer Wolle, deren Lieferung für die Weber in den flämischen Städten unentbehrlich war. Als der Krieg erklärt war, erhoben sich die Flamen, wie erwartet, unter der Leitung des Genters Jacques van Artevelde gegen den König von Frankreich. Nachdem der Handel wiederaufgenommen worden war, erkannten sie Edward III. als König von Frankreich an.

Der Verlauf des Krieges

Der Konflikt, der 1337 begann, sollte erst 1453 enden. Aber diese 116 Jahre waren von zahlreichen Perioden des Waffenstillstands oder eines Schein-Friedens unterbrochen – im ganzen 60 Jahre –, was jedoch die Austragung lokaler Feindseligkeiten nicht hinderte. Manche Regionen wurden überhaupt nicht mit Krieg überzogen. Die Armeen, über die der englische König verfügte, waren zahlenmäßig denen seines Widersachers unterlegen, doch waren sie viel homogener und disziplinierter, denn es handelte sich nicht um eine Feudalarmee, sondern um eine aus Freiwilligen und Dienstpflichtigen zusammengesetzte Berufsarmee, die in den Kämpfen gegen die Schotten und Walliser bereits Erfahrungen gesammelt hatte. Die Engländer vermieden es, offene Schlachten zu schlagen, und verlegten sich auf einen Abnutzungskrieg, bei dem sie durch Reitereinfälle weite Landstriche verheerten oder von ihren eroberten Festungen aus gezielte Operationen unternahmen.
Gegen diese Taktik war das langsam in Bewegung zu setzende, aus undisziplinierten Reitern bestehende Feudalheer des Königs von Frankreich im allgemeinen machtlos. Die Könige beider Seiten bedienten sich darüber hinaus mehr und mehr der Söldner, die in Kompanien oder Trupps zusammengefaßt waren und sich aus der Masse des ruinierten Kleinadels, aus von ihren Arbeitsplätzen in den Dörfern und Städten vertriebenen Bauern und Handwerkern sowie aus fremdländischen Abenteurern rekrutierten.
Im zeitlichen Ablauf des Krieges gab es zwei Perioden großer französischer Niederlagen, auf die jeweils eine völlige Wiederherstellung der Kräfte folgte.

II. Erste Periode: von Philipp VI. bis Karl V.

Die ersten Rückschläge

Philipp VI. verfügte bei Beginn des Krieges über eine bedeutende Flotte, mit deren Hilfe er in England selbst die Offensive hätte ergreifen können; sie wurde jedoch im Juni 1340 an der Küste Flanderns vom Feind überrascht und zerstört. Von nun an konnte Edward III. nach Belieben auf dem Kontinent landen, ohne seinerseits eine Invasion fürchten zu müssen.

Er griff zuerst die Bretagne an, wo sich zwei Prätendenten gegenüberstanden: Charles de Blois, der von Frankreich unterstützt wurde, und Jean de Montfort, der die Unterstützung Englands besaß. Das Ergebnis dieses ersten Feldzugs, der durch einen Waffenstillstand beendet wurde, war die Niederlassung von Engländern in der Bretagne, die parallel zum Hauptkonflikt einen Nebenkrieg führten. Dieser »Krieg der beiden Jeannes« – Jeanne de Penthièvre, Gattin Charles' de Blois, die durch die Engländer gefangengenommen wurde, und von Jeanne de Montfort, Witwe des proenglischen Prätendenten – fand einen Höhepunkt im berühmten Gefecht der Dreißig zu Ploërmel und in den ersten großen Taten von Bertrand du Guesclin.

1346 landete Edward III. im Gebiet von Cotentin und führte quer durch die Normandie eine verheerende Reiterattacke bis vor die Tore von Paris. Dann zog er sich, von der Armee Philipps VI. verfolgt, nach Norden zurück. Die ihm an Zahl überlegene französische Armee erreichte ihn in Crécy und zwang ihn am 26. August 1346 zur Schlacht. Die mangelnde Disziplin der französischen Reiter und die Treffsicherheit der englischen Bogenschützen brachten dem König von Frankreich jedoch eine vernichtende Niederlage.

Edward III. konnte nun in aller Ruhe Calais belagern, das sich erst nach siebenmonatigem Widerstand ergab. Der gereizte englische König wollte die ganze Bevölkerung umbringen lassen; da boten sich sechs Bürger als Opfer an; die Bevölkerung wurde schließlich verschont, doch mußte sie ihre Stadt verlassen und den Engländern weichen.

Der Krieg, der durch eine Intervention des Papstes unterbrochen wurde, begann 1355 von neuem. Inzwischen war Johann II., genannt der Gute, seinem Vater auf den Thron gefolgt. Er war zwar ein wackerer Krieger, aber, wie der Chronist Froissart berichtet, »war er häufig schlecht informiert und ließ sich von einer einmal gefaßten Meinung kaum mehr abbringen«. Diesmal griffen die Engländer im Süden an, und zwar unter dem Kommando des ältesten Sohnes Edwards III., den man den Schwarzen Prinzen nannte. Nachdem sie die Provinz Languedoc verheert hatten, stießen sie bis in die Touraine vor. Johann II. wollte ihnen den Rückzug abschneiden, aber die Schlacht von Maupertuis in der Nähe von Poitiers endete mit einer neuen Niederlage für die Franzosen; der König selbst wurde am 19. September 1356 gefangengenommen.

Die politische Krise

Das Königreich versank im Chaos. Söldnerbanden, die ohne jede Führung waren, plünderten das Land. In den Regionen nördlich von Paris kam es zu einer Rebellion von Bauern, die man *les Jacques* nannte; die Herren wurden umgebracht und ihre Schlösser niedergebrannt.
Der Thronfolger Karl, ein gebrechlicher, junger Mann von 18 Jahren, mußte diesem Treiben tatenlos zusehen; er residierte in Paris: ohne Truppen und ohne Hilfsmittel, umgeben von schlechten Ratgebern. Dies war eine günstige Gelegenheit für »die Ehrgeizigen«, unter denen sich sein Schwager, Karl der Böse, sowie der Repräsentant der Kaufleute von Paris, Etienne Marcel, ein reicher Tuchmacher, befanden. Sie nutzten eine Zusammenkunft der Generalstände des nördlichen Königreichs, um dem Thronfolger eine *Grande Ordonnance* abzuringen, die eine Art parlamentarisches Regime, ähnlich der Verfassung der englischen Magna Charta, einführte. Als der Thronfolger die Sache listig zu umgehen versuchte, ließ Etienne Marcel unter dessen Augen zwei seiner Berater umbringen. Doch gelang es dem Prinzen, die Hauptstadt zu verlassen und die Provinzialstände um Hilfe zu bitten. Der in offener Revolte gegen den König befindliche Etienne Marcel nahm Kontakt mit den Jacques, den rebellischen Bauern, auf und ließ Engländer, die im Sold von Karl dem Bösen standen, in die Stadt einmarschieren. Dies war der Mehrheit der Pariser Bürger zuviel: Am 31. Juli 1358 wurde Etienne Marcel von Anhängern des Dauphin (Thronfolgers) ermordet. Dieser kehrte in die Hauptstadt zurück und übernahm wieder die Macht.

Der Vertrag von Brétigny

Im Einvernehmen mit dem noch immer gefangengehaltenen König Johann dem Guten handelte Karl einen Frieden aus. Im Vertrag von Brétigny vom Mai 1360 wurde Edward III. die volle Souveränität über das vergrößerte Herzogtum Aquitanien sowie am Kanal über die Regionen Ponthieu und Calais zugesprochen. Er verzichtete seinerseits auf die

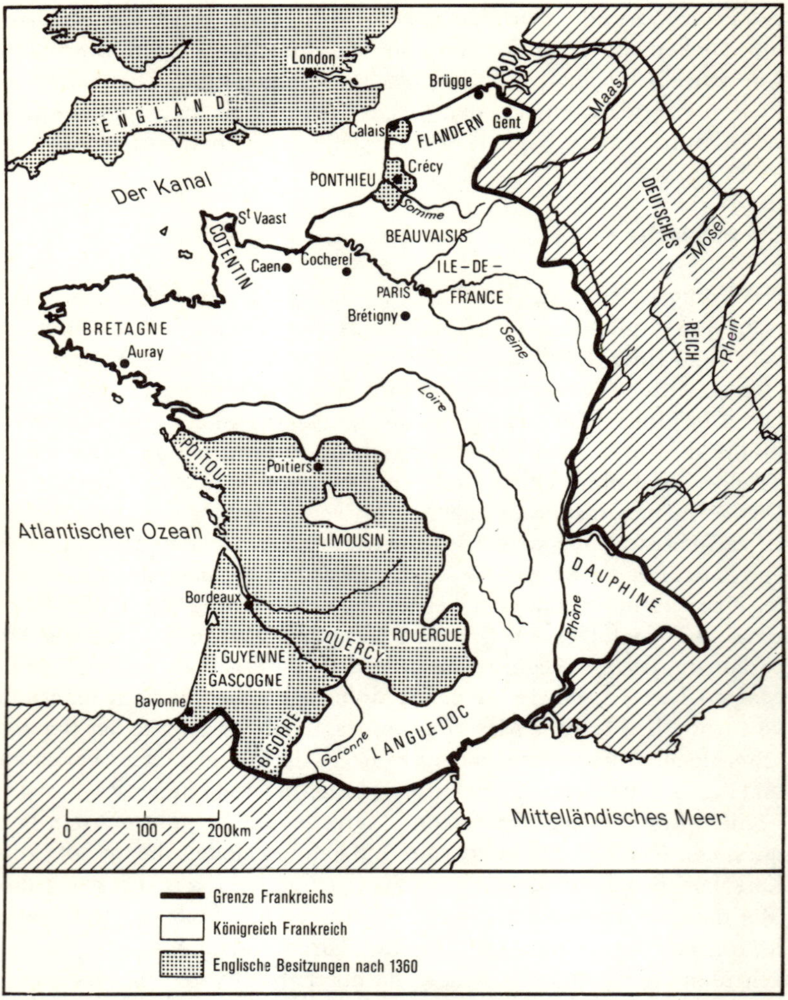

Frankreich nach dem Frieden von Brétigny

französische Krone und auf alle weiteren Lehen, die im Besitz seiner Vorfahren gewesen waren. Ohne die Bezahlung eines Lösegeldes von drei Millionen Gulden abzuwarten, erhielt Johann II. wieder seine Freiheit, nachdem er zwei Söhne als Geiseln zurückgelassen hatte. Einige Monate später floh einer von ihnen. Johann der Gute stellte sich in Einlösung seines ritterlichen Ehrenwortes als Gefangener in London, wo er am 8. April 1364 starb.

Karl V. (1364–1380)

Der neue König war physisch wie moralisch das Gegenteil seiner ehrlosen und kränklichen Vorgänger; er besaß ein feines und abgewogenes Urteil, war von großer geistiger Aufgeschlossenheit und schuf eine Bibliothek von über tausend Handschriften; seine Frömmigkeit erinnerte an die Ludwigs des Heiligen, der auch sein Vorbild war.
Karl der Weise war bemüht, die königliche Würde zu heben, indem er sich in seinen Palästen, im Louvre, in Vincennes und in Saint-Paul in Paris, die renoviert bzw. neu erbaut wurden, einen großartigen äußeren Rahmen schuf. Auch an Geld sollte es ihm nicht fehlen. Mit Hilfe gut ausgewählter Beamter wurde die königliche Administration instand gesetzt, direkte und indirekte Steuern zu erheben. Diese Mittel erlaubten es ihm, die verlassenen Festungen wieder zu besetzen und neu zu bewaffnen, Kanonen und Schiffe bauen zu lassen und die Disziplin der ihm unterstellten Truppen durch eine regelmäßige Bezahlung sicherzustellen.
Für die militärischen Aufgaben hatte Karl V. in der Person von Bertrand du Guesclin einen hervorragenden Mann gefunden; der König machte diesen Sohn eines kleinen bretonischen Adligen zum obersten Befehlshaber seiner Armeen.

Die Wiedereroberung

Du Guesclin machte den Ansprüchen Karls des Bösen ein Ende, indem er dessen Truppen eine entscheidende Niederlage bei Cocherel (1364) beibrachte. Dann befreite er das Königreich von den umherziehenden Banden plündernder Soldaten, indem er diese zur Teilnahme am Bürgerkrieg nach Spanien führte. Dort stritten sich zwei Bewerber um den Thron von Kastilien, Heinrich von Trastamara, der von Frankreich, und Peter der Grausame, der vom Schwarzen Prinzen unterstützt wurde. Als

der erste schließlich siegreich blieb, mußte er Karl V. aus Dankbarkeit seine Flotte zur Verfügung stellen. Es kam gegen Ende des Jahres 1368 neuerlich zum Krieg zwischen Karl V. und Edward III.
Du Guesclin, der Oberbefehlshaber, wählte mit Billigung Karls V. eine neue Taktik: Er vermied die offenen Schlachten, zog sich vor dem Feind in gut zu verteidigende Befestigungen zurück und versuchte, ihn durch ständige Angriffe aus dem Hinterhalt und an den Flanken zu schwächen. So erschöpften sich drei große Reitervorstöße der Engländer, die von Calais aus unternommen wurden; sie hatten kein anderes Ergebnis als die Plünderung und Zerstörung unglücklicher Dörfer. Du Guesclin konzentrierte seine Mittel mehr und mehr auf den Kampf gegen die isolierten englischen Festungen, die er, eine nach der anderen, nahm.
Als du Guesclin bei der Belagerung von Châteauneuf-de-Randon am 14. Juli 1380 starb und einige Wochen nach ihm Karl V., hatte ihr überlegtes Handeln zur Rückgewinnung fast aller Gebiete geführt, die im Vertrag von Brétigny abgetreten worden waren. Die Engländer behielten nur mehr kleine Küstenenklaven um Calais, Cherbourg, Brest, Bordeaux und Bayonne. Ohne Abschluß eines formellen Friedens blieb es 32 Jahre lang bei dieser Situation eines faktischen Waffenstillstands. Die Engländer selbst waren durch innere Kämpfe zwischen den aristokratischen Cliquen im Zusammenhang mit der Nachfolge Edwards III. beansprucht, der 1377 gestorben war.

III. Zweite Periode: Karl VI. und Karl VII.

Karl VI. (1380–1422) wird König

Der französische Thronerbe war ein Kind von 12 Jahren. Nun zeigte sich die ganze Schädlichkeit des Systems territorialer Abfindungen, wie es auch durch den Heiligen Ludwig praktiziert worden war: Die jüngeren Brüder Karls V. hatten Teile des königlichen Gebietes zugewiesen bekommen, wo sie praktisch alle souveränen Rechte wahrnahmen; sie waren nur verpflichtet, dem König Huldigung und Hilfe zu leisten. Auf diese Weise hatten sich die drei Brüder Karls V., die Herzöge von Anjou, von Berry und von Burgund wie auch sein Schwager, der Herzog von Bourbon, fest etabliert. Die Onkel des jungen Königs wollten ihre Hand auf die Zentralgewalt und die königliche Schatzkammer legen und führten sich in ihren Gebieten als die wahren Herrscher auf.
Als Karl VI. zwanzig Jahre alt geworden war, hatte er den Mut, sich von dieser Vormundschaft zu befreien: Er gab seinen Onkeln den Abschied

und berief die früheren Berater seines Vaters wieder an seinen Hof zurück.
Ihre weise Verwaltung begann erste Früchte zu tragen, als Karl VI. im August 1392 während eines Reiterfeldzugs bei Mans von einem ersten Anfall geistiger Umnachtung heimgesucht wurde. Weitere Anfälle folgten, und der unglückliche König war bald nur mehr ein Spielball in den Händen einer Umgebung von Fürsten, die sich um die materiellen Vorteile der Macht stritten.

Armagnacs und Burgunder

Die Rivalitäten spitzten sich zu und führten schließlich zur Bildung von zwei Cliquen: auf der einen Seite Philipp der Kühne, Herzog von Burgund und Graf von Flandern, auf den 1404 sein Sohn Johann ohne Furcht folgte; auf der anderen Seite Ludwig von Orléans, der jüngere Bruder des Königs, der mit Königin Isabeau (Prinzessin von Bayern), einer Frau ohne Skrupel, verbündet war.
Der Streit nahm einen unversöhnlichen Charakter an, als im November 1407 Johann ohne Furcht den Orléans in einer Straße von Paris ermorden ließ. Die Onkel des Königs und die Königin verbanden sich gegen den Mörder; die Heirat des jungen Charles d'Orléans, des Sohns des Ermordeten, mit der Tochter des Grafen Bernard d'Armagnac, verschaffte ihnen die Unterstützung dieses gefürchteten Kriegsherrn und seiner gasconischen Banden. Deshalb erhielt die Partei der Orléans den Namen Armagnacs.
Burgunder und Armagnacs stritten sich vor allem um den Besitz von Paris, wo Johann ohne Furcht sich mit demagogischen Mitteln eine große Popularität verschafft hatte, indem er die Bürger und ihre Vereinigungen durch Reformprojekte für sich gewann, welche die Autorität der Krone schwächen sollten. Jede der beiden Parteien verlor die Hauptstadt und eroberte sie wieder zurück, Episoden, die jedes Mal von schrecklichen Massakern begleitet waren. Schließlich appellierten beide Parteien an die Hilfe Englands.

Der Krieg beginnt von neuem

Der englische König Henry V. von Lancaster, der nicht fest auf seinem Thron saß, sah in diesem Appell eine günstige Gelegenheit, aufrührerische Adlige für sich zu gewinnen. Im September 1415 nahm er Harfleur ein, danach ging seine kleine Armee in Richtung Calais vor. Die Aufgabe, den Eindringling zu bekämpfen, fiel der Partei der Armagnacs zu, die damals Paris und die königliche Regierung kontrollierte. Sie wurde am 25. Oktober 1415 bei Azincourt vernichtend geschlagen; zum dritten Mal hatten die englischen Bogenschützen ihre Überlegenheit über die ungeordnete französische Kavallerie bewiesen. Henry V. kehrte im Triumph mit seinen Gefangenen nach London zurück, unter denen sich auch Charles d'Orléans befand.

Der Vertrag von Troyes

In den folgenden Jahren kehrte Henry V. mehrmals auf den Kontinent zurück und betrieb die systematische Eroberung des von ihm beanspruchten Herzogtums Normandie. Ihm standen zwei rivalisierende französische Regierungen gegenüber: die des Herzogs von Burgund, der die Niederlage seiner Gegner, der Armagnacs, nutzte, um nach Paris zurückzukehren und sich sogar der Person des Königs zu bemächtigen, sowie die des Dauphins Karl, eines schwachen und unentschlossenen jungen Mannes von 20 Jahren, der dann nach Bourges flüchtete. Königin Isabeau versuchte in Troyes, zwischen beiden zu vermitteln.

Johann ohne Furcht und der Dauphin waren schließlich bereit, sich zu treffen. Die Begegnung, die auf der Brücke von Montereau stattfand, endete tragisch: Johann ohne Furcht wurde von den Helfern des Thronfolgers niedergemacht.

Der neue Herzog von Burgund, Philipp der Gute, schwor Rache und beschloß, sich mit dem König von England zu verbünden. Der Vertrag von Troyes vom Mai 1420 legte fest, daß Henry V. Katharina von Frankreich, die Tochter Karls VI., heiraten werde; der Engländer sollte zum Hüter seines Schwiegervaters und zum Gouverneur des Königreiches werden, bevor er sein reguläres Erbe antrat, während »der angebliche Thronfolger« (*le soi-distant dauphin*) total enterbt werden sollte.

Das gespaltene Frankreich

Zwei Jahre später, im August 1422, stirbt Henry V. in Vincennes und kurz darauf der unglückliche Karl VI. Henry VI. wird sogleich zum König von Frankreich und England ausgerufen: ein zehn Monate altes Kind aus der Ehe Katharinas von Frankreich mit Henry V. Sein Onkel, der Herzog von Bedford, soll die Regentschaft wahrnehmen.

Von nun an gibt es zwei Frankreich oder sogar drei, denn der Herzog von Burgund, dessen Politik zweideutig bleibt, duldet in seinen eigenen Landen keine Engländer; sie bleiben vom Krieg und von den Scharmützeln verschont und verschaffen ihrem Besitzer einen Reichtum, der größer ist als der Reichtum der miteinander rivalisierenden Könige.
Der »König von Bourges«, wie ihn seine Feinde nennen, wird von allen Provinzen südlich der Loire mit Ausnahme der Guyenne, die fest in englischer Hand ist, anerkannt. Selbst im Norden des Landes, wo die Engländer im Prinzip herrschen, führt die tiefe Feindschaft des Volkes gegenüber den Fremden zur Aufstellung von Partisaneneinheiten; außerdem halten einige befestigte Orte Karl VII. die Treue. Aber diesem fehlen die Mittel, und sein Wille ist wie ein schwankendes Rohr, abhängig von unwürdigen Günstlingen. Ermuntert durch diese Lage, holt der Herzog von Bedford zu einem großen Schlag aus: Im Oktober 1428 belagert er Orléans, von wo aus er das gesamte Loire-Gebiet zu erobern hofft. Nach sechsmonatiger Belagerung erscheint die Lage der Stadt im Frühjahr 1429 hoffnungslos, doch da kommt es zu dem wundersamen Auftreten von *Jeanne d'Arc,* der Jungfrau von Orléans.

Die Jungfrau von Orléans

In der ganzen Geschichte Frankreichs gibt es keine bewegendere Gestalt als die der jungen lothringischen Bäuerin, die zur Seele des nationalen Widerstands wurde. Es gibt wohl auch niemand, der nicht Einzelheiten dieser außerordentlichen Karriere kennt. Deshalb können wir uns damit begnügen, die wichtigsten Etappen kurz zu kennzeichnen:

— Februar/März 1429: Die aus Vaucouleurs angekommene Johanna trifft Karl VII. in Chinon. Sie teilt ihm mit, daß sie den Auftrag habe, Orléans zu retten und die Engländer aus dem Königreich zu vertreiben.
— März/April: Nach langem Hin und Her beschließt man, die sich bietende Chance zu nutzen, und stellt Johanna einige tausend Soldaten zur Verfügung.
— 29. April: Johanna überquert zusammen mit einigen Männern die Loire in einem Boot, gelangt nach Orléans hinein, wo ihre Ankunft sofort die Moral der Belagerten hebt.
— 4.–8. Mai: Angetrieben von Johanna, die dafür mit ihrem Leben einsteht, gelingt den Franzosen nach und nach die Erstürmung der dreizehn Befestigungen, die von den Belagerern auf den Zugangsstraßen

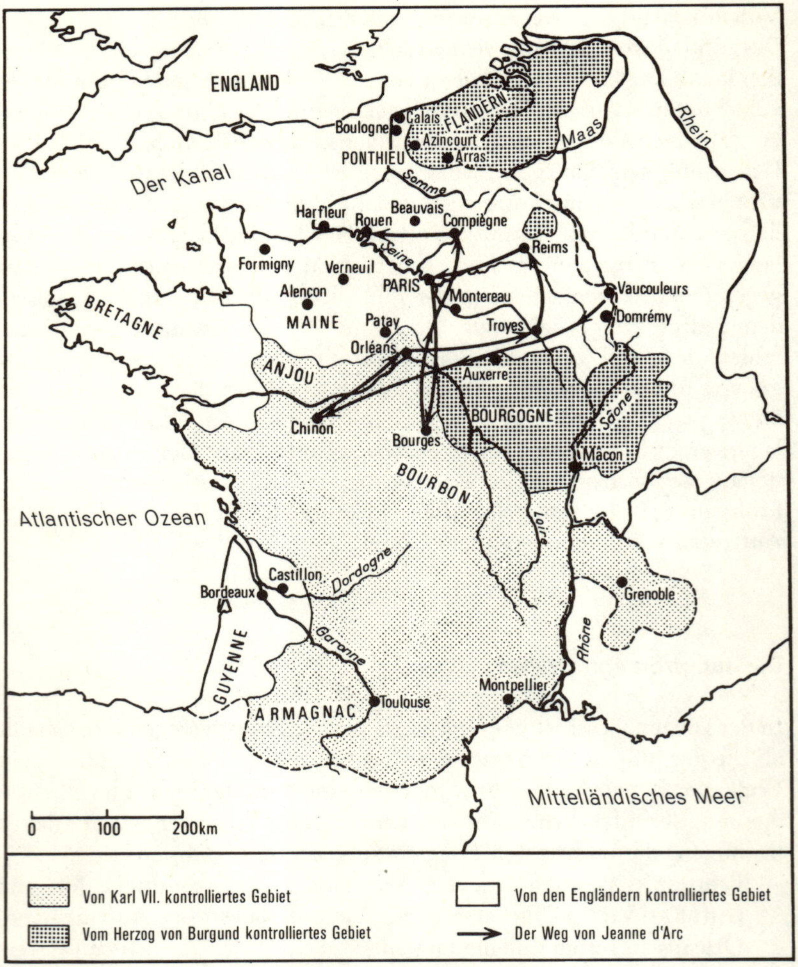

Frankreich zur Zeit Karls VII.

nach Orléans errichtet worden sind. Die Engländer ziehen sich in voller Auflösung zurück.

— Juni: Eine englische Armee unter dem Befehl von Falstaff und Talbot wird in Patay auseinandergetrieben.

— Juli: Auf die dringende Bitte Johannas marschiert Karl VII. durch das im Prinzip von seinen Feinden besetzte Land nach Reims. Die am 18. Juli 1429 vorgenommene Salbung macht ihn in den Augen aller Franzosen zum einzigen, von Gott bestimmten König Frankreichs. In den Provinzen der Champagne und der Picardie erhält er weitere Unterstützung.

— September: Johanna wird bei einem Angriff auf Paris verwundet. Karl VII. verzichtet darauf, einen weiteren Vorstoß zu unternehmen, und zieht sich auf die Loire zurück. Während der Wintermo-
— nate muß die Jungfrau – man nennt sie *la Pucelle* – in Untätigkeit verharren.

— Mai 1430: Johanna kommt aus eigenen Stücken dem von den Burgundern belagerten Compiègne zu Hilfe. Sie wird am 23. Mai gefangengenommen.

— November: Die Engländer erkaufen sich die Auslieferung der Jungfrau durch eine große Summe und bringen sie nach Rouen.

— Januar bis Mai 1431: Der Prozeß von Jeanne d'Arc. Den Engländern geht es darum zu beweisen, daß Jeannes Mission ein teuflischer Betrug ist; sie wollen den Elan religiöser und patriotischer Gesinnung brechen, mit dem die Franzosen sich gegen die fremde Herrschaft erhoben.

Das willfährige Instrument in englischer Hand ist der Bischof von Beauvais, Cauchon, der dem Gericht vorsitzt, ein Anhänger der englisch-burgundischen Partei. Am Ende eines ungerechten und heuchlerisch exakten Gerichtsverfahrens wird Johanna als Ketzerin zu lebenslänglichem Gefängnis verurteilt. Nachdem man sie durch eine List zum Widerruf gebracht hatte, den sie jedoch sofort zurücknahm, erklärt man sie zur rückfällig gewordenen Ketzerin und verbrennt sie am 31. Mai 1431 auf dem Scheiterhaufen.

Karl VII. (1422–1461) und Jacques Cœur

Karl VII., der nichts unternommen hatte, um Johanna zu retten, schien nach ihrem Tod seinen Charakter zu ändern. Er umgab sich mit einer bemerkenswerten Mannschaft von zivilen und militärischen Ratgebern; man hat ihn deshalb »Karl den gut Bedienten« genannt. An oberster

Stelle unter seinen Dienern standen der Connétable von Richemont und vor allem Jacques Cœur.
Dieser Sohn eines einfachen Kaufmanns aus Bourges ist das typischste Beispiel für jene Gruppe von unternehmerischen Männern, die den Krieg für sich nutzten, um ungeheuere Reichtümer anzusammeln. Jacques Cœur wurde zum großen Lieferanten für Erzeugnisse des Orients an den königlichen Hof, schuf sich eine eigene Handelsflotte und eigene Kontore, die ihn von den italienischen Händlern unabhängig machten, und errichtete in den meisten der großen französischen Städte und ihrer Umgebung eigene Warenhäuser. Er unterhielt außerdem Seidenwerkstätten in Italien und Silberminen im Beaujolais und im Lyonnais etc. Karl VII., dem er Geld geliehen hatte, übertrug ihm mehrere bedeutsame königliche Ämter, wodurch er seinen Reichtum vermehren konnte und zahlreiche Ländereien erwarb. Der Palast, den er sich in Bourges bauen ließ, gibt noch heute ein Bild seines prunkhaften Lebensstils.

Besserung der Lage

Der Herzog von Burgund sah die englische Sache verloren und beschloß, sich aus der Affäre herauszuhalten. Im Vertrag von Arras (September 1435) trat Karl VII. ihm alle Städte ab, die er entlang der Somme erobert hatte. Noch schlimmer aber war, daß er ihn vom Akt der Huldigung entband, so daß der Herzog zu einem vom König unabhängigen Herrscher wurde.
Nun öffneten sich für Karl VII. die Pforten von Paris wieder, doch während die zentralen Organe der Verwaltung ihre Arbeit von neuem dort aufnahmen, zog der König es vor, auf seinen Schlössern in der Touraine zu leben.
Es kam auch weiterhin zu sporadischen Feindseligkeiten; sie wurden durch eine Revolte von unzufriedenen Standesherren unterbrochen, die *Praguerie* genannt wurde und die der König nur mit Mühe unterdrücken konnte. Alle diese Vorgänge begünstigten die Vermehrung von marodierenden Kriegerbanden. Das Volk gab ihnen den Namen *les Ecorcheurs* (die Schinder), was genügend über ihre Taten aussagt.

Die reorganisierte Armee

Ein 1444 geschlossener Waffenstillstand gab Karl VII. und seinem Feldherrn Richemont die nötige Atempause, um die Armee neu aufzubauen. Man entledigte sich der »Schinder« durch einen Auftrag an den Thronfolger Ludwig, sie im österreichischen Sold zum Kampf gegen die Schweizer zu führen. Die besseren Elemente wurden in 15 Kompanien zu je 600 Männern zusammengefaßt. Die regelmäßig besoldeten und ordentlich untergebrachten Reiter, die zum großen Teil adlig waren, wurden einer strengen Disziplin unterworfen. Diese neue Kampftruppe ersetzte die alte Kavallerie des Feudalheeres. Außerdem mußten je fünfzig Häuser einen Bogenschützen stellen, der bereit war, jederzeit dem Ruf des Königs zu folgen.

Das Ende des Krieges

Als der Krieg im Frühjahr 1449 wieder aufflammte, gelang es Karl VII. mit Hilfe dieser reorganisierten Armee schnell, die Wiedereroberung seines Königreiches zu vollenden. Die Normandie wurde in wenigen Wochen unterworfen. Eine aus England anrückende Hilfsarmee wurde am 15. April 1450 in Formigny vernichtet. Im darauffolgenden Jahr wurde die Guyenne zurückgewonnen. Der alte Talbot eilte aus England zu Hilfe, doch wurde er mit seinem Heer in der Schlacht von Castillon (12. Juli 1453) geschlagen und dabei selbst getötet. Die Herrschaft der Engländer über den Kontinent hatte, mit Ausnahme des Gebiets um Calais, damit ein Ende.

Der Jahrhundertkonflikt zwischen den beiden großen Monarchien des Westens wurde ohne einen formellen Friedensvertrag beendet. England wurde zwar geschlagen, doch hat es gerade dadurch seine insulare Berufung und Rolle wiedergefunden.

Was das so schrecklich verwüstete und entvölkerte Frankreich angeht, so hatte es endlich die Hypothek beseitigt, die seit der unheilvollen Ehe der Eleonore von Aquitanien mit Henry Plantagenet auf der territorialen Integrität des Königreichs lastete. Die königliche Macht ging gefestigt aus der Situation hervor. Die Umstände hatten es ihr erlaubt, ein für das ganze Land verbindliches Steuersystem einzurichten und eine stehende Armee von Berufssoldaten aufzubauen. Vor allem aber hatte das französische Volk in dieser Zeit der Prüfung ein neues Bewußtsein seiner nationalen Einheit gewonnen, in deren Mittelpunkt eine von den Schranken des Feudalsystems befreite Monarchie stand.

7 An der Schwelle der Moderne (1461–1515)

Das halbe Jahrhundert, das zwischen dem Beginn der Regierungszeit Ludwigs XI. und Franz' I. liegt, erscheint als eine Epoche des Übergangs. Beim Wiederaufbau, der auf den Krieg der hundert Jahre folgte, zeichnen sich inmitten der Überreste der mittelalterlichen Ordnung die Linien neuer Institutionen und neuer Denk- und Handlungsweisen ab. Die Persönlichkeit und das Werk Ludwigs XI. spiegeln diese Mischung aus Altem und Neuem deutlich wider.
Der Wandel der Orientierung wurde besonders spürbar in der Außenpolitik: Bis dahin war, wenn wir die Episode der Kreuzzüge ausnehmen, der Horizont der französischen Könige auf die Grenzen ihres Reiches beschränkt geblieben; da sie von nun an nicht mehr um ihre Autorität im Innern bangen mußten und außerdem über große militärische und finanzielle Macht verfügten, konnten sie es wagen, eine aktive Rolle in Europa zu spielen. Das Abenteuer der Italienkriege ist dafür ein Beweis.

I. Ludwig XI. (1461–1483)

Eine ungewöhnliche Persönlichkeit

Ludwig XI., der mit 38 Jahren König geworden war, hatte ein abstoßendes Äußeres: einen kleinen, gleichzeitig mageren und dickbauchigen Körper auf krummen Beinen, einen Glatzkopf, eine große Nase, die auf dünne Lippen herabfiel; außerdem war er von großer Nervosität. Er war schlechter gekleidet als der bescheidenste Adlige; er trug einen Anzug aus grobem grauen Tuch und einen mit Bleimedaillons garnierten Filzhut. Er verabscheute alle Zeremonien und Feste. Dagegen gefiel es ihm, sein Königreich mit nur fünf oder sechs Vertrauten zu durchstreifen; er kam unangemeldet in die Städte, wo er sich ohne weitere Umstände bei einem reichen Bürger einquartierte.
Sein Charakter stellt eine sonderbare Mischung aus häßlichen Zügen und königlichen Qualitäten dar. Häßlich waren seine Hartherzigkeit, sein Despotismus, seine Verschlagenheit, sein Zynismus, seine abergläubische Frömmigkeit; königlich waren seine neugierige Intelligenz, die Leichtigkeit seines Ausdrucks, sein Sinn für Humor, sein Arbeitseifer und seine Aufopferung für die Interessen der Krone. Verhandlungen

Das Haus Valois
von Karl V. bis Franz I.

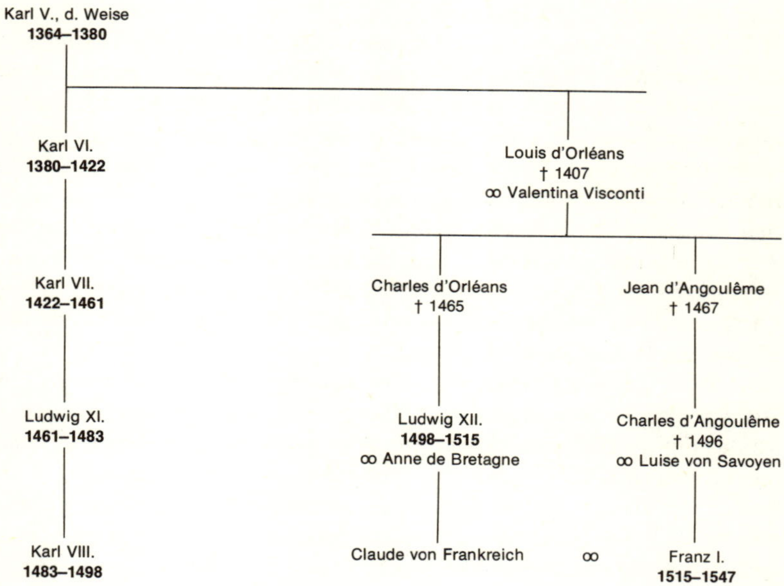

mit seinen Gegnern waren Ludwig lieber als Konfrontationen auf dem Schlachtfeld. Wenn er die Verhandlungen nicht zum Erfolg führen konnte, suchte er sie durch die Entfaltung obskurer Manöver zu paralysieren, wobei er vor Betrug und Korruption nicht zurückscheute; er überzog ganz Europa mit einem Netz von geheimen Intrigen, so daß Karl der Kühne von ihm sagen konnte, er sei eine »universelle Spinne«.

Die innere Ordnung

Als er noch Thronfolger war, hatte Ludwig gegen seinen Vater Karl VII. intrigiert, der ihn jedoch nach der Dauphiné abschob. Auch dort trotzte er dem König, indem er gegen dessen Willen die Tochter des Herzogs von Savoyen heiratete. Die Dinge entwickelten sich so, daß Karl VII. die Dauphiné besetzen ließ. Ludwig fand Zuflucht bei Philipp dem Guten, dem Herzog von Burgund, der ihn voller Interesse aufnahm. Karl VII. starb im Juli 1461 in der Überzeugung, er sei durch seinen Sohn vergiftet worden. Ludwig XI. zog in Begleitung seines »guten Onkels«, des Herzogs von Burgund, in Paris ein.

Er entledigte sich sogleich aller Berater seines Vaters, holte sich jedoch die Besten unter ihnen wieder, als sein erster Groll verflogen war. Doch machte er klar, daß es fortan nur einen Herrn gäbe. Er war mißtrauisch gegenüber den großen Standesherren und behandelte sie hart; er war unbarmherzig gegenüber denen, die ihn verrieten: So ließ er dem Feldherrn Saint-Pol den Kopf abtrennen und den Kardinal de la Balue in einen eisernen Käfig einsperren. Sein Vertrauen gab er nur einer kleinen Anzahl von Männern, von denen einige niedriger Herkunft waren: seinem Arzt Coitier, seinem Barbier Olivier le Dain sowie Tristan l'Hermite, dem Vorsitzenden eines Sondergerichts, das über die Feinde des Königs zu urteilen hatte.

Auch wenn Ludwig XI. für sich selbst und für seinen Hof nur geringen Aufwand trieb, so brauchte er doch sehr viel Geld, um überall Spitzel und Komplizen zu unterhalten, um Verbündete zu gewinnen und seine Gegner zu entwaffnen. Deshalb erhöhte er die Steuern gewaltig. Um noch mehr Steuern einnehmen zu können, traf der König vielerlei Maßnahmen zur Belebung von Handel und Industrie. So ermunterte er beispielsweise die englischen Kaufleute, wieder nach Bordeaux zurückzukehren, machte Marseille zu einem wichtigen Hafen für den Osthandel, schickte Handelsmissionen ins Ausland, schuf Messen, führte die Seidenweberei in Lyon und in Tours ein, etc. Auf ihn geht auch ein erster rudimentärer königlicher Postdienst zurück, und er hat die Vereinheitlichung der Maße und Gewichte geplant. Betrachtet man sein Werk unter diesem Aspekt, so erscheint Ludwig XI. als der erste neuzeitliche Herrscher, der ein Gespür für wirtschaftliche Notwendigkeiten besaß.

Der Kampf gegen die Großen und gegen das Haus Burgund

Während des ersten Jahrzehnts seiner Regierung mußte Ludwig XI. gegen die Großen des Königreichs kämpfen, die unzufrieden darüber waren, daß man sie von der Macht fernhielt. Diese Opposition war um so gefährlicher, als sie in der unmittelbaren Nähe der königlichen Familie, nämlich bei seinem Bruder Charles, Unterstützung fand, desgleichen beim König von England und bei den Herzögen der Bretagne und Burgunds. Letzterer erwies sich als der weitaus gefährlichste unter Ludwigs Gegnern. Seit Johann der Gute das Herzogtum Burgund seinem Sohn Philipp dem Kühnen übergeben hatte, war die Territorialmacht dieses Zweigs der Familie Valois außerordentlich gewachsen. Philipp der Kühne hatte durch seine Heirat die Franche-Comté, Flandern, das Artois und die Grafschaft von Nevers erworben, die noch der französischen Krone unterstanden; sein Enkel Philipp der Gute hatte den Hennegau, Brabant und die Niederlande geerbt; er selbst hatte Luxemburg gekauft und war durch den Vertrag von Arras in den Besitz der Picardie gelangt. Dem mächtigen Herzog von Burgund fehlte nur die Möglichkeit, seine in zwei Blöcke auseinandergerissenen Besitzungen, die zwischen dem Deutschen Reich und dem Königreich Frankreich lagen, zu einer Einheit zu verschmelzen, um daraus einen Staat zu zimmern, der den anderen großen Monarchien des Westens ebenbürtig war. Für Frankreich war diese Perspektive ebenso furchterregend wie einst der angloaquitanische Staat der Plantagenets. Daher tat Ludwig XI. alles, um den Plan zum Scheitern zu bringen. Der unvermeidliche Konflikt wurde jedoch durch die Klugheit von Philipp dem Guten und die Dankbarkeit, die Ludwig XI. ihm schuldete, hinausgezögert. Aber er brach sofort aus, als im Jahre 1465 Karl der Kühne, der impulsive und ehrgeizige Sohn Philipps, dessen Nachfolger wurde.

Die Liga für das öffentliche Wohl

In drei Feldzügen schloß sich der Herzog von Burgund der Rebellenbewegung der großen französischen Herren an, die ihre egoistischen Ziele hinter dem vorteilhaften Namen einer »Liga für das öffentliche Wohl« *(Ligue du Bien Public)* verbargen.

Bei der ersten Gelegenheit, 1465, stellte sich der König persönlich den gegen ihn verbündeten Truppen in Montlhéry zur Schlacht und offenbarte dabei großen Mut. Danach entwaffnete er seine Gegner durch Zugeständnisse. Bei der zweiten gegen ihn gerichteten feudalen Koalition im Jahre 1468 wurde Ludwig XI. das Opfer seiner eigenen Schurkerei. Er war nach Péronne gekommen, um in direkten Verhandlungen mit Karl dem Kühnen eine Vereinbarung herbeizuführen. Kaum war er in der burgundischen Festung eingetroffen, da verbreitete sich die Nachricht, daß sich die Bürger von Lüttich unter offener Beteiligung von Agenten des französischen Königs erhoben hätten. Karl der Kühne war wütend und setzte Ludwig XI. gefangen. Der König konnte sich nur dadurch befreien, daß er die Berater des Herzogs bestach und dessen Forderungen

erfüllte. Am demütigendsten war für den König die erzwungene Teilnahme bei der Bestrafung der Aufständischen; Ludwig XI. wohnte kalten Herzens der totalen Plünderung der Stadt und dem Massaker der Bevölkerung bei, die seinen Schutz erflehte. Als er wieder frei war, weigerte sich der König, die meisten seiner Verpflichtungen anzuerkennen, die er unter Zwang eingegangen war.
Im dritten Krieg erlitt Karl der Kühne vor Beauvais eine Niederlage; die Heldin des Widerstandes war ein junges Mädchen, der man den Beinamen Jeanne Hachette gegeben hatte. Nach Karls Rückzug vernichtete Ludwig XI. nacheinander die anderen rebellischen Herren. Kurz darauf starb Prinz Charles, der Bruder des Königs, um den sich die Hoffnungen und Intrigen der Rebellen gerankt hatten. Von nun an wagte es keiner mehr, die Autorität Ludwigs XI. in Frage zu stellen.

Die Zerstörung des burgundischen Traumes

Als Karl der Kühne in Frankreich keine Verbündeten mehr fand, richtete sich sein Tatendrang auf die Gebiete des Römisch-deutschen Reiches. Er bemächtigte sich des nördlichen Teils der Niederlande, kaufte den Habsburgern ihre Rechte über das obere Elsaß ab und zwang dem jungen Herzog von Lothringen sein Protektorat auf. Auf diesem Wege wollte er die von ihm gewünschte Verbindung seiner Besitzungen vorbereiten. 1473 traf er in Trier Kaiser Friedrich III. von Habsburg und bat ihn, seine deutschen Besitztümer zu einem Königreich zu erheben. Der Kaiser schien zunächst dazu bereit, änderte jedoch plötzlich seine Meinung. Diese Gesinnungsänderung war das Werk der Geheimdiplomatie Ludwigs XI., die mit Geld nicht gegeizt hatte.
Mit ähnlichen Argumenten schürte der König eine gegen den Burgunder gerichtete Revolte der Städte des Oberelsaß und betrieb ein Bündnis zwischen ihrer Liga, den Schweizer Kantonen und dem Herzog von Lothringen. Karl der Kühne bemühte sich seinerseits um eine Intervention des englischen Königs, seines Schwagers und Verbündeten. Edward IV. landete denn auch mit 13000 Mann, aber Ludwig XI. konnte ihn schnell von diesem gefährlichen Unternehmen abbringen und seine Ansprüche auf den Thron von Frankreich durch eine Zahlung von 75000 Talern und 50000 Pfund Pension abfinden, nicht wenig für einen Souverän, dessen Budget von den Launen eines Parlaments abhängig war.
Zu diesem Zeitpunkt hatte Karl der Kühne beschlossen, mit den Schweizern Schluß zu machen, diesem Volk von Kuhhirten, das es wagte, ihm Widerstand zu leisten. Aber die schweizerische Infanterie fügte ihm bei

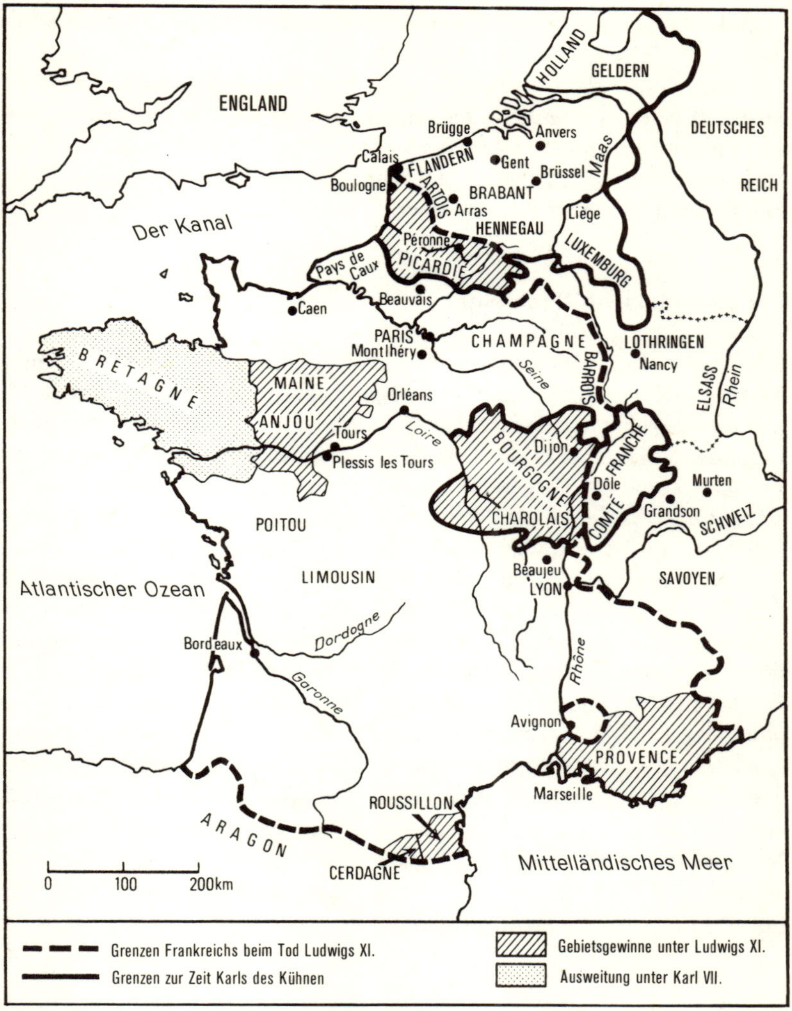

Frankreich beim Tod Ludwigs XI.

Grandson und dann in Murten am 2. März und am 22. Juni 1476 beschämende Niederlagen zu. Der Kühne zog sich auf seine Besitzungen im Norden zurück, machte noch den Versuch, dem lothringischen Herzog die Stadt Nancy zu rauben, doch die Schweizer und Elsässer griffen ihn an, und die burgundische Armee wurde ein weiteres Mal vernichtend geschlagen (5. Januar 1477). Zwei Tage später fand man die Leiche Karls des Kühnen in einem von Eis überzogenen Morast.

Die burgundische Nachfolge

Die Erbfolge Karls des Kühnen, die seiner 13 Jahre alten, einzigen Tochter Maria zufiel, wurde zu einem Gegenstand der großen Politik. Ludwig XI. war als Oberherr und natürlicher Vormund gut im Rennen; doch die ungeziemende Eile, die er dabei an den Tag legte, verdarb seine Trümpfe. Er hatte zunächst vorgesehen, daß Maria seinen eigenen Sohn, den Thronfolger Karl, heiraten sollte, der 1470 geboren worden war. Da die Heirat aus Altersgründen nicht sofort bewerkstelligt werden konnte, bemächtigte sich der König, ohne weiter zu warten, der beiden Burgund, der Picardie und des Artois. Da gab Maria, die von ihren ein ähnliches Schicksal befürchtenden Untertanen der Niederlande gedrängt wurde, ihre Hand dem Sohn des Kaisers, Maximilian von Habsburg.
Ein unentschiedener Krieg wütete im Hennegau und in Flandern. Der plötzliche Tod Marias am 27. März 1482 veranlaßte die Widersacher zum Aushandeln eines Kompromisses. Ludwig XI. behielt die Picardie und das Herzogtum Burgund; später sollten auch die Franche-Comté und das Artois an Frankreich fallen, denn sie stellten die Mitgift der Prinzessin Margarethe, einer Tochter Marias und Maximilians, dar, die dem Thronfolger Karl versprochen wurde. Den Rest des Erbes sollte ihr Sohn, Philipp der Schöne, erhalten.

Weitere Gebietsgewinne

Mit dem Haus Anjou hatte Ludwig XI. mehr Glück. Der letzte Überlebende dieses mächtigen Fürstengeschlechts, der gute König René, vermachte ihm alle seine Besitzungen: das Anjou, Maine und die Provence, die außerhalb der feudalen Grenzen des Königreiches lag; dazu kam der für die Zukunft bedeutsam werdende Anspruch auf das Königreich Neapel. Außerdem war es Ludwig XI. mittels eines rundum anfechtbaren Handstreichs gelungen, das Roussillon zu annektieren.

Von 1482 an schloß Ludwig XI., der in krankhafter Angst vor dem Tode und vor irgendwelchen Komplotten lebte, sich in seinem kleinen Schloß von Plessis-les-Tours ein, um welches er Gitter, Gräben und Fallen hatte legen lassen. Er umgab sich mit Astrologen und Wahrsagern und suchte abwechselnd Erleichterung durch die Berührung heiliger Reliquien oder durch die Rezepte von Scharlatanen. Dennoch starb er – gefaßt – am 30. August 1483.

II. Karl VIII. und Ludwig XII.

Die Regentschaft der Beaujeu

Da Thronfolger Karl erst 16 Jahre alt war, wurde die Regentschaft durch seine ältere Schwester Anne und deren Gatten Pierre de Beaujeu wahrgenommen. Die Tochter Ludwigs XI. hatte das politische Genie und die kalte Entschlossenheit ihres Vaters geerbt. Die Regenschaft der Beaujeu war in jeder Hinsicht hervorragend. Es gelang ihnen, die nach einer so tyrannischen Herrschaft unausbleiblichen Reaktionen unter Kontrolle zu halten. Die Einberufung der Generalstände 1484 diente als Sicherheitsventil für die aufgelaufenen Beschwerden; durch ein paar Konzessionen hier, ein paar Versprechungen dort und einige Reformansätze da fügte sich alles wieder in die Ordnung.
Durch den Tod des Herzogs François II. der Bretagne 1491 ergab sich ein ähnliches Erbfolgeproblem wie in Burgund, denn er hatte als Erbin nur seine 13 Jahre alte Tochter Anne zurückgelassen. Diese glaubte zunächst, die Unabhängigkeit der Bretagne dadurch verteidigen zu können, daß sie ihre Hand Maximilian von Habsburg bot, dem Mächtigsten der potentiellen Gegner Frankreichs. Doch dieser war weit weg. Statt dessen beeilten sich die Beaujeu, in die Bretagne einzufallen. Um wenigstens die Autonomie ihres Herzogtums zu retten, erklärte sich Anne bereit, Karl VIII. zu heiraten und, falls sie Witwe werden sollte, seinen Nachfolger auf dem französischen Thron zu ehelichen. So sollte es dann auch kommen.

Karl VIII. (1483–1498)

Die Bilanz der Herrschaft Karls VIII. war für Frankreich vollständig negativ. Alle Interessen des jungen Königs sowie alle Ressourcen des Königreichs galten seinen verrückten Unternehmungen in Italien. Leichten

Herzens opferte er ihnen einige der Vorteile, die Ludwig XI. errungen hatte. Um sich der Neutralität Maximilians von Habsburg zu vergewissern, gab er ihm das Artois, die Franche-Comté und das Charolais zurück. Desgleichen trat er an den König von Aragon das Roussillon und die Cerdagne ab. Zum Preis von 745 000 Goldtalern erkaufte er sich den Rückzug des englischen Königs Henry VII., der Boulogne belagerte. Glücklicherweise machte der frühe Tod Karls VIII. in Amboise (8. April 1498) seinen ruinösen Phantasien ein Ende.

Ludwig XII. (1498–1515)

Zwar ließ sich auch sein Nachfolger und Vetter Ludwig XII. vom italienischen Abenteuer verlocken, doch war seine Regierungszeit im Innern nicht ohne Verdienste. Als Repräsentant eines jüngeren Zweiges der Familie Valois hatte der Herzog Louis d'Orléans an allen Revolten und Intrigen der Feudalzeit gegen den Thron teilgenommen. Ludwig XI. hatte ihn dafür schwer bestraft und ihn im Interesse der Auslöschung dieses unbequemen Geschlechts sogar zynisch gezwungen, seine eigene Tochter Jeanne zu heiraten, eine arme Bucklige, die nicht Mutter werden konnte.

Als Ludwig XII. König geworden war, beeilte er sich, diese widernatürliche Heirat annullieren zu lassen; danach heiratete er selbst, wie vereinbart, Anne von Bretagne; ihre einzige Tochter Claude sollte sich mit dem Thronerben, dem Herzog von Angoulême und künftigen Franz I. verbinden. Auf diese Weise sollte das Herzogtum Bretagne endgültig und ohne Erschütterungen in das Königreich zurückkehren.

Im übrigen verlieh die einfache, großzügige und gutmütige Persönlichkeit Ludwigs XII. seiner Regierung einen väterlichen Charakter. Er hatte das Glück, daß seine Regierungszeit mit einer Periode starken ökonomischen Wachstums zusammenfiel. Dies war die Frucht der Arbeit von drei Generationen, die die Verluste des Hundertjährigen Krieges aufgeholt hatten, sowie das Ergebnis einer im allgemeinen günstigen Konjunktur. Doch war es der König, der dafür den Dank erntete. Die schnelle Vermehrung der Bevölkerung und des allgemeinen Reichtums gestatteten es dem Land, ohne allzu große Belastung die finanzielle Bürde der italienischen Feldzüge Ludwigs XII. zu tragen. Dank der Zunahme der Einnahmen aus indirekten Steuern konnte der König es sich sogar leisten, die verhaßte direkte Steuer *(taille)* zu senken, die von jedem erhoben wurde, der nicht dem Adel oder der Geistlichkeit angehörte. Nichts war besser dazu geeignet, bei Zeitgenossen und Nachfahren das Bild eines guten Königs zu hinterlassen. Die Generalstände verliehen ihm 1506 den Titel eines »Vaters des Volkes«.

III. Die Italien-Kriege

Ursachen

1. Italien besaß alles, was die Franzosen anzuziehen vermochte, und sie kannten auch kein fremdes Land besser als dieses. In Ergänzung zu dem ständigen Kontakt, der sich aus den Beziehungen mit dem Papsttum ergab, hatten sich seit dem 13. Jahrhundert, in Verbindung mit eigenen Unternehmungen französischer Fürsten, besondere politische Beziehungen entwickelt. Andererseits hatten die inneren Kämpfe der italienischen Staaten immer wieder neue Wellen von Flüchtlingen der unterlegenen Parteien nach Frankreich gespült, die bemüht waren, den mächtigen Nachbarn um Hilfe anzugehen. Schließlich hatten die immer intensiver werdenden Handelsbeziehungen zur Niederlassung ganzer Dynastien von Bankiers und Geschäftsleuten in Frankreich geführt.
2. Italien schien eine leichte Beute. Die wichtigsten italienischen Staaten waren zu schwach, um die anderen aufzusaugen, und zu stark, um sich selber aufsaugen zu lassen, doch waren sie immer bereit, irgendeine Koalition einzugehen. Sie verfügten über keine einheimischen Armeen, sondern hatten es seit geraumer Zeit am praktischsten gefunden, *condottieri* für sich kämpfen zu lassen, Kriegsunternehmer sozusagen, die man mit Geld kaufen oder zum Stillhalten veranlassen konnte.
3. Ludwig XI. hatte, wie wir sahen, Anrechte des Hauses Anjou auf Neapel geerbt, aber er war klug genug, sich nicht in dieses Wespennest zu setzen. Sein Nachfolger Karl VIII., der gern Ritterromane las und sich mit jungen Leuten umgab, welche die Schrecken des Hundertjährigen Krieges nicht gekannt hatten, träumte davon, sich an die Spitze eines Kreuzzuges gegen die Türken zu stellen, sich in Konstantinopel die Kaiserkrone aufsetzen zu lassen und Jerusalem zu befreien. Der erste Schritt auf dieser glorreichen Route war für ihn die Wiedereroberung des Königreiches Neapel.
4. Dazu lieferte 1494 der Tod König Ferdinands I. von Neapel die erwünschte Gelegenheit. Auch in Italien selbst wurde das Unternehmen unterstützt, so von Papst Alexander VI. Borgia, vom Herzog von Mailand, Ludovico Sforza, von der Reformpartei Savonarolas in Florenz bis zu den neapolitanischen Adligen, die nicht länger unter dem Joch des Hauses Aragon leben wollten.

Der Feldzug Karls VIII.

Dank dieser Unterstützung verlief die französische Expedition nach Italien zunächst wie ein militärischer Spaziergang: Die Städte bereiteten Karl VIII. nacheinander einen triumphalen Empfang. Am 22. Februar 1495 zog er auf einem von vier Schimmeln gezogenen Wagen, die Krone auf dem Haupt, in Neapel ein.
Doch angesichts der Ansprüche und der Begehrlichkeit der Fremden, die sie selbst herbeigerufen hatten, erwachte bei den Italienern das nationale Bewußtsein. In Venedig bildete sich mit Unterstützung des Königs Ferdinand von Aragon und des Kaisers Maximilian eine antifranzösische Liga. Karl VIII. lief Gefahr, in dem von ihm eroberten Gebiet eingeschlossen zu werden, und beschloß, wieder nach Frankreich zurückzukehren. Die Armee der Verbündeten versuchte, ihm den Übergang über den Apennin zu versperren, wurde jedoch durch die wütenden Angriffe der französischen Kavallerie zurückgeschlagen. Die von Karl VIII. in Neapel zurückgelassene Garnison leistete heldenhaften Widerstand, mußte jedoch im Februar 1496 kapitulieren.

Ludwig XII. und Mailand

Unter dem neuen König, Ludwig XII., erhielten die französischen Feldzüge in Italien eine neue Dimension. Als Enkel der Valentina Visconti betrachtete er sich als den legitimen Erben des Herzogtums Mailand, aus dem diese Familie durch einen ehrgeizigen Condottiere, Francesco Sforza, verdrängt worden war. Ludwig XII. bereitete seine Offensive diplomatisch klug vor; er versicherte sich des Bündnisses mit Venedig und mit den Schweizer Kantonen sowie des Wohlwollens von Kaiser Maximilian und Papst Alexander VI. – Ludovico Sforza, den man den Mohren nannte, wurde im April 1499 in Novara geschlagen. Seine eigenen Truppen lieferten ihn in einem Eisenkäfig an Ludwig XII. aus. Er starb als elender Gefangener auf Schloß Loches.
Kaiser Maximilian erkannte Ludwig XII. als den neuen Herrscher über Mailand an; der Beauftragte des Königs, Kardinal Georges d'Amboise, festigte dessen Autorität durch eine kluge, liberale Regierungspraxis.

Die zweite Eroberung Neapels

Der Erfolg dieser Operation ermutigte Ludwig XII. zu einem neuerli-

chen Zugriff auf Neapel. Dabei war eine spanische Intervention zu befürchten: Ferdinand von Aragon, der bereits Herr über Sizilien war, mußte natürlich seinem Cousin Friedrich III., der 1496 wieder in Neapel König geworden war, zu Hilfe kommen. Doch Ludwig XII. machte ihm den Vorschlag, das Königreich gemeinsam zu erobern und dann die Beute zu teilen. So geschah es auch.
Während des Sommers 1500 bemächtigten sich die französischen und spanischen Armeen ohne Schwierigkeiten des Königreichs Neapel; Friedrich III. trat seinen Titel an Ludwig XII. ab. Aber der Spanier hatte nie die Absicht gehabt, die Beute zu teilen; er ließ das Bündnis platzen und die Franzosen durch seine hervorragend geführte Armee vertreiben. Trotz der legendären Taten Bayards, des »Ritters ohne Furcht und Tadel«, mußten sie schließlich die Partie aufgeben (1504). Ludwig XII. konnte gerade noch sein Gesicht wahren; Ferdinand von Aragon war bereit, eine Nichte des französischen Königs, Germaine de Foix, zu heiraten. Der König leistete Verzicht auf seine Rechte bezüglich Neapels und erhielt dafür 900000 Gulden von Spanien.

Julius II. gegen die Franzosen

Da der König von Frankreich auf Neapel verzichtet hatte, hätten die Italienkriege nun eigentlich aufhören können, doch sie wurden von neuem entfacht durch Papst Julius II., der 1503 gewählt worden war und dem die Stärkung seiner weltlichen Macht stets wichtiger war als die Erfüllung seiner religiösen Pflichten. Er träumte davon, seine politische Herrschaft auf alle italienischen Staaten auszudehnen. Zu diesem Zweck sollten zuerst die Venezianer matt gesetzt werden, die Ravenna dem Kirchenstaat geraubt hatten. Danach würde man Italien vom »Fremdenjoch der Barbaren«, wie Julius II. zu sagen pflegte, befreien.
Gegen Venedig wurde die Liga von Cambrai organisiert, der neben dem Papst und den Florentinern drei fremde Herrscher angehörten: Ludwig XII., Maximilian von Habsburg und Ferdinand von Aragon. Doch allein die französische Armee, die als erste kampfbereit war, trug die Last des Krieges und schlug die Venezianer in Agnadello (Mai 1509).
Julius II. nutzte die Situation, um auf dem Verhandlungswege die Wiedergewinnung Ravennas zu erreichen. Danach wechselte seine Diplomatie das Bündnis und brachte eine »Heilige Liga« gegen Frankreich zusammen, der die Schweizer und der junge englische König Henry VIII. angehörten.

Der Verlust Mailands

Der Krieg verlief für die Franzosen zunächst günstig. Ludwig XII. hatte den Oberbefehl über seine italienische Armee seinem Neffen Gaston de Foix anvertraut. Dieser nur 22 Jahre alte Mann erwies sich als ein genialer Kriegsherr; dank der Schnelligkeit seiner Ortsveränderungen und der Kühnheit seiner Manöver auf dem Schlachtfeld überraschte er seine Feinde und brachte ihnen drei Niederlagen hintereinander bei; unglücklicherweise wurde er am Abend der letzten Schlacht vor Ravenna selbst ein Opfer seines Ungestüms. Sein Nachfolger, der Marschall de la Palice, wurde gezwungen, sich aus dem Gebiet um Mailand abzusetzen.
Zu Beginn des darauffolgenden Jahres sah sich Frankreich, das in Italien erneut geschlagen worden war, von drei Seiten zugleich angegriffen: in Burgund durch die Schweizer, an den Pyrenäen durch die Spanier und im Norden durch die Engländer und die kaiserlichen Truppen. Mit dem Tode Julius' II. hatte die Liga jedoch ihre treibende Kraft verloren. Ludwig XII. konnte mit seinen diversen Gegnern nacheinander einen Waffenstillstand abschließen.
Aber er konnte sich des Friedens nicht lange erfreuen. Nach dem Tode der Königin Anne von Bretagne hatte Ludwig XII. im Zuge seiner Versöhnung mit England Marie, die Schwester Henry's VIII., geheiratet. Diese junge, leidenschaftliche und frivole Königin stürzte ihren alten Gemahl in einen Wirbel von Festen und Vergnügungen, die seinen Tod (15. Januar 1515) zweifellos beschleunigten.

Franz I.

Der neue König, jung und voller Eifer, träumte davon, sich im Krieg auszuzeichnen. Er beschloß sofort, erneut zur Wiedereroberung »seines« Herzogtums Mailand aufzubrechen. Anfang August 1515 überschritt er an der Spitze einer Armee von 33000 Mann, welche die größte und kampfstärkste war, die es seit langem gegeben hatte, die Alpen auf zwei für unüberwindbar gehaltenen Pässen und überraschte so die Schweizer, die sich auf die Verteidigung der klassischen Alpenrouten eingerichtet hatten. Franz I. nahm Turin und näherte sich Mailand. Die Schweizer griffen ihn am 13. September in seinem Lager von Marignano an. Die heftige Schlacht dauerte zwei Tage; die 300 Kanonen starke französische Artillerie spielte zum erstenmal eine bedeutsame Rolle; schließlich wurde der Sieg des Königs durch die glückliche Ankunft eines Kommandos venezianischer Truppen sichergestellt. Franz I., der sich

tapfer gezeigt hatte, erntete außerordentlichen Ruhm, weil es ihm gelungen war, die bis dahin als unbesiegbar geltende schweizerische Infanterie zu schlagen.
Danach begann man zu verhandeln. Franz I. traf Papst Leo X. in Bologna; daraus ging das Konkordat von 1516 hervor, das sowohl politische Beziehungen zwischen den beiden weltlichen Herren wie auch ein neues Statut für die Kirche Frankreichs brachte. Die Schweizer, die mit Gold abgefunden worden waren, unterzeichneten den »ewigen Frieden«, durch den sie sich verpflichteten, nie mehr Hilfstruppen gegen den König von Frankreich aufzubieten. Der römisch-deutsche Kaiser und der König von Spanien erkannten Franz I. den Besitz Mailands zu, nachdem dieser erneut jeden Anspruch auf Neapel preisgegeben hatte.

Ergebnis

Die Italienkriege im eigentlichen Sinne waren damit beendet. Zwar mußten französische Armeen noch mehrmals jenseits der Alpen kämpfen, aber diese Operationen waren nur ein sekundäres Element in einem viel umfassenderen Konflikt, in dem die Häuser Frankreichs und Österreichs in ihrem Kampf um die Vorherrschaft in Europa einander gegenüberstanden.
Der Einsatz so vieler Mittel und Kräfte um den vorübergehenden Besitz Mailands ist allgemein als eine unsinnige Vergeudung empfunden worden. Doch die Bilanz für Frankreich war nicht völlig negativ. Wie einst die Kreuzzüge, so boten auch die Italienkriege eine Ablenkung für die Unruhe und den Abenteuergeist, die sonst den inneren Frieden des Königreichs hätten stören können. Vor allem aber führten sie zum Triumph der Kunst der italienischen Renaissance in Frankreich.

8 Die Geburt der absoluten Monarchie (1515–1559)

In der ersten Hälfte des 16. Jahrhunderts, und zwar während der Regierungszeit von Franz I. und Heinrich II., konnte sich das Königreich Frankreich im Kampf gegen das Haus Habsburg behaupten. Die königliche Macht ging aus dieser Machtprobe sogar gefestigt hervor. Unter Franz I. erstarkte die Monarchie vor allem durch die Schaffung neuer Institutionen. Auch der Prunk, mit dem der König sich umgab, und der Schutz, den er der Literatur und den Künsten angedeihen ließ, haben zum unvergleichlichen Prestige der Krone beigetragen. Schließlich hat auch der wirtschaftliche Fortschritt Veränderungen in der Lage der sozialen Klassen herbeigeführt.

I. Der Kampf gegen die Hegemonie des Hauses Habsburg

Franz I. (1515–1547)

Franz I., der mit 20 Jahren König wurde, beeindruckte die Franzosen sogleich durch sein Auftreten: Er war groß und stark, liebte den Sport, Turniere und die Jagd und wußte auch selbst tapfer zu kämpfen; er war fröhlich, liebenswürdig und großzügig, besaß ein ausgeprägtes Interesse für Kunst und Literatur, konnte selber dichten und komponieren und war darüber hinaus ein brillanter Unterhalter und charmanter Briefschreiber. Doch Zeit seines Lebens blieb er das verwöhnte Kind, das von seiner Mutter, Luise von Savoyen, und seiner älteren Schwester Marguerite in einem Geist nachgiebiger Bewunderung erzogen worden war. Er war impulsiv und leichtsinnig und der verantwortungsvollen Staatsgeschäfte schnell überdrüssig, doch trug sein Egoismus andererseits auch zur Stärkung der königlichen Autorität bei, da Franz I. Widersprüche gegenüber seinen Wünschen nicht duldete. Freilich führten seine Vergnügungs- und Prunksucht zu einer allmählichen Vergeudung der königlichen Finanzmittel und vergrämten schließlich auch seine Untertanen. Er war ein großer Liebhaber der Frauen, hatte offizielle Maitressen und unzählige andere Liebesabenteuer, deren Spuren, so scheint es, zur frühen Erschöpfung seiner Lebenskraft und zu seinem Tod im Alter von 53 Jahren beigetragen haben.

Entstehung der Habsburger Hausmacht

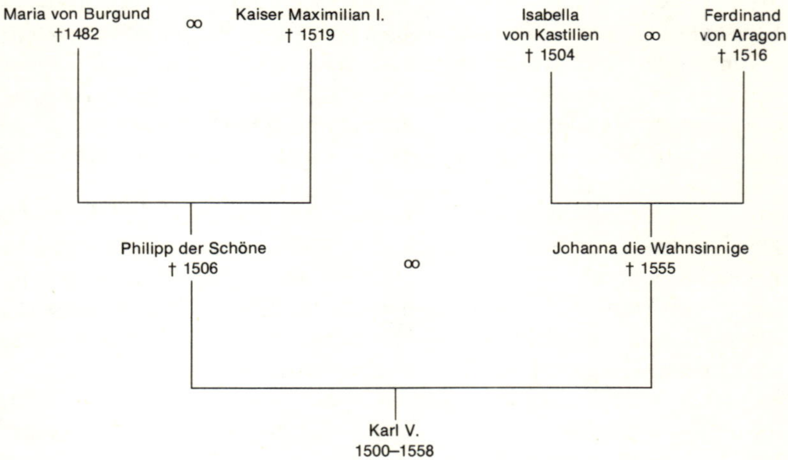

Heinrich II. (1547–1559)

Sein Sohn Heinrich II. war ebenso kräftig und sportlich wie sein Vater, hatte jedoch weder dessen geistige Vitalität noch dessen Interesse für Literatur und Kunst geerbt. Er war von Franz I. nicht gerade gut behandelt worden und wuchs, etwas abseits vom Hofe, dessen Leichtlebigkeit ihm mißfiel, relativ einsam und verschlossen auf. Als er König geworden war, wollte er den Luxus am königlichen Hofe eindämmen und strengere Sitten einführen, was ihn aber nicht hinderte, seiner legitimen Frau, Katharina von Medici, eine Art Ehe zu dritt mit seiner einzigen Maitresse, Diane von Poitiers, aufzuerlegen, die im übrigen 20 Jahre älter war als er. Heinrich II. gab sich brutal und eigensinnig, doch verbargen sich dahinter eine echte Willensschwäche und eine Art Minderwertigkeitskomplex. Nur so läßt sich das blinde Vertrauen erklären, das er in den allmächtigen General Anne de Montmorency setzte, einen bornierten alten Mann, der ebenso arrogant wie autoritär war.

Karl V.

Die wichtigste politische Auseinandersetzung während der Regierungszeit von Franz I. und Heinrich II. war der Kampf gegen die Vorherrschaft des Hauses Österreich, das zunächst durch Karl V., ab 1556 durch dessen Sohn Philipp II. repräsentiert wurde. Eine außerordentlich günstige Konstellation verschiedener Erbfolgen hatte Karl, der im Jahre 1500 geboren worden war, zum Erben von vier Monarchien gemacht. Dazu kam noch ein ungeheueres Kolonialreich, das seine Untertanen in Amerika erwarben. Er war der erste jener spanischen Herrscher, die von sich sagen konnten, daß auf ihrem Territorium die Sonne niemals untergehe.
In Europa umklammerten seine Besitzungen Frankreich praktisch von Flandern bis hinunter zu den Pyrenäen. Karl V. war, wie man ironisch gesagt hat, für sich selber eine Koalition, und er wollte seine Macht einsetzen, um Frankreich zu erniedrigen und die Gesamtheit des burgundischen Erbes unter seine Botmäßigkeit zu bringen, das ihm, wie er meinte, ungerechtfertigterweise vorenthalten worden war.
Der fatale Konflikt, der seine Spuren in der Geographie und Geschichte hinterlassen hat, wurde durch die persönliche Antipathie der beiden Herrscher noch zusätzlich vergiftet: Karl V. war kalt, nachtragend, methodisch und streng; Franz I. war leichtlebig, spritzig, generös und verschwenderisch.

Die Kaiserwahl

Schon 1519, bei der Auseinandersetzung um die römische Kaiserkrone, waren sie als Rivalen aufeinandergestoßen. Der Kaiser wurde traditionsgemäß gewählt, doch war seit Beginn des 15. Jahrhunderts der Träger der Krone stets ein Mitglied des Hauses Habsburg gewesen. Karl, der Enkel des letzten Kaisers Maximilian, rechnete fest mit der eigenen Nachfolge. Aber Franz I. wurde von einigen deutschen Fürsten ermuntert, sich um den Kaisertitel zu bemühen. Mit Flugblättern versuchte er, die öffentliche Meinung in Deutschland zu seinen Gunsten zu beeinflussen, und seine Agenten verteilten das Geld mit vollen Händen, um die Kurfürsten und ihre Berater für sich zu gewinnen. Schließlich machte Karl, der durch eine Gruppe von Bankiers unterstützt wurde, das Rennen, doch mußte er seine Wahl mit der für die damalige Zeit enormen Summe von 1200 kg Feingold bezahlen. Daran kann man ermessen, was diese fixe Idee Franz I. hätte kosten können. Alles, was er bei diesem Unternehmen erwarb, war die dauerhafte Feindschaft seines Rivalen, des nunmehrigen Kaisers Karl V.

Art des Konflikts

Die 1520 anhebende Auseinandersetzung sollte 39 Jahre dauern. Die den Krieg begonnen hatten, erlebten sein Ende nicht mehr. Erst ihre Söhne, Philipp II. von Spanien und Heinrich II. von Frankreich, beendeten den Konflikt. Die Perioden offenen Krieges wurden immer wieder unterbrochen durch Waffenstillstände und vertragliche Abmachungen, die jedoch ebenso schnell wieder gebrochen wurden. Jeder der beiden Kontrahenten suchte Verbündete, so daß die meisten europäischen Staaten zum einen oder anderen Zeitpunkt in den Konflikt hineingezogen wurden. Aus diesem Grund gewann im 15. Jahrhundert die Diplomatie eine überragende Bedeutung; sie ging meist mit der militärischen Aktion Hand in Hand und zeigte sich oft als die entscheidendere.

Französische Bündnisse

1. Franz I. hatte zunächst das Bündnis mit dem König von England, Heinrich VIII., gesucht. Er traf ihn im Juni 1520 in der Nähe von Boulogne. Diese Begegnung wurde berühmt durch den Pomp, den die beiden Könige entfalteten. Aber Franz I. verletzte die Eitelkeit des englischen Königs durch die Demonstration seiner Überlegenheit in allen Bereichen, so daß es zu keiner Übereinkunft kam. Im Gegenteil: Unmittelbar danach traf Heinrich VIII. Karl V. in Calais und unterzeichnete mit ihm einen Geheimvertrag. Der englische König sollte in der Folge noch mehrmals das Lager wechseln. Er praktizierte schon damals die Politik des Gleichgewichts, die verhindern sollte, daß der eine oder andere der großen kontinentalen Herrscher zu mächtig wurde.
2. Das Bündnis mit dem türkischen Reich, das damals unter der Herrschaft von Suleiman dem Prächtigen (1520–1566) auf der Höhe seiner Macht war, erwies sich für Frankreich als nützlicher. Die türkischen Flotten beherrschten das östliche Mittelmeer und kontrollierten von ihren Stützpunkten in Nordafrika aus die Küsten Spaniens und Italiens. Auf dem Land hatten die Armeen des Sultans nach der Unterwerfung der christlichen Fürstentümer auf dem Balkan in der ungarischen Ebene Fuß gefaßt, Budapest eingenommen und setzten bereits zum Angriff auf Wien an. Ihre Offensiven zwangen den Kaiser immer wieder, seine An-

strengungen gegenüber Frankreich zu lockern, um der Gefahr aus dem Osten begegnen zu können.

Im Jahre 1553 vereinigte sich eine türkische Flotte, die von dem berühmten Khayr al-Din, genannt Barbarossa, befehligt wurde, mit den Franzosen, um Nizza einzunehmen. Franz I. gestattete ihnen sogar für eine Weile die Errichtung einer Landbasis in Toulon.

Doch das Bündnis des »Allerchristlichsten Königs von Frankreich« mit den Ungläubigen empörte die christlichen Fürsten, befremdete auch den Papst und verschaffte dem Kaiser in seiner diplomatischen Auseinandersetzung mit Frankreich gute Argumente. Franz I., der zunächst versuchte, die Bedeutung dieses Bündnisses herunterzuspielen, mußte schließlich darauf verzichten.

Übrig blieb immerhin ein sehr nützlicher Handelsvertrag, der im Jahre 1535 unter der Bezeichnung Kapitulation abgeschlossen worden war: Er legte fest, daß allein französische Handelsschiffe das Recht hätten, in türkischen Häfen vor Anker zu gehen; der König von Frankreich wurde als Protektor der heiligen Stätten in Palästina anerkannt; seine Statthalter im Heiligen Land, die Konsuln, wurden zu Trägern der Gerichtsbarkeit über alle dort lebenden Christen. Der politische und wirtschaftliche Einfluß, den Frankreich bis zum 19. Jahrhundert im Nahen Osten ausübte, war so – merkwürdigerweise – das Resultat des Kampfes zwischen Franz I. und Karl V.

3. Das Bündnis des Königs von Frankreich mit den protestantischen Fürsten Deutschlands war kaum weniger skandalös, da diese Fürsten Feinde des Papsttums und des Katholizismus waren. Aber Franz I. konnte nicht umhin, die Gegner des Kaisers zu unterstützen, wo immer sie sich fanden. 1532 kam es so zu einer Verbindung zwischen dem französischen König und den im Schmalkaldischen Bund organisierten antikaiserlichen protestantischen Fürsten.

Der König gewährte ihnen mehrere Male Subsidien und konnte zum Ausgleich dafür in Deutschland Söldner anwerben, die man in Frankreich *reîtres* und *lansqunets* nannte, abgeleitet von den deutschen Wörtern Reiter und Landsknecht.

In der Ära Heinrichs II. wurde dieses Bündnis enger und vorteilhafter. Die Protestanten, die eine furchtbare Niederlage hatten hinnehmen müssen, unterzeichneten 1550 einen Vertrag, der ihnen regelmäßige Subsidien zusicherte. Als Ausgleich dafür habe man es, so steht es im Vertragstext, »für gerecht befunden, daß der König von Frankreich die Städte zu seinem Besitz nehme, die seit alters dem Kaiser gehört hätten, obwohl die deutsche Sprache in ihnen nicht gesprochen werde«, d.h. Toul, Metz und Verdun. Diese Bestimmung wurde sofort in Kraft gesetzt, und der Erwerb dieser *Trois Evêchés* sollte das bemerkenswerteste Ergebnis des langen Krieges zwischen Frankreich und dem Kaiserreich bleiben. Es war ein erster Schritt in Richtung auf eine Politik der natürlichen Grenzen, deren Ziel im Osten der Lauf des Rheins war.

Erste Rückschläge

Unklugerweise hatte Franz I. 1520 die Schwierigkeiten nicht genutzt, in denen sich Karl V. befand, als seine Herrschaft in Spanien durch eine Revolte bedroht war. Als er sich schließlich im März 1521 zur Intervention entschloß und im Auftrag seines Verbündeten und Verwandten Henri d'Albret Navarra angriff, war der günstige Moment bereits verstrichen, und der Krieg schleppte sich ohne entscheidende Ergebnisse hin.
An der Nordgrenze stießen die von den Engländern unterstützten Kaiserlichen bei einer Gelegenheit bis auf 40 km vor Paris vor. Als ein unerwarteter Trumpf für den Kaiser erwies sich 1523 der Verrat des Herzogs von Bourbon, eines französischen Feldherrn. Aus Unzufriedenheit über einen Urteilsspruch, der in einer Streitigkeit mit der Mutter des Königs, Luise von Savoyen, gegen ihn ergangen war, hatte der Bourbone seine Dienste Karl V. angeboten. Aber entgegen seinen Hoffnungen scharten sich seine Vasallen um den König. Der treubrüchige Feldherr flüchtete zum Kaiser, der ihm eine große Armee mit der Aufgabe anvertraute, die Provence zu besetzen. Bourbon fiel in das Land ein und belagerte Marseille; die Stadt leistete jedoch so lange Widerstand, bis eine französische Armee zu Hilfe kommen konnte. Der Bourbone mußte sich nach Italien zurückziehen und einen großen Teil seiner Artillerie zurücklassen.
Der Hauptkriegsschauplatz war Norditalien. Das Gebiet um Mailand, an dem Franz I. besonders gelegen war, ging dreimal verloren und wurde dreimal wiedererobert. Die dritte französische Gegenoffensive endete mit einem Desaster. Franz I., der Pavia belagerte, wurde von einer kaiserlichen Armee unter dem Kommando Bourbons und des belgischen Feldherrn Lannoy angegriffen. Unvorsichtigkeit auf seiten der Franzosen führte zu einer vernichtenden Niederlage, in der 8000 der besten Reiter umkamen. Der König mußte sich Lannoy ergeben. Am Abend dieser Katastrophe schrieb Franz I. seiner Mutter den berühmten Brief, der mit den Worten beginnt: »Madame, ich muß Ihnen die Mitteilung machen, daß mir nichts geblieben ist außer der Ehre und dem Leben«, ein Satz, den die volkstümliche Geschichtsschreibung in die Form gebracht hat: »Madame, ich habe alles verloren außer meiner Ehre.«

Die Verträge von Madrid und Cambrai

Franz I. glaubte, daß er sich, gemäß den damaligen Gepflogenheiten, mit einem hohen Lösegeld aus der Affäre ziehen könnte. Aber der Kaiser behandelte ihn als ein politisches Faustpfand; er ließ ihn nach Madrid bringen, wo er sechs Monate in einem dunklen Turm als Gefangener zubringen mußte. Krank und am Ende seiner Geduld unterzeichnete Franz I. schließlich, um seine Freiheit wiederzuerlangen, einen äußerst harten Vertrag: Er verzichtete auf alle seine Ansprüche in Italien, auf die – wenn auch mehr theoretische – Oberherrschaft Frankreichs über Flandern und das Artois; er gab dem Verräter Bourbon alle seine Güter und Würden zurück, und er mußte Karl V. sogar das Herzogtum Burgund überlassen. Zum Zweck der Sicherstellung der Ausführung der vertraglichen Bedingungen mußte er dem Kaiser seine beiden Söhne ausliefern.

Als der König im März 1527 nach Frankreich zurückkehrte, weigerte er sich jedoch, Burgund herauszugeben, zumal Vertreter dieses Landes erklärten, französisch bleiben zu wollen. Franz wurde in seiner starren Haltung durch seine Verbündeten unterstützt, die die Hegemonie des Kaisers fürchteten. Papst Clemens VII. von Medici, der sich mit England zur ›Ligue de Cognac‹ zusammengeschlossen hatte, wurde deswegen grausam bestraft. Eine von Bourbon befehligte Armee kaiserlicher Söldner bemächtigte sich der Stadt Rom und plünderte sie so furchtbar, daß sie mehr als zehn Jahre brauchte, um sich wieder zu erholen.

Der Krieg nahm nun größere Ausmaße an, vor allem in Italien, wo zwei französische Armeen verlorengingen. Schließlich mußte sich Karl V., durch die vor Wien liegenden Türken und den Abfall deutscher Fürsten bedroht, zu einem neuen Frieden herbeilassen, der im August 1529 in Cambrai geschlossen wurde. In diesem Vertrag verzichtete er auf Burgund, doch mußte Franz I. alle übrigen Konzessionen aus dem Vertrag von Madrid bestätigen. Bourbon war nicht mehr mit von der Partie, denn er war bei dem Angriff auf Rom getötet worden. Um seine Kinder wiederzubekommen, die noch immer in Madrid gefangengehalten wurden, mußte der König das enorme Lösegeld von zwei Millionen Goldtalern entrichten. Aus seiner langen und harten Gefangenschaft sollte der künftige Heinrich II. einen bleibenden Haß auf den Kaiser mit nach Hause nehmen.

Letzte Kriege Franz' I.

Die wenigen Friedensjahre, die nun folgten, wurden vom französischen König zur Vorbereitung seiner Revanche genutzt. Er suchte erneut das Bündnis der Türken und der protestantischen Fürsten Deutschlands, aber auch die Unterstützung des Papstes und der mächtigen Familie Medici. Dieser Bund wurde durch die Verheiratung des Königssohnes Heinrich mit Katharina von Medici, einer Nichte Clemens' VII., besiegelt, der seinerseits bei dieser Gelegenheit nach Marseille kam, um Franz I. zu treffen.

Der König vernachlässigte darüber gleichwohl nicht die Verstärkung seiner militärischen Mittel. Er eröffnete die Feindseligkeiten 1536 mit der Eroberung Savoyens und Piemonts. Der Kaiser antwortete mit einer Invasion der Provence, bei der die Franzosen die Taktik der verbrannten Erde praktizierten. Daraufhin mußten die ausgehungerten kaiserlichen Truppen sich zurückziehen. 1538 kam es zu einem Waffenstillstand.

Vier Jahre später flammte der Krieg wieder auf. Er brachte Niederlagen und Siege auf beiden Seiten. Im April 1544 kamen die Franzosen in Piemont zu einem großen Sieg. Aber Karl V. drang mit Unterstützung Englands in den Norden Frankreichs ein und rückte bis kurz vor Paris vor. Die beiden Gegner, die nun ziemlich erschöpft waren, unterzeichneten einen neuerlichen Friedensvertrag.

Die Kriege Heinrichs II.

Die Inbesitznahme der drei Städte Toul, Metz und Verdun durch Heinrich II. empfand Karl V. als eine ungeheuerliche Provokation. Eine mächtige Armee von 60000 Mann wurde damit beauftragt, Metz wiederzuerobern; der Kaiser erschien selbst, obwohl er krank war, zur Belagerung, um den Erfolg sicherzustellen. Doch die Stadt, die vom Herzog François de Guise großartig verteidigt wurde, widerstand allen Angriffen, während die Kraft der kaiserlichen Armee durch Krankheiten und Ernährungsschwierigkeiten dahinschwand. Am 1. Januar 1553 mußte sie sich zurückziehen, nachdem sie zwei Drittel ihrer Kampfstärke eingebüßt hatte.

Einige Zeit nach dieser demütigenden Niederlage dankte Karl V. ab; er überließ seinem Bruder Ferdinand die Kaiserkrone und den alten habsburgischen Hausbesitz, seinem Sohn Philipp II. Spanien samt den zugehörigen Besitzungen in Italien und den Niederlanden. Philipp II. hatte die Königin von England, Mary Tudor, geheiratet und somit eine außerordentlich große militärische Streitmacht zu seiner Verfügung. Das sollte sich zeigen, als die Franzosen die Ungeschicklichkeit begingen, 1557 die Feindseligkeiten durch eine ungestüme Intervention in Italien wiederaufzunehmen. Unter dem Kommando eines tüchtigen Kriegsmannes, Emanuel-Philibert, drang die Armee Philipps II. in den Norden Frankreichs ein. Vor Saint-Quentin fügte sie dem französischen Feldherrn Montmorency, der gefangengenommen wurde, eine furchtbare Niederlage zu. Aber die Spanier nutzten ihren Vorteil nicht und verloren kostbare Zeit mit der Belagerung von Saint-Quentin, das von Coligny tapfer verteidigt wurde. Der aus Italien zurückgerufene François de Guise erhielt alle Vollmachten zur Wiederherstellung der militärischen Situation. Durch eine brilliante Überraschungsoperation gelang es ihm, den Engländern Calais zu entreißen. Danach besetzte er Luxemburg.

Der Vertrag von Cateau-Cambrésis

Schließlich handelten die Gegner, gleichermaßen kriegsmüde und knapp an Geld, einen neuerlichen Frieden aus, der am 3. April 1559 in Cateau-Cambrésis unterzeichnet wurde. Heinrich II. verzichtete auf alle Ansprüche in Italien und gab dem Herzog von Savoyen seine seit 29 Jahren von den Franzosen besetzten Besitztümer zurück. Dafür durfte er die drei Städte Toul, Metz und Verdun sowie Calais behalten.
Als Zeichen der Versöhnung heiratete Philipp II., dessen erste Frau, Mary Tudor, gestorben war, Elisabeth von Valois, die Tochter Heinrichs II. Die Hochzeit wurde in Paris mit großen Festlichkeiten begangen. Heinrich II. nahm an einem Turnier teil. Dabei zerbrach die Lanze seines Gegners, eines Gardehauptmanns, der Stiel drückte das Visier nach oben und drang in das Auge des Königs ein. Er starb 10 Tage später, am 10. Juli 1559.

Zusammenfassend läßt sich sagen: Auch wenn Frankreich sich schließlich ganz aus Italien verdrängt sah, erwies sich dies doch als segensreich für den Zusammenhalt des Königreichs. Der Verlust wurde durch die viel nützlicheren Erwerbungen von Calais sowie Toul, Metz und Verdun kompensiert. Frankreich hatte dem Angriff eines viel mächtiger scheinenden Gegners siegreich widerstanden.
Diese Art von negativem Erfolg, der trotz einer oft unzusammenhängenden und von vielen Rückschlägen ereilten Politik erzielt wurde, erklärt sich zweifellos auch aus dem Umstand, daß die Könige von Frank-

reich im Gegensatz zu Karl V. sich auf ein geeintes Land stützen konnten, das fest in der Hand seines Souveräns war, sowie auf ein Volk, dessen starkes Nationalgefühl es bereit machte, alle Opfer auf sich zu nehmen, um seine Unabhängigkeit zu verteidigen.

II. Die innere Ordnung

Ein wohlhabendes Land

Wenn es Franz I. möglich war, das notwendige Geld für seine Kriege wie auch für seinen luxuriösen Hof aufzubringen, so lag das vor allem daran, daß das Land um die Mitte des 16. Jahrhunderts in einer ähnlich günstigen wirtschaftlichen Lage war wie zu Zeiten Ludwigs XII.
Gegen 1560 betrug die Bevölkerungszahl in etwa soviel wie in den ersten Jahrzehnten des 13. Jahrhunderts, nämlich 15 bis 18 Millionen. Brachliegende Ländereien wurden wieder genutzt; die Wälder wurden weiter zurückgedrängt; Dörfer und Gehöfte, die einst verlassen worden waren, bevölkerten sich wieder. Doch die landwirtschaftlichen Techniken hatten sich kaum verbessert; die Nahrungsmittelproduktion kam über einen bestimmten Punkt nicht hinaus, so daß es ab 1560 Anzeichen für eine Übervölkerung gab. Überdies wurde das Klima in dieser Zeit merklich kälter, und der Bürgerkrieg verwüstete auch solche Landesteile im Innern, die bis dahin von den ausländischen Invasionen verschont geblieben waren.
Dagegen kamen dem Handwerk und Gewerbe einige technische Neuerungen zugute. Die Nachfrage nach Gebrauchs- und Luxusgütern stieg. Die Einführung des Buchdrucks z. B. führte zur Schaffung von Papierfabriken und Schriftgießereien. Auch die Bedürfnisse des Krieges wirkten sich naturgemäß belebend auf die metallverarbeitende Industrie aus.
Das große Handels- und Bankzentrum war damals nicht Paris, sondern Lyon, wo sich bei den vier jährlichen Märkten deutsche, schweizerische und italienische Handelsleute mit den Franzosen trafen. Von den 209 Handelsgesellschaften, die man im 16. Jahrhundert in Frankreich gezählt hat, hatten allein 169 ihren Sitz in Lyon.
Auch die Seehäfen nahmen einen bemerkenswerten Aufschwung: vor allem Le Havre, das auf Befehl von Franz I. gebaut wurde.

Soziale Veränderungen

Dieser wirtschaftliche Fortschritt war indes von einer Inflation begleitet, die teilweise eine Folge des vermehrten Warenaustauschs zwischen Stadt und Land bzw. zwischen den Provinzen war, in noch höherem Maße aber auf den vermehrten Zustrom von Edelmetallen zurückzuführen war, die zunächst vor allem aus den deutschen Bergwerken, dann in wachsenden Mengen aus Amerika kamen. Diese Inflation verursachte nicht nur eine Abwertung des umlaufenden Geldes, mit anderen Worten: einen rapiden Verfall seiner Kaufkraft, sondern auch eine spürbare Erhöhung der Lebenshaltungskosten. Daraus ergaben sich tiefgreifende soziale Veränderungen.

Alle, deren Einkommen in Geld ausbezahlt wurden, erlitten eine Wertminderung, vor allem die Arbeiter in den Städten und auf dem Lande. So hat man z. B. ausgerechnet, daß man in Straßburg um das Jahr 1500 60 Stunden arbeiten mußte, um einen Zentner Weizen zu bezahlen, während es im Jahre 1570 200 Arbeitsstunden waren. Daraus ergab sich gegen Ende des Jahrhunderts eine spürbare Verarmung der niederen Klassen, die durch die Übervölkerung auf dem Lande noch verstärkt wurde. In den Städten sah man immer mehr Bettler.

Auch der niedere Adel war betroffen, weil der nominelle Wert der an ihn geleisteten Pachtzahlungen unverändert blieb. Er war gezwungen, einen Teil seiner Güter zu verkaufen oder sich im Dienste des Königs zu verdingen.

Nutznießer der Entwicklung waren jene Bauern, die über eigenes Land verfügten, Pächter mit langjährigen Verträgen, Handelsleute, Gewerbetreibende und Makler. Die reich gewordenen Bürger kauften die vom Adel angebotenen Grundstücke und wurden so Inhaber von Lehen oder Grundherrschaften, oder sie erwarben Amtstitel im Gerichts- und Finanzwesen, die von der Krone verkauft wurden. Auf diesem Wege konnten sie in den Adelsstand aufsteigen.

Festigung der königlichen Macht

Die Theorie, daß der Wille des Königs die einzige Quelle des Gesetzes sei, ist nun allgemein verbreitet. Franz I. benutzt am Ende seiner Erlässe die Formel *»car tel est notre plaisir«*, denn so wünschen wir es. Seine Person wird zum Gegenstand eines fast götzenhaften Kults. Keine Opposition darf sich zeigen; auch die mächtigste Persönlichkeit kann von einem auf den anderen Tag ins Gefängnis geworfen werden. Die Gene-

ralstände werden zwischen 1506 und 1560 nie einberufen, die Parlamente (Gerichtshöfe) rüde abgekanzelt, wenn sie es wagen, Beschwerden vorzubringen.
Der Adel verarmt und wird nach und nach durch königliche Beamte seiner lokalen Funktionen beraubt; er muß auf das Wohlwollen des Königs bedacht sein und versammelt sich mehr und mehr an seinem Hof. Um den Adel zufriedenzustellen, verfügt der König über den enormen Besitz des Klerus. Das Konkordat von 1516 hatte ihm in der Tat das Recht verliehen, Bischöfe und Äbte nach seinem Belieben zu ernennen, während dem Papst nur die Funktion der geistlichen Bestallung geblieben war. Auf diese Weise konnte der König sowohl die einflußreichen geistlichen Familien an sich binden, wie auch einen gefügigen Klerus schaffen.
Schließlich kommt der königlichen Autorität auch die zunehmende Einheit des Königreichs zugute. Das letzte große, der königlichen Herrschaft entzogene Territorium, das des Herzogs von Bourbon, wird aufgelöst. Die königlichen Beamten, deren Zahl schon aus fiskalischen Gründen wächst, arbeiten im Lande sowohl an der Vergrößerung der königlichen wie ihrer eigenen Macht. Bedeutsam und wichtig ist ein Erlaß aus dem Jahre 1539, der festsetzt, daß die gerichtlichen Entscheidungen von nun an nur mehr in der französischen Muttersprache ergehen und registriert werden. Mit demselben Dokument wird auch die standesamtliche Registrierung eingeführt.

Instrumente der Macht

Der König regiert mit Hilfe einer kleinen Zahl von ihm ausgewählter Personen, die den geheimen Rat, den *conseil des affaires* oder auch den engeren Rat bilden. Sie stellen in der Regel auch einen Präsidenten, der als *premier conseiller* oder Premierminister fungiert. Die Entscheidungen der Regierung werden durch königliche Beamte (etwa 120 an Zahl) ausgefertigt und übermittelt. Sie arbeiten unter der Leitung eines Kanzlers. Unter Heinrich II. gibt es vier verschiedene Abteilungen, die, zunächst nach geographischen Gesichtspunkten, mit der Verwaltung des Königreichs sowie mit der Gestaltung der Beziehungen zu den Nachbarländern betraut sind. Hier ist der Ursprung der Aufgliederung der Verwaltung in ministerielle Bereiche zu suchen.
Streitigkeiten werden durch die Beschwerdeführer des Königs vor den königlichen Rat gebracht. Gelegentlich beauftragt der König den einen oder anderen seiner Räte, in die Provinz zu gehen, um die Anwendung der königlichen Entscheidungen zu überwachen.

Die Finanzen

Die gesamten Einkünfte – aus königlichen Ländereien und feudalen Leistungsverpflichtungen, königlichen Steuern etc. – fließen seit 1522 einer einheitlichen Kasse zu, dem *Trésor de l'Epargne,* der unter der Leitung eines Kontrolleurs – heute würde man Finanzminister sagen – steht. In den Provinzen sitzen königliche Beamte, die die Einnahmen sammeln und nach Abzug der regionalen Abgaben an die zentrale Kasse weiterleiten.

Allerdings waren die finanziellen Ansprüche so groß, daß die Kasse trotz ständiger Steuererhöhungen fast immer leer war. Man versuchte daher, auch anderweitig an Geld heranzukommen, und zwar durch Anleihen und den Verkauf von Ämtern. Was die Anleihen betrifft, so bat der König 1522 seine Untertanen zum erstenmal, ihm Geld zu einem Zinssatz von acht Prozent zu leihen, eine Praxis, die auch künftig befolgt wurde. 1559 belief sich die öffentliche Schuld bereits auf 43 Millionen Pfund. Die verschiedenen Funktionen im königlichen Dienst brachten nicht nur Titel, sondern auch materielle Vorteile – etwa Befreiung von Steuern – und Ehren, die für die höchsten Klassen innerhalb der Beamtenschaft bis zur Nobilitierung gingen. Als man sich einfallen ließ, Adelstitel zu verkaufen, fand man in der Tat genügend Interessenten unter der reichen Bourgeoisie. Die Könige vermehrten die Zahl dieser Stellen vor allem im Bereich der Rechtsprechung. Später hat man sogar militärische Ämter verkauft. Doch dieses System der Käuflichkeit von Ämtern sollte schwerwiegende politische und soziale Konsequenzen haben:

1. Es führte zur Abwendung der Elite des Bürgertums von produktiven Laufbahnen in der Landwirtschaft, in der Industrie und im Handel, die als weniger ehrenvoll angesehen wurden. Dieses hartnäckige Vorurteil hat die französische Gesellschaft lange geprägt.
2. Die Richter der Parlamente, die ihre Ämter im eigenen Besitz hatten, konnten dem König die Stirn bieten, ohne sich um ihre Stellung sorgen zu müssen. Ihre Opposition trug schließlich zum Ruin der Monarchie bei.
3. Die teuer bezahlten Ämter und Funktionen konnten vererbt werden. Dies führte bei gewissen Funktionen auch zur Vererbung von Adelstiteln. So erstand aus der Käuflichkeit von Ämtern eine neue Adelsschicht von bürgerlicher Herkunft, die man *noblesse de robe* nannte, um sie von der alten Adelsklasse feudalen und militärischen Ursprungs zu unterscheiden, der *noblesse d'épée.*

Franz I. als Mäzen

Humanisten und Literaten standen unter Franz I. hoch im Kurs. Das Druckgewerbe, welches gegen 1470 in Paris eingeführt wurde, erlebte einen ungeahnten Aufschwung. Man hat die Zahl der Buchausgaben, die im Laufe des 16. Jahrhunderts durch die Pariser Druckereien hergestellt wurden, auf rund 25000 geschätzt. Berühmt war vor allem die Dynastie der Estienne, deren Mitglieder sowohl gelehrte Humanisten wie Meister der Buchdruckerkunst waren. In den Werkstätten von Lyon wurden etwa 13000 Werke gedruckt.

Die königliche Bibliothek, die von dem großen Gelehrten Guillaume Budé geleitet wurde, verdankte ihren enormen Zuwachs der den Druckern auferlegten Verpflichtung, ein Exemplar aller ihrer Ausgaben an die »Nationalbibliothek« abzugeben.

1530 schuf Franz I. das Kollegium der königlichen Lektoren, wo außerhalb der strengen Regeln der Sorbonne auch neue Gegenstände wie das Hebräische, das Griechische, das Lateinische und die Naturwissenschaften gepflegt wurden. Dies ist der Ursprung des heutigen *Collège de France.*

Wichtiger noch war der maßgebliche Einfluß, den Franz I. auf die Verbreitung der Kunst der italienischen Renaissance in Frankreich nahm. Die Schlösser, die er errichten oder renovieren ließ, wie Blois, Chambord, Saint-Germain-en-Laye, Fontainebleau usw., dienten der Aristokratie als Vorbild. Maler, Bildhauer, Goldschmiede, Tischler und Teppichweber, die für den Hof arbeiteten, paßten sich dem vom König bevorzugten italienischen Stil an. Franz I. ließ große Künstler wie Leonardo da Vinci, Benvenuto Cellini, Primaticcio und Rosso aus Italien kommen. Die beiden letzteren, die zur künstlerischen Ausgestaltung des Schlosses Fontainebleau bestellt worden waren, schufen dort eine Schule, deren Richtlinien für die gesamte französische Malerei der Epoche bestimmend wurden.

9 Die Religionskriege

Die Einführung der protestantischen Reformation in Frankreich entfesselte einen grausamen Bürgerkrieg. Wenn es den Reformierten trotz ihrer Anfangserfolge und trotz ihres fanatischen Eifers nicht gelang, sich in Frankreich so durchzusetzen wie in anderen Staaten, so deshalb, weil die Monarchie der katholischen Kirche treu blieb und das Volk in seiner großen Mehrheit die religiösen Neuerungen heftig zurückwies. Nachdem es im Laufe von 30 Jahren weder den Protestanten noch den Katholiken gelungen war, die andere Seite zu vernichten, mußten beide Parteien eine Form der Koexistenz finden.

I. Der Beginn der Reformation in Frankreich

Die Gruppe von Meaux

Die Korruption der Geistlichkeit und die Schwächen der kirchlichen Hierarchie hatten nicht nur in Deutschland das Verlangen nach Erneuerung geweckt. Noch bevor die Lehren Luthers in Frankreich bekannt wurden, hatte Jacques Lefèvre d'Etaples die Rückkehr zur Heiligen Schrift und zu einem persönlicheren religiösen Leben gepredigt. Dieser sanftmütige Gelehrte veröffentlichte 1523 eine französische Übersetzung des Neuen Testaments. Sein Freund, der Bischof von Meaux, Briçonnet, rief ihn zu sich, und sie bildeten einen kleinen Kreis von Jüngern. Die Schwester Franz' I., Marguerite d'Angoulême, mußte sie vor der durch die Sorbonne ausgeübten Zensur schützen.

Der Einfluß des Luthertums

Die Werke Luthers begannen etwa ab 1520 in Frankreich bekanntzuwerden; Louis Berquin gab schon 1526 eine erst französische Übersetzung heraus. Die Verbreitung der lutherischen Ideen beschränkte sich im wesentlichen auf die Städte und dort auf diejenigen sozialen Schichten, die des Lesens kundig waren, also auf Juristen, Mediziner, Lehrer, Vertreter anderer bürgerlicher Berufe und städtische Adlige. Es ist jedoch schwierig, die Stärke des lutherischen Einflusses abzuschätzen, denn es gab damals keine öffentlich organisierten Gruppen, und die ersten Protestanten gingen auch weiterhin in die katholischen Kirchen. Was sie anzog, war die beruhigende Lehre von der Rechtfertigung allein durch den Glauben, das Studium der Bibel in einer profanen Sprache, die Verurteilung abergläubischer Praktiken und die Förderung der Laien; andererseits waren die Franzosen zurückhaltend gegenüber der spezifisch deutschen Ausprägung des Luthertums, seiner Bindung an den Staat wie auch angesichts gewisser Auswüchse der Reformation in Deutschland.

Calvin

Es sollte einem Franzosen vorbehalten bleiben, seinen Landsleuten einen Protestantismus zu geben, der ihrer Mentalität besser angepaßt war. Jean Calvin, 1509 in Noyon geboren, hatte Recht und klassische Sprachen in Orléans, Bourges und Paris studiert. Als er, wie es scheint, 1532 zum Protestantismus konvertierte, war er von den ersten Unterdrükkungsmaßnahmen bedroht, die Franz I. gegen die Lutheraner verfügt hatte, und flüchtete nach Straßburg und Basel. Dort veröffentlichte er 1536 sein Hauptwerk ›Christianae religionis Institutio‹. Ursprünglich lateinisch geschrieben, erschien es 1540 unter dem Titel ›L'Institution chrétienne‹ auch in einer französischen Fassung. Dieses in einer klaren Sprache geschriebene Buch hatte einen außerordentlichen Erfolg: es gab dem reformierten Bekenntnis eine streng logische Form, die ganz auf der Heiligen Schrift aufgebaut war.

Erfolg der calvinistischen Reformation

Calvin lieferte den französischen Reformierten auch einen institutionellen Rahmen. Er hatte sich schließlich in Genf niedergelassen, wo es ihm gelang, eine Art theokratischer Republik zu errichten, deren allmächtiger Prophet er war. Er gründete ein Seminar, in dem Pastoren ausgebildet wurden, die das neue Evangelium in Frankreich verkündigen und dort Gemeinden oder Kirchen nach dem Genfer Modell ins Leben rufen sollten; zu den Neuerungen gehörten Versammlungssäle zur Feier des heiligen Abendmahls nach dem neuen Ritus, aus Laien bestehende Kirchengemeinderäte, die zusammen mit dem Pfarrer für die innere Disziplin der Gemeinde verantworlich waren, sowie Synoden, die die Einheitlichkeit des Glaubens unter den verschiedenen Gemeinden sicherstellen sollten. Ende 1561 gab es in Frankreich 670 calvinistische Kirchen, daneben eine große Zahl nicht so fest organisierter kleiner Gruppen. Im Mai 1559 hatte in Paris eine geheime nationale Synode stattgefunden, auf der ein in 40 Artikeln gefaßtes Bekenntnis angenommen worden war, das die Doktrin Calvins kodifizierte. Wegen ihrer Bindung an Genf wurden die Calvinisten Hugenotten genannt, was sich vielleicht vom deutschen Wort Eidgenossen herleitet.

In der Zwischenzeit hatte sich in der sozialen Zusammensetzung des französischen Protestantismus ein bedeutsamer Wandel vollzogen: Adlige hatten sich ihm in großer Zahl angeschlossen, unter ihnen auch zwei Prinzen von fürstlichem Geblüt, Antoine de Bourbon, König von Navarra, und sein Bruder, der Prinz von Condé; dazu kamen noch drei Neffen des mächtigen Feldherrn Montmorency, die hohe Positionen einnahmen. Vielleicht muß man darin den Ausdruck eines Protests des Adels gegen die ökonomische und politische Auszehrung sehen, deren Opfer er geworden war; vielleicht auch das Wiederaufleben des ketzerischen Temperaments im Süden und eines Partikularismus in den Provinzen, die sich gegen den monarchischen Einheitsstaat auflehnten. Wie dem auch sei, die massive Anhängerschaft von Adligen, die sich zudem in einem Moment ereignete, da der Friede ihnen keine Möglichkeit zur Entfaltung ihrer kriegerischen Instinkte gab, verlieh der neuorganisierten reformierten Kirche jenes dynamische Element, das sie zu einem politischen Faktor, zu einem Staat im Staate werden ließ.

Erste Verfolgungen

Während Franz I. zur Toleranz neigte, galt dies keineswegs für die Sorbonne und das Parlament von Paris, die in ihrem Haß auf alles Ketzertum vom Volk der Hauptstadt unterstützt wurden. Schon 1523 wurde ein erster lutherischer Märtyrer zum Tod auf dem Scheiterhaufen verurteilt, und 1529 verbrannte man Berquin, den Übersetzer der Werke Luthers. Doch dies blieben Einzelfälle. Erst die Unvorsichtigkeit einiger Eiferer löste eine erste systematische Verfolgung aus. Im Oktober 1534 druckten sie ein scharfes und beleidigendes Manifest gegen die katholische Form der Messe und hängten es in Paris, in der Provinz, ja sogar an der Tür der königlichen Gemächer von Amboise aus. Franz I. befahl, die Verbreiter der Irrlehre und diejenigen, die ihnen Unterschlupf gewährten, aufzugreifen. Allein in Paris gab es innerhalb weniger Monate 40 Hinrichtungen. In den folgenden Jahren, und zwar bis zum Ende der Regierungszeit Franz' I., blieb die Unterdrückung jedoch immer noch sporadisch. Der Grund für diese halbherzige Toleranz dürfte das Bünd-

nis des Königs mit den protestantischen Fürsten Deutschlands gewesen sein.
Sein Nachfolger Heinrich II. erklärte unter dem Druck Montmorencys den Reformierten einen gnadenlosen Krieg; er hielt die Organisation und die Kühnheit dieser Protestanten für eine schwere Gefährdung der königlichen Autorität. Man schuf eine »glühende Kammer« *(chambre ardente)* innerhalb des Parlaments von Paris, um die Ketzer abzuurteilen. Für sie gab es nur eine einzige Strafe: den Tod (Edikt von Compiègne, 1557). 1559 wurde jeder im Aufruhr oder auf der Flucht befindliche Protestant für vogelfrei erklärt. Der König entschloß sich zur Unterzeichnung des Friedensvertrages von Cateau-Cambrésis vor allem, um sich besser der Ausmerzung der Ketzerei widmen zu können.

II. Vorboten des Konflikts

Nach dem Tod Heinrichs II. ging die königliche Macht nacheinander auf die drei Söhne über, die jedoch alle schwache und degenerierte Herrscher waren. Ihre Mutter, Katharina von Medici, von 1560 bis 1563 offizielle Regentin, übte bis zu ihrem Tod entscheidenden Einfluß auf die Politik der Krone aus. Gleichgültig in religiösen Fragen, hörte sie auf Wahrsager und Astrologen, war andererseits ungewöhnlich intelligent und gebildet; realistisch und ohne Skrupel kannte sie gemäß den Lehren ihres Landsmannes Machiavelli keine andere Moral als die Raison des Staates; die Aufrechterhaltung der königlichen Macht war ihre einzige Leidenschaft. Die Schliche und kalkulierten Treuebrüche ihrer Politik trugen ihr den Spitznamen »Madame Serpente« (Frau Schlange) ein.
Die königliche Macht wurde unter diesen Bedingungen zum Gegenstand einer Auseinandersetzung zwischen den großen aristokratischen Fraktionen, die dem Thron mehr oder weniger nahe standen. Sie nutzten die religiösen Leidenschaften und gaben ihnen die feste Gestalt politischer Parteiungen. Das Aufkommen politischer und religiöser Feindseligkeiten, die durch persönliche, ja selbst soziale und regionale Motive noch zusätzlich unterstützt wurden, stürzte Frankreich in die Schrecken eines langen Bürgerkrieges.

Die Verschwörung von Amboise

Die Guisen nutzten als erste die Chance. Ihre Nichte, Maria Stuart, hatte den jungen, aber schwachen und kränklichen König Franz II. geheiratet,

Valois, Bourbonen und Montmorency im 16. Jahrhundert

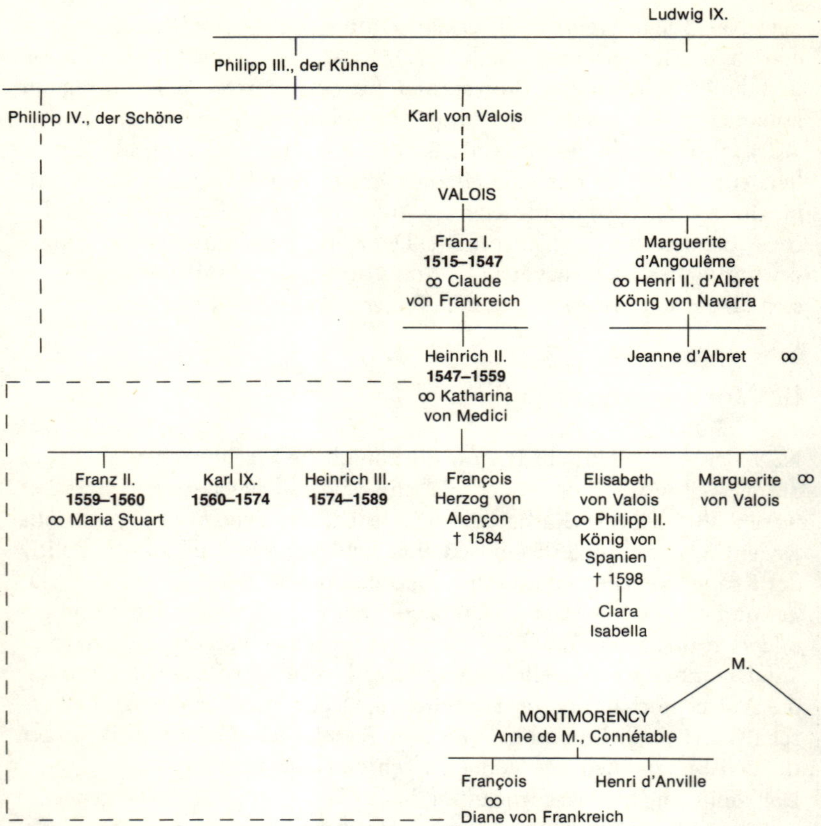

der mit seinen 16 Jahren völlig unfähig war, selbst zu regieren. Königin Maria hatte keinerlei Mühe, ihn davon zu überzeugen, daß er alle Macht seinen beiden Onkeln übertragen solle: dem Herzog François de Guise, dem populären Sieger von Calais, und dem Kardinal Charles de Lorraine, einem harten und ehrgeizigen Mann.

Als Verteidiger der katholischen Sache setzten sie die Verfolgung der Protestanten verstärkt fort. Ihr autoritäres Regiment war vielen ein Dorn im Auge. Einige calvinistische Adlige, die von einem Mann namens La Renaudie angetrieben wurden, faßten die Idee, die königliche Familie zu entführen. Sie wollten den König, wie sie sagten, einer unheilvollen Vormundschaft entziehen und ihn unter die Leitung der Bourbonen stellen, die protestantische Fürsten waren. Die Verschwore-

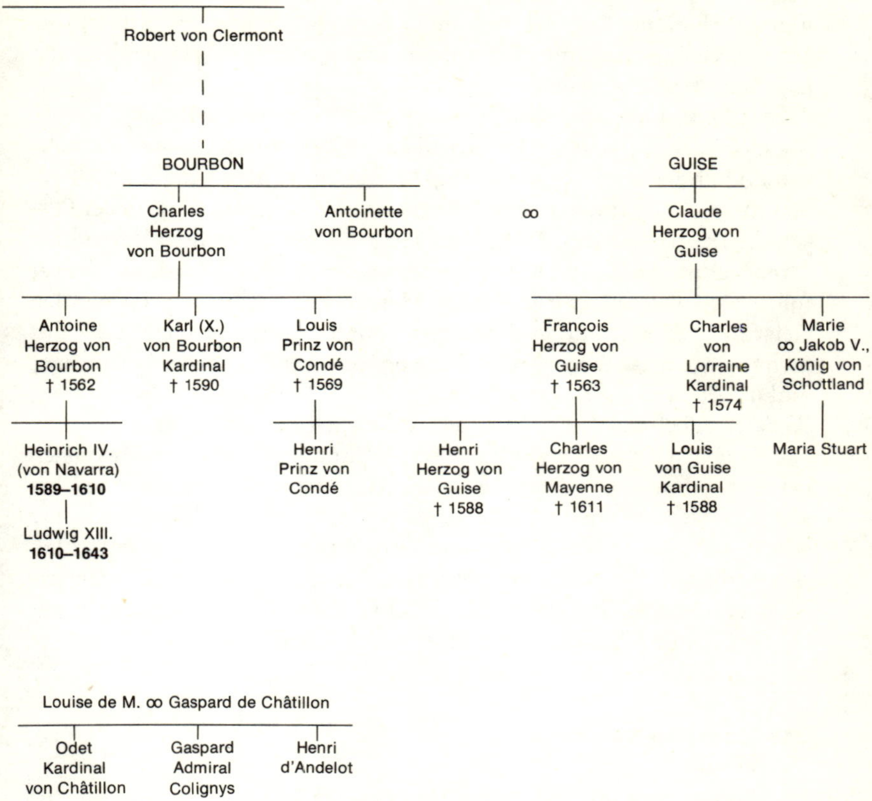

nen, mehrere hundert an Zahl, versammelten sich an einer Stelle zwischen Blois und Tours, wo der König vorbeikommen sollte. François de Guise, den man vom Komplott unterrichtet hatte, brachte den König im Schloß Amboise in Sicherheit. Die calvinistischen Verschwörer wurden überrascht und vernichtet. Diejenigen, die man nicht sofort tötete, wurden summarisch abgeurteilt und hingerichtet. Da man keine Galgen hatte, hängte man die Gefangenen an den Zinnen der Mauern von Amboise auf.

Der Prinz von Condé, in dem man den Anstifter des Komplotts vermutete, wurde festgenommen. Die Guisen ließen ihn zur Todesstrafe verurteilen, doch wurde er durch den frühen Tod Franz' II. (5. Dezember 1560) gerettet.

Ein Toleranzversuch

Sein Bruder, der Thronerbe Karl IX., war erst 10 Jahre alt. Die Königinmutter erhielt die Regentschaft nur durch den Verzicht des ersten Prinzen von Geblüt, Antoine de Bourbon, zugesprochen; als Gegenleistung kam sein Bruder Condé frei.
Katharina von Medicis Absicht war es, durch einen Appell an die Gemäßigten beider Parteien zu einer friedlichen Koexistenz zwischen Katholiken und Protestanten zu kommen. Die Guisen wurden eliminiert; Bourbon und Coligny traten in den Kronrat ein. Die Regentin fand in der Person des neuen Kanzlers, Michel de l'Hospital, einen beredten Verteidiger ihrer Politik. An die in Orléans versammelten Generalstände richtete er folgenden Toleranzaufruf: »Das Messer vermag wenig gegen den Geist... Die Sanftmut wird uns mehr nützen als die Strenge. Laßt uns nicht länger diese teuflischen Worte benutzen, mit denen wir Parteien, Fraktionen und Aufständische bezeichnen: Lutheraner, Hugenotten, Papisten, doch das Wort Christen wollen wir stehen lassen.«
Die Regentin rief sodann in Poissy eine Zusammenkunft von Theologen beider Konfessionen zusammen in der Hoffnung, sie könnten eine Verständigungsbasis finden. Aber dieses Kolloquium von Poissy schleppte sich in subtilen Diskussionen ohne Ergebnis hin. Daraufhin entschloß sich Katharina, ihre Toleranzpolitik von oben durchzusetzen. Das Januaredikt erlaubte es den Protestanten, ihre Gottesdienste außerhalb der Städte öffentlich abzuhalten und Synoden einzuberufen.

Das Massaker von Vassy

Die Protestanten, die sich nun offen bewegen konnten, zögerten nicht, ihre Rechte dort zu überschreiten, wo sie die Stärksten waren; in Montpellier zum Beispiel schlossen sie die katholische Kathedrale und verjagten die Priester. Die Katholiken reagierten heftig. Ein noch ernsterer Zwischenfall löste dann den Bürgerkrieg aus. Als sie eines Sonntags durch Vassy fuhren, stießen der Herzog von Guise und sein Gefolge auf Reformierte, die unter Umgehung des Januaredikts ihren Gottesdienst in einer Scheune feierten. Es kam zu einem Blutbad; die Männer des Herzogs mordeten 23 Protestanten und verletzten etwa 100.
Von Paris aus rief Condé nun die Protestanten auf, sich zu versammeln und sich mit Waffengewalt zu verteidigen. Die Regentin, die damals in Fontainebleau residierte, zögerte, wessen Partei sie ergreifen solle. Sie wurde praktisch gefangengehalten von den Führern der katholischen

Partei, die ein Verteidigungstriumvirat gebildet hatten, bestehend aus dem Herzog von Guise, dem Feldherrn Montmorency und dem Marschall von Saint-André. Condé verließ mit seiner kleinen Streitmacht Paris, besetzte Orléans sowie einige andere Städte an der Loire. Überall kam es zu heftigen Kämpfen zwischen Protestanten und Katholiken. Der Bürgerkrieg nahm seinen unaufhaltsamen Lauf.

III. Die Kriege unter den letzten Valois

Allgemeine Tendenzen

Wenn die Historiker insgesamt acht aufeinanderfolgende Kriege gezählt haben, so deshalb, weil die Feindseligkeiten durch Waffenstillstände oder Verträge vorübergehend eingestellt waren, die jedoch sogleich wieder gebrochen wurden. In Wahrheit zog sich der Kampf fast 30 Jahre lang hin.

Der im Anfang wesentlich religiös bestimmte Konflikt sollte gegen Ende einen politischen Charakter annehmen, weil es um die Thronfolge ging. Durch die Interventionen von Verbündeten, welche die beiden Parteien jenseits der Grenzen fanden, nahm er auch eine europäische Dimension an. Auf seiten der Katholiken standen der König von Spanien, der Herzog von Savoyen und natürlich der Papst, auf seiten der Protestanten ihre Glaubensbrüder in Deutschland, den Niederlanden und auch England. Beide Parteien bemühten sich um Söldner und Abenteurer aus allen Nationen; es gab sogar protestantische Soldaten in katholischem Sold.

Die Beteiligung dieser heimatlosen Soldateska führte in Verbindung mit dem religiösen Fanatismus der französischen Kämpfer, zu einem grausamen und verheerenden Krieg. Kennzeichnend für ihn war die Plünderung aller eroberten Ortschaften, die Tötung der Gefangenen und Verwundeten, scheußliche Grausamkeiten und politische Attentate, die kaltblütig verübt wurden, gar nicht zu reden von der Zerstörung von Kirchen und Kunstschätzen.

Beide Parteien beriefen sich auf den König, den sie angeblich von seinen schlechten Beratern befreien wollten. Tatsächlich mußte ihr Wirken zu einer schweren Beeinträchtigung der Autorität der Krone führen und gleichzeitig die Einheit und Unabhängigkeit des Königreichs gefährden. Die Calvinisten propagierten demokratische Theorien; sie wollten eine Art Staat im Staat bilden mit einer Armee, Befestigungen und einer Nebenregierung; sie nannten sich Calvinistische Union. Die Katholiken stellten ihnen eine Heilige Liga entgegen. Paris und andere Städte gaben sich in der späten Phase des Bürgerkrieges eigene Verwaltungen, die der königlichen Autorität trotzten.

Karl IX. (1560–1574)

Die drei ersten Perioden der Auseinandersetzung führten für keine der beiden Parteien zu einem entscheidenden Ergebnis. Allerdings verschwanden einige der führenden Protagonisten: Antoine von Bourbon wurde bei der Belagerung von Rouen tödlich verwundet; François de Guise wurde mit einem Pistolenschuß ermordet, als er die Belagerung von Orléans leitete; der Feldherr Anne de Montmorency fand den Tod bei einem Gefecht mit den Hugenotten vor den Toren von Paris; Condé wurde kaltblütig umgebracht, als er sich am Abend einer in Jarnac erlittenen Niederlage in die Gefangenschaft begab.
Die Regentin nützte ihre Chance und versuchte, die Sache wieder in ihre Hand zu bekommen und zwischen den Parteien das Zünglein an der Waage zu spielen. Ihr dritter Sohn, der Herzog von Anjou, wurde 1569 an die Spitze der königlichen Armee gestellt; die Siege, die er erfocht, dienten der Erhöhung des Prestiges der königlichen Familie.
Im August 1570 fühlte sich die Königinmutter stark genug, um ein weiteres Mal ein System religiöser Koexistenz durchzusetzen. Der Friede von Saint-Germain sicherte den Protestanten im ganzen Königreich die Gewissensfreiheit zu. An all den Stätten, wo sie schon vor Ausbruch des letzten Krieges etabliert waren, sowie im Zuständigkeitsbereich der hohen Gerichtsherren konnten sie ihren Gottesdienst ungehindert ausüben. Außerdem erhielten sie vier befestigte Plätze: La Rochelle, Montauban, La Charité und Cognac.

Die Bartholomäusnacht

Zum Zeichen des Friedens war Coligny in den königlichen Rat zurückberufen worden. Dort gewann er das Vertrauen Karls IX., der in seinem 20. Lebensjahr plötzlich den Wunsch verspürte, sich von der Vormundschaft seiner Mutter zu befreien. Coligny schlug dem jungen König eine ruhmreiche Unternehmung vor: eine gegen die Spanier gerichtete Offensive in Belgien in Verbindung mit den aufständischen Protestanten aus den Niederlanden. Katharina, die mit allen Kräften den Frieden erhalten wollte, ließ das Projekt Colignys durch den Kronrat ablehnen.

Doch jener betrieb nichtsdestoweniger in aller Offenheit die Rekrutierung einer Freiwilligen-Armee. Dies machte der Königin klar, daß sie sich um jeden Preis eines Menschen entledigen mußte, der sowohl für die Ruhe und Ordnung im Königreich wie auch für ihren eigenen Einfluß zu einer Gefahr wurde.

Die Gelegenheit dazu bot sich aus Anlaß der Festlichkeiten bei der Hochzeit von Marguerite von Valois, einer Schwester Karls IX., mit dem jungen König von Navarra, Henri de Bourbon. Diese Vermählung war übrigens ein großer Erfolg der Diplomatie Katharinas. Ein Mann im Dienste der Guisen wurde beauftragt, Coligny zu ermorden, aber er schoß schlecht und verletzte den Admiral nur am linken Arm. Karl IX. war wütend und ließ Coligny zusichern, daß die Schuldigen bestraft würden. Wer aber waren sie? Alle Indizien deuteten auf die Königinmutter und den Herzog von Anjou. Die wegen der Hochzeit in großer Zahl nach Paris gekommenen protestantischen Adligen forderten Gerechtigkeit. Die von Furcht befallene Katharina konnte schließlich ihren Sohn davon überzeugen, daß die königliche Familie in großer Gefahr wäre und nur ein Mittel hätte, um zu überleben, nämlich mit einem Schlag alle in der Hauptstadt anwesenden protestantischen Führer zu liquidieren. Karl IX. willigte schließlich ein; Henri de Guise wurde mit der Ausführung beauftragt und wohnte selbst dem Mord an Coligny bei, den er für die Ermordung seines Vaters 1563 verantwortlich glaubte. Auch fast alle anderen führenden Hugenotten wurden überrascht und getötet; der erregte Pariser Pöbel machte gemeinsame Sache mit den Soldaten und massakrierte zwei Tage lang ohne Rücksicht auf Alter und Geschlecht alle, die als Protestanten galten (24.–27. August 1572).

In mehreren Provinzstädten kam es zu ähnlichen Massakern. Man hat die Zahl der Opfer auf etwa 8000 geschätzt. Viele Protestanten schworen unter Androhung des Todes ihrem Glauben ab, unter ihnen Heinrich von Navarra; er war in der Bartholomäusnacht vor den König geschleppt worden und unterschrieb seinen Abfall vom protestantischen Bekenntnis, als man damit drohte, ihn auf der Stelle umzubringen.

Das Blutbad befeuerte die Energie der Überlebenden. La Rochelle wurde zu ihrer Hauptzuflucht. Die Stadt widerstand acht Monate lang mit Erfolg einer Belagerung, die vom Herzog von Anjou geleitet wurde. Des Krieges überdrüssig, schloß man einen Waffenstillstand: Er brachte Gewissensfreiheit für alle Reformierten, aber Freiheit des Gottesdienstes nur in den drei Städten La Rochelle, Montauban und Nîmes.

Karl IX., dem sein schlechtes Gewissen ebenso zusetzte wie die Tuberkulose, starb wenig später am 30. Mai 1574. Die Krone ging auf seinen Bruder, den Herzog von Anjou, über, der jedoch gerade zum König von

Polen gewählt worden war und sich in Krakau befand. Ohne eine Minute zu verlieren, kehrte er seinen neuen polnischen Untertanen den Rücken, um nach Frankreich zurückzukehren.

Heinrich III. (1574–1589)

Katharina von Medicis dritter Sohn war ihr Liebling. Er verfügte über viele jener Eigenschaften, die seinen beiden älteren Brüdern abgingen: ein schönes Äußeres, eine wache Intelligenz, die Fähigkeit zu sprechen und zu schreiben, Sinn für Kunst und Literatur, Tapferkeit im Kampf. Aber er verlor sein hohes Ansehen durch sein extravagantes Betragen und insbesondere durch seine homosexuellen Neigungen sowie die skandalösen Begünstigungen, mit denen er seine diesbezügliche Umgebung überhäufte.

Während der ersten Jahre seiner Herrschaft kam es zur Bildung der alten Fronten mit neuen Führern und in neuer Gestalt. Damals entstand die Calvinistische Union als eine echte Nebenregierung; sie stützte sich auf den jungen König Heinrich von Navarra, der nach seiner Flucht vom Hofe sein Bekenntnis zum Protestantismus erneuert hatte. Die Union fand auch die zeitweilige Unterstützung des letzten Sohnes Heinrichs II., François, Herzog von Alençon, der mit Heinrichs III. Krönung zum Herzog von Anjou aufgestiegen war – eine ebenso ehrgeizige wie falsche Person.

Seine Haltung ermutigte die protestantischen Führer, eine Intervention seitens der deutschen Fürsten herbeizuführen. Die Invasion einer Armee von 20000 Mann, welche die rebellischen Kräfte im Innern verstärkte, zwang Heinrich III. in die Knie. Er schloß im Mai 1576 ›La paix de Monsieur‹, auch Edikt von Beaulieu genannt, das für die Reformierten außerordentlich vorteilhaft war: Außer in Paris herrschte völlige Gottesdienstfreiheit, die Opfer der Bartholomäusnacht wurden rehabilitiert, die Protestanten erhielten acht Festungen, usw.

Die Katholiken glaubten sich vom König im Stich gelassen und erneuerten die Heilige Liga unter der Leitung von Henri de Guise. Der König versuchte, den Schlag aufzufangen, und erklärte sich selbst zum Führer der Liga, was zu ihrer baldigen Auflösung führen mußte.

Überall war nun der Krieg wieder aufgeflammt. Der König wollte sich seines Bruders entledigen und ließ sich mit Unterstützung der Königin Elisabeth von England, die er zu heiraten gedachte, auf einen vergeblichen Versuch zur Eroberung der Niederlande ein.

Der Tod François' d'Anjou machte diesem Abenteuer ein Ende, schuf jedoch eine neue Situation, die für den inneren Frieden noch gefährlicher war.

Der Krieg der drei Heinriche

Der natürliche Thronerbe war Heinrich von Navarra, und Heinrich III. war auch bereit, ihn als solchen anzuerkennen, doch die Katholiken wollten um keinen Preis einen rückfälligen Ketzer zum König haben; der Papst selbst erklärte ihn für regierungsunfähig. Die Guisen und ihre Anhänger empfahlen an seiner Statt den alten Kardinal von Bourbon; sie belebten die Katholische Liga von neuem und gewannen die Unterstützung König Philipps II. von Spanien, der davon träumte, die aus seiner Heirat mit Elisabeth, der Schwester Heinrichs III., hervorgegangene Tochter auf den französischen Thron zu setzen. Der König, der weder Geld noch Waffen hatte, unterwarf sich zunächst dem Willen der Liga; er erklärte Heinrich von Navarra seines Anrechts auf die Krone für verlustig und widerrief alle Zugeständnisse an die Protestanten. Es kam zum Ausbruch eines erneuten und sich ständig ausweitenden Krieges. Heinrich von Navarra erwies sich als ein hervorragender Heerführer; er vernichtete in Coutras die von einem Günstling des Königs, dem Herzog von Joyeuse, befehligte katholische Armee. Zur selben Zeit gelang es Henri de Guise in der Champagne, die Armee der deutschen Protestanten zurückzuwerfen.
Diese Erfolge trugen den Guise auf den Gipfel seiner Popularität. Er trotzte dem Widerstand Heinrichs III. und ließ sich in Paris von der Liga feiern. Der isolierte und gedemütigte König sah sich nun gezwungen, Henri de Guise zum Feldmarschall des Königreichs zu ernennen. Die Versammlung der Generalstände in Blois machte wenig später deutlich, wie gering das Ansehen des Königs war; in beleidigender Weise wies man alle seine Geldforderungen zurück, während der Herzog von Guise umworben wurde; einige sprachen sogar von einer Absetzung Heinrichs III.: Sie wollten ihn durch den Guise ablösen lassen und beschworen in diesem Zusammenhang die Erinnerung an den Aufstieg der Karolinger.
Der König setzte nun aufs Ganze; er lockte seinen Rivalen in einen gut vorbereiteten Hinterhalt, wo er durch Männer seiner persönlichen Garde ermordet wurde; der Kardinal von Guise, sein Bruder, wurde ebenfalls aufgegriffen und umgebracht. »Gut gemacht, mein Sohn«, soll die sterbende Königinmutter gesagt haben, »aber nun muß man alles wieder in Ordnung bringen.«

Der Tod Heinrichs III.

Als die Pariser diese Nachricht hörten, gaben sie sich eine aufständische Regierung und erklärten den König für abgesetzt. Der Kardinal von Bourbon wurde, obwohl er noch gefangen war, unter dem Namen Karl X. von ihnen als neuer König anerkannt; Feldmarschall des Königreiches wurde der Herzog von Mayenne, der letzte Überlebende der drei Brüder Guise.

Heinrich III. erkannte Heinrich von Navarra als seinen Nachfolger an und schloß sich mit ihm zusammen, um Paris zu belagern. Doch da wurde er von einem jungen Fanatiker, einem Dominikanermönch namens Jacques Clément, am 1. August 1589 ermordet. Der letzte der Valois flehte vor seinem Tod seinen Cousin an, wieder katholisch zu werden. Heinrich von Navarra wurde von der Armee als König anerkannt und regierte fortan unter dem Namen Heinrich IV.

IV. Heinrich IV. und das Ende der Kriege

Vier Jahre Kampf

Der neue König befand sich alsbald in einer kritischen Situation. Die Katholiken verließen in großen Scharen seine Armee; aber auch einige Protestanten ließen ihn im Stich, weil sie von den Avancen angewidert waren, die Heinrich der gegnerischen Seite machte. Der König hob die Belagerung von Paris auf und zog sich nach Dieppe zurück, wo er auf englischen Beistand wartete. Die von Mayenne kommandierte Armee der Liga griff ihn an, wurde jedoch in Arques schwer geschlagen.

Nachdem der König in Tours überwintert hatte, ergriff er von neuem die Offensive und bemächtigte sich der Normandie. Dann marschierte er in Richtung Paris; in Ivry schlug er die Ligisten erneut, obwohl diese zweimal so stark waren. Nach dem Scheitern eines Überraschungsangriffs versuchte er Paris auszuhungern, doch nach vier Monaten Belagerung wurden die Pariser durch die Ankunft spanischer Streitkräfte unter dem Kommando des Statthalters der Niederlande, Alexander Farnese, befreit, der ein ebenso guter Feldherr war wie Heinrich IV. Während des ganzen Jahres 1552 operierten die beiden Gegner in der Normandie, ohne daß es zu einer Entscheidung gekommen wäre.

Der Widerruf Heinrichs IV.

Der Tod des Marionettenkönigs, des Kardinals von Bourbon, führte zu einer Krise in der Katholischen Liga. Es gab mehrere Nachfolgekandidaturen; unter ihnen war die der Infantin Isabella, der Tochter Philipps II., dessen Truppen bereits zahlreiche Festungen besetzt hielten, die ernsthafteste. Die in Paris versammelten Generalstände wiesen den spanischen Vorschlag jedoch heftig zurück; das Parlament von Paris faßte einen feierlichen Beschluß, der es jedem ausländischen Prinzen verbot, den Thron Frankreichs zu besteigen.
Während dieser Debatten entwaffnete Heinrich IV., der den Feindseligkeiten ein Ende setzen wollte, nach und nach seine Gegner durch seinen Mut und sein gutes Zureden. Die öffentliche Meinung war des Krieges ohnehin überdrüssig; vor allem die Pariser hatten genug von der fanatischen Tyrannei des Ausschusses der Sechzehn, der 1589 die Macht an sich gerissen hatte. Heinrich IV. entschloß sich daher zu dem Akt, den die Mehrheit der Franzosen wünschte: Am 23. Juli 1593 bekannte er sich in der Kirche von Saint-Denis in einem feierlichen Gelöbnis zum katholischen Glauben. Die enttäuschten Calvinisten rächten sich, indem sie ihm das berühmt-berüchtigte Wort zuschrieben: »Paris vaut bien une messe« (Paris ist wohl eine Messe wert). Von nun an war die Partie gewonnen, die Salbung des Königs in der Kathedrale von Chartres am 27. Februar 1594 beschleunigte die Ereignisse. Am 22. März öffnete ihm der Gouverneur den Zugang zur Stadt Paris. Die Unterwerfung der Führer der Liga in den Provinzen wurde indes teuer erkauft. Aber Heinrich IV. wollte kein Blut mehr vergießen; er wollte alles vergessen, alles verzeihen. Nur einige Personen wurden zur Strafe vorübergehend ins Exil geschickt.

Der Krieg gegen Spanien

Der von seinen Verbündeten der Liga im Stich gelassene Philipp II. setzte gleichwohl den Kampf auf eigene Rechnung fort. Der unentschiedene Krieg fand vor allem in der Picardie und Burgund statt. Nur eine Episode ist bemerkenswert, nämlich der Kampf von Fontaine-Française, in dem der durch den Feind überraschte Heinrich IV. durch ein Husarenstück seiner Kavallerie einen fünffach so starken Gegner in die Flucht schlug. Schließlich wurde man des Kämpfens müde und schloß erneut Frieden: Der Vertrag von Vervins vom 2. Mai 1598 war im wesentlichen eine Neuauflage des Vertrags von Cateau-Cambrésis aus dem Jahre 1559.

Das Edikt von Nantes

Fast zur selben Zeit hatte Heinrich IV. den inneren Frieden durch einen Erlaß gefestigt, der die noch widerstrebenden Protestanten beschwichtigen und entwaffnen sollte. Die im Edikt von Nantes vom 13. April 1598 enthaltenen Zugeständnisse waren eine Art Zusammenfassung der Maßnahmen, die zu gewissen Zeitpunkten während des dreißigjährigen Bürgerkrieges versprochen worden waren. Im einzelnen handelte es sich um

— Gewissensfreiheit im ganzen Königreich;
— Freiheit des Gottesdienstes überall da, wo sie bereits vorher zugestanden worden war, wie auch in den Häusern der Adligen und mindestens in zwei Städten pro Landkreis;
— Ermächtigung zur Abhaltung von Provinzial- und Nationalsynoden;
— Zugang zu allen Ämtern und Würden;
— eine zur Hälfte aus Protestanten besetzte Kammer, die in jedem Parlament eingerichtet wurde, um den Reformierten eine gerechte Rechtssprechung zuzusichern;
— etwa hundert befestigte Orte, die für acht Jahre zugestanden wurden.

Es gelang dem König ohne große Schwierigkeiten, dieses Edikt durch das Parlament von Paris und die Parlamente der Provinzen, in denen sich die Vorbehalte der Katholiken stärker artikulierten, bestätigen zu lassen.

Ergebnisse

Die aufgrund der Umstände durch das Edikt von Nantes geschaffenen Verhältnisse hatten den Nachteil, innerhalb der Nation einen fremdartigen sozialen Körper zu schaffen und zu festigen, der in den Augen der übrigen Bevölkerung außerordentliche Privilegien genoß. Diese Anomalie mußte früher oder später unerträglich werden. Andererseits gab Frankreich durch die Unterscheidung von religiösem und politischem Gehorsam zum erstenmal ein Beispiel für religiöse Toleranz, eine Idee, die bis dahin allen anderen Staaten Europas, ob protestantisch oder katholisch, fremd gewesen war.

10 Konsolidierung der Macht unter Heinrich IV. (1589–1610) und Ludwig XIII. (1610–1643)

Unter der wohltätigen Regierung Heinrichs IV. konnte das Land sich daran machen, die durch den Bürgerkrieg verursachten Schäden zu beheben. Nach dem tragischen Tod des Königs ging die Macht jedoch in unfähige und unwürdige Hände über; es kam erneut zur Anarchie der Adligen. Freilich fand Ludwig XIII. in der Person des Kardinals Richelieu einen Mann, der in der Lage war, die Verhältnisse wieder in Ordnung zu bringen. Seiner kalten und klarsichtigen Energie gelang es, alle Widerstände zu brechen und den monarchischen Absolutismus fest zu verwurzeln. Nach außen nahm er den Kampf mit dem Haus Habsburg von neuem mit Erfolg auf.

I. Die Herrschaft Heinrichs IV.

Der König

Nachdem mittels des Vertrags von Vervins und des Edikts von Nantes der Friede im Innern des Landes wie auch an seinen Grenzen wiederhergestellt worden war, konnte Heinrich IV. das so notwendige Werk des Wiederaufbaus des Landes und der Wiederherstellung der Monarchie angehen.

Der im Dezember 1553 in Pau geborene König war mit 45 Jahren ein Ausbund an Vitalität. Das unstete Leben eines Partisanenführers, zahlreiche Gefahren und schwierige Situationen hatten seinen Charakter geprägt und sein politisches Unterscheidungsvermögen geschärft; da er das Königreich nach allen Richtungen durchstreift und das Leben seiner einfachsten Untertanen kennengelernt hatte, hatte er großes Verständnis für die Mentalität des Volkes und zeigte Sympathie für seine Bedürfnisse, was für einen König ganz ungewöhnlich war. Er bezauberte durch seinen Schwung, seine gute Laune, seine ungezwungenen Manieren, seine geistreichen Einfälle, seine verzeihende Großmütigkeit und seine Fähigkeit, seine Befehle als Bitten erscheinen zu lassen. Gleichwohl hatte er eine hohe Meinung von der königlichen Autorität und gab stets zu verstehen, daß er allein der Herr sei. Der Marschall von Biron, der

Gouverneur Burgunds, sein Jugendfreund und Kriegsgefährte, ließ sich aus Ehrgeiz zu einem Komplott mit dem Herzog von Savoyen und später mit dem König von Spanien verleiten. Heinrich IV. vergab ihm den ersten Verrat; auch beim zweitenmal war der König bereit, ihm zu verzeihen, forderte jedoch, daß Biron seinen Fehler eingestehe. Da dieser sich weigerte, wurde der Schuldige abgeurteilt und enthauptet.
Die große Schwäche Heinrichs IV. war seine unkontrollierte Liebesleidenschaft; sie verführte den »*Vert-Galant*« zu so mancher Torheit; so wollte er 1599 seine bevorzugte Mätresse Gabrielle d'Estrées, die ihm bereits zwei illegitime Kinder geschenkt hatte, heiraten; nur der plötzliche Tod der jungen Frau hinderte ihn an der Realisierung eines Projekts, das die Zukunft der Dynastie in ernste Gefahr hätte bringen können.

Seine Ehe

Seine erste Ehefrau, Marguerite von Valois, die man Königin Margot nannte, war kinderlos geblieben und lebte seit 1585 getrennt von ihm. Der König war mit Recht besorgt, daß es zu Unruhen käme, wenn er ohne legitimen Nachkommen stürbe. Er erreichte beim Papst die Annulierung seiner ersten Ehe und bat Maria von Medici, die Nichte des Großherzogs von Toskana, um ihre Hand. Eines der Motive für diese Wahl war die Größe der Mitgift – 600000 Goldtaler –, die es möglich machte, einen Teil der Schulden des Königshauses zu tilgen. Im übrigen erfüllte die *banquière,* wie die Höflinge die Königin nannten, den Wunsch des Königs, indem sie ihm zwei Söhne schenkte.

Sully und die Finanzen

Der wirkungsvollste und ergebenste aller Mitarbeiter Heinrichs IV. war Maximilian de Béthune, der Herzog von Sully. Dieser kleine Adlige flämischen Ursprungs und calvinistischen Bekenntnisses – er sollte es bis zu seinem Tod nicht ablegen – hatte das abenteuerliche Leben des Königs von Anfang an geteilt. Heinrich IV. schätzte den praktischen und geschäftlichen Sinn seines Freundes. Er machte ihn 1598 zum Finanzminister und übertrug ihm noch andere wichtige Staatsgeschäfte. Sully brachte das Finanzwesen in eine feste Ordnung, die auf dem Prinzip der Sparsamkeit gründete. Er zwang die Lieferanten, die sich durch unsaubere Geschäfte bereichert hatten, zur Herausgabe ihrer Profite; er er-

warb dem königlichen Besitz die Rechtstitel wieder zurück, die man in Gestalt von Anleihen einzelnen Personen überlassen hatte. Er senkte die öffentliche Verschuldung mit drastischen Mitteln: durch einfache Annullierung eines Teils der Verpflichtungen, durch niedrige Rückerstattungen sowie durch die Verringerung des Zinses auf die bestehenden Anleihen um die Hälfte.
40000 Personen, die von den religiösen Unruhen profitiert hatten und keine direkte Steuer mehr bezahlten, wurden wieder in die Steuerlisten aufgenommen. Zum Ausgleich leistete der Staat Verzicht auf rückständige Steuerzahlungen der ärmeren Bevölkerung und senkte den Satz der Kopfsteuer. Die einzige neueingeführte Steuer machte sich das maßlose Interesse der Franzosen an öffentlichen Justiz- und Finanzämtern zunutze: Wenn die Inhaber solcher Ämter diese an ihre Erben weitergeben wollten, mußten sie dafür eine jährliche Gebühr zahlen. Die Einnahme dieser Gebühr wurde einem Mann namens Paulet übertragen, weshalb man diese Steuer la Paulette nannte. Ihre historische Bedeutung liegt darin, daß sie zur Konsolidierung der Erblichkeit dieser Ämter beitrug.
Dank diesen Maßnahmen gelang es Sully nicht nur, das Budget wieder ins Gleichgewicht zu bringen, sondern auch eine Finanzreserve von 13 Millionen Pfund anzuhäufen.

Das wirtschaftliche Leben

Heinrich IV. interessierte sich für das Los der Bauern. Er wünschte, daß sie alle imstande wären, jeden Sonntag ihr Huhn im Topf zu haben. Auch Sully teilte diesen Wunsch und schrieb einmal: »Viehzucht und Feldarbeit sind die beiden Quellen, aus denen Frankreich sich nährt, sie sind die wahren Bergwerke und Schätze Perus.«
Den adligen Herren wurde ab März das Jagen in den kultivierten Feldern und den Weinbergen verboten. Plündernde Kriegsleute wurden streng bestraft. Den Steuereinziehern wurde es untersagt, das Vieh und das Werkzeug von Bauern zu beschlagnahmen, die ihre Schulden nicht bezahlen konnten. Wirksamer noch als alle diese Maßnahmen waren indes die zwölf Friedensjahre, deren sich das Land erfreuen konnte und die es den Bewohnern ermöglichten, die wirtschaftliche Substanz wiederherzustellen.
Das noch unter Franz I. so blühende Luxusgütergewerbe hatte während der Kriege stark gelitten. Heinrich IV. versuchte es mit Hilfe seines Handelsministers Laffemas, wiederzubeleben; Sully unterstützte das

Vorhaben durch ein freilich ziemlich erfolgloses Verbot der Einfuhr von Luxusgegenständen aus Italien.
Sully, der auch für die Verkehrswege verantwortlich war, ließ Straßen und Brücken wiederherstellen. In Paris wurde der Pont Neuf vollendet, und man begann mit dem Bau des Königsplatzes (heute Place des Vosges) und der Place Dauphine. Man nahm die Arbeiten am Kanal von Briare auf, der Seine und Loire miteinander verbinden sollte. Handelsverträge wurden geschlossen: so mit England und der Türkei. Heinrich IV. interessierte sich auch für die Unternehmungen von Samuel Champlain, der auf den Spuren von Jacques Cartier die Stadt Québec am Ufer des St.-Lorenz-Stromes gründete (1608).

Außenpolitik

Der durch den Vertrag von Vervins hergestellte äußere Friede wurde 1600 durch einen kleinen Krieg gegen den Herzog von Savoyen unterbrochen. Am Ende eines schnellen Feldzugs mußte der Herzog alle seine Besitzungen jenseits der Rhône an Heinrich IV. abtreten. Danach begnügte sich der König im allgemeinen mit der Sicherung seines Einflusses dank einer aktiven diplomatischen Tätigkeit.
Im Jahre 1609 bot sich jedoch eine Gelegenheit, den traditionellen Kampf gegen das Haus Österreich wiederaufzunehmen. Die rheinischen Herzogtümer von Kleve und Jülich waren vakant geworden, und Kaiser Rudolf II. wollte einen habsburgischen Erzherzog dort einsetzen. Heinrich IV. beschloß, die Ansprüche protestantischer Fürsten zu unterstützen und unternahm militärische Vorbereitungen.

Der Tod des Königs

Doch die Idee, Frankreich von neuem in einen Krieg zu verwickeln, um den Protestanten zu helfen, war höchst unpopulär. Die nur wenig gedämpften Leidenschaften aus der Zeit der katholischen Liga belebten sich aufs neue. Sie waren der Hintergrund für die Ermordung Heinrichs IV. durch einen Geistesgestörten namens Ravaillac, der den König in einer offenen Kutsche erdolchte, als dieser zu einer Besprechung mit Sully ins Arsenal fuhr. Dieses tragische Ende erhöhte den späteren Ruhm des Königs; tatsächlich hinderte es ihn aber daran, sich in ein Abenteuer zu stürzen, welches das vollendete Werk erneut hätte in Frage stellen können. In ihrer Betroffenheit und Beunruhigung vergaßen die Franzosen ihre alten und neuen Beschwernisse. So entstand, im Gegensatz zu den nachfolgenden Herrschern, das legendäre Bild des »guten Königs Heinrich«, des wackeren Soldaten, des Freundes des einfachen Volkes, des Königs, dem die Wiederherstellung des Friedens und die Einheit des Königreichs zu danken war.

II. Ludwig XIII. und Richelieu

Die Regentschaft

Da der neue König, Ludwig XIII., erst neun Jahre alt war, ließ sich Maria von Medici durch eine Erklärung des Pariser Parlaments die Regentschaft übertragen. Sie war eine füllige, vulgär aussehende Frau, engstirnig und von infantilem, cholerischem Charakter. Sie stand völlig unter dem Einfluß ihrer Vertrauten, Leonora Galigai, die mit ihr aus Florenz gekommen war. Leonoras Mann, ein ehemaliger Raufbold namens Concini wurde von einem Tag auf den andern zum Marquis d'Ancre und Marschall erhoben; er war es, der Frankreich faktisch regierte.

Die Führer der großen Familien verlangten unter Anleitung von Condé, dem ersten Prinzen von Geblüt, ihren Anteil an der Macht. Concini versuchte die Ansprüche abzuwehren, indem er ihnen fette Pensionen auszahlte; die von Sully angesammelte Finanzreserve wurde dabei völlig aufgezehrt.

Die Unruhe hörte gleichwohl nicht auf, sondern erfaßte alle Klassen; man offerierte ihnen das traditionelle Ventil einer Einberufung der Generalstände. Sie versammelten sich im Oktober 1614 zu Paris, aber es gelang ihnen nicht, die vollständige Kontrolle über die Monarchie zu erlangen. Streitigkeiten zwischen dem Adel und dem dritten Stand, d.h. den Vertretern der Großbourgeoisie, die königliche Ämter innehatten, drängten alles andere in den Hintergrund. Die Adligen, die die Bürgerlichen als gemeine Emporkömmlinge verachteten, forderten die Abschaffung der Paulette-Steuer, d.h. der Erblichkeit der Ämter; der dritte Stand hielt der Königin den Mißbrauch der Pensionszahlungen an den Adel vor: So maßlos seien dieselben, daß es große und mächtige Königreiche gebe, die weniger Einkünfte hätten als das, was die Königin einigen ihrer Untertanen gebe, um ihre Treue zu erkaufen. Nachdem man lange diskutiert hatte, wurden die Delegierten mit vagen Versprechungen wieder nach Hause geschickt. Die Generalstände traten vor dem Jahr 1789 nicht mehr zusammen.

Concinis Fall

Obwohl Ludwig XIII. mit 14 Jahren für mündig erklärt worden war, führten die Königinmutter und Concini ihre Herrschaft wie früher fort und suchten die Opposition durch Geldzahlungen zu beschwichtigen. Condé wurde jedoch so gefährlich, daß die Königin es riskierte, ihn in der Bastille einsperren zu lassen. Concini war zu diesem Zeitpunkt der unangefochtene Herrscher.

Der König war verärgert, daß man ihn wie einen kleinen Jungen behandelte und lieh seine Hand zu einem Komplott, das von seinem Falkner, Charles de Luynes, und dem Kapitän seiner Garde, Vitry, angezettelt worden war. Vitry, der Concini im Hof des Louvre überraschend festnehmen sollte, tötete ihn mit einem Pistolenschuß

Die Regierung de Luynes

Die Königinmutter wurde nach Blois abgeschoben, und de Luynes übernahm Concinis Rolle des allmächtigen Günstlings. »Die Flasche ist die gleiche«, sagte man, »man hat nur den Korken ausgewechselt.« Seine Gier, sich und seiner Familie die wichtigsten Ämter und Vorteile zukommen zu lassen, führte mit Unterstützung der Königinmutter 1620 zu einer neuen Revolte der Adligen. Sie brach angesichts der machtvollen Reaktion der königlichen Truppen zusammen, die von Ludwig XIII. selbst befehligt wurden.

Als gefährlicher erwies sich der Aufstand, der fast gleichzeitig bei den Protestanten des Südens ausbrach. Sie waren durch die von Ludwig XIII. angeordnete Wiedereinführung des katholischen Gottesdienstes im alten autonomen Königreich von Béarn zur Verzweiflung getrieben worden. Luynes, den man zum Feldmarschall gemacht hatte, wurde beauftragt, die Rebellion zu zerschlagen, doch erwies er sich als peinlich unfähig; kurz nach seiner Niederlage bei Montauban starb er im Dezember 1621 an einem infektiösen Fieber.

Richelieu an der Macht

Die an den Hof zurückgekehrte Maria von Medici gewann nun wieder einen gewissen Einfluß auf ihren Sohn. Im April 1624 gelang es ihr, einen Mann ihres Vertrauens namens Richelieu zum Mitglied des Kronrates zu machen. Drei Monate später war er der Leiter dieses Gremiums, d. h.

praktisch Ministerpräsident. Der ehrgeizige Richelieu hatte schon lange versucht, näher an das Machtzentrum heranzurücken. Er war 1585 geboren, entstammte dem niederen Adel des Poitou und war für eine Militärlaufbahn bestimmt. Priester wurde er nur, um seiner Familie das Bistum von Luçon zu erhalten, das sein Bruder aufgab, weil er sich ins Klosterleben zurückziehen wollte.
Richelieu zeigte sich erstmals vor den Generalständen von 1614 als Wortführer des Klerus. Maria von Medici machte ihn zu ihrem Hofkaplan, und Concini übertrug ihm eine Zeitlang die Leitung der auswärtigen Angelegenheiten. Solange die Königinmutter in Ungnade war, gab er sich ganz bescheiden. Mit viel diplomatischem Geschick gelang es ihm, Mutter und Sohn zu versöhnen. Daraufhin erhielt er auf königlichen Wunsch das Kardinalat (1622) und konnte von nun an wieder Einfluß auf die Geschäfte nehmen.

Ludwig XIII.

Der ganz auf seine Autorität bedachte König hatte lange gezögert, bevor er sich Richelieu anvertraute, und es gelang dem Kardinal nie, seine völlige Zuneigung zu gewinnen. Aber Ludwig XIII. hielt allein ihn für fähig, die Staatsgeschäfte zu führen, und stützte ihn gegenüber allen anderen Interessenten. Diese Selbstverleugnung und Loyalität sind kennzeichnend für den Charakter eines Königs, der tief religiös und ehrlich war. Trotz seiner schwachen Gesundheit und gewisser Unzulänglichkeiten, die er selber sehr wohl kannte, erfüllte »Ludwig der Gerechte« seine Aufgabe mit bewundernswerter Gewissenhaftigkeit und großem Mut. Obwohl von kränklichem und melancholischem Temperament, fühlte er sich nur inmitten seiner Truppen wohl, die er gelegentlich mit Talent zu führen verstand. Sein einziges Vergnügen war die Jagd. Ihr zuliebe ließ er in Versailles einen bescheidenen Pavillon errichten, der zum Ausgangspunkt für das riesige Schloß seines Sohnes werden sollte. Ganz im Unterschied zu seinem Vater zeigte sich Ludwig XIII. sehr reserviert gegenüber den Frauen; man hat ihm sogar homosexuelle Neigungen nachgesagt, obwohl es dafür keinen Beweis gibt.
1615 hatte Ludwig XIII. Anna von Österreich, die älteste Tochter des Königs von Spanien, geheiratet. Aber diese Vereinigung blieb lange Zeit unfruchtbar, und die Ehegatten lebten sich auseinander. Ein Zufall führte im Dezember 1637 jedoch zu einer erneuten Annäherung, aus der zuerst ein Thronfolger und dann ein weiterer Sohn hervorgingen. Das unerwartete Ereignis wurde im Volk mit Jubel aufgenommen. Die Köni-

gin bezeugte ihre Dankbarkeit gegenüber dem Himmel durch den Bau der majestätischen Kirche von Val-de-Grâce in Paris.

III. Richelieus Innenpolitik

Das Programm

»Die Partei der Hugenotten vernichten. Den Hochmut der Großen brechen. Alle Untertanen zu ihrer Pflicht anhalten und den Namen des Königs auch bei den fremden Völkern zu der ihm gebührenden Anerkennung erheben«, dies waren die Ziele, die der neue Minister seinem Herrn gleich zu Beginn vortrug. Und er führte sein Programm Punkt für Punkt durch. Richelieu verfügte über einen unbeugsamen Willen und eine ebenso phantasievolle wie realistische Intelligenz, hatte aber kaum Freunde, vielleicht mit Ausnahme des Kapuzinermönchs Joseph du Tremblay, der grauen Eminenz, der ihm in diplomatischen Verhandlungen zur Seite stand.

Der Kampf gegen die Protestanten

Die Protestanten begingen die Unklugheit, im Oktober 1627 durch einen bewaffneten Angriff im Süden selbst die Feindseligkeiten zu eröffnen; zudem richteten sie noch einen Hilferuf nach England. Richelieu entschloß sich, den Aufstand im Herzen der protestantischen Macht, nämlich in La Rochelle, niederzuschlagen. Mit Ludwig XIII. leitete er selbst die Belagerung der Stadt. Um den Engländern den Zutritt zum Hafen zu verwehren, ließ er einen mit Geschützen bestückten 1500 m langen Steindamm errichten. Die Belagerung dauerte fast ein Jahr. Die von Hunger erschöpften Bewohner von La Rochelle mußten sich schließlich am 29. Oktober 1628 ergeben. Ludwig XIII. zog dann gegen einige der protestantischen Städte in den Cevennen und bemächtigte sich der zwei befestigten Städte Privas und Alais. Als man um Verhandlungen nachsuchte, antwortete Richelieu mit den Worten, der König verhandele nicht mit aufsässigen Untertanen, sondern gewähre ihnen, was ihm richtig dünke. Es kam zum Frieden von Alais, auch Gnadenfrieden genannt (28. Juni 1629). Die Protestanten verloren alle von Heinrich IV. gewährten politischen Privilegien, insbesondere ihre befestigten Plätze und ihr Recht, allgemeine Versammlungen abzuhalten. Übrig blieb nur die Garantie der Gottesdienstfreiheit und der rechtlichen Gleichbehandlung mit den Katholiken.

Der Kampf gegen die Großen

Die Opposition der großen Adligen war um so schwerer zu brechen, als die Anstifter dieser Komplotte meistens den Bruder des Königs, Gaston d'Orléans, zum Komplizen hatten. Dieser war bis zur späten Geburt des Thronfolgers Kronprinz gewesen. Unterstützung erhielten die oppositionellen Adligen auch von den beiden Königinnen Maria von Medici und Anna von Österreich.

Bei einer berühmt gewordenen Gelegenheit glaubten die beiden Frauen, vom König die Entlassung des ersten Ministers Richelieu erwirkt zu haben, und die Feinde des Kardinals zeigten ihre Genugtuung in aller Offenheit. Aber am selben Abend mußten sie erkennen, daß sie sich zu früh gefreut hatten: Ludwig XIII. hatte sich wieder anders besonnen und Richelieu seines Vertrauens sogar ausdrücklich erneut versichert. Man nannte diesen Tag »la journée des dupes«, den Tag der Geprellten.

Alle Komplotte und Revolten wurden nun gnadenlos unterdrückt. Sehr hochgestellte Schuldige wurden enthauptet, um ein abschreckendes Beispiel zu geben: so der Marschall von Marillac, der sich am Tag der Geprellten kompromittiert hatte; der Herzog von Montmorency, Gouverneur des Languedoc, der versucht hatte, seine Provinz zum Aufstand zu veranlassen; sowie Cinq-Mars, ein Favorit des Königs, dem nachgewiesen wurde, daß er mit Spanien ein Komplott eingegangen war. Andere wurden in die Bastille gesperrt oder vor »außerordentliche Kommissionen« gebracht. So nannte man die Sondergerichte, die durchweg mit Anhängern des Kardinals besetzt waren. Der Apparat tyrannischer Unterdrückung wurde durch ein Netz von Geheimagenten ergänzt. In den Provinzen ließ Richelieu systematisch alle Festungen schleifen, die von den königlichen Truppen nicht besetzt werden konnten. Die Gouverneure der Provinzen wurden unablässig ab- und neu eingesetzt, zudem überwacht und in Schach gehalten durch die Intendanten des Königs, die vielfach mit diktatorischen Vollmachten ausgeschickt wurden.

Niemals vorher war der Adel so unter Druck geraten. Man hat Richelieu später für den Verfall der Aristokratie geradezu verantwortlich gemacht. Dennoch hat Richelieu auch Maßnahmen zugunsten des Adels ergriffen. Im Grunde wollte er nicht das Verschwinden dieses Standes, sondern nur seine Herauslösung aus der Mentalität des Feudalismus und seine vollständige Integration in eine moderne Monarchie.

Volksaufstände

Auch die Bauern hatten unter der Härte des Richelieuschen Regiments zu leiden. »Wenn es den Leuten zu gut geht«, so schrieb er, »so wird es unmöglich, sie im Rahmen ihrer Pflichten zu halten.«
Seine Außenpolitik war sehr kostspielig: Mehrere Provinzen wurden vom Krieg verheert. An manchen Orten brach zu allem hin noch die Pest aus. Wegen der unnachsichtigen Strenge beim Einzug der Steuern und ihrer zusätzlichen Erhöhung kam es zu Volksaufständen: so im Périgord und einem Teil des Südens zu den *Les Croquants*-Unruhen (1634–1647); in der Normandie erhoben sich die *Va-nu-pieds* (1639). Sie wurden durch die Armee niedergeschlagen. Die Führer hängte man auf.

Handel und Schiffahrt

Richelieu wußte sehr wohl, über welche Macht England und die Niederlande durch ihre machtvolle Kriegsmarine verfügten. Er schuf daher Amt und Titel eines Großmeisters und Generalintendanten für die Schiffahrt. Brest und Toulon wurden zu befestigten Häfen ausgebaut. Es wurden Schiffe gekauft oder in Frankreich selbst gebaut. Eine Flotte, die vor allem aus Galeeren bestand, operierte im Mittelmeer, die andere mit etwa 40 Segelschiffen im Atlantik.
Richelieu wollte Frankreich einen Handel zur See ermöglichen und ihm Kolonien verschaffen. In Anlehnung an die Holländer und Engländer förderte er die Errichtung großer, privilegierter Gesellschaften und ordnete an, daß Adlige auch Handelsschiffahrt betreiben könnten, ohne ihren Status zu verlieren. Eine besondere Gesellschaft, die man die der ›Hundert Assoziierten‹ nannte, betrieb die systematische Kolonisierung Neu-Frankreichs in Kanada; eine andere, die ›Compagnie des Isles‹, arbeitete auf den Antillen in Westindien.

Einfluß auf das Geistesleben

Als Kardinal der römischen Kirche war Richelieu der natürliche Beschützer der Geistlichkeit, aber dessen ungeachtet stellte er seinen ganzen Einfluß in den Dienst des Staates und duldete keine Einmischung.
Er schuf sich eine Art Pressebüro, welches die Aufgabe hatte, seine Politik durch Broschüren und Flugblätter populär zu machen. Théophraste

Renaudot, ein Pariser Arzt, hatte schon 1631 damit begonnen, eine ›Gazette de France‹ zu veröffentlichen, die erste französische Zeitung. Richelieu machte daraus ein offiziöses Organ der Regierung. Desgleichen nutzte und unterstützte er die Initiative einer Gruppe von Literaten, die sich regelmäßig trafen; so entstand 1634 die *Académie française*, deren Präsident und Protektor er wurde.
Das Kollegium der Sorbonne, Sitz der höchsten Autoritäten auf dem Gebiet der Theologie, hielt sich für verpflichtet, Richelieu zum Rektor zu wählen. Der Kardinal ließ die Gebäude auf seine Kosten neu herrichten und fügte auch jene schöne Kirche hinzu, in der später sein Grabmal errichtet werden sollte.

IV. Die äußere Politik

Der Dreißigjährige Krieg

Als Richelieu zur Macht kam, tobte in Mitteleuropa jener verheerende religiöse und politische Konflikt, den man den Dreißigjährigen Krieg nennt. Kaiser Ferdinand II. von Habsburg hatte den Versuch unternommen, den Katholizismus in allen deutschen Staaten wieder zur Herrschaft zu bringen und gleichzeitig die Autorität der kaiserlichen Krone dadurch zu stärken, daß sie erblich wurde und nicht mehr, wie bis dahin, von einer Wahl abhängig war. Zunächst schien es, als würde ihm das gelingen. Nacheinander hatten seine Armeen die Böhmen geschlagen, deren Revolte den Krieg ursprünglich ausgelöst hatte, dann den pfälzischen Kurfürsten, den Führer der evangelischen Union, und schließlich den König von Dänemark, den die deutschen Protestanten zu Hilfe gerufen hatten.
Sollte das deutsche Reich, das bis dahin zerstückelt und ohnmächtig gewesen war, sich nun in eine zentralistische Monarchie wie Frankreich oder England verwandeln? Eine ungeheuere Landmasse wäre damit in die Hände eines Habsburgers gelangt, der noch dazu eng mit den anderen Habsburgern in Spanien, Mailand und den Niederlanden verbündet war. Wie zu Zeiten Karls V. und Franz' I. mußte Frankreich reagieren, wenn es diese Bedrohung abwenden wollte.

Indirekte Intervention

Innere Schwierigkeiten erlaubten es Richelieu zunächst nicht, offen einzugreifen. Zudem war und blieb seine Politik durch einen fundamentalen Widerspruch gekennzeichnet: Richelieu sah sich als Kardinal und als Minister eines Königs, der die katholische Kirche verteidigte, dazu genötigt, deutsche und holländische Protestanten gegen ihre katholischen Souveräne zu unterstützen. Dieser Umstand beunruhigte viele Franzosen und war ein beständiger Anlaß zu Ränken, die im Innern gegen Richelieu gesponnen wurden.

In den ersten Jahren mußte sich Richelieu also damit begnügen, die Pläne des Hauses Österreich durch diplomatische Schritte und schnelle, gezielte Interventionen zu durchkreuzen; so etwa im Veltlin, einem Alpental von großer strategischer Bedeutung, weil es den Spaniern in Mailand als Übergang nach Deutschland dienen konnte. Richelieu ließ es besetzen und den Schweizern unterstellen, die seine Verbündeten waren (1625).

Nach dem Sieg über den König von Dänemark hatte der Kaiser 1630 den Reichstag nach Regensburg einberufen, um dort seinen Sohn zu seinem Nachfolger bestimmen zu lassen; dies sollte eine erste Etappe auf dem Wege der Herrschaft der Habsburger über Deutschland sein. Richelieu schickte seinen besten Unterhändler, den Pater Joseph du Tremblay, der die Pläne Ferdinands II. zum Scheitern brachte: »Der Kapuziner«, so soll dieser bitter festgestellt haben, »hat mich mit seinem Rosenkranz entwaffnet; so klein auch sein Käppchen war, er hat es verstanden, sechs Kurfürstenhüte darin unterzubringen.«

Vor allem aber war es Richelieu im gleichen Jahr 1630 gelungen, einen neuen und gefürchteten Gegner des Kaisers zu mobilisieren: den schwedischen König Gustav II. Adolf. Dieser war ein genialer Kriegsmann, der über neue Waffensysteme verfügte und eine moderne Strategie beherrschte. Zur Unterstützung seiner ambitiösen Eroberungspläne in Deutschland verschaffte ihm Frankreich Bündnisse und versprach ihm eine jährliche Subvention von einer Million Pfund.

Die disziplinierte schwedische Armee eilte von Sieg zu Sieg, was selbst Richelieu in Verlegenheit brachte, denn Gustav Adolf war ein glühender Protestant und bedrohte die katholischen Fürstentümer in Süddeutschland, die mit Frankreich verbündet oder von ihm abhängig waren. Aber im November 1632 wurde der Schwedenkönig in der Schlacht von Lützen getötet. Zwei Jahre später erlitten die Schweden und ihre deutschen Verbündeten eine totale Niederlage bei Nördlingen. Ferdinand II., der nun von neuem Herr der Situation war, vermochte daraufhin sowohl die katholischen wie die protestantischen deutschen Fürsten hinter sich zu bringen. Wenn Frankreich in dieser Lage die beiden letzten noch kämpfenden Verbündeten, nämlich Schweden und die Vereinigten Provinzen der Niederlande, sich selbst überließ, war dann nicht zu fürchten, daß auch sie zu Verhandlungen mit dem Kaiser bereit waren? Der König von Frankreich wäre in diesem Fall gegenüber dem Haus Österreich völlig isoliert gewesen.

Der offene Krieg

Richelieu entschied, daß es an der Zeit sei, offen zu handeln. 1635 wurde dem König von Spanien und dem Kaiser offiziell der Krieg erklärt. Trotz der Größe der Streitkräfte, die Ludwig XIII. aufgestellt hatte – es handelte sich um etwa 100000 Mann, in fünf Armeen aufgeteilt –, waren die Anfänge des Krieges für die Franzosen nicht gerade ermutigend. Burgund und die Picardie wurden von den Feinden besetzt. Die Spanier nahmen Corbie, nur 120 km von Paris entfernt, und ihre Kundschafter stießen bis nach Pontoise vor. Die Hauptstadt geriet in höchste Unruhe, worauf sich Richelieu demonstrativ unerschrocken in den Straßen zeigte, um die Moral zu heben. In einem Anflug von Patriotismus und Selbstbehauptungswillen stellten die Pariser eine Armee von 40000 Mann auf die Beine. Die Spanier wichen zurück.
In den folgenden Jahren errangen die Armeen Ludwigs XIII. an allen Fronten Vorteile. Im Artois wurden die wichtigsten spanischen Festungen ausgehoben, die den Zugang nach Flandern verteidigten. Im Osten fiel das Elsaß in französische Hände; es war von einem kühnen Armeeführer, Bernhard von Sachsen-Weimar, auf eigene Faust erobert worden. An der Grenze der Pyrenäen verhalf eine Revolte der Katalanen gegen den König von Spanien zur Eroberung des Roussillon; Ludwig XIII. begab sich selbst zum Kriegsschauplatz und eroberte Perpignan im September 1642.
Zu diesem Zeitpunkt hatte der durch seine Niederlagen in Deutschland entmutigte neue Kaiser Ferdinand III. bereits im Prinzip Verhandlungen mit Frankreich akzeptiert. Als Richelieu im Dezember 1642 starb, konnte er gewiß sein, seine Ziele nahezu erreicht zu haben.

11 Anna von Österreich und Mazarin

Die Regentschaft der Königin Anna war durch Reaktionen gegen das repressive Regime Richelieus gekennzeichnet. Aus einer langen Periode der Unruhe und Unordnung, die man la Fronde nennt, ging die Autorität des Throns gestärkt hervor. Kardinal Mazarin regierte mit dem vollen Vertrauen der Königin im Namen des jungen Ludwig XIV. und machte den Kriegen gegen die Habsburger ein Ende. In dieser Epoche gewann in Frankreich ein erneuerter Katholizismus an Boden.

I. Die Regentschaft und die Fronde

Die Regentschaft

Ludwig XIII. überlebte seinen Minister Richelieu nur um sieben Monate. Sein Tod im Jahre 1643 überließ den Thron einem Kind, das erst vier Jahre und acht Monate alt war. Der verstorbene König hatte an der Politik Richelieus praktisch nie etwas geändert; er hatte sogar versucht, deren Kontinuität sicherzustellen, indem er einen Regentschaftsrat einsetzte, in dem die Königin und der Herzog von Orléans, sein Bruder, denen er beiden mißtraute, durch frühere Mitarbeiter Richelieus neutralisiert wurden. Aber Anna von Österreich wandte sich an das Parlament, und dieses war nur zu interessiert, einen königlichen Akt für nichtig zu erklären: Es beeilte sich denn auch, Anna zur Regentin zu ernennen und ihr alle Vollmachten zu erteilen.
Ohne wirklich schön zu sein, hatte die damals 41 Jahre alte Königin das Äußere und die Allüren einer großen spanischen Dame, die nur durch den Wunsch zu gefallen etwas gemindert wurden. Es mangelte ihr zwar an tieferer Einsicht und praktischer Erfahrung in den Dingen des Staates, doch verfügte sie wenigstens über einen gesunden Menschenverstand; ihr natürlicher Stolz und ihre große Frömmigkeit erleichterten ihr die würdige Ausübung ihrer Pflichten.

Mazarin

Ihr erster Regierungsakt war die Ernennung des Kardinals Mazarin zum Vorsitzenden des Kronrates. Man war darob allgemein verblüfft, und viele waren enttäuscht. Doch diese Wahl erwies sich als äußerst klug: Mazarin, der in den letzten Jahren auch das Vertrauen Richelieus besessen hatte, war der einzige, der die Fäden wichtiger diplomatischer Verhandlungen, wie sie damals gerade liefen, in der Hand behalten konnte; als Ausländer, ohne jede Bindung an Gruppen von Adligen oder Parlamentariern, verdankte er seinen Aufstieg allein der Gunst der Königin und war ihr dementsprechend ergeben. Wie wir noch sehen werden, spielten dabei auch Gefühle eine Rolle.

Die Karriere dieses Mannes ist eine der erstaunlichsten in der europäischen Geschichte. Der Vater Mazarins war Sizilianer und stand als Geschäftsmann im Dienst der großen römischen Familie der Colonna. Nachdem der junge Giulio zunächst als Offizier in der Armee des Papstes gedient hatte, ging er in die Diplomatie; er trat in den geistlichen Dienst ein, ohne jedoch Priester zu werden. Sein schneller Aufstieg führte ihn 1634 als Nuntius, d. h. als Botschafter des Papstes, nach Paris. Richelieu schätzte sein Geschick, und Mazarin selbst kam zu dem Urteil, daß er in Frankreich mehr zu gewinnen habe als in Italien. Er wechselte deshalb in die Dienste Ludwigs XIII. über. Nach dem Tod von Pater Joseph machte Richelieu ihn zu seinem Hauptberater für die äußeren Angelegenheiten und verschaffte ihm 1642 den Kardinalshut.

Mazarin hatte von vornherein Wert darauf gelegt, sich mit der Königin zu verständigen. Er war etwa gleich alt wie sie, dazu attraktiv und charmant. Anna von Österreich, die von seiten ihres Mannes wenig Zuneigung erfuhr, wußte die schmeichelnden und delikaten Aufmerksamkeiten zu schätzen, mit denen Mazarin sie zu umgeben verstand. Schließlich brachte sie ihm eine fast eheliche Liebe entgegen. Als sie den Louvre verließ, um ins Palais Royal zu übersiedeln – die ehemalige Residenz Richelieus, die dieser dem König vermacht hatte –, bezog Mazarin ein Appartement in der Nähe der Königin. »So fiel durch ein Spiel der Liebe und des Zufalls – jenen beiden großen historischen Mächten – die französische Monarchie in die Hände einer Spanierin und eines Neapolitaners.«

Im Unterschied zu Richelieu hatte Mazarin niemals seine Entlassung zu befürchten, noch mußte er dafür kämpfen, um mit seinen Ansichten beim Herrscher durchzudringen. Gegenüber anderen Menschen zeigte er sich ebenso demütig, zuvorkommend und sanft, wie Richelieu hochmütig, gebieterisch und hart gewesen war. Seine Waffen waren die List, die Zähigkeit, die Kraft der Überzeugung: »Ich habe mich niemals«, so bezeugt ein Zeitgenosse, »dem Kardinal genähert, ohne davon überzeugt gewesen zu sein, ich hätte es mit dem größten Gauner zu tun, doch jedes Mal, wenn ich von ihm wegging, war ich von ihm entzückt.«

Widerstände

Alle, die von Richelieu hart angefaßt worden waren, erhoben nun ihr Haupt, an erster Stelle die Fürsten und großen Herren, die sich zu einer »Kabale der Bedeutsamen« zusammenfanden. Wie 1610 versuchte man, sie mit Geld gefügig zu machen, aber dieses Mal fehlte eine entsprechende Finanzreserve; im Gegenteil, man hatte die zu erwartenden Steuereinnahmen schon für vier Jahre im voraus ausgegeben. Da der Krieg sich jedoch hinzog, mußte man die Armeen unterhalten und den Verbündeten Subsidien zahlen. Der Finanzminister Particelli d'Emeri, ein von Mazarin engagierter Italiener, erfand immer neue Angaben und Druckmittel gegenüber den Steuerzahlern, er verzögerte die Auszahlung von Renten und Gehältern und die Begleichung von Rechnungen, usw. In der Pariser Bevölkerung, die von diesen Maßnahmen besonders betroffen war, stieg die Erbitterung.

Ansprüche des Parlaments

1648 kündigten Mazarin und Particelli, die sich nicht mehr anders zu helfen wußten, an, daß der König den Beamten der königlichen Gerichtshöfe vier Jahre lang kein Gehalt mehr zahlen würde. Aus Vorsicht hatte man es vermieden, diese Maßnahme auch auf die Mitglieder des Parlaments auszudehnen. Nichtsdestoweniger ergriffen diese die Gelegenheit, um ihren Anspruch geltend zu machen, die natürlichen Repräsentanten der Nation zu sein, eine Art ständiger Kommission der Generalstände; sie beriefen sich auf das englische Parlament, das damals gegen Karl I. im Aufstand war. Dabei vergaßen sie freilich, daß zwischen dem Londoner Parlament und dem von Paris nur eine Namensgleichheit bestand: Ersteres war eine echte Repräsentation aller herrschenden Klassen, das zweite nichts anderes als ein Korps von Richtern, deren Macht auf der Delegation durch den König beruhte.

Die Mitglieder des Parlaments erklärten sich mit den Vertretern der anderen Gerichtshöfe solidarisch und riefen sie zusammen, um gemeinsam über eine Reform des Königreichs zu beraten. Die Regentin verbot die Versammlung, konnte sie aber nicht verhindern. Vielmehr wurde eine Erklärung, genannt »de la Chambre St-Louis« verabschiedet, ein aus 27 Artikeln bestehendes Manifest über die Rechte der Nation, das von der englischen Magna Charta inspiriert war.

Die Regentin war scheinbar zur Annahme bereit. Zwei Monate später glaubte sie, die durch den Sieg von Lens ausgelöste populäre Hochstimmung nutzen zu können: Sie ließ die Anführer der parlamentarischen Opposition verhaften. Daraufhin wurden sofort Hunderte von Barrikaden errichtet, jede Bewegung der Truppen wurde unterbunden und das Palais-Royal von der Außenwelt völlig abgeriegelt. Anna von Österreich mußte sich erneut beugen.

Die Fronde des Parlaments

Wenig später – in der Zwischenzeit war der Westfälische Friede geschlossen worden – konnte die Regentin Truppen um sich sammeln, die unter dem Kommando des jungen und populären Prinzen Condé standen. Unter ihrem Schutz entwich die Königin des Nachts mit dem jungen König und Kardinal Mazarin aus Paris und quartierte sich im Schloß von Saint-Germain ein.

Das Parlament erklärte den Aufstand, jedoch nicht gegen den König, sondern gegen Mazarin. Angetrieben von dem ehrgeizigen Weihbischof von Paris, Paul de Gondi, griff die Pariser Bevölkerung voller Begeisterung zu den Waffen. Die Fürsten und ihre adlige Gefolgschaft fanden in einer eher spielerischen und romantischen Laune ebenfalls Gefallen an der Sache; ihre Damen und deren Freundinnen nutzten die Gelegenheit zum Intrigieren und Paradieren. Dies alles verlieh diesem kleinen Krieg einen wenig ernsthaften Charakter. Man gab ihm deshalb auch den Namen *la Fronde*, eine Bezeichnung für ein nicht ganz ungefährliches Kinderspielzeug, eine Schleuder.

Condé organisierte die Blockade der Stadt Paris; der Widerstand brach aufgrund mangelnder Einigkeit schnell zusammen. Die Adligen machten den Baretträgern des Parlaments zum Vorwurf, daß sie zu ängstlich auf die Wahrung der Legalität bedacht wären; die Herren des Parlaments empörten sich über die Aufschneidereien und die Gewissenlosigkeit der Adligen, die sogar erwogen hatten, das Ausland um Hilfe zu bitten, und beide Parteien erschraken über die Gewalttätigkeit des Pöbels. Die gutsituierten Bürger waren die Entbehrungen bald leid und sorgten sich um ihre von Plünderungen bedrohten Residenzen vor den Toren der Stadt.

Die Enthauptung König Karls I. in London machte schließlich deutlich, wohin ein solcher Aufruhr führen konnte. Mathieu Molé, der Vorsitzende des Parlaments, nahm es auf sich, Verhandlungen aufzunehmen, die am 30. März 1649 zum Frieden von Rueil führten. Das Parlament versprach, den ihm zugewiesenen Platz wieder einzunehmen. Die Fürsten arrangierten sich jeder auf seine Weise und waren bemüht, ihre Unterwerfung unter den König zu möglichst günstigen Bedingungen auszuhandeln.

Die Fronde der Fürsten

Condé betrachtete sich nun als Retter des Königtums. Seine Forderungen und Arroganz brachten Anna von Österreich zur Verzweiflung, denn er scheute sich nicht, die Entlassung des ihr so treu ergebenen Mazarin zu verlangen. Am 18. Januar 1650 ließ die Regentin ihn zusammen mit seinem Bruder, dem Prinzen von Conti, und seinem Schwager, dem Herzog von Longueville, im Palais-Royal verhaften. Die Ehefrauen und Freunde der Gefangenen organisierten in einigen Provinzen Erhebungen, doch die Armee blieb auf der Seite des Königtums; geführt von einem kriegserfahrenen und der Krone loyal ergebenen Offizierskorps, wurde sie mit den lokalen Aufständen schnell fertig.

Die Vereinigung der beiden Fronden

Diese sogenannte Fronde der Fürsten schien bereits geschlagen, als ihr ganz unerwartet das Wiederaufleben der Fronde des Parlaments und der Stadt Paris zu Hilfe kam; es war dies vor allem das Werk des ehrgeizigen Paul de Gondi, der durch einen Onkel des Königs, Gaston d'Orléans, und seine Anhänger unterstützt wurde. Das Parlament verlangte von neuem die Entlassung Mazarins. Der geschickte Kardinal erkannte, daß es das Beste wäre, wenn er für kurze Zeit untertauchte, weil sich dann die ungleiche Koalition seiner Feinde schnell auflösen würde. Er ließ Condé frei und flüchtete nach Deutschland, von wo aus er die Maßnahmen der Regentin weiter im geheimen dirigierte.

Die nun folgenden Monate waren voller konfuser und lächerlicher Ereignisse. Condé konnte sich, wie vorhergesehen, in Paris nicht halten. Er ging in das ihm unterstehende Gouvernement de Guyenne, wo er einen großen Teil des Adels um sich versammelte. In Bordeaux machte er sich zum Souverän und wagte es sogar, einen entehrenden Bündnisvertrag mit Spanien abzuschließen. Die Königin und ihr Sohn hatten sich unter dem Schutz der königstreuen Armee, die General Turenne unterstand, dem einzigen, der fähig war, Condé zu trotzen, nach Poitiers geflüchtet. Im Frühjahr 1652 fühlte sich Condé stark genug, um mit seinen Truppen nördlich der Loire zu operieren. Turenne gelang es durch mehrere glückliche Manöver, ihn in Saint-Antoine unmittelbar vor den Toren von

Paris zu stellen; der geschlagene Condé vermochte sich nur zu retten, indem er sich nach Paris hineinbegab, das bis dahin seinen Truppen verschlossen geblieben war. Doch ein weiteres Mal verprellte er die Bürger und die Herren des Parlaments; sie versagten ihm daraufhin die Unterstützung und lieferten seinen Soldaten keine Lebensmittel mehr. Condé suchte nun bei seinen spanischen Verbündeten in den Niederlanden Zuflucht. Einige Tage später wurden der junge König und seine Mutter in aller Demut gebeten, in »ihre gute Stadt Paris« zurückzukehren. Die von der Unordnung und der Dummheit der Frondeure angewiderte Pariser Bevölkerung bereitete der Königsfamilie am 21. Oktober 1652 einen triumphalen Empfang. Der stets kluge Mazarin ließ noch einige Zeit vergehen, um die Leidenschaften abkühlen zu lassen; erst im Februar 1653 kehrte er nach Paris zurück.

Ergebnisse

Die Fronde hatte Land und Leuten nicht nur Ruinen und überflüssige Leiden beschert, sie hatte auch die öffentliche Meinung mehr als je zuvor auf die absolute Monarchie verpflichtet. Die beiden politischen Kräfte – der Adel und das Parlament –, die nicht ohne gute Gründe versucht hatten, die Allmacht des Königtums zu beschränken, hatten ihr Unternehmen so stümperhaft betrieben, daß sie für lange Zeit entmutigt waren und an Ansehen einbüßten; das Volk indessen, das nach Ordnung und Sicherheit verlangte, war nun willens, eine starke königliche Autorität dankbar hinzunehmen.

Das Ende Mazarins

Mazarin war der erste, dem diese Stimmung zugute kommen sollte. Bis zu seinem Tod am 8. März 1661 erfreute er sich seiner Macht völlig unangefochten. Ludwig XIV., der inzwischen volljährig geworden war, überließ ihm die Regierungsgeschäfte. Der Kardinal seinerseits erwies ihm väterliche Zuneigung und bereitete ihn allmählich auf sein königliches Amt vor. Er gab ihm auch einen bemerkenswerten Beweis für seine Ergebenheit, denn der junge König hatte sich in eine Nichte des Kardinals, Maria Mancini, verliebt und wollte sie heiraten. Doch Mazarin blieb trotz der Tränen der jungen Verliebten unbeugsam in seinem Nein und entfernte Maria vom Hofe.
Gleichwohl hat Mazarin sonst alles getan, um den Reichtum und das

Vermögen seiner Familie zu mehren, und schreckte dabei auch vor zweifelhaften Praktiken nicht zurück. Man hat das Vermögen, das er seinen Erben hinterließ, auf 200 Millionen Goldfranken geschätzt – ganz zu schweigen von den zahlreichen Kunstgegenständen, die er im Laufe der Zeit erworben hatte. Um Richelieu nicht nachzustehen, bestimmte Mazarin 2 Millionen Francs zur Gründung eines *Collège des quatre nations* (gemeint waren die durch den Frieden der Pyrenäen annektierten vier Provinzen). In dem nach seinem Tod gebauten großartigen Gebäude befindet sich heute das Institut de France.

II. Die europäische Politik Mazarins

Der Sieg von Rocroi

Die spanischen Niederlande versuchten, die durch den Tod Richelieus und Ludwigs XIII. entstandene Unsicherheit für sich zu nutzen. Eine mächtige Armee ging an der nordöstlichen Grenze zur Offensive über. Trotz ihrer numerischen Unterlegenheit kam die französische Armee aus der Picardie schnell zu Hilfe, um die von den Spaniern belagerte Festung Rocroi zu entsetzen. An ihrer Spitze stand ein 22jähriger General, der Herzog von Enghien und künftige Prinz von Condé. Ihm glückte am 19. Mai 1643 ein großartiger Sieg, ein militärischer Geniestreich. Es gelang ihm, der für unbesiegbar gehaltenen, berühmten spanischen Infanterie schwere Verluste beizubringen und ihre Kampfkraft völlig zu lähmen.

Offensive in Deutschland

In den folgenden Jahren richteten sich die militärischen Aktivitäten Frankreichs vor allem gegen die Kaiserlichen im Osten. Dabei festigte sich der Ruf eines anderen großen französischen Generals, des Marschalls von Turenne. Dank der Verstärkung durch die Truppen des Herzogs von Enghien war es ihm möglich, in Deutschland die Offensive zu ergreifen; er schlug den Gegner in Freiburg (1644) und in Nördlingen (1645), doch die von Mazarin allzu knauserig bemessenen Mittel erlaubten es ihm nicht, aus diesen Siegen entscheidende Vorteile zu ziehen. Erst im Frühjahr 1648 gelang es ihm, mit der von Wrangel befehligten schwedischen Armee in Bayern die Verbindung herzustellen. Sie vernichteten gemeinsam die Kaiserlichen in Zusmarshausen (17. Mai

1648). Der in seiner eigenen Hauptstadt Wien bedrohte Kaiser war nun bereit, Frieden zu schließen.

Der Westfälische Friede

Die schon 1644 eröffneten, in den Städten Münster und Osnabrück gleichzeitig geführten Verhandlungen zogen sich jahrelang hin. An ihnen nahmen nicht nur die Vertreter der kriegführenden Mächte, also der Kaiser, die Könige von Frankreich, Spanien, Dänemark, Schweden und der protestantischen Niederlande teil, sondern auch die Repräsentanten aller deutschen Fürsten und der vermittelnden Mächte, d.h. der Papst und Venedig. Im ganzen handelte es sich um einen Europäischen Kongreß, den ersten seiner Art. Damals setzte sich das Französische als Diplomatensprache durch. Der am 24. Oktober 1648 unterzeichnete Westfälische Friede betraf vor allem Deutschland und hatte folgendes Ergebnis:

1. Den Fürsten steht nach dem Prinzip *cuius regio eius religio* das Recht zu, ihre eigene Religion für alle ihre Untertanen verbindlich zu machen. Dissidenten haben lediglich das Recht auf Emigration.
2. Die Kaiserkrone wird nicht erblich; die deutschen Kurfürsten behalten ihre souveränen Rechte, darunter auch das Recht, mit ausländischen Mächten Bündnisse einzugehen, sofern sie nicht direkt gegen den Kaiser gerichtet sind.
3. Die Einhaltung der Bestimmungen des Vertrages wird durch alle Signatarmächte garantiert.
4. Frankreich erhält im Zuge der zahlreichen territorialen Veränderungen das Elsaß mit Ausnahme der Städte Straßburg und Mühlhausen zugesprochen.

Die neue Verfassung des Deutschen Reiches brachte Frankreich indirekt außerordentliche politische Vorteile. Sie konsolidierte die Zerstückelung Deutschlands und bestätigte die politische Ohnmacht der kaiserlichen Krone, die auf ein bloßes Symbol reduziert wurde. Frankreich sah darin nicht nur eine Garantie für seine eigene Sicherheit, sondern auch ein Mittel, um sich unter dem Vorwand der »Wahrung der deutschen Freiheiten« beständig in die Angelegenheiten des Reiches einmischen zu können. Es ist darum nicht verwunderlich, daß die französische Außenpolitik bis zum Ende des 18. Jahrhunderts vorwiegend darauf ausgerichtet war, die Einhaltung der Bestimmungen des Westfälischen Friedens zu sichern, in dem man ein Meisterwerk der französichen Diplomatie erblickte.

Der Krieg gegen Spanien

Nachdem die Spanier mit den Vereinigten Provinzen der Niederlande einen Separatfrieden geschlossen hatten, der diesen die Unabhängigkeit gewährte, zogen sie sich vom Kongreß zurück. Der Krieg mußte also zwischen Franzosen und Spaniern allein fortgesetzt werden. Der zum Fürsten von Condé erhobene Sieger von Rocroi ging in Flandern zur Offensive über, nahm Dünkirchen und errang in Lens einen großartigen Sieg. Aber diese Erfolge blieben folgenlos, weil Frankreich von den Unruhen der Fronde gelähmt wurde und die Spanier sich deswegen ermutigt sahen, den Krieg fortzusetzen.
Mazarin nahm 1657 gegen den Widerstand der herrschenden Meinung Verhandlungen mit dem englischen Diktator Cromwell auf; um ihn als Verbündeten zu gewinnen, überließ er den Engländern Dünkirchen. Eine gemeinsame, von Turenne befehligte französisch-britische Armee schlug die Spanier in der Schlacht der Dünen und begann mit der Eroberung der Festungen von Flandern. Da entschloß sich der spanische König zum Verhandeln.

Der Friede der Pyrenäen

Mazarin selbst handelte die Friedensbedingungen aus. Die Gespräche fanden in einem kleinen Ort in den Pyrenäen an der Grenze zwischen den beiden Ländern statt. In diesem sogenannten Pyrenäenfrieden wurden die jüngsten französischen Eroberungen anerkannt: im Süden Roussillon und die Cerdagne, im Norden das Artois und mehrere Orte in Flandern und Luxemburg, darunter auch Thionville.
Ludwig XIV. war im Gegenzug bereit, dem Prinzen von Condé zu verzeihen; wichtiger war jedoch seine Eheschließung mit der ältesten Tochter König Philipps IV. von Spanien, der Infantin Maria Theresa. Die Hochzeit wurde mit großem Pomp in Saint-Jean-de-Luz gefeiert. Diese Ehe eröffnete dem französischen Ehrgeiz neue Perspektiven, denn die spanische Königsfamilie war degeneriert und schien vom Aussterben bedroht. Die spanischen Minister hatten sich immerhin bemüht, die Gefahr zu bannen: Die Infantin mußte bei ihrer Heirat auf alle ihre Nachfolgerechte verzichten, unter der Bedingung freilich, daß die vereinbarte Mitgift in Höhe von 500000 Goldtalern voll bezahlt würde. Es bestand die Gefahr, daß diese von dem schlauen Mazarin in den Vertrag eingefügte Bedingung nicht erfüllt würde, und so war es auch in der Tat.

Der Westfälische Friede und der Friede der Pyrenäen stellten einen Triumph Frankreichs über die beiden Linien des Hauses Österreich dar und machten es zur vorherrschenden Macht im damaligen Europa.

III. Die katholische Erneuerung

Eine geistliche Erweckung

Um die Mitte des Jahrhunderts erreichte die katholische Erneuerung in Frankreich ihren Höhepunkt; es handelte sich um eine tiefgreifende Bewegung mit zahlreichen Aspekten, welche die französische Gesellschaft des 17. Jahrhunderts stark prägen sollte. Sie ist zweifellos im Zusammenhang mit der ein halbes Jahrhundert zuvor durch das Konzil von Trient begonnenen Gegenreformation zu sehen, aber diese kam wegen der Religionskriege in Frankreich bis gegen Ende des 16. Jahrhunderts nicht recht zur Wirkung. Vielleicht trugen die Religionskriege auch zur religiösen Erweckung bei, indem sie viele Christen dazu veranlaßten, ihren Glauben besser zu verstehen und zu leben. Auch Fortschritte im Buchdruck und die dadurch ermöglichte Verbreitung von geistlichen Traktaten und Büchern hatten Anteil daran. Die französischen Katholiken kamen durch zahlreiche Übersetzungen in den Besitz alter und moderner geistlicher Werke, insbesondere der Werke der großen spanischen Mystiker des 16. Jahrhunderts, Luis von Granada, Juan de la Cruz und der heiligen Teresa von Avila.
Zwei französische Autoren leisteten ebenfalls einen wichtigen Beitrag zur katholischen Frömmigkeit in dieser Zeit: der heilige Bischof Franz von Sales (1567–1622) und der Kardinal Pierre de Bérulle (1575–1629). Franz von Sales öffnete in seiner ›Introduction à la vie dévote‹ (1608) den Laien Wege zur geistlichen Vervollkommnung, wie sie bis dahin allein den der Welt entsagenden Mönchen vorbehalten schienen. Der Einfluß von Pierre de Bérulle erfolgte vielleicht weniger durch sein geschriebenes Werk, das wegen seines sublimen Mystizismus nur schwer zugänglich ist, als durch sein Einwirken auf eine ganze Generation von Priestern und anderen Kirchenmitgliedern, nicht zuletzt innerhalb des Milieus der Parlamente, aus dem er selbst hervorgegangen war. Der Kardinal führte auch eine katholische Opposition gegen gewisse Tendenzen der Politik Richelieus an, insbesondere gegen dessen Neigung, die Religion und die Geistlichkeit in den Dienst des Staates zu stellen, sowie gegen seine Außenpolitik, die mit dem Protestantismus in Deutschland zusammenarbeitete.

Religiöse Gemeinschaften

Die starke Vermehrung von religiösen Gemeinschaften war eines der sichtbarsten Zeichen der katholischen Renaissance. Allein in Paris entstanden in einem halben Jahrhundert etwa hundert neue religiöse Institutionen. Auch hier hatte Bérulle seine Hand im Spiel: Er hatte in Frankreich den kontemplativen spanischen Orden der Karmeliter eingeführt, und er gründete 1611 *l'Oratoire*, eine Gesellschaft von in der Welt tätigen Priestern, die sich vorwiegend, wenn auch nicht ausschließlich, der Erziehung der Jugend widmen sollten. 1629 besaßen die Oratoiriens bereits etwa 60 Häuser im ganzen Land. Andere Gesellschaften ähnlicher Art entstanden wenig später. Vincent de Paul schuf die ›Gesellschaft der Priester der Mission‹ oder Lazaristen; Jean Eudes die ›Gesellschaft von Jesus und Maria‹, die man die Eudisten nannte; Jean-Jacques Olier ›die Gesellschaft von Saint-Sulpice‹. Letztere widmete sich ausschließlich der Ausbildung von Priestern in den Seminaren, während die beiden anderen diese Aufgabe mit der Mission auf dem Land und in den Städten verbanden.
Die Jesuiten waren 1594 durch einen Beschluß des Parlaments aus Frankreich vertrieben worden, konnten jedoch zehn Jahre später wieder zurückkehren. Ihre Schulen, von denen es 1640 bereits 70 gab, nahmen vor allem die Söhne der herrschenden Schicht, also der Aristokratie und der Bourgeoisie auf, während die Mädchen im allgemeinen von den Ursulinen, einer ursprünglich italienischen Vereinigung, sowie von den durch Franz von Sales und Sainte Jeanne de Chantal ins Leben gerufenen Salesianerinnen erzogen wurden. Die Bettelorden kümmerten sich stärker um die Leute in den Vorstädten und ärmeren Vierteln. Schließlich wurden auch die großen, alten Orden der Augustiner, Benediktiner, Zisterzienser durch eine Generation von reformatorisch gesinnten Äbten aus ihrer Lethargie gerissen. Gleiches galt für die Nonnen, die mehrere neue Gemeinschaften ins Leben riefen.

Der weltliche Klerus

Im Konkordat von 1516 hatte der König das Recht erhalten, die Bischöfe zu ernennen, so daß die Qualität des hohen Klerus davon abhing, wie der Souverän diese seine Aufgabe erfüllte. Heinrich IV. hatte die schlimmsten Auswüchse des vorausgehenden Jahrhunderts übernommen. So hat er z. B. auf den Bischofssitz von Metz einen seiner Bastarde im Alter von sechs Jahren gesetzt! Unter Ludwig XIII. gab es derartige Skandale zwar

nicht mehr, aber Richelieu war das politische Talent der hohen kirchlichen Amtsinhaber wichtiger als ihre Tugenden, und man fuhr auch damit fort, die Abteien und anderen kirchlichen Benefizien als eine Art Münze in der Hand des Staates zu betrachten, mit der dieser geleistete Dienste bezahlen oder vergelten konnte. Die so eingesetzten Geistlichen, die manchmal sogar Laien waren, hatten nichts anderes zu tun, als ihre Einkünfte einzustreichen; die eigentlichen Aufgaben am Ort nahm ein geistlicher Stellvertreter wahr. Erst als Anna von Österreich die Vergabe der kirchlichen Ämter in die Hand des heiligen Vincent de Paul legte, kam es zu besseren Nominierungen.
Was den niederen Klerus in den Gemeinden betraf, den man fast völlig sich selbst überließ, so sollten die vorerwähnten Bemühungen um eine bessere Ausbildung erst langsam Erfolge zeitigen.

Die Laien

Nie zuvor hat es in Frankreichs Oberschicht eine größere Zahl von Männern und Frauen gegeben, die sich für Theologie interessierten und sich den Werken der Frömmigkeit und Barmherzigkeit widmeten. Die Aktivsten unter ihnen versammelten sich eine Zeitlang im Schoße einer geheimen Gesellschaft, der ›Compagnie du Saint-Sacrement‹. Sie war gegen 1630 durch den Herzog von Ventadour gegründet worden, um eine Verbindung herzustellen zwischen den verschiedenen kirchlichen Werken, die sich der Hilfe für die Kranken und Armen, der Hebung der Moral der Gesellschaft und der Bekehrung der Ketzer widmeten. Die geheime Macht dieser »Kabale der Frommen« (*cabale des dévots*) und die indiskrete Zensur, die sie über die Sitten ausübte, führten zu großer Beunruhigung, und Mazarin erzwang schließlich die Auflösung der Gesellschaft. Unter ihren verschiedenen Werken war die Missionsarbeit auf dem Lande von dauerhaftestem Einfluß. Die religiöse Unwissenheit und die zum Teil brutalen und heidnischen Sitten, die sich im Zusammenhang mit den Unruhen der Fronde breitgemacht hatten, wurden wieder stärker zurückgedrängt.

Vincent de Paul

Der soziale und karitative Charakter der religiösen Erneuerung wird durch den Heiligen Vincent de Paul (1576–1660) beispielhaft verkörpert. Dieser Sohn eines Bauern hatte die Armut der kleinen Landgemeinden kennengelernt, bevor er als Lehrer in die Dienste eines großen Herrn, Philipp von Gondi, des Admirals der Galeeren, trat. Er nutzte diese Stellung, um die schrecklichen Lebensbedingungen der Galeerensträflinge zu mildern. Seine sich immer stärker ausweitenden Verbindungen zur oberen Gesellschaft trugen ihm schließlich auch das Vertrauen der Königinmutter ein. Er wurde ihr Berater in allen religiösen Angelegenheiten – ein, wie man gesagt hat, »Minister der Barmherzigkeit«.

Gemeinsam mit Louise de Marillac schuf er für die Kranken und Armen den Orden der ›Filles de la Charité‹, den es noch heute in vielen Teilen der Welt gibt. Als ebenso dauerhaft erwies sich seine Gründung eines Asyls für Findelkinder, in welches man Kleinkinder aufnahm, die von ledigen oder armen Müttern ausgesetzt worden waren.

Der Jansenismus

Das Ringen um geistliche Erneuerung ging bei manchen so weit, daß im Schoße des Katholizismus selbst ein Element der Zwietracht wirksam wurde. Die jansenistischen Dissidenten verdanken ihren Namen dem Bischof von Ypern, Jansen oder Jansenius. In einem ›Augustinus‹ betitelten Buch gab er der Lehre des heiligen Augustin über die Wirkung der göttlichen Gnade und die menschliche Freiheit eine Interpretation, die der calvinistischen Theorie über die Prädestination sehr nahekam. Der Verbreiter des Jansenismus in Frankreich war Jean Duvergier de Hauranne, der Abt von Saint-Cyran, ein Schüler Bérulles. Er erlegte seinen Glaubensgenossen strengste moralische Gebote auf und verwarf jeden Kompromiß mit der »Welt«; die Sakramente konnten nur unter fast unmenschlich erscheinenden Bedingungen entgegengenommen werden.

In Paris war das Kloster von Port-Royal die Hauptstätte des Jansenismus; Angélique Arnaud, die junge Äbtissin des Klosters, hatte sich der Abtei von Saint-Cyran unterstellt, nachdem sie zuvor ihre eigene Gemeinschaft gründlich reformiert hatte. Die Familie Arnaud war bei den Richtern sehr angesehen. Über sie erreichte der Jansenismus auch das Parlament. Einige seiner Mitglieder beschlossen, sich aus dieser Welt zurückzuziehen und in die Abgeschlossenheit von Port-Royal-des-Champs zu flüchten. Durch ihre Schriften und ihr persönliches Beispiel sollten sie einen nachhaltigen Einfluß auf die Gesellschaft ihrer Zeit ausüben.

Konflikte mit den Jansenisten

Richelieu nahm Anstoß an der Art und Weise, in der der Abt von Saint-Cyran, wie schon zuvor Bérulle, seine Außenpolitik und generell jede Einmischung des Staates in das Leben der Geistlichkeit verurteilte. »Dieser Mann«, so sagte er, »ist gefährlicher als sechs Armeen.« Er ließ ihn in Vincennes einkerkern.

Unter Mazarin begann dann der unversöhnliche Kampf zwischen Jesuiten und Jansenisten, der sich bis zum Ende des 18. Jahrhunderts hinzog. Die Jansenisten warfen den Jesuiten vor, sich durch Kompromisse zu sehr mit der weltlichen Macht eingelassen und ihre Moral zu stark den Sitten der Zeit angepaßt zu haben. Die Jesuiten führten ihren Gegenangriff auf dem Felde der Lehre. 1653 erwirkten sie vom Papst die Verurteilung von fünf Thesen, in denen die Sorbonne die Lehren des Jansenius zusammengefaßt hatte. Die Jansenisten, die sich um keinen Preis zu Ketzern machen lassen wollten, argumentierten, daß diese fünf durchaus verurteilbaren Thesen sich gar nicht im Werk des Jansenius fänden. Es kam zu einer wilden Polemik. Die jansenistische Sache fand in der Person von Blaise Pascal einen genialen Verteidiger. Seine ›Lettres à un Provincial‹, ein Meisterwerk der Literatur des 17. Jahrhunderts, fügten dem Ansehen der Jesuiten schwere Wunden zu. Mazarin, den die ganze Agitation störte und langweilte, ließ die ›Provinciales‹ Pascals verbieten und die Jansenisten aus Port-Royal vertreiben.

Trotz – und zum Teil auch wegen – dieser Verfolgungen hatte der Jansenismus auf den französischen Katholizismus des 17. Jahrhunderts einen großen Einfluß. Er verlieh ihm einen ernsten, angestrengten, moralisch rigorosen Charakter, der im Gegensatz stand zu dem weniger »verkrampften« Katholizismus Italiens, Deutschlands und der österreichischen Länder.

12 Ludwig XIV. (1643–1715) Die innere Ordnung

Wie Ludwig der Heilige für den mittelalterlichen Westen das Ideal des christlichen Königs so verkörperte Ludwig XIV. für seine Zeit und für die Geschichte den Typus des absoluten Monarchen. Ein fast ein halbes Jahrhundert lang durchgehaltenes, stetiges Bemühen erlaubte es dem König, alle Teile der Nation seiner Autorität zu unterwerfen und eine wirksame und zentralistische Administration zu errichten. Während die Verfolgung der Protestanten zu ihren unheilvollen Fehlleistungen gerechnet werden muß, kann man der Regierungszeit Ludwigs XIV. zugute halten, daß Frankreich damals die geistige und künstlerische Führungsrolle in Europa spielte.

I. Der König und seine Regierungsweise

Die Machtübernahme

Beim Tod Mazarins war Ludwig XIV. 22 Jahre und ein paar Monate alt. Der junge König überraschte die Welt, indem er zu verstehen gab, daß es keinen Nachfolger des Kardinals geben würde, daß er vielmehr sein eigener Premierminister sein wollte. In der Tat hat Ludwig XIV. 54 Jahre lang Tag für Tag die, wie er es nannte, »große, edle und köstliche Aufgabe eines Königs« erfüllt. Er verbrachte regelmäßig viele Stunden in Gesprächen mit seinen Ministern, präsidierte den wichtigsten Beratungsgremien, nahm an Zeremonien teil, las und hörte Berichte. Sein Beispiel fleißiger und regelmäßiger Arbeit an der Spitze des Staates wirkte sich auf die gesamte Regierungsmaschinerie aus und verlieh ihr eine ungewöhnliche Wirksamkeit.

Der König

Saint-Simon hat ihn mit folgenden Worten charakterisiert: »Seine gesamte Gestalt war von einem majestätischen Wesen geprägt, das sich in den kleinsten Gesten und in den einfachsten Handlungen ausdrückte; er war ohne jeden Anflug von Stolz, hingegen von einem einfachen Ernst, und er machte von seinem Wesen einen so vollkommenen Gebrauch, wie man es noch nie bei einem Menschen gesehen hat. Müdigkeit und zeitliche Belastungen konnten ihm nichts anhaben, er war stets derselbe, ob er vom Regen durchnäßt, von Schnee bedeckt, von Kälte, Schweiß und Staub heimgesucht war... Diesem Wesen entsprach auch seine Stimme; er hatte eine Leichtigkeit zu reden, konnte aber auch gut zuhören. Er verfügte über eine zurückhaltende Art, eine immer ernste Höflichkeit, die gleichwohl majestätisch war und auf Alter, Situation und Geschlecht Rücksicht nahm.«

Obgleich seine Intelligenz nur durchschnittlich war, besaß er einen gesunden Menschenverstand: »Er liebte die Wahrheit, die Billigkeit, die Ordnung und die Vernunft, er ließ sich durch sie gern besiegen.« (Saint-Simon) Er war vorsichtig und skeptisch und traf seine Entscheidungen erst, nachdem er sie durchdacht und sich entsprechend informiert hatte. Auf jedes Begehren antwortete er zunächst: »Ich werde sehen.« In schwierigeren Lagen sollte er einen moralischen Mut zeigen, der seinen Feinden Bewunderung abnötigte.

Ungeachtet dieser wahrhaft königlichen Eigenschaften beging Ludwig XIV. auch Fehler, wie sie jedem Inhaber einer absoluten Macht passieren. Von der Idee durchdrungen, daß er auf Erden der Stellvertreter Gottes sei, glaubte er, herrschaftlich über die Güter, die Freiheiten, ja selbst über das Leben seiner Untertanen verfügen zu können, nur geleitet von den natürlichen und göttlichen Gesetzen, als deren von der Vorsehung eingesetzten Hüter er sich verstand. Diese Überzeugung, in Verbindung mit der ihm schon seit frühen Jahren aus seiner Umgebung zufließenden Bewunderung, machten ihn stolz und egoistisch. Nicht von ungefähr wählte er die Sonne als sein politisches Wahrzeichen. Die Ruhmsucht *(amour de la gloire)* war der große Motor seines Lebens.

Sein Privatleben

Sein allerdings wenig aufgeklärter christlicher Glaube hinderte ihn nicht, zuweilen den Trieben seiner starken Sinnlichkeit nachzugeben. Obwohl er die wenig attraktive Ehefrau, die ihm die Politik zugewiesen hatte – es handelte sich um die unbedeutende, kleine Königin Maria Theresa – achtete, hatte er mehrere Mätressen: Louise de la Vallière, Marie-Angélique de Fontanges und vor allem die herrschsüchtige und geistvolle Marquise de Montespan, die mehr als zehn Jahre lang über die Vergnügungen am Hof präsidierte; er hatte mit ihr Kinder, die er für legitim erklärte und die er an Prinzen oder Prinzessinnen der königlichen Familie verheiratete.

Nach dem Tod der Königin im Jahre 1683 gab Ludwig XIV. seinem Privatleben einen etwas würdigeren Zuschnitt; er heiratete im geheimen Françoise d'Aubigné, die Marquise de Maintenon, eine Frau ziemlich niedriger Herkunft, aber von großem Geist, die bei den illegitimen Kindern des Königs und der Madame de Montespan als Gouvernante gedient hatte. Von diesem Augenblick an wandelte sich der Ton am Hofe. Aus dem fröhlichen und oft unmoralischen Treiben, das die Anfänge der Regierungszeit charakterisiert hatte, wurde ein relativ frommes und strenges Klima.

Der Hof

Die maßlose Entwicklung des höfischen Lebens zur Zeit Ludwigs XIV. und der Kult, den man um die Person des Königs organisierte, entsprachen einer politischen Absicht: Es ging darum, die Gefahren zu neutralisieren, die aus der Existenz eines zum Müßiggang verurteilten, unruhigen Adels erwuchsen. Der Adel wurde immer abhängiger von der königlichen Macht, wenn man ihn mittels eines glanzvollen Lebens am Hofe festhielt, wenn man ihn zwang, dort zu erscheinen, um auch nur den geringsten Vorteil zu erhaschen, und ihn dazu verleitete, sich finanziell zu ruinieren, nur um bei Hofe guten Eindruck zu machen.
Um eine so große Ansammlung von Höflingen zu rechtfertigen, vermehrte man die unnützen Funktionen und Ehrenämter, die insgesamt den Hofstaat ausmachten – es handelte sich um mehrere hundert Personen, die auf sechs Dienstbereiche verteilt waren; darüber hinaus hatten auch die Königin, die Prinzen und Prinzessinnen der königlichen Familie ihre eigenen Haushaltungen. Hinzu kamen noch all diejenigen, die, noch ohne Amt und Würden, sich bei Hofe zeigten in der Hoffnung, auch am festlichen Leben teilhaben zu können. Im Paradecorps der militärischen Garde des Königshauses gab es eine große Zahl von interessanten Ehrenämtern oder bezahlten Posten für junge Adlige. Insgesamt zählte der Hof vier- bis sechstausend Personen.
Das höfische Leben war durch eine strenge und minuziöse Etikette geprägt. Alle Phasen des königlichen Tageslaufes vom Aufstehen bis zum Zubettgehen waren hinsichtlich ihrer Funktion und der zugelassenen Teilnehmer als bis ins Detail geregelte öffentliche Zeremonien ausgestaltet worden. Der König selbst hielt sich genau an den vorgeschriebenen Stundenplan. Wenn man einen Almanach mit der Tagesordnung und eine Uhr besaß, so schrieb Saint-Simon, konnte man auch 300 Meilen entfernt genau sagen, was der König gerade tat.

Versailles

Der Kult des Sonnenkönigs machte entsprechende Räumlichkeiten erforderlich. Man schuf sie im Schloß von Versailles, das zum Inbegriff der absoluten Monarchie wurde, zugleich aber auch zum großartigsten Prestigeobjekt der Kunst einer Epoche. Hier waren alle Elemente versammelt: die Architektur, die Skulptur, die Malerei, die Kunsttischlerei und – nicht zu vergessen – die Kunst des Gartenbaus und der Wasserspiele.
Ludwigs XIV. Entscheidung, seine Residenz außerhalb von Paris zu errichten, erklärt sich zweifelsohne auch aus seinen Erfahrungen während der Unruhen der Fronde. Die Wahl des Ortes ergab sich aus dem Vorhandensein eines von Ludwig XIII. erbauten kleinen Schlosses in unmittelbarer Nähe wildreicher Wälder; wie sein Vater, so liebte auch Ludwig XIV. das Leben in der freien Natur und die Jagd. Der Bau und Ausbau des Schlosses von Versailles beschäftigten den König praktisch bis zu seinem Tode: Veränderungen, Vergrößerungen, Verschönerungen folgten von Jahr zu Jahr; wegen der Parkgestaltung hat man die ganze Anlage mittels riesiger Erd- und Anpflanzungsarbeiten verändert; in Marly baute man eine gigantische Maschine, um das Wasser der Seine bis zur Höhe der großen Wasserleitung zu pumpen, aus der die unzähligen Brunnen und Wasserspiele des Parks von Versailles gespeist wurden. Mit dem Namen Le Nôtre, dem Schöpfer dieses ungeheuren Parks, verbindet man die an geometrischen Maßstäben orientierte französische Gartenbaukunst. Für den Bau des Schlosses selbst zeichneten die Architekten Le Vau und Mansart verantwortlich, für die Innenausstattung der Maler Charles Lebrun.
Das riesige Königsschloß wurde zu einer übervölkerten Karawanserei. Ludwig XIV. wollte sich deshalb noch andere, angenehmere und intimere Bleiben schaffen. Dazu dienten das ganz in der Nähe des Hauptschlosses gelegene Trianon und – etwas weiter entfernt – die inmitten von Wiesen und Wäldern gelegene und mit besonders vielen Wasserspielen versehene Residenz von Marly.
Man hat Ludwig XIV. wegen seiner verschwenderischen Bausucht oft getadelt; die Baukosten verschlangen drei bis fünf Prozent des jährlichen Budgets. Er hat sich übrigens auf seinem Sterbebett diesen Vorwurf selbst gemacht. Heute wäre man weniger streng: Unabhängig vom politischen Aspekt dieses Werkes, das ein wirksames Instrument für das Prestige des Königs und der Monarchie war, muß man daran erinnern, daß diese Unternehmungen Tausende von Arbeitsplätzen schufen, den Künsten einen großen Aufschwung bescherten und dem künstlerischen Erbe der Nation dauerhafte Denkmäler hinzufügten.

Ein Gönner der Kunst und Literatur

In Versailles wie auch in anderen großen Bauten der Epoche, z. B. der großen Kolonnade des Louvre, den Invalides etc., aber auch in der bildenden Kunst und sogar in der Musik entdeckt man die Vorliebe des Königs für die italienische Kunst seiner Zeit, wenn auch mit einer deutlichen Nuance der Nüchternheit, Regelmäßigkeit und einer etwas steif und kalt wirkenden Majestät und Größe. Die 1666 gegründete französische Akademie in Rom gestattete es den jungen französischen Künstlern, die Modelle der Antike und der Renaissance vor Ort kennenzulernen, während die Pariser Akademie der Schönen Künste unter der Herrschaft von Charles Lebrun darüber wachte, daß die Regeln des guten Geschmacks, d. h. die Maßstäbe des Königs, beachtet wurden. Mehr als jeder andere Souverän war Ludwig XIV. der wahrhafte Schöpfer eines Stils, der eine ganze Generation von Künstlern aller Gattungen prägte.

Auch in der Literatur der Zeit triumphierten die Maßstäbe der Perfektion, die dem König eigen waren: Imitation der antiken Schriftsteller, Bemühung um Klarheit und Einfachheit in der Komposition, Anstand und Vornehmheit in der Sprache. Sie wurden durch die Anweisungen des Herrschers und mit Hilfe der Académie Française durchgesetzt. Ludwig XIV. wußte so große Talente wie das Molières und Racines hoch zu schätzen; er unterstützte sie mit großzügigen Pensionen und Bekundungen seiner Wertschätzung, was die soziale Lage der Schriftsteller insgesamt verbesserte.

Auch die Wissenschaften wurden gefördert, insbesondere durch die Einrichtung der Akademie der Wissenschaften im Jahre 1666, durch die Gründung des Observatoriums von Paris und durch die Veröffentlichung der ersten wissenschaftlichen Zeitschrift, des ›Journal des Savants‹.

Die Regierung

»Es war wichtig«, so schrieb Ludwig XIV. selbst, »daß die Öffentlichkeit durch den Rang, den ich meinen Mitarbeitern gab, erkannte, daß ich nicht gewillt war, meine Autorität zu teilen, und daß diejenigen, die mir dienten, im Bewußtsein ihrer Funktion keine größere Hoffnung hegten, als die, die ich ihnen einzupflanzen beliebte.« Aus diesem Grunde wollte sich der König in seinen Regierungsgeschäften nur mit Bürgerlichen umgeben; die Adligen konnten allein in der Armee, der Marine oder bei Hof Karriere machen. Im übrigen erhielten die so ausgezeichneten Bür-

gerlichen schnell Adelstitel, und ihre Nachkommen vermischten sich durch Heiraten bald mit dem alten Adel.
Ludwig XIV. bediente sich im übrigen des gleichen Regierungsapparats, wie er bereits durch Franz I. geschaffen worden war, er präzisierte jedoch die Kompetenzen: Es gab einen Kanzler, einen obersten Gerichtsherrn, einen Kontrolleur der Finanzen, vier Staatssekretäre mit spezialisierten Verwaltungsaufgaben; es gab den Königlichen Rat, doch dieser arbeitete nur in Form spezialisierter Untereinheiten, die man ebenfalls Räte nannte. Die wichtigste Neuerung in den Provinzen war die permanente und feste Installierung der Intendanten, deren Funktionen bis dahin eher den *missi dominici* der karolingischen Zeit ähnlich gewesen waren. Von nun an war der Intendant der mit allen Vollmachten ausgestattete Repräsentant des Königs in der Provinz.
Gegenüber dieser allmächtigen Zentralverwaltung sahen sich die anderen Verwaltungskörper zu einer schweigenden Unterwerfung genötigt; die Städte unterstanden der Kontrolle der Intendanten; in Paris war die Aufrechterhaltung der Ordnung einem Generalleutnant der Polizei anvertraut. Die Provinzialstände wurden nur noch gelegentlich zu Versammlungen zusammengerufen. Das Beschwerderecht der Parlamente hatte praktisch zu bestehen aufgehört. Seitens des lokalen Adels praktizierte Mißbräuche und Ungerechtigkeiten wurden immer strenger kontrolliert und schließlich ganz beseitigt.

II. Das Werk Colberts

Colbert und Fouquet

Der Hauptarchitekt dieser machtvollen monarchischen Administration war Jean-Baptiste Colbert. Dieser Sohn eines Tuchmachers aus Reims war Mazarins Vertrauensmann gewesen und hatte dessen immenses Vermögen verwaltet. Bei seinem Tod hatte ihn der Kardinal dem König lebhaftest empfohlen. Den ersten großen Dienst leistete Colbert dem König, indem er ihn auf die Unregelmäßigkeiten seines Finanzministers Nicolas Fouquet aufmerksam machte. Diesem war es nur zu gut gelungen, sich auf Kosten der königlichen Schatzkammer zu bereichern. Der unverschämte Luxus, mit dem er sich umgab, insbesondere beim Bau seines wunderbaren Schlosses Vaux-le-Vicomte, hatte den König zunächst geblendet. Ludwig XIV. ließ Fouquet im September 1671 überraschend verhaften. Doch erfreute sich dieser so verbreiteter Sympathien, daß sein Prozeß lediglich mit einem Verbannungsurteil endete, obwohl

sein korruptes Verhalten offenbar geworden war. Der König selbst änderte den Urteilsspruch in lebenslange Haft um.
Wenig später wurde Colbert zum neuen Finanzminister ernannt und bekam 1669 noch die Ämter des Staatssekretärs des Königshauses und der Marine hinzu. Mit Ausnahme des Kriegministeriums und der äußeren Angelegenheiten hielt Colbert so die gesamte Verwaltung des Königreichs in seinen Händen. Nach seinem Tod im Jahre 1683 gab es eine solche Machtkonzentration nicht mehr.
Colbert ging an diese riesigen Aufgaben mit einer wahren Leidenschaft für seine Arbeit heran, einem klaren und methodischen Verstand und voller Hingabe an die Größe des Königs und des Landes. Wegen seiner Härte und seiner rüden Art wurde Colbert bald zum Schrecken der Beamten und Bittsteller. Bei aller Tüchtigkeit vergaß er nicht, auch seine eigenen Interessen und die seiner Familie zu fördern, der im Laufe eines halben Jahrhunderts nicht weniger als fünf Minister Ludwigs XIV. entstammten.

Die Finanzen

Colbert führte neue und strenge Kontrollmethoden ein, mit deren Hilfe es möglich wurde, Monat für Monat den jeweiligen Stand der Einnahmen und Ausgaben festzustellen und ein Jahresbudget festzulegen. Mit Hilfe eines Sondergerichts verfolgte er die Financiers, die sich wie Fouquet unrechtmäßig bereichert hatten. Sie mußten 110 Millionen Pfund an den Staatsschatz zurückzahlen: mehr als das Steueraufkommen eines ganzen Jahres. Auch der hohe Zinssatz verschiedener Arten von Anleihen wurde gesenkt.
Angetrieben vom Bemühen um fiskalische Gerechtigkeit verfolgte Colbert auch jene falschen Adligen, die sich der Zahlung der alle Nichtprivilegierten belastenden Kopfsteuer *(taille)* entzogen; er verminderte den Anteil dieser Steuer und vervierfachte statt dessen die indirekten Steuern, die von allen zu entrichten waren. Colbert verschaffte dem Staat noch andere Einnahmequellen, so die Wasserstempel für Papier, die Stempel für Gegenstände aus Gold und Silber, den Verkauf von Spielkarten und das Tabakmonopol. All diese Dinge sind seither ein Bestandteil des französischen fiskalischen Systems.
Bis 1672 gelang es Colbert, Einnahmen und Ausgaben im Gleichgewicht zu halten, doch dann entstanden Defizite. Die Aufwendungen für den Hof und die vielen Bauten, insbesondere aber die Kosten der Kriege überstiegen die normalen Einkommensmöglichkeiten des Königreichs.

So mußte man wieder auf Anleihen und den Verkauf von Ämtern zurückgreifen.

Die Gesetzgebung

Zwecks, wie er sagte, »schnellerer Erledigung der Geschäfte durch die Beseitigung von Aufschüben und überflüssigen Handlungen« ließ Colbert bestimmte Rechtsbereiche durch Gesetzbücher, sogenannte Ordonnanzen, neu regeln. Die wichtigsten von ihnen betrafen das zivile Recht (1667), das Strafrecht (1670) und das Handelsrecht (1673). Viele dieser Bestimmungen sollten sich später in den napoleonischen Gesetzbüchern wiederfinden. Eine weitere Ordonnanz betraf die Gewässer und Wälder, durch die eine geregelte Nutzung des französischen Waldbestands ermöglicht wurde; ferner erließ er zwei Ordonnanzen, die Marine (1681) und die Kolonien (1685) betreffend, die so gut konzipiert waren, daß England die wesentlichsten Bestimmungen übernahm.

Der Colbertismus

Das wirtschaftliche Handeln Colberts richtete sich an einigen sehr einfachen Leitsätzen aus: Der König muß, um stark zu sein, auch reich sein; Reichtum heißt Besitz von Gold und Silber; da dieses in Frankreich nicht selbst gefördert werden kann, muß man es sich durch den Außenhandel verschaffen; folglich muß man möglichst wenig importieren und möglichst viel exportieren.

Die gewerbliche Wirtschaft

In diesem System war der wichtigste Punkt die gewerbliche Industrie. Man mußte sie instand setzen, den Franzosen all das zu liefern, was sie bisher von anderen Ländern bezogen hatten, und gleichzeitig dem Ausland eigene Produkte anbieten, an denen jenes interessiert war. Dabei übernahmen die »Manufakturen des Königs«, staatliche Unternehmen also, die Führungsrolle. Unter ihnen war die Gobelinmanufaktur in Paris die bedeutendste, die neben ihren berühmten Wandteppichen auch alle Arten von Möbeln und Kunstgegenständen erzeugte. Im Gegensatz dazu waren die »Königlichen Manufakturen« private Unternehmen, doch wurden sie durch staatliche Subventionen, Steuerfreiheit und die

Bewilligung von Monopolen gefördert. Colbert ließ Facharbeiter aus dem Ausland kommen; so halfen beispielsweise Glasbläser aus Venedig bei der Errichtung einer Glasmanufaktur in Paris, die später nach Saint-Gobain verlegt wurde. Die Qualität der Erzeugnisse wurde durch Inspektoren und die Befolgung genauester Vorschriften gewährleistet. Die Handwerker, die außerhalb der Manufakturen arbeiteten, mußten sich den handwerklichen Genossenschaften (Zünfte) anschließen, in denen ihre Arbeit durch vereidigte Kontrolleure überprüft wurde.

Der Handel

Die Industrie sollte produzieren, der Handel sollte das Gold und das Silber herbeischaffen. Colbert war bemüht, fremde Einfuhren durch Schutzzölle zu drosseln; außerdem wollte er eine Handelsflotte aufbauen, die mit der englischen und holländischen Marine konkurrieren konnte. Die französischen Reeder erhielten Prämien für den Bau oder den Ankauf von Schiffen.
Colbert betrieb die Bildung von fünf großen Handelsgesellschaften, die das königliche Privileg erhielten, die französischen Handelsbeziehungen nach allen Richtungen auszuweiten, doch sie florierten nur mäßig. Erst in den letzten Jahren der Herrschaft Ludwigs XIV. kam es zu einem neuen, durch private Initiative ermöglichten Aufschwung, der mehreren französischen Häfen eine große Prosperität verschaffte.
Der Binnenhandel wurde durch die Sicherheit der Verkehrswege, durch die Verringerung der Zollstellen und durch die Verbesserung von Straßen, Brücken und Wasserwegen belebt. Der in fünfzehn Jahren nach den Plänen und unter der Leitung von Pierre-Paul Riquet gebaute »Kanal der zwei Meere« verband Toulouse mit dem Mittelmeerhafen Sète. Er war 288 km lang, hatte 190 Staustufen und wurde als das größte technische Bauwerk der Zeit bewundert, doch entsprach sein Nutzen nicht ganz den damit verbundenen Erwartungen.

Die Kolonien

In der gleichen Absicht – nämlich um Frankreich vom Import unabhängiger zu machen – betrieb Colbert auch koloniale Unternehmungen. Die an der Küste des Senegal gekauften schwarzen Sklaven wurden auf die Antilleninseln gebracht, um die Zuckerplantagen zu vergrößern. Das in Kanada gelegene Neufrankreich erhielt mehrere tausend Bauern aus den westfranzösischen Provinzen. Man schuf dort eine königliche Verwaltung mit einem Gouverneur, einem Intendanten, einem Bischof. Ein Handelsmann aus Quebec namens Louis Jolliet und der Jesuitenpater Marquette, die vom Michigansee aus gestartet waren, erreichten den Oberlauf des Mississippi, den sie Colbert-Fluß nannten. Später fuhr Cavelier de la Salle den Mississippi hinunter und erreichte den Golf von Mexiko. Dem von ihm entdeckten Land gab er zu Ehren des Königs den Namen Louisiana. Auch in Indien wurden französische Handelskontore errichtet.

Die Kriegsmarine

Zum Schutz des Handels und der Kolonien brauchte man eine Kriegsflotte. Mazarin hatte die von Richelieu geschaffene Kriegsmarine verkümmern lassen: 1661 verfügte der König nur über acht seetüchtige Segelschiffe und sechs Galeeren. Colbert ließ in Italien, Holland und Dänemark Schiffe kaufen. Gleichzeitig schuf er große Werften in Toulon, Rochefort, Brest und Dünkirchen und organisierte den Nachschub an Holz sowie die entsprechenden Zulieferindustrien. Schon 1670 konnte er dem König stolz melden: »Alles, was man zum Bau von Schiffen braucht, existiert jetzt in unserem Königreich, so daß Ihre Majestät für die Marine keine Ausländer mehr benötigt.« 1681 zählte die königliche Flotte 276 Schiffe und 30 Galeeren.
Um die Schiffe bemannen zu können, erfand Colbert ein besonderes Verpflichtungssystem, das auch danach im Prinzip in Kraft blieb: Alle Männer der Küstenzonen, die nicht in der Landwirtschaft arbeiteten, mußten jedes dritte, vierte oder fünfte Jahr, je nach ihrer Familiensituation, auf den Schiffen Dienst tun. Als Gegenleistung erhielten sie gewisse Vergünstigungen, unter anderem auch eine Alterspension.

Die Finanzsituation nach Colbert

Schon vor Colberts Tod kam es zu Defiziten im Staatsbudget, die durch die außerordentlich hohen Kosten für die Kriegführung noch vergrößert wurden. So schuf man zwei neue direkte Steuern:

— Für die Kopfsteuer (*capitation*) wurde 1695 die gesamte Bevölkerung je nach ihrem sozialen Rang in 22 verschiedene Klassen eingeteilt. Die oberste mußte jährlich 2000 Pfund entrichten, die 22. Klasse, die der Handwerker und Tagelöhner, ein Pfund.

— Der Zehnte wurde 1710 eingerichtet und war eine Abgabe, die auf alle Arten von Einkommen erhoben wurde.

Da jedoch ein angemessener Verwaltungsapparat fehlte und sich Adel und Geistlichkeit heftig gegen diese Steuer wehrten, gingen die neuen Abgaben vor allem zu Lasten derer, die bereits die bestehende direkte Steuer, die *taille*, bezahlten. Daneben operierte man mit einer Vielzahl anderer Hilfsmittel, mit Anleihen, Lotterien, dem Verkauf neuer Ämter, die jedoch immer überflüssiger und lächerlicher wurden (so gab es beispielsweise vereidigte Kontrolleure von Perücken), und mit Währungsmanipulationen. Dabei veränderte man willkürlich die Beziehung zwischen der Rechnungseinheit, dem Pfund, und den umlaufenden Geldstücken. Das Pfund, dessen Wert zwischen 1641 und 1689 bei 8,33 Gramm feinen Silbers stabilisiert worden war, war 1715 nur noch 5,53 Gramm wert. Um Münzen zu schlagen, ließ Ludwig XIV. einen großen Teil seines Silberbestandes sowie kostbare Schmuckstücke aus Versailles einschmelzen.

Trotz aller dieser Maßnahmen wurde das Loch in der Staatskasse immer größer. Am Ende der Regierungszeit Ludwigs XIV. glaubte man, daß der Staatsbankrott unvermeidlich wäre.

III. Die religiösen Angelegenheiten

Ludwigs XIV. strenge Auffassung von den Rechten und Pflichten eines katholischen Herrschers führte ihn einerseits an die Seite der römischen Orthodoxie, andererseits verbat er sich jede Intervention des Papstes in das Leben der französischen Kirche.

Der Konflikt mit dem Papst

Wenn ein Bistum vakant wurde, war es ein Gewohnheitsrecht des Königs, bis zur Einsetzung eines neuen Bischofs nicht nur über die regulären Einkünfte aus Grundbesitz, sondern auch über die Einnahmen aus kirchlichen Dienstleistungen zu verfügen. Man nannte dies das Regal-Recht *(droit de régale)*. Allerdings war dieses Recht in etwa 60 Diözesen des Südens nie angewendet worden. 1673 beschloß der König, damit Schluß zu machen. Nur zwei Bischöfe protestierten gegen die Anwendung des Regal-Rechts und wandten sich an den Heiligen Stuhl. Papst Innozenz XI. verurteilte daraufhin das Verhalten des Königs.

Ludwig XIV. forderte nun die französische Geistlichkeit auf, sich den »ultramontanen Anschlägen gegen die Freiheiten der französischen Kirche« zu widersetzen. Eine Art nationales Konzil, das 1681 bis 1682 tagte, entsprach seinen Wünschen und verabschiedete eine aus vier Artikeln bestehende feierliche Erklärung:

1. In allen weltlichen Dingen sind Könige und Souveräne keinerlei kirchlicher Macht unterworfen.
2. Die ungeschmälerte Autorität, die dem Papst in allen geistlichen Dingen zukommt, erstreckt sich nicht auf die von universalen Konzilen gesetzten Normen.
3. Die Gewohnheiten und Regeln der gallikanischen Kirche dürfen nicht angetastet werden.
4. Das Urteil des Papstes in Sachen des Glaubens ist nicht notwendig unaufhebbar.

Die historische Bedeutung dieser ›Deklaration der vier Artikel‹ liegt in dem Umstand, daß sie bis zum 19. Jahrhundert immer wieder als der authentischste Ausdruck des sogenannten *Gallikanismus* beschworen wurde.

In der damaligen Situation verschärfte die Erklärung allerdings den Konflikt zwischen König und Papst. Ludwig XIV. hatte die Absicht, ihre formelle Annahme bei allen Geistlichen durchzusetzen. Innozenz XI. versagte jedoch den vom König ernannten Bischöfen, welche die Erklärung unterschrieben hatten, die geistlichen Weihen. Bei seinem Tod im Jahre 1689 waren deshalb 35 französische Bistümer ohne Oberhirten.

Außenpolitische Schwierigkeiten veranlaßten Ludwig XIV. schließlich zum Einlenken. 1693 erklärte er, die Deklaration würde nicht mehr verkündigt, und er nahm es hin, daß die von ihm ernannten Bischöfe sich schriftlich von der Erklärung distanzierten, bevor sie durch den Papst in ihr Amt eingesetzt wurden. Innozenz XII. gestand im Ausgleich zu, daß das Regal-Recht auf das ganze Königreich ausgedehnt wurde.

Der Jansenismus

Ludwig XIV. verachtete die Jansenisten. Ihre Opposition und ihre Schikanen erinnerten ihn unangenehm an die Machenschaften der Parlamente, deren Vertreter vielfach Jansenisten waren. Die Sekte hatte sich nur zum Schein unterworfen und unter dem Schutz der gallikanischen Doktrinen weitere Anhänger zu finden gesucht. Gegen Ende der Regierungszeit war der Jansenismus so etwas wie ein Ausdruck des Protestes gegen das Regime.

Ludwig XIV. ärgerte sich darüber. 1709/10 ließ er die Nonnen des Klosters Port-Royal-des-Champs, dem Hauptquartier der Jansenisten, brutal vertreiben. Danach wurden die Mauern niedergerissen. 1713 erreichte er beim Papst eine neuerliche feierliche Verurteilung der jansenistischen Lehre. Allen, die sich weigerten, das Dokument zu unterschreiben – es war die Bulle ›Unigenitus‹ –, drohte entweder Exil oder Gefängnis.

Der Widerruf des Edikts von Nantes

Wie alle seine Zeitgenossen hielt auch Ludwig XIV. es für anomal und staatsgefährdend, daß es Untertanen gab, die sich zu einer anderen Religion bekannten als der König. Je mehr er sich politisch dem Papst widersetzte, um so größeren Wert legte er darauf, sich im Innern als Verteidiger des Katholizismus hervorzutun. In den letzten Jahren wurde ihm dies unter dem Einfluß von Madame de Maintenon sogar zur Gewissenspflicht. Hinzu kam, daß der König keinen besonderen Anlaß sah, die Hugenotten zu schonen, weil die große Mehrheit der adligen protestantischen Familien zum Katholizismus zurückgekehrt war, um der Gunst des Herrschers teilhaftig zu werden.
Ludwig XIV. hatte es sich zum Prinzip gemacht, keinem religiösen Dissidenten eine persönliche Vergünstigung zu gewähren. Bald ging er dazu über, alles zu verbieten, was im Edikt von Nantes nicht ausdrücklich erwähnt war. So erließ er z. B. das Verbot, einen Protestanten zwischen 6 Uhr morgens und 6 Uhr abends zu beerdigen, da das Edikt keine besonderen Angaben über Bestattungen enthielt. 1676 wurde eine »Bekehrungskasse« geschaffen, aus der Konvertiten für ihren Übertritt zum katholischen Glauben belohnt werden sollten. Allerdings hatte dieses unwürdige Verfahren nur wenig Erfolg. Nach 1680 verschärfte sich die Verfolgung der Protestanten durch eine Reihe von Maßnahmen, die nun auch dem Wortlaut des Edikts von Nantes widersprachen: Protestanten wurde der Zugang zu allen öffentlichen Ämtern und zu freien Berufen wie Arzt, Rechtsanwalt und Drucker verwehrt. Der Intendant der Provinz Poitou benutzte eine Methode, die man manchmal auch gegenüber säumigen Steuerzahlern anwandte: Er ließ bei den Protestanten Soldaten einquartieren, die von ihnen verpflegt werden mußten. Durch diese als »Dragonat« bekannt gewordene Maßnahme kam es zu so vielen Scheinbekehrungen, daß der Kriegsminister das System im ganzen Land einführen ließ. Ludwig XIV., den man über den wahren Charakter dieser Maßnahmen im Ungewissen gelassen hatte, war von der Masse der

Bekehrungen beeindruckt. Er war offenbar guten Glaubens, daß es nur mehr eine kleine Minderheit von hartnäckigen Protestanten im Lande gäbe und es darum überflüssig wäre, für sie besondere rechtliche Privilegien bestehen zu lassen. Am 18. Oktober 1685 unterzeichnete er den Widerruf des Edikts von Nantes. Jeder öffentliche Gottesdienst war verboten, alle protestantischen Gotteshäuser mußten zerstört werden, die protestantischen Pfarrer wurden aus dem Königreich vertrieben. Dagegen durften die einfachen Gläubigen Frankreich nicht verlassen. Wenn sie gefaßt wurden, drohte ihnen die Galeerenfron.

Unheilvolle Folgen

Die Entscheidung wurde zwar von der großen Mehrheit der Franzosen mit Begeisterung aufgenommen; doch sie sollte schlimme Konsequenzen haben:
1. Trotz der angedrohten Strafen verließen zwei- bis dreihunderttausend Menschen, die auf alles verzichteten, das Land. Der Auszug dieser Elite, in der sich viele ausgezeichnete Handwerker, Intellektuelle und erfahrene Militärs und Soldaten befanden, schwächte Frankreich. In einigen Provinzen brach sogar die Textilindustrie zusammen. Für die Länder, die die Flüchtlinge aufnahmen, wurden die Hugenotten zu einem Element der Stärke und der Prosperität; dies gilt insbesondere für Preußen, wo sich mehr als 20000 französische Protestanten niederließen.
2. Die Verfolgung löste in allen protestantischen Ländern Europas große Empörung aus und führte zur Entstehung von Koalitionen, gegen die Ludwig XIV. von 1688 an kämpfen mußte.
3. 1702 erhoben sich die calvinistischen Bauern in den Cevennen. Man nannte sie *Camisards*, weil sie weiße Hemden trugen, um sich bei ihren nächtlichen Aktionen zu erkennen. Der Bürgerkrieg, eine Art Partisanenkrieg, dauerte drei Jahre, von 1702 bis 1705, und band Tausende von Soldaten aus den besten Truppeneinheiten. Der Marschall von Villars erreichte die Unterwerfung der Bauernführer nur durch ein Amnestieangebot und ein Toleranzversprechen. Aber die Unruhen dauerten bis 1710 fort.

All diese Verfolgungen konnten den Protestantismus in Frankreich nicht völlig auslöschen. Gegen Ende der Regierungszeit Ludwigs XIV. wurde er sogar wieder kräftiger. Wenige Tage vor dem Tod des Königs fand in der Nähe der Stadt Nîmes eine geheime Synode der »Hugenotten des Friedens« statt.

13 Die auswärtige Politik Ludwigs XIV.

Die Ziele der Politik Ludwigs XIV. entsprachen dem nationalen Interesse und waren auch weitgehend vernünftig, aber er verfolgte sie mit solcher Arroganz und persönlicher Ruhmsucht, daß er schließlich alle anderen Länder gegen sich aufbrachte. Vier immer länger und härter werdende Kriege mit einer Gesamtdauer von 30 Jahren bürdeten dem Land schwere Lasten auf und erschöpften seine Kraft, doch sie erbrachten wenigstens einige nützliche Vergrößerungen des Staatsgebiets.

I. Ziele und Mittel

Die Ziele

In ihrem Geist und Stil spiegelt die Außenpolitik Ludwigs XIV. die vorherrschenden Charakterzüge der Persönlichkeit des Königs wider: seinen stolzen Herrschaftswillen und seine Ruhmsucht. Ruhm (*gloire*) kam in den Augen der damaligen Zeit, die von der historischen Erinnerung an Alexander und Cäsar fasziniert war, jenen Königen und Fürsten zu, die durch militärische Leistungen und Eroberungen glänzten. Andererseits ließen die auswärtigen Bemühungen Ludwigs XIV. auch eine gewisse Stetigkeit erkennen, ja, in manchen Wechselfällen sogar jene Klugheit, die das Verhalten des Königs ebenfalls prägten. Im übrigen lagen die konkret verfolgten Ziele sehr wohl auf der Linie des nationalen Interesses, wie es durch Richelieu und Mazarin bestimmt worden war: Es ging darum, die gefährliche Vorherrschaft des Hauses Österreich zu brechen und das Königreich durch die Gewinnung sicherer Grenzen abzurunden. Unter den gegebenen Umständen suchte Ludwig XIV. seinen politischen Vorteil vor allem auf Kosten der spanischen Monarchie.

Louvois und die neue Armee

Als Hauptinstrument der auswärtigen Politik erfreute sich die Armee der besonderen Aufmerksamkeit des Königs. Sie erfuhr während seiner Herrschaft tiefgehende Veränderungen.
Ludwigs XIV. Interesse an Kontinuität zeigte sich in geradezu frappierender Weise bei der Besetzung des Kriegsministeriums. Michel Le Tel-

lier, der schon unter Mazarin Staatssekretär für das Kriegswesen gewesen war, führte das Ressort über 30 Jahre lang in dieser Funktion; als er 1677 Kanzler wurde, folgte ihm sein Sohn Louvois, und diesem folgte 1691 sein Enkel Barbezieux.

Louvois war nach dem Tod Colberts sicherlich der tüchtigste Minister Ludwigs XIV. Als Mitglied des königlichen Rates hatte er bei allen wichtigen Staatsgeschäften mitzureden; 1683 unterstellte ihm der König auch noch das gesamte Bauwesen. Um sich die Gunst des Königs zu erhalten, schmeichelte Louvois wohl zu häufig dessen Leidenschaften und trieb Ludwig XIV. so zu einigen seiner unheilvollen Entscheidungen, darunter auch zum Widerruf des Edikts von Nantes. Mit allen anderen Mitmenschen ging Louvois hochmütig und brutal um. Immerhin hat er durch sein Organisationstalent und seinen unermüdlichen Einsatz Frankreich die mächtigste Armee der damaligen Zeit verschafft.

Die wichtigsten Reformen betrafen:

1. Vergrößerung der Truppenstärke. Das stehende Heer, das 1661, also in Friedenszeiten, weniger als 40000 Mann unter den Waffen hatte, wurde in Etappen auf die Zahl von 125000 Infanteristen und 47000 Kavalleristen gebracht. In Kriegszeiten hatte Ludwig XIV. bis zu 300000 Mann unter Waffen. Da die Einberufung Freiwilliger nicht immer ausreichte, organisierte Louvois von 1688 an eine Art Wehrpflicht. Jede Kirchengemeinde mußte eine bestimmte Anzahl von Milizsoldaten stellen, die unter den Ledigen zwischen 20 und 40 Jahren durch das Los ermittelt wurden.

2. Die Disziplin hatte über Jahre hinweg darunter gelitten, daß man die Ämter eines Obersten und eines Hauptmanns ebenso kaufen konnte wie ein Amt im Justizwesen oder bei den Finanzen. Louvois schuf deshalb die neuen Dienstgrade eines Majors und Oberstleutnants. Fortan war es also auch armen, aber verdienten Offizieren möglich, zu höheren Rängen aufzusteigen. Alle Offiziere wurden der Kontrolle von Generalinspekteuren und zivilen Kommissaren unterstellt. Louvois schuf auch Kadetten-Kompanien, in denen die künftigen Offiziere ausgebildet wurden.

Innerhalb der Truppe vereinheitlichte man die Übungen und die Befehlsstruktur. Alle Soldaten mußten die für ein Regiment jeweils vorgesehene Uniform tragen. Um Plünderungen auszuschließen, bekam jeder Soldat einen regelmäßigen Sold. Die Verpflegung der Armee wurde durch ein Netz von Magazinen und einen entsprechenden Transportdienst sichergestellt.

Für die mittellosen, alten Soldaten und die Kriegsversehrten bot das Hôtel bzw. Hospital der Invaliden eine würdige und relativ angenehme Altersunterbringung.

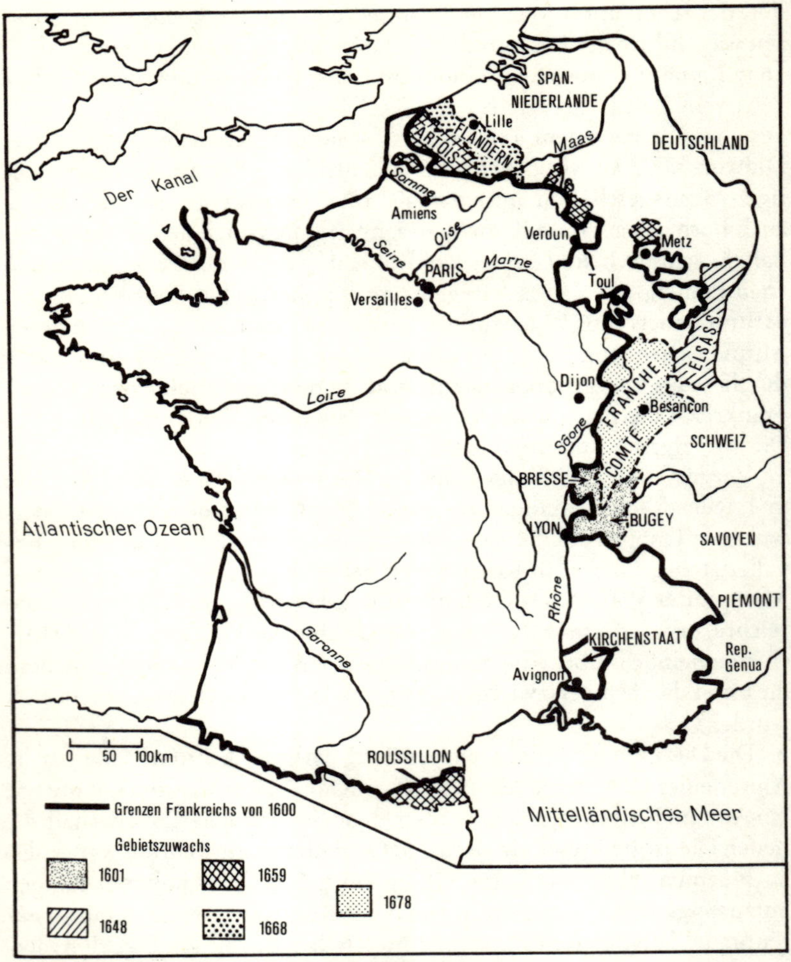

Gebietserwerbungen im 17. Jahrhundert

3. Spezialisierung der militärischen Einheiten. Bis dahin waren die Geschütze von Männern aus den Regimentern der Infanterie wie der Kavallerie bedient worden. Louvois schuf Kanonierabteilungen, die zum Kern einer neuen Artillerie wurden. In jedem Infanterieregiment gab es eine Grenadierkompanie. Eine andere Neuerung waren die Dragoner; sie bewegten sich zu Pferde, aber kämpften zu Fuß. Das Königshaus verfügte mit seinen schweizerischen und französischen Infanterieregimentern und seinem Kavalleriekorps über eine eigene kleine Elitearmee, die fast ausschließlich aus Adligen rekrutiert war.

4. Bewaffnung. Die Muskete, eine aus der Armbrust entwickelte schwere Waffe, wurde durch ein Gewehr mit Steingeschossen ersetzt. Auf dieses konnte man ein Bajonett aufpflanzen, so daß innerhalb der Infanterie der Unterschied zwischen Musketieren und Lanzenträgern verschwand, was zu einer Revolutionierung der Taktik führte. Einzelne Kavallerieeinheiten wurden mit dem Karabiner, einem kürzeren Gewehr, ausgerüstet. Schließlich erhielt die Artillerie leichtere Kanonen mit einheitlichem Kaliber.

Vauban

Bei den Feldzügen der damaligen Zeit ging es im allgemeinen um die Einnahme oder Verteidigung von Festungen. Darum erhielten die von Louvois geschaffenen Pioniereinheiten *(génie militaire)* so große Bedeutung. Sie standen unter der Leitung des Marquis de Vauban, des größten militärischen Ingenieurs der Neuzeit. Vauban erfand neue Angriffsmethoden und leitete persönlich über 50 Belagerungen. Vor allem aber ließ er über 300 Festungen nach einem von ihm entwickelten System bauen, das sodann in ganz Europa übernommen wurde. Im Norden, wo natürliche Verteidigungsstellungen fehlten, schuf er ein Netz von besonders machtvollen und großartig koordinierten Zitadellen.

II. Die großen Erfolge (1661–1679)

Politik der Pracht

Schon bei seinen ersten Schritten auf dem Gebiet der Außenpolitik ließ der junge König seinen Anspruch sichtbar werden, überall herrschen zu wollen. Er erhob mit Erfolg die Forderung, daß die Botschafter Frankreichs überall den Botschaftern des Königs von Spanien im Rang voran-

gestellt wurden; desgleichen erreichte er von den Engländern, daß die französischen Schiffe zuerst begrüßt wurden. Im Anschluß an ein Scharmützel zwischen den Kriegsleuten des französischen Botschafters in Rom und den Soldaten der korsischen Leibwache des Papstes zwang Ludwig XIV. den Papst zu feierlichen und demütigenden Entschuldigungen.
Der König schickte der von den Türken bedrohten kaiserlichen Armee eine Verstärkung von 6000 Mann. Ihre brillante militärische Leistung bei der Entscheidungsschlacht von Gothard an der Raab veranlaßte den König zur Prägung einer Münze, auf der die stolze Inschrift »Germania servata« zu lesen stand.

Der Devolutions-Krieg

Der Tod Philipps IV., des Königs von Spanien, im September 1665 verschaffte Ludwig XIV. erstmals die Chance zu einem Eroberungskrieg. Der Thronfolger Karl II. war ein schwächliches Kind von vier Jahren, das aus der zweiten Ehe Philipps IV. hervorgegangen war. Maria Theresa, die Königin von Frankreich, die der ersten Ehe Philipps IV. entstammte, konnte nun die Erbfolge für sich beanspruchen, da ihr im Vertrag der Pyrenäen verbriefter Verzicht wegen der Nichtbezahlung der versprochenen Mitgift null und nichtig war. Ludwig XIV. gab sich bescheiden und forderte lediglich Flandern, indem er sich auf das Recht der Devolution berief, ein Gewohnheitsrecht der Niederlande, das den aus einer ersten Ehe hervorgegangenen Kindern einen höheren Anteil am Erbe sicherte.
Man wußte, daß Spanien nicht ohne Kampf nachgeben würde. Hugues de Lionne, der ausgezeichnete Staatssekretär für die auswärtigen Angelegenheiten, hatte deshalb alles getan, um Spanien durch ein Netz von Bündnissen zu isolieren: mit zahlreichen deutschen Fürsten, den holländischen Niederlanden und Karl II. von England. Dieser hatte gegen eine Bezahlung von fünf Millionen Pfund Dünkirchen an Frankreich zurückgegeben.
Im Frühjahr 1667 bemächtigte sich eine französische Armee unter dem Oberbefehl Turennes der wichtigsten spanischen Festungen im südlichen Flandern. Da Spanien nicht bereit war, die geschaffenen Tatsachen zu akzeptieren, fiel eine weitere Armee unter dem Kommando von Condé in die Franche-Comté ein.
Die Holländer und Engländer waren jedoch beunruhigt, daß die französische Macht sich auf ein Gebiet ausweitete, von dem aus ihre Vormachtstellung auf dem Gebiet des Handels bedroht werden konnte. Zusammen

mit Schweden bildeten sie darum das Dreierbündnis von Den Haag und erzwangen eine Vermittlung. Ludwig XIV. lief nun Gefahr, durch seine ehemaligen Verbündeten in einen allgemeinen Krieg hineingezogen zu werden; er überwand seinen Groll und ließ sich zu Verhandlungen herbei. Der im Mai 1668 geschlossene Friede von Aachen brachte ihn gleichwohl in den Besitz von elf eroberten flandrischen Städten; darunter Lille und Douai. Spanien kam wieder in den Besitz der Franche-Comté.

Der holländische Krieg

Die Erfahrung hatte gezeigt, daß jeder Vorstoß der Franzosen nach Belgien auf den Widerstand der Holländer treffen würde. So entschloß sich Ludwig XIV., diese »unverschämte Nation von Kaufleuten« niederzuwerfen, die es gewagt hatte, ihm Widerstand zu leisten. Wieder war es Colbert, der die kriegerischen Gelüste seines Herrn anstachelte, denn für ihn handelte es sich auch darum, die Vorherrschaft der Vereinigten Provinzen auf dem Gebiet des Handels zu brechen.
Die systematische militärische Aufrüstung wurde von einer neuen diplomatischen Kampagne begleitet, durch die man die Neutralität der potentiellen Verbündeten Hollands mit Gold erkaufen wollte.
Der Feldzug begann im Juni 1672 mit einer brillanten Überquerung des Rheins bei Tolhuys. Die von hinten angegriffenen holländischen Verteidigungsstellungen brachen zusammen. Um Amsterdam und Den Haag zu retten, durchstachen die Holländer heroisch ihre eigenen Deiche und hinderten durch die Überflutung des Landes die Franzosen am weiteren Vorrücken.
Die Regierung der Vereinigten Provinzen – die Generalstände und ihr Führer Jan de Witt – ersuchte um Verhandlungen. In seinem Ressentiment und Stolz beging Ludwig XIV. die Unklugheit, besonders harte und entwürdigende Bedingungen zu stellen. Das aufgebrachte Nationalgefühl der Holländer empörte sich gegen die bürgerliche Republik, deren Regierung für alles Unglück verantwortlich gemacht wurde. Die Revolution trug den Führer der Widerstandsbewegung an die Macht: den jungen Prinzen Wilhelm III. von Oranien.
Während sich der holländische Widerstand im Gefolge der von den Franzosen verübten Grausamkeiten und angerichteten Verheerungen verstärkte, gelang es Wilhelm von Oranien, eine Koalition gegen Frankreich zustande zu bringen, der Spanien, der Kaiser und die meisten deutschen Fürsten angehörten.
Ende 1673 zog Ludwig XIV. seine durch die Überflutung noch immer

festgehaltenen Armeen aus den Niederlanden zurück und setzte sie ein zweites Mal zur Eroberung der spanischen Franche-Comté in Marsch. Im übrigen befand er sich 1674 im Norden in der Defensive, doch gelang es Condé noch, eine starke Armee der gegen Frankreich gerichteten Koalition bei Seneffe zu schlagen. Im Osten hatten die kaiserlichen Truppen das Elsaß erobert. Turenne vertrieb sie in einem brillanten Winterfeldzug, der in die Militärgeschichte eingegangen ist. Sechs Monate später stieß Turenne über das rechte Rheinufer vor, doch wurde er am 27. Juli 1675 durch eine Kanonenkugel tödlich getroffen. Nach dem Tod dieses unvergleichlichen Heerführers zogen sich die Operationen in diesem Gebiet ohne entscheidendes Ergebnis hin.

Dagegen gelang es den Franzosen, in Flandern von neuem Vorteile zu erringen: Vauban betrieb systematisch die Belagerung der spanischen Festungen, die nacheinander fielen. Außerdem glückte der neuen französischen Flotte im Mittelmeer ein Sieg über die spanisch-holländische Kriegsmarine, die von dem berühmtesten Admiral seiner Zeit, dem Holländer de Ruyter befehligt wurde.

Die Einnahme von Gent durch französische Truppen im März 1678 stärkte in Holland die Partei der Friedenswilligen. Die Kaufleute fürchteten, daß Antwerpen ebenfalls eingenommen werden und damit der Wohlstand Amsterdams zu Ende sein könnte. Ludwig XIV. benutzte diese Gelegenheit, um einem sich unabsehbar hinziehenden, kostspieligen Krieg ein Ende zu machen. Im Frieden von Nimwegen gewährte er den Holländern 1678 günstige Bedingungen, darunter auch die Beseitigung der von Colbert gegen sie verhängten Zollschranken. Die übrigen Verbündeten mußten sich mehr oder weniger dem Willen des französischen Königs beugen. Dies galt in erster Linie für Spanien, das den Franzosen nun endgültig die Franche-Comté sowie zwölf befestigte Plätze in Flandern überlassen mußte. Vauban baute sie weiter aus und bezog sie in ein großes Verteidigungssystem ein, das man die »eiserne Grenze« genannt hat.

III. An den Grenzen der Macht

Die Politik der Reunionen

Ludwig XIV. war stolz, sich gegen das übrige Europa behauptet zu haben, und glaubte sich nun in der Lage, ganz nach eigenem Gutdünken handeln zu können. In den Verträgen des Westfälischen Friedens und von Nimwegen war vermerkt worden, daß die Frankreich zugestande-

nen Gebiete und Städte samt ihren »Dépendances« überlassen werden sollten. Der König interpretierte diese Klausel so, daß alle Örtlichkeiten und Regionen, die auch in der entferntesten Vergangenheit irgendwie von diesen Gebieten abhängig gewesen waren, nun auch zu Frankreich kommen müßten. Die französischen Gerichte (Réunions-Kammern) gaben dem König recht. Daraufhin ließ Ludwig XIV. die von ihm beanspruchten Territorien besetzen, darunter die Grafschaft Montbéliard, das Saargebiet und einen Teil Luxemburgs.
Im Falle Straßburgs gab es allerdings nicht einmal einen juristischen Vorwand. Diese zum Kaiserreich gehörige freie Stadt besaß eine wichtige Brücke über den Rhein. Die kaiserlichen Truppen hatten während des vorausgehenden Krieges diese Brücke dreimal benutzt, um in das Elsaß einzufallen, ohne die vermeintliche Neutralität der kleinen Stadtrepublik zu respektieren. Im September 1681 überrannten die Franzosen in einer von Louvois organisierten, plötzlichen Attacke die äußeren Verteidigungsstellungen der Stadt; der Senat von Straßburg erkannte sofort die Vergeblichkeit jeden Widerstandes und akzeptierte seine Vereinigung (*réunion*) mit dem französischen Königreich. Die Straßburger erhielten dafür die Zusage, daß ihre Privilegien und die Freiheit protestantischer Gottesdienste respektiert würden. Ludwig XIV. erschien selbst in großer Pracht, um von der Stadt Besitz zu nehmen. Eine für diese Gelegenheit geschaffene Münze trug die Inschrift »Gallia Germanis clausa«.

Die Liga von Augsburg

Die durch diese Usurpationen geschädigten Fürsten hatten sich zunächst mit bloßen Protesten begnügt. 1682 schlossen der Kaiser und Spanien ein Bündnis gegen Frankreich, aber der Kaiser konnte wegen des verheerenden Einfalls der Türken, die bis vor die Tore Wiens kamen, nichts unternehmen. So sah sich Spanien allein dem Zorn Ludwigs XIV. ausgesetzt. Als erstes griffen die Franzosen die noch im spanischen Besitz befindlichen belgischen Städte an. Ein im August 1684 in Regensburg unterzeichneter Waffenstillstand schien die geschaffenen Tatsachen und die unwiderstehliche Hegemonie des Sonnenkönigs zu bestätigen. Doch einige Jahre später veränderte sich das Gleichgewicht der Kräfte durch ein Zusammentreffen mehrerer Faktoren:
1. Die Empörung über den Widerruf des Edikts von Nantes führte insbesondere in Holland und in England zum Abfall der Parteigänger, die der König in allen protestantischen Ländern besaß.

2. Der Sieg des Kaisers über die Türken gestattete diesem eine aktivere Politik im Westen. Mit den wichtigsten deutschen Fürsten, den Königen von Schweden und Spanien, schuf er eine im Prinzip rein defensive Koalition, die Liga von Augsburg.
3. Unklugerweise lieferte ihm Ludwig XIV. den Anlaß zur Eröffnung der Feindseligkeiten durch zwei neue, arrogante Unternehmungen: Er besetzte das Erzbistum Köln, um seinen eigenen Kandidaten gegen die Ansprüche des Papstes und des Kaisers durchzusetzen, und er fiel in die Pfalz ein, um die höchst anfechtbaren Ansprüche der Herzogin von Orléans, einer Schwester des verstorbenen Herrschers, durchzusetzen.
4. Ludwig XIV. hatte damit gerechnet, daß weder England noch Holland eingreifen würden, da sie zu dieser Zeit in einen Konflikt verwickelt waren, in dem sich Wilhelm von Oranien, der Gemahl der englischen Königin Maria, samt der Mehrheit der Protestanten und der von den Katholiken unterstützte König Jakob II. gegenüberstanden. Doch die Schnelligkeit der Ereignisse strafte diese Annahmen Lügen. Wilhelm von Oranien, der durch die Revolution von 1688 zum König von England aufgestiegen war, verschaffte der Liga von Augsburg den Beistand Englands und Hollands.

Ein unentschiedener Krieg

Die französischen Armeen vermochten zunächst an allen Fronten den wiederholten Offensiven der Koalition zu widerstehen. Der Marschall von Luxemburg erhielt wegen mehrerer Siege in Belgien sogar den Spitznamen »tapissier de Nôtre-Dame«: Er hatte dem Feind besonders viele Fahnen und Standarten entrissen, und es war üblich, sie in den Gewölben der Kathedrale aufzuhängen. An der Alpenfront konnte sich Marschall Catinat auszeichnen, ein Bürgerlicher, der dank seinem großen, an Turenne erinnernden Talent zu höchsten militärischen Ehren aufgestiegen war. Was ihn auszeichnete, war eine Mischung aus Kühnheit und kluger Reflexion. Auch die von Tourville befehligte französische Flotte konnte gegenüber den zahlenmäßig überlegenen Seestreitkräften der Engländer und Holländer stolze Erfolge erringen, während die Piratenschiffe der Handelsflotte des Feindes zusätzlich schwere Verluste zufügten.
Ludwig XIV. mußte jedoch auch Rückschläge hinnehmen, so vor allem bei seinem Versuch, Jakob II. wieder auf den englischen Thron zu setzen. Das Unternehmen scheiterte 1690 in der berühmten Schlacht am Boyne vor Drogheda in Irland.

Der Friede von Rijswijk

Neun Jahre unnützer Anstrengungen ließen schließlich die Kampfesfreudigkeit der Koalition erlahmen; sie war nun bereit, sich die Friedensvorschläge Ludwigs XIV. anzuhören, und dies um so mehr, als die Bedingungen überraschend maßvoll ausfielen. In einer Reihe von Verträgen, die in Ryswick unterzeichnet wurden, verzichtete der König auf die meisten Territorien, die er seit dem Frieden von Nimwegen annektiert hatte; er behielt lediglich Straßburg und Sarrelouis. Er erkannte Wilhelm von Oranien als König von England an und erklärte sich bereit, die Thronansprüche der katholischen Stuart-Dynastie nicht mehr zu unterstützen.

IV. Die spanische Erbfolge

Der König hatte sich so nachgiebig gezeigt, weil er einen seit 30 Jahren erwarteten Moment herannahen sah, den Tod des kinderlosen Königs Karl II. von Spanien. Nun stellte sich die hochbedeutsame Frage der spanischen Erbfolge mit der zu erwartenden Konkurrenz der Ansprüche der französischen Krone und der Habsburger.

Verhandlungen

Ludwig XIV. hatte die Angelegenheit mit angemessener Klugheit vorbereitet. Er wollte für Frankreich ein möglichst gutes Ergebnis erzielen, ohne einen neuen Krieg zu riskieren. Da Kaiser Leopold I. bereit war, eine Teilung in Erwägung zu ziehen, bedurfte es zur friedlichen Durchführung dieses Planes der vorherigen Zustimmung und der Garantie der beiden gefährlichsten potentiellen Gegner, nämlich Englands und Hollands. Beides wurde in einem im März 1700 in London unterzeichneten Vertrag erreicht: Der wichtigste Teil des spanischen Erbes – nämlich Spanien, die Niederlande und das Kolonialreich – wurde Erzherzog Karl, dem zweiten Sohn Kaiser Leopolds I., zugesprochen; der französische König erhielt die spanischen Besitzungen in Italien, nicht jedoch, um sie selbst zu behalten, sondern um sie zur besseren Abrundung der Grenzen seines Königreichs zu verwenden: Das Gebiet von Mailand sollte für Lothringen, Neapel und Sizilien für Savoyen eingetauscht werden. Doch der Kaiser weigerte sich hartnäckig, auf Mailand zu verzichten.

Das Haus Bourbon und die spanische Erbfolge

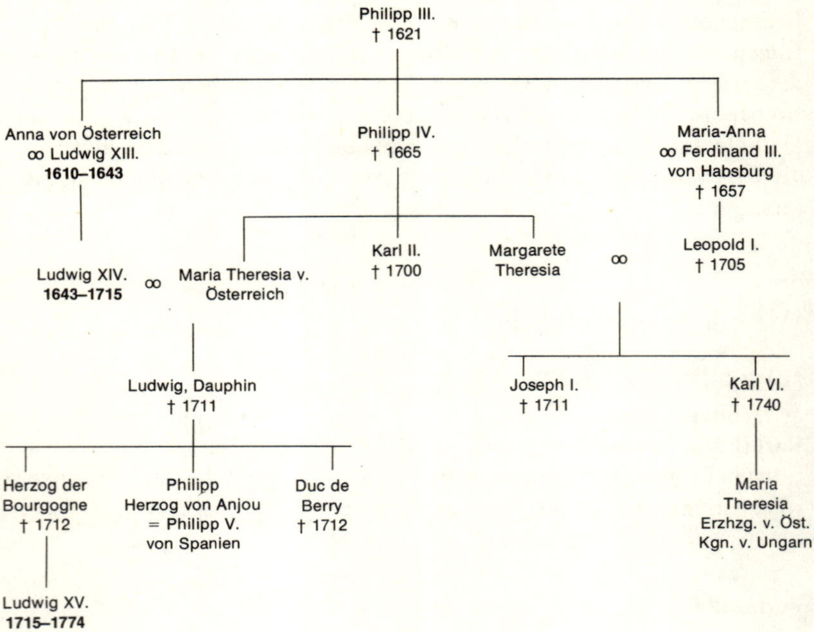

Das Testament Karls II.

Dieses großartige Arrangement wurde durch die empörten Spanier zunichte gemacht. Die Berater Karls II. drängten ihn bei Ehre und Gewissen, die Einheit der Monarchie um jeden Preis zu wahren.

Das von König Karl genau einen Monat vor seinem Tod, am 1. November 1700, unterzeichnete Testament sah folgendes vor: Einziger Erbe sollte der Herzog von Anjou, der zweite Enkel Ludwigs XIV., sein, allerdings unter der Bedingung, daß die Kronen Frankreichs und Spaniens nie vereinigt würden. Im Falle seiner Weigerung sollte das gesamte spanische Erbe an den Erzherzog Karl von Österreich fallen.

Ludwig XIV. befand sich in einem grausamen Dilemma. Nahm er das spanische Angebot an, so bedeutete dies den Bruch der Abmachungen von London mit der sicheren Aussicht auf einen schwierigen Krieg. Hielt er sich an die Londoner Vereinbarungen, so war dies nicht minder gefährlich, denn dann befand er sich im Gegensatz zu den Spaniern *und* dem Kaiser, der die in London in Aussicht genommene Teilung nicht akzeptiert hatte. Außerdem riskierte er im Falle eines zu vollständigen Erfolgs, sich die Engländer und Holländer zu Feinden zu machen. Da der König und seine Berater der Auffassung waren, daß man einen Krieg auf keinen Fall vermeiden könnte, meinten sie, es sei besser, ihn an der Seite Spaniens als gegen dieses zu führen, um so für das ganze Erbe und nicht nur für einen Teil kämpfen zu können. Am 16. November 1700 ließ König Ludwig in einer Form, die der Bedeutung des Ereignisses würdig war, seine Annahme des spanischen Vorschlags kundtun. Die Spanier hießen ihren neuen König, Philipp V., begeistert willkommen. Damals entstand das geflügelte Wort: »Es gibt keine Pyrenäen mehr«, das Voltaire später fälschlich Ludwig XIV. zuschrieb.
In einer den anderen Mächten zugestellten diplomatischen Note wies der Vertreter Frankreichs, Colbert de Torcy, nicht ohne Grund darauf hin, daß Ludwig XIV. sich bescheiden gezeigt hätte, indem er auf jede Vergrößerung seines eigenen Königreichs verzichtete. England und Holland schienen diesen Standpunkt zu akzeptieren; sie erkannten Philipp V. als König von Spanien an, desgleichen auch die anderen Herrscher mit Ausnahme des Kaisers.

Die Große Allianz von 1701

In Wahrheit jedoch hatte sich Wilhelm von Oranien nur dem pazifistischen Druck der herrschenden Klassen seines Landes gebeugt und bemühte sich nun, diese gegen Ludwig XIV. aufzubringen. Dieser erleichterte ihm sein Geschäft durch unkluge Maßnahmen: Er ließ durch das Parlament von Paris die eventuellen Ansprüche Philipps V. auf die französische Krone bestätigen und die befestigten Orte der Spanier in den Niederlanden besetzen. Die englischen und niederländischen Kaufleute waren ob der möglichen Ausdehnung des französischen Handels auf die spanischen Kolonien stark beunruhigt. Doch zur echten Empörung der Engländer kam es erst, als Ludwig XIV. beim Tod des nach Frankreich exilierten ehemaligen Königs Jakobs II. dessen Sohn, Jakob III., den englischen Königstitel zuerkannte.

So kam es 1701 in Den Haag zur Großen Allianz zwischen England, Holland und dem Kaiser; Dänemark, Portugal, der Herzog von Savoyen und die meisten deutschen Fürsten schlossen sich ihr an.

Der Krieg

Der Spanische Erbfolgekrieg sollte dreizehn Jahre dauern. Frankreich mußte diesmal nicht nur seine eigenen nationalen Grenzen verteidigen, sondern auch das ausgedehnte Gebiet der spanischen Monarchie, die nicht in der Lage war, den Kampf mit eigenen Mitteln zu führen.
Die Alliierten waren nicht nur kräftemäßig im Vorteil, sie verfügten – was noch wichtiger war – über zwei der besttalentierten Heerführer: den Herzog von Marlborough, einen Günstling der Königin Anna von England, der nach dem Tod Wilhelms von Oranien faktisch auch die britische Politik leitete, sowie den Prinzen Eugen von Savoyen, der in Frankreich geboren, doch bald in die Dienste Österreichs getreten war, weil der französische König ihm die Führung eines Regiments verweigert hatte.
Die Franzosen ergriffen zunächst mit einigem Erfolg die Offensive in Deutschland und Italien, aber im August 1704 wurde ihre in Deutschland operierende Armee durch die vereinigten Streitkräfte Marlboroughs und des Prinzen Eugen vernichtend geschlagen. Im Mai 1706 fügte Marlborough der von dem unfähigen Marschall de Villeroy befehligten französischen Armee im Norden eine weitere vernichtende Niederlage zu. Die spanischen Niederlande mußten aufgegeben werden; der Feind drang nach Frankreich ein und belagerte Lille, das im Oktober 1708 genommen wurde. Inzwischen machte sich der in Portugal gelandete österreichische Prätendent, Erzherzog Karl, mit Hilfe der Engländer zur Eroberung Spaniens auf; es gelang ihm für einen Moment sogar, nach Madrid einzudringen und sich dort unter dem Namen Karl III. zum König von Spanien ausrufen zu lassen.
Zu den Belastungen des Krieges für Frankreich kamen 1709 noch ein schrecklicher Winter und eine allgemeine Hungersnot. Ludwig XIV. mußte um Frieden bitten. Er war bereit, Erzherzog Karl als König von Spanien anzuerkennen, und verzichtete sogar auf Lille und Straßburg. Aber die Alliierten verlangten von ihm, er solle sich an der Absetzung Philipps V. selbst beteiligen. Ludwig XIV. wies diese verletzende Forderung zurück und erklärte: »Da wir Krieg führen müssen, führe ich ihn lieber gegen meine Feinde als gegen meine Kinder.«
Spanier und Franzosen aller Klassen wurden nun von einem starken Ge-

fühl des Patriotismus ergriffen, das den beiden Königen die Möglichkeit gab, den Kampf fortzusetzen. Auf mehreren Kriegsschauplätzen begann sich das Los zugunsten der französisch-spanischen Waffen zu wenden.

Das Ende des Krieges

Die herrschende Meinung in England war der vielen vergeblichen Anstrengungen müde geworden und drängte resolut auf eine friedliche Lösung, als bekannt wurde, daß Erzherzog Karl wegen des plötzlichen Todes seines älteren Bruders Joseph I. im Jahre 1711 als Karl VI. Kaiser wurde. Die Furcht vor einem Wiederauferstehen des Reiches Karls V. war nun größer als der Haß auf Ludwig XIV. Es kam zu bilateralen Gesprächen zwischen französischen und englischen Diplomaten, die zu einer ersten vorläufigen Vereinbarung führten.
Die Holländer und der Kaiser waren mit dieser Entwicklung nicht einverstanden und beschlossen, dem scheinbar am Boden liegenden Gegner den Gnadenstoß zu versetzen. Unter dem Befehl des Prinzen Eugen drang eine 130000 Mann starke, machtvolle Armee nach Frankreich ein und überrannte alle Verteidigungsstellungen. Ludwig XIV. hatte nur noch 70000 Mann zur Gegenwehr. Dennoch gelang es dem Marschall de Villars durch ein kühnes Manöver, den Prinzen Eugen zu überraschen und ihn am 24. Juli 1712 bei Denain zu schlagen. Die Holländer und alle ihre Verbündeten mit Ausnahme des Kaisers waren nun bereit, den Frieden von Utrecht abzuschließen (April 1713). Um die Widerspenstigkeit Karls VI. endgültig zu brechen, mußte Villars noch einen weiteren siegreichen Feldzug in Deutschland unternehmen; der im März 1714 zu Rastatt unterzeichnete Vertrag gab Frankreich und Europa endlich wieder den Frieden.
Philipp V. behielt Spanien und seine Kolonien, verzichtete jedoch auf alle Ansprüche auf die französische Krone. Kaiser Karl VI. erhielt die Niederlande und die italienischen Besitzungen Spaniens mit Ausnahme Siziliens, das dem Herzog von Savoyen zugesprochen wurde. England behielt das eroberte Gibraltar und Minorca; ferner faßte es durch die Abtretung Neufundlands und Akadiens Fuß im kanadischen Neufrankreich. Mit Ausnahme dieser fernen Gebiete und vier befestigter Orte im Norden behielt Ludwig XIV. jedoch alle seine Eroberungen, welche die strategischen Grenzen Frankreichs wesentlich verbessert hatten.
Dieses Resultat läßt in Verbindung mit dem Umstand, daß die spanische Monarchie nun endgültig vom Haus Österreich losgelöst und Frankreich angenähert wurde, den Schluß zu, daß die Außenpolitik Ludwigs XIV.

trotz ihrer offenkundigen Fehler und Niederlagen nicht völlig negativ beurteilt werden muß.

V. Das Ende der Herrschaft des Sonnenkönigs

Das Elend des Königreichs

Diesen Vorteilen muß man die finanzielle Not des Königreichs, das erdrückende Gewicht der Steuern, den Ruin der vom Staat nicht mehr geförderten Export-Industrie und das Elend der Volksmassen gegenüberstellen. Für diese Misere war die Politik des Königs allerdings nicht allein verantwortlich, denn ganz Westeuropa machte damals eine Periode ökonomischer Depression durch, und Frankreich wurde zusätzlich von mehreren klimatischen Katastrophen heimgesucht. Vor allem der Winter des Jahres 1709 war so hart, daß die Seine von Paris bis zur Mündung zugefroren war. Es kam von neuem zu Hungersnot und Epidemien sowie zu Aufruhr in den Städten.

Kritik am Regime

Diese Anhäufung von Übeln führte zu wachsender Kritik. Bis hinein in die Umgebung des Königs hatte es nie jemand gewagt, die Legitimität der absoluten Monarchie und die Politik des Königs in Frage zu stellen. Das wurde nun anders: Fénelon, der Lehrer des Thronerben, des Herzogs von Burgund, forderte repräsentative Institutionen, Vauban die Gleichheit der Besteuerung. Auch die katholische Lehre, stets eine Stütze der Monarchie, sah sich Angriffen von seiten einiger Schriftsteller ausgesetzt, die man *libertins* nannte. Sie gingen an die Religion im Geiste eines methodischen Zweifels und freier Prüfung heran, wie er durch den Philosophen Descartes in Mode gekommen war.

Ein trauriges Ende

Die letzten Jahre Ludwigs XIV. waren nicht nur von demütigenden Niederlagen, von Trauer über zerstobene Pläne und von Bedauern über begangene Fehler überschattet, zu denen noch Klagen aus dem ganzen Königreich hinzukamen; auch im familiären Bereich ereignete sich eine Reihe von tragischen Unglücksfällen. Binnen weniger Monate

(1711–1712) raffte eine Pockenepidemie seinen einzigen legitimen Sohn, den Grand Dauphin, seine beiden Enkel, den Herzog von Burgund und den Herzog von Berry, und schließlich auch den ältesten seiner Urenkel dahin. Nur der letzte und gebrechliche Sohn des Herzogs von Burgund, der kleine, 1710 geborene Herzog von Anjou, überlebte die Katastrophe.

Der König ertrug diese Schicksalsschläge in einer stoischen und würdigen Haltung. Er behielt seinen gewohnten Arbeits- und Lebensrhythmus bei und zeigte sich gegenüber seiner Umgebung heiter und leutselig. Sechs Tage vor seinem Tod bereitete er dem Hof noch das Schauspiel eines von Streichermusik untermalten öffentlichen Diners. Völlig ruhig regelte er alle Einzelheiten seiner Beisetzung und Nachfolge, sagte allen in seiner Umgebung Adieu, erhielt die Letzte Ölung und verschied schließlich am Morgen des 1. September 1715. Er war seiner Vorstellung von königlicher Würde bis zu seinem Ende treu geblieben.

14 Die Herrschaft Ludwigs XV. (1715–1774)

Die Herrschaft Ludwigs XV. hat die widersprüchlichsten Würdigungen erfahren. Auf der einen Seite kritisiert man mit Recht die Schwächung der Autorität, die Korrumpierung der Sitten, wofür die Herrschenden selbst das Beispiel gaben, die Vergeudung öffentlicher Gelder bei Hof, die Aufrechterhaltung ungerechtfertigter Privilegien, die Inkonsequenzen der auswärtigen Politik, ihre demütigenden Niederlagen und den Verlust der Kolonien. Auf der anderen Seite hebt man mit gleichem Recht Fortschritte der Wirtschaft und der öffentlichen Wohlfahrt hervor, das Fehlen von Kriegen, die liberale Atmosphäre und die Erträglichkeit einer nur scheinbar despotischen Regierung, schließlich die Tüchtigkeit der Verwaltung sowie die Lebendigkeit des Geistes und der Künste.

I. Die Regentschaft (1715–1723)

Philipp von Orléans

Auf den großen König folgte ein kleiner Waisenknabe von fünf Jahren, Ludwig XV. Die Regentschaft kam rechtmäßig dem ersten Prinzen von Geblüt, dem Herzog Philipp von Orléans, einem Neffen Ludwigs XIV., zu. Er war 1715 41 Jahre alt, von einem natürlichen und großzügigen Wesen, tapfer, beredsam und kultiviert. Doch diese Talente verdarb er unglücklicherweise durch seinen Hang zur Bequemlichkeit und einen vollständigen Mangel an moralischen Prinzipien. Seine Abende widmete er den schmutzigsten Vergnügungen. Die Gefährten seiner Laster nannte er selbst seine *roués*, d.h. würdig, aufs Rad *(roue)* geflochten zu werden.

Der Hof, der von Versailles nach Paris verlegt wurde, folgte diesem schlechten Beispiel. Die Zeit der Regentschaft wird uns von der Geschichte überliefert als eine Periode, in der die von allen Fesseln des vorherigen Regimes befreite obere Gesellschaft sich hemmungslos dem Vergnügen hingab. Der leichtere, phantasievolle Régence-Stil prägte die Kleidung und das Mobiliar. Die Malerei Antoine Watteaus ist der vollendetste Ausdruck dieses Stils.

Die Innenpolitik

Die von Ludwig XIV. auf Distanz gehaltenen großen Herren glaubten nun den Augenblick für gekommen, die Macht wieder an sich zu reißen. Der Regent ersetzte auf Veranlassung des Herzogs von Saint-Simon die Minister durch sechs Räte, die ausschließlich Mitglieder des hohen Adels waren. Aber ihre Inkompetenz und ihre Ineffizienz brachten dieses »polysynodie« genannte Regierungssystem schnell in Mißkredit. Im September 1718 kehrte der Regent zu der »so bequemen, so absoluten Regierungsweise des ehemaligen Königs« zurück, die historisch längst überwunden schien.
Auch das Parlament von Paris, das sein 1715 wiedererlangtes Beschwerderecht geltend machte, um das Handeln der Regierung zu lähmen, wurde durch einen großen Gerichtstag und eine Verbannung ins Exil in rüder Weise wieder gefügig gemacht.

Das Lawsche Finanzsystem

Ludwig XIV. hatte die Finanzen des Königreichs in einem katastrophalen Zustand hinterlassen; die gewöhnlichen Einnahmen deckten nicht einmal mehr die für eine öffentliche Schuld in Höhe von zwei Milliarden Pfund zu zahlenden Zinsen. Als der Regent nicht mehr weiter wußte, ließ er sich durch die kühnen Ideen des schottischen Finanziers John Law verführen. Law wurde zunächst ermächtigt, eine Privatbank einzurichten; die Aktien konnten gegen ein Viertel Barzahlung in Metallwährung und drei Viertel Forderungen an den Staat erworben werden. Die Bank nahm das Geld von Privatpersonen sozusagen in ihr Depot und wickelte damit Handelsgeschäfte ab. Die große Neuerung war, daß die Zahlungen in Scheinen erfolgten. Das Publikum gewöhnte sich schnell daran; schon 1717 konnte der Regent die Noten der Bank auch für den Zahlungsverkehr mit der Staatskasse zulassen. Wenig später wurde die Bank Laws zur Königlichen Bank erhoben und begann mit der Ausgabe von neuem Papiergeld. Law selbst wurde 1720 Generalkontrolleur der Finanzen.
Das angesammelte Kapitel sollte nach dem von Law erdachten System dazu dienen, große Handelsunternehmen durch Kredite zu finanzieren. Seine erste Gründung war die Handelsgesellschaft des Westens oder des Mississippi; sie erhielt das Monopol für die Ausbeutung von Louisiana. Dann kaufte Law nach und nach die bereits bestehenden Handelsgesellschaften auf und fusionierte sie zu einer großen Einheit, der Compagnie des Indes. Diese erhielt dann noch das Recht zur alleinigen Herstellung

von Münzen, zum Verkauf von Salz und Tabak, schließlich auch zur Einziehung verschiedener indirekter Steuern.
Das begeisterte Publikum, verlockt durch das Versprechen großartiger Profite, angeregt durch die immer neue Emission von Aktien, brachte seine Ersparnisse eilig auf die Bank, wobei es sich teilweise in der Hoffnung auf noch schnellere Bereicherung selbst verschuldete. Die Aktienkurse erklommen schwindelnde Höhen, und in der engen Rue Quincampoix, wo die Bank ihren Sitz hatte, wurde man zu Zeiten fast erdrückt.
Das Übermaß an Spekulation führte jedoch zum Ruin des Systems. Die Klügeren unter den Kapitalinhabern begannen ihre überbewerteten Aktien zu verkaufen und setzten einen Kursverfall in Gang, der sich ebenso schnell vollzog wie die vorhergehende Hausse. Der eintretende Vertrauensverlust erstreckte sich auch auf die Banknoten, denn jeder wollte die Scheine, die er besaß, in Gold oder Silber eintauschen. Da aber fünf- bis sechsmal mehr Banknoten als Münzgeld im Umlauf waren, kam es mit Unterstützung der Presse zu einer Panik und zu einem Aufruhr vor den Schaltern der Bank. Der Regent mußte ihre Schließung anordnen und so den Bankrott des Systems feststellen. John Law flüchtete in die Niederlande.
Dieses Abenteuer sollte tiefe Spuren hinterlassen. Lange Zeit blieb das französische Publikum mißtrauisch gegenüber Kreditinstituten und dem Gebrauch von Papiergeld, die zu den wesentlichen Triebfedern einer modernen Wirtschaft gehören. Der Ruin zahlreicher Familien, der in scharfem Kontrast stand zu der plötzlichen Bereicherung einiger glücklicher Spekulanten, verwandelte das soziale Klima, begünstigte den Zynismus und die Unmoral. Darunter litt auch das Ansehen der königlichen Autorität. Immerhin gab es zwei positive Ergebnisse: eine fühlbare Verringerung der öffentlichen Schuld sowie einen Aufschwung für den Außenhandel mit Hilfe der Compagnie des Indes sowie der Schaffung der Häfen von Lorient in der Bretagne und New Orleans in Louisiana.

Die Außenpolitik

In der auswärtigen Politik ließ sich der Regent vor allem durch seinen früheren Lehrer, den Abbé Dubois, beraten; die Zeitgenossen schildern ihn als einen skrupellosen, ungläubigen und lüsternen Mann, doch dies sollte den Regenten nicht hindern, ihn zum Erzbischof von Cambrai und später zum Kardinal ernennen zu lassen.
Dubois führte mit England und Holland erfolgreiche Verhandlungen,

die zum Abschluß eines Dreierbundes führten, dessen Ziel es war, die Durchführung der Bestimmungen des Vertrags von Utrecht zu sichern, den König Philipp V. von Spanien noch nicht zu akzeptieren bereit war. Er wollte vielmehr, angetrieben von seiner zweiten Frau, Elisabeth Farnese, und seinem ersten Minister, dem Italiener Alberoni, die alten Besitzungen Spaniens in Italien wiedergewinnen. Gleichzeitig meldete er von neuem seine Ansprüche auf die Nachfolge des französischen Throns an, und sein Botschafter in Paris schürte die Opposition gegen den Herzog von Orléans.
Die offenen Feindseligkeiten begannen im Juli 1718 mit der Landung einer spanischen Armee in Sizilien. England und Frankreich erklärten Philipp V. den Krieg, Kaiser Karl VI. schloß sich ihnen an. Spanien erlitt Rückschläge an allen Fronten. Philipp V. mußte Alberoni entlassen und um Frieden bitten. Das Angebot der französischen Diplomatie war nicht unehrenhaft: Philipp V. verzichtete endgültig auf den französischen Thron und anerkannte den Frieden von Utrecht; zum Ausgleich erhielt sein junger Sohn Don Carlos das Herzogtum Parma und die Expektanz auf Toscana. Um die französisch-spanische Versöhnung zu unterstreichen, vereinbarte man, daß Ludwig XV. die Infantin Anna-Maria, Don Carlos' Schwester, heiraten sollte.

II. Frankreichs innere Verfassung unter Ludwig XV.

Die Heirat des Königs

Als Ludwig XV. 13 Jahre alt geworden war, wurde er für mündig erklärt, aber der Herzog von Orléans führte unter dem Titel eines Premierministers die Geschäfte weiter. Durch seinen plötzlichen Tod am 2. Dezember 1723 ging die Macht auf den Herzog von Bourbon, über.
Die einzige bemerkenswerte Tat seiner ziemlich unheilvollen Regentschaft war die Verheiratung des jungen Königs. Die kleine Infantin, die man ihm zur Frau bestimmt hatte und die an den Hof von Frankreich geholt worden war, zählte 1725 erst sieben Jahre. Bourbon war der Meinung, es sei nicht klug zu warten, bis sie heiratsfähig wäre, um Ludwig XV. schon früher instand zu setzen, einen Erben zu zeugen. Er schickte die Infantin zur großen Empörung Philipps V. nach Spanien zurück und ließ den König 1725 mit Maria Leszczinska, einer Tochter des abgesetzten polnischen Königs, vermählen. Bourbon rechnete auf die Dankbarkeit der Prinzessin, die er aus bescheidener Herkunft zu so hohen Ehren erhoben hatte, um seinen künftigen Einfluß zu sichern.

Kardinal Fleury

Doch nur wenig später wurde Bourbon brüsk verabschiedet. Er hatte eine Persönlichkeit aus dem Amt entfernen wollen, die das volle Vertrauen des jungen Königs besaß, nämlich dessen Beichtvater Fleury, den Bischof von Fréjus. Zwischen diesem robusten, behäbigen und schlauen Alten und dem jungen König hatte sich ein seltsames Band der Zuneigung entwickelt. Ludwig XV. überließ ihm die Regierung mit dem einfachen Titel eines Staatsministers, dem bald darauf die Kardinalswürde folgte. Fleury war bereits 73 Jahre alt, als er an die Macht kam, und er behielt sie bis zu seinem Tode 1743. Diese lange Regierungsperiode bescherte dem Land, was es am dringendsten brauchte: im Innern Ruhe und die Wiederherstellung der Finanzen; nach außen eine kluge, auf die Erhaltung des Friedens bedachte Politik.
Die Hauptunruhestifter im Innern blieben die widerspenstigen Jansenisten. Sie fanden Unterstützung bei den Beamten des Parlaments von Paris, das sich allen Zwangsmaßnahmen gegen die Dissidenten widersetzte.

Das Werk Orrys

Die Gesundung der Finanzen war der großartigen Leistung des Generalkontrolleurs Philbert Orry zu verdanken. 1739 erlebte man erstmals ein seit den Zeiten Colberts nicht mehr gekanntes Wunder, nämlich ein ausgeglichenes Budget. Dies wurde im übrigen erleichtert durch den wirtschaftlichen Aufschwung des Landes. Unter den von der Regierung zu diesem Zweck ergriffenen Maßnahmen steht die Rückkehr zu einer stabilen und sicheren Währung an erster Stelle. Durch einen Beschluß von 1726 wurde zwischen Metallgeld und Rechnungsgeld eine feste Beziehung hergestellt. Ein Silbertaler entsprach fünf Pfund, der (goldene) *louis d'or* zwanzig Pfund. Beide Münzen hatten dasselbe Gewicht. Diese Relationen blieben bis 1790 unverändert. Im übrigen organisierte Orry auch ein großes Straßenbauprogramm.

Ludwig XV.

»Nun bin ich also Premierminister«, soll Ludwig XV. gesagt haben, als er vom Tod des alten Kardinals Fleury erfuhr. Mit 33 Jahren war es in der Tat auch an der Zeit für ihn, seine Aufgaben als König voll wahrzunehmen. Dafür fehlte es ihm weder an Geist noch an gesundem Menschenverstand; er zeigte sich bei Gelegenheit mutig, menschlich und treu gegenüber seinen Freunden. Aber die ungewöhnliche Erziehung, die man ihm hatte angedeihen lassen, hatte auch zu schweren Charakterfehlern geführt: Egoismus, Heimlichkeit, Trägheit, Mangel an Selbstvertrauen. Diese Schwächen machten ihn geneigt, den widersprüchlichen Impulsen seiner engeren Umgebung und seiner Minister zu folgen. Er befaßte sich mit den Staatsgeschäften nur widerwillig und suchte einen Ausgleich dafür in Treibjagden und anderen kostspieligen Vergnügungen wie Bauten, Reisen und Festlichkeiten.

Madame de Pompadour

Seine andere große Leidenschaft galt den Frauen. Die gute Königin Marie, die sieben Jahre älter als ihr Gatte und durch zehn Schwangerschaften in dichter Folge geschwächt war, konnte seine Gelüste bald nicht mehr befriedigen. Der König vermochte den Avancen der Damen des Hofes nicht zu widerstehen, die von seiner Schönheit nicht minder angetan waren wie von den Vorteilen, welche die Position einer königlichen Favoritin bot. Nachdem er mehrere hochgestellte Mätressen gehabt hatte, schenkte der König seine Zuneigung einer jungen Frau, Jeanne Poisson, die aus der Finanzbourgeoisie hervorgegangen war. Ludwig XV. erhob sie zur Marquise von Pompadour und quartierte sie in Versailles unmittelbar unter seiner eigenen Wohnung ein. Die schöne und geistvolle Madame de Pompadour liebte die Künste und die Literatur; sie ermutigte die Schriftsteller und ließ viele Künstler und Handwerker für sich arbeiten. Durch sie erhielt das Leben am Hofe einen strahlenden Glanz. Zwanzig Jahre lang (1745–1764) besaß sie nicht nur die oberste Zuständigkeit für die Vergnügungen des Königs, sondern war auch dessen Hauptberater in politischen Angelegenheiten; sie besaß die Macht, Minister, Generäle und Botschafter zu ernennen und zu entlassen.
Madame de Pompadour starb 1764, noch jung, an der Schwindsucht. In ihren letzten Jahren hatte sie den König dazu ermuntert, eher vulgäre Liaisonen einzugehen, die ihr selbst nicht schaden konnten. Als sie tot war, verfolgte Ludwig XV. diese Linie noch ungehemmter. Schließlich band er sich an ein Mädchen aus niederem Stand, Jeanne Bécu, die mit Rücksicht auf die Umstände Gräfin du Barry geworden war; zur großen Empörung des Hofes brachte er auch sie in seiner unmittelbaren Nähe unter.

Das Scheitern der Steuerreform

Orry war von Madame de Pompadour entlassen und durch Machault d'Arnouville ersetzt worden. Durch eine Steuer auf den zwanzigsten Teil aller Einkommen, die er 1749 einführen wollte, sollten alle Einkommensbezieher ohne Unterschied des Ranges zur Kasse gebeten werden; dies war ein erster wichtiger Schritt zu mehr Steuergerechtigkeit. Aber alle Vertretungen der privilegierten Klassen, das Parlament, die Provinzialstände und die Versammlung des Klerus erhoben heftigen Protest. Der vom König nur zögernd unterstützte Machault mußte nachgeben und zulassen, daß die Privilegierten zum großen Teil von der Steuer ausgenommen wurden, die schließlich auf den Dritten Stand zurückfiel. Das Scheitern dieser nützlichen Reform muß zu den entfernteren Ursachen der Revolution von 1789 gerechnet werden.

Die Opposition der Parlamente

Auch in anderen Bereichen wurde die Handlungsfähigkeit der Regierung durch die Opposition der Parlamente beeinträchtigt, nicht nur durch das von Paris, sondern auch durch die zwölf Provinzialparlamente, die zusammen mit dem von Paris eine gemeinsame Körperschaft bildeten und Anspruch auf Kontrolle der königlichen Amtsführung erhoben. Diese Opposition verschärfte sich vor allem zwischen 1752 und 1757 in Verbindung mit religiösen Fragen, denn die Parlamentarier unterstützten den jansenistischen Klerus gegen den Erzbischof von Paris und gegen den König. Aufgrund der in der Bevölkerung wegen dieser Querelen entstandenen Unruhe kam es zur Tat eines Geistesgestörten namens Damiens, der versuchte, den König zu erdolchen. Diese Affäre hatte schwerwiegende politische Konsequenzen; das Parlament war erschüttert und zeigte sich für eine gewisse Zeit weniger aggressiv; andererseits verlor Machault seinen Posten, da er es gewagt hatte, unter Ausnutzung der emotional aufgeladenen Situation die Entfernung von Madame de Pompadour zu verlangen.

Choiseul

Nach Machault übte zwölf Jahre lang (1758–1770) ein Günstling der Pompadour, der Herzog von Choiseul, den beherrschenden Einfluß in der Regierung aus. Er leitete die auswärtigen Angelegenheiten wie auch

das Armee- und Marineministerium. Wenngleich er in seiner auswärtigen Politik wenig glücklich war, so hat er immerhin das Verdienst der Wiederherstellung der militärischen Macht des Landes und der Angliederung der Insel Korsika an Frankreich (1768).
Choiseul war auch bemüht, die von einem liberalen und systemkritischen Geist beherrschten Pariser Intellektuellen für sich zu gewinnen. Es bot sich ihm eine Gelegenheit, sowohl ihnen wie auch den jansenistischen Beamten des Parlaments einen Gefallen zu erweisen. Die Jesuiten hatten in Verbindung mit einem Rechtsstreit, in den einer der ihren verwickelt war, die Unklugheit begangen, an das Parlament von Paris als Berufungsinstanz zu appellieren. Das Parlament untersuchte die Verfassung der Gesellschaft Jesu, befand, daß sie im Gegensatz zu den Gesetzen des Königreichs stehe, und ordnete ein Verbot der Jesuiten in Frankreich an (1762). Choiseul entrang dem König ein entsprechendes Edikt. Seine Diplomatie sorgte außerdem dafür, daß die gleiche Maßnahme in Spanien, in Neapel und in Parma ergriffen wurde, ja, daß Papst Clemens XIV. schließlich sogar die Auflösung der Gesellschaft Jesu verfügte.

Das Triumvirat und die Gerichtsreform

Dieser Sieg bestärkte die Parlamente in ihrem Kleinkrieg gegen die Beauftragten des Königs. Ludwig XV. entschloß sich, endlich zu handeln. Er entließ den zu nachgiebigen Choiseul und vertraute die Leitung der Geschäfte einem Triumvirat von Männern an, die allen parlamentarischen Ansprüchen entschlossen entgegentraten: dem Kanzler Maupeou, dem Abbé Terray als Generalkontrolleur der Finanzen und dem Herzog von Aiguillon als Staatssekretär der auswärtigen Angelegenheiten. Diese drei Männer regierten bis zum Tod des Königs.
Maupeou nutzte einen neuerlichen Streit mit dem Parlament von Paris zu Beginn des Jahres 1771, um eine vollständige Neuordnung des Gerichtswesens durchzuführen. Das Parlament von Paris wurde abgeschafft und durch sechs hohe Gerichtshöfe ersetzt, deren Mitglieder nicht mehr wie früher im Besitz ihrer Ämter waren, sondern vom König ernannt wurden. Während bis dahin die Richter von den Gebühren lebten, die ihnen die Rechtsparteien zu zahlen hatten, sollte von nun an die Rechtsprechung kostenlos sein.
Diese Reform wurde bald auch auf die Parlamente der Provinzen ausgedehnt. Diejenigen Vertreter der alten Parlamente, die nicht bereit waren, in den neuen Strukturen zu dienen und zu arbeiten, wurden ins Exil geschickt oder ihrer Ämter enthoben.

Die davon betroffenen Beamten stellten sich als Opfer des königlichen Despotismus hin, so daß ein großer Teil der öffentlichen Meinung den fortschrittlichen und heilsamen Charakter des Reformwerks von Maupéou nicht begriff.

Finanzminister Terray wurde zur gleichen Zeit, allerdings mit größerem Recht, unpopulär, da er den Bankrott der Staatskasse durch brutale Maßnahmen abzuwenden versuchte. Die Bürger waren um so weniger zu einem Opfer bereit, als sie auf der anderen Seite die schamlose Verschwendung sahen, der sich der König im Bunde mit Madame du Barry und vielen anderen Höflingen hingab.

Ludwig XV. starb am 10. Mai 1774 an der sogenannten Lustseuche, nachdem er vorher, wenn auch zu spät, für sein skandalöses Privatleben um Vergebung gebeten hatte. Aber damals war die öffentliche Meinung so sehr gegen ihn aufgebracht, daß seine sterblichen Überreste aus Furcht vor öffentlichen Ausschreitungen des Nachts und unter Umgehung von Paris nach Saint-Denis übergeführt wurden.

III. Die auswärtige Politik

Die polnische Erbfolge

In den Augen von Kardinal Fleury war es das Hauptziel der französischen Politik, Frankreich und Europa den Frieden zu erhalten. Ohne die von Dubois zusammengebrachte Allianz mit den Briten zu verlassen, versuchte er gleichwohl, mit dem spanischen König, der durch die Rücksendung der Infantin schwer beleidigt worden war, wieder gute Beziehungen anzuknüpfen. Sein Bemühen um eine Normalisierung der Beziehungen zu Österreich wurde allerdings durch eine mächtige Fraktion am Hof und innerhalb der Regierung konterkariert. Chauvelin, der Staatssekretär für die auswärtigen Angelegenheiten, nutzte die Frage der polnischen Erbfolge, um von neuem die traditionelle französische Politik des Kampfes gegen Habsburg zu beleben. 1733 war Stanislaus Leszczinski, der Schwiegervater Ludwigs XV., erneut zum König von Polen gewählt worden. Sein unglücklicher Rivale, Kurfürst August III. von Sachsen, hatte sich mit Erfolg an Kaiser Karl VI. um Hilfe gewandt. Eine vereinigte österreichisch-russische Armee vertrieb Stanislaus. Es war mit der Ehre Ludwigs XV. unvereinbar, dies hinzunehmen. So wurde im Verein mit dem König von Spanien den Habsburgern der Krieg erklärt. Aber Fleury war darauf bedacht, die militärischen Operationen auf Italien zu beschränken und so bald wie möglich einen Kompromißfrieden

zu erzielen. Das durch den Frieden von Wien 1738 bestätigte Arrangement war eine Art Bauerntausch auf dem europäischen Schachbrett: Neapel und Sizilien gingen aus der Hand der Habsburger an Don Carlos, den spanischen Königssohn, über, der den Titel ›König beider Sizilien‹ führte; das Herzogtum Toscana sollte nach dem Aussterben der Medici an den Schwiegersohn und mutmaßlichen Nachfolger Karls VI. von Österreich, Herzog Franz von Lothringen, fallen; dieser vermachte dafür seinen Besitz, das Herzogtum Lothringen und die Grafschaft Bar, Stanislaus Leszczinski mit der Maßgabe, daß sie beim Tode Stanislaus' an den König von Frankreich fallen sollten.
So war die Annexion dieser wichtigen Provinz an Frankreich gesichert. Außerdem brachte die Installierung einer neuen bourbonischen Monarchie im Süden Europas gewisse Vorteile, denn bis zum Ende des Jahrhunderts hatte die Solidarität der drei von Bourbonen getragenen Kronen, die man auch Familienpakt nannte, durchaus Gewicht in der europäischen Politik.

Der österreichische Nachfolgekrieg

Karl VI. von Österreich hatte sich konziliant gezeigt, weil er schon jetzt die Schwierigkeiten voraussah, die mit der Erbfolge des Habsburger Reiches an seine einzige Tochter Maria Theresia verbunden sein würden. In den meisten der habsburgischen Länder war es gegen die Tradition, eine Frau auf den Thron zu heben. Karl VI. versuchte durch einen 1713 veröffentlichten Akt, den man die ›Pragmatische Sanktion‹ nennt, diese Bestimmungen außer Kraft zu setzen. Seitdem war es sein Hauptanliegen, die Anerkennung dieser Sanktion sowohl bei seinen diversen Untertanen wie auch bei den anderen Mächten zu erwirken.
Doch es war vergebliche Liebesmüh'. Kaum hatte Karl VI. seine Augen geschlossen, da waren alle eingegangenen Verpflichtungen vergessen. Friedrich II., der König von Preußen, stürzte sich als erster auf Schlesien. Frankreich war daran nicht unmittelbar interessiert, und seine Neutralität war um so mehr angezeigt, als man Spanien gegen die Engländer unterstützen mußte, die jenem gerade den Krieg erklärt hatten. Ludwig XV. und Fleury waren anfangs auch dieser Meinung, aber sie ließen sich durch eine mächtige antiösterreichische Fraktion, die von dem brillanten Marschall de Belle-Isle angeführt wurde, ins Schlepptau nehmen. Ohne jede Kriegserklärung stießen die französischen Truppen nach Deutschland vor, um den Kurfürsten von Bayern, der nach der Kaiserkrone strebte, zu unterstützen. Belle-Isle bemächtigte sich der Stadt

Prag, und sein Kandidat wurde im Januar 1742 unter dem Namen Karl VII. zum Kaiser gekrönt.
Maria Theresia, die zunächst erdrückt zu werden schien, stellte sich den widrigen Verhältnissen mutig entgegen, und die Situation änderte sich zu ihren Gunsten. Sie erhielt die Unterstützung Englands und neutralisierte Friedrich II., ihren gefährlichsten Gegner, durch die Überlassung Schlesiens. Die französisch-bayerischen Truppen wurden aus Böhmen vertrieben. Der gelegen kommende Tod des Übergangskaisers, Karls VII., erlaubte es Maria Theresia, ihren Gatten, den ehemaligen Herzog von Lothringen, unter dem Namen Franz I. krönen zu lassen (1745). Dennoch ging der Krieg wegen der österreichischen Besitzungen in Italien und den Niederlanden weiter. Die französischen Armeen wurden im Süden der Alpen geschlagen, hatten aber in Belgien Erfolge. Der Marschall Moritz von Sachsen kam 1745 zu drei Siegen. Der erste Sieg in Fontenoy wurde im Beisein Ludwigs XV. gegen eine starke englisch-holländische Armee erfochten und ist in den Annalen der französischen Militärgeschichte das einzige ruhmreiche Ergebnis einer ansonsten wenig glorreichen Herrschaft.
Nach diesen Siegen war Ludwig XV. im Besitz Belgiens, doch hatte er den sich hinziehenden Krieg satt. Im Vertrag von Aachen vom Oktober 1748 erkaufte er sich den erwünschten Frieden durch einen Verzicht auf alle seine Eroberungen, auch Belgien und sogar Savoyen und Nizza. Diese Verluste wurden bei weitem nicht kompensiert durch die Übertragung der Herrschaft von Parma auf einen anderen spanischen Bourbonen; es handelte sich um Don Philipp, der eine Tochter Ludwigs XV. heiraten sollte. Der Hauptnutznießer blieb Friedrich II. von Preußen, der den Besitz Schlesiens garantiert bekam. Frankreich, so sagte man, hatte für den König von Preußen – also umsonst – gearbeitet *(travaillé pour le roi de Prusse)*.

Der Siebenjährige Krieg

Durch seine zögernde Art wurde Ludwig XV. in den dritten und verheerendsten Krieg seiner Regierungszeit hineingezogen. Zuerst waren es die Engländer, dann die geschickte Diplomatie der Österreicher, die ihn in den Krieg verwickelten.
Die Engländer sahen sich durch die schnelle Expansion der französischen Handelsschiffahrt und Kolonisation in ihren entsprechenden Positionen bedroht. Im Orient hatte das kühne Vorgehen des Gouverneurs der

französischen Indienkompanie, Dupleix, die Grundlagen für ein richtiges Kolonialreich geschaffen, das größer war als das der rivalisierenden englischen Gesellschaft. Sein Ehrgeiz ging den Leitern der Kompagnie zu weit, die deshalb schon 1754 seine Zurückberufung ins Heimatland durchsetzten. In Nordamerika entwickelte sich die Situation so, daß ein Konflikt unvermeidbar war: Die Engländer waren Herren über Neufundland, Akadien und die Hudson Bay und kreisten das französische Kanada ein; andererseits wurden sie durch die französischen Niederlassungen im Mississippi- und Ohiotal daran gehindert, weiter ins Innere vorzustoßen. So kam es 1754 dank der Initiative englischer Siedler von Virginia, die unter dem Befehl George Washingtons standen, zum Ausbruch der Feindseligkeiten. Erst daraufhin und vor allem unter dem Druck der Geschäftsleute der City engagierte sich auch die britische Regierung. Sie tat es mit einem brutalen Piratenakt. Im Juni 1755 bemächtigten sich die Engländer ohne jede Kriegserklärung dreier französischer Kriegsschiffe und dreihundert französischer Handelsschiffe und beraubten so die Franzosen eines großen Teils ihrer Flotte.
Dennoch konnte Frankreich im Verein mit dem verbündeten Spanien zunächst noch mit Erfolg kämpfen. Leider verbrauchte aber Ludwig XV. seine Kräfte in einem Kontinentalkrieg, in den ihn Österreich verwickelt hatte. Kaiserin Maria Theresia wollte auf jeden Fall am preußischen König Rache nehmen; deshalb bedurfte sie der Unterstützung Frankreichs. Ihre zunächst zurückgewiesenen Bemühungen um ein Bündnis wurden schließlich akzeptiert, als man hörte, daß der Preußenkönig, ungeachtet dessen, was er Frankreich schuldig war, im Januar 1756 mit England ein Bündnis geschlossen hatte. So trat Ludwig XV. in die von Österreich gegen Friedrich II. gebildete europäische Koalition ein. Diese Bündnispolitik bedeutete das Verlassen der traditionellen politischen Linie Frankreichs und wurde als das sensationellste Ereignis der damaligen Diplomatie angesehen. Doch der einzige Vorteil, den Ludwig XV. daraus zog, war die Möglichkeit, England indirekt zu treffen, indem er sich Hannovers bemächtigte, das persönlicher Besitz des englischen Königs Georg II. war.
In der Tat wurde Hannover durch eine vom Herzog von Richelieu befehligte französische Armee besetzt. Aber nach diesem ersten Erfolg erlitten die Streitkräfte Ludwigs XV. eine Reihe von Niederlagen; die schlimmste war die von Roßbach am 5. November 1757, in der Friedrich II. eine an Zahl überlegene deutsch-französische Armee vernichtend schlug. Hannover ging im darauffolgenden Jahr verloren. Danach erschöpften sich die schlecht geführten französischen Truppen in unergiebigen Operationen zwischen Rhein und Weser, während die großen Schlachten

weiter östlich zwischen den Armeen Preußens, Österreichs und Rußlands geschlagen wurden.
Während dieser Zeit konnten die Engländer ihre Überlegenheit zur See nutzen, um die französischen Positionen in Übersee, die nur wenig Unterstützung von zu Hause erhielten, weiter zu schwächen. Das französische Kanada wurde von Montcalm und Levis zwar wacker verteidigt, fiel im September 1760 aber in die Hand der Briten. In Indien verspielten die Nachfolger von Dupleix alle vorteilhaften Positionen, die er errungen hatte. Der letzte Direktor der französischen Indienkompagnie, Lally-Tollendal, wurde am Ende in Pondichéry eingeschlossen; er hatte nur 700 Soldaten gegenüber einer britischen Armee von 22000 Mann, die zudem durch 14 Schiffe unterstützt wurde. Im Januar 1771 erfolgte die Kapitulation, und das immense indische Reich kam völlig unter britische Herrschaft.

Der Vertrag von Paris

Die öffentliche Meinung in Frankreich kümmerte sich wenig um diese Rückschläge. Warum, so fragte Voltaire, solle man wegen einiger Eiswüsten in Kanada Krieg führen? Was den Krieg in Deutschland betraf, so waren die Intellektuellen ganz auf seiten des Philosophenkönigs Friedrich II., dessen Erfolge sie bewunderten, während sie Österreich als eine Art Blutsauger hinstellten, das von den Geldern und Soldaten lebte, die Frankreich unnütz an Habsburg verschwendete.
Gegen Ende des Jahres 1762 hielten Ludwig XV. und Choiseul es für ratsam, mit den Engländern Frieden zu schließen. Im Vertrag von Paris vom 10. Februar 1763 überließ man den Engländern einige französische Kolonien, die diese in Westindien und im Senegal erobert hatten. Im Orient konnte die französische Indienkompagnie zwar fünf Niederlassungen behalten, doch sie durften nicht militärisch geschützt werden. Das Hauptergebnis des Vertrags war jedoch, daß Ludwig XV. mit einem Federstrich auf alles verzichtete, was mehrere Generationen von Franzosen in Nordamerika unter großen Bemühungen und Opfern erworben hatten: nämlich das gesamte Kanada und das ungeheuer große Gebiet am linken Ufer des Mississippi, die beide in englischen Besitz übergingen. Auch Louisiana am rechten Ufer des Mississippi war verloren; es kam in spanische Hand, und zwar als Ausgleich für den Verlust Floridas, mit dem Spanien sein Zusammengehen mit Frankreich bezahlen mußte.

IV. Gesellschaft und Kultur

Ein prosperierendes Land

Insgesamt gesehen, vor allem jedoch, wenn man das Frankreich Ludwigs XV. mit den Verhältnissen des vorhergehenden Jahrhunderts vergleicht, erscheint Frankreich zu dieser Zeit als ein prosperierendes Land. Ein unumstrittener Beweis dafür ist das schnelle und regelmäßige Anwachsen der französischen Bevölkerung:

1700	:	21,5 Millionen
1740	:	24,6 Millionen
1770	:	26,6 Millionen
1790	:	28,1 Millionen

Der Grund dafür war nicht zuletzt, daß die verheerenden Plagen verschwunden waren, die in gewissen Abständen die Bevölkerung dezimierten. Es gab keine großen Epidemien mehr, die Pest war letztmals 1720 in Marseille aufgetreten, es gab auch keine großen Hungersnöte mehr. Der Hunger in den Jahren 1740–1742 und dann noch einmal nach 1770 blieb auf bestimmte Provinzen beschränkt. Schließlich ist zu erwähnen, daß die Kriege vor allem außerhalb des französischen Territoriums stattfanden. Man hat geschätzt, daß zwischen 1720 und 1789 der Ertrag der Landwirtschaft um 60 Prozent angewachsen ist; der Wert des Außenhandels stieg sogar um 400 Prozent.

Eine aufgeklärte Verwaltung

Zu diesen positiven Ergebnissen hat zweifellos eine im ganzen ehrliche und aufgeklärte Verwaltung beigetragen, die es verstand, die von Colbert eingeleiteten Bemühungen um eine Zentralisierung geschickt mit den zahlreichen bestehenden Privilegien und provinziellen Gebräuchen zu verbinden, wie sie etwa im Languedoc und in der Bretagne von den dortigen Ständeversammlungen verteidigt wurden.
Die Intendanten der 33 Verwaltungseinheiten blieben im allgemeinen lange genug im Amt, um ihren Bereich gut kennenzulernen und Fortschritte auf dem Gebiet der Landwirtschaft, des Städtebaus, des Verkehrs, der Sicherheit und des Steuerwesens zu ermöglichen. Auf nationaler Ebene waren es vor allem der Intendant der Finanzen Trudaine und später sein Sohn, die zwischen 1733 und 1777 ein neues Verkehrsnetz mit königlichen Straßen aufbauten, das von allen ausländischen Besuchern bewundert wurde.

Das erstarkende Bürgertum

Die Verbesserung der Verwaltung und der blühende Handel kamen natürlich in erster Linie dem Bürgertum zugute, das an Zahl, an Reichtum und auch an Einfluß stetig zunahm. Die begütertsten Vertreter dieser Schicht hatten im übrigen die Tendenz, einen neuen Geldadel zu bilden, der sich mit dem traditionellen Schwert- und Amtsadel vermischte. Unter ihnen ragten durch ihren Reichtum die *fermiers généraux* hervor; so hießen jene vierzig miteinander assoziierten Finanzleute, die dem Staat die voraus geschätzten Einnahmen aus den indirekten Steuern vorschossen und diese dann eintrieben, wobei nicht wenig für sie abfiel. Kurz vor 1789 setzten sie sogar durch, daß ganz Paris von einer Mauer umgeben wurde, damit sie die steuerpflichtigen Waren besser kontrollieren konnten; da sie daran interessiert waren, das Nützliche mit dem Schönen zu verbinden, gaben sie einem Architekten der Avantgarde, Charles Ledoux, den Auftrag, die Steuereinnahmestellen mit monumentalen Toren zu versehen, die zu markanten Punkten im Pariser Stadtbild geworden sind.

Salons

Der Mittelpunkt des mondänen Lebens, die Zentren des Geschmacks und Geistes befanden sich, vielleicht mit Ausnahme der wenigen glanzvollen Jahre unter der Herrschaft von Madame de Pompadour, nicht mehr am Hof von Versailles, sondern in der Hauptstadt Paris. Alles, was in der oberen Gesellschaft Rang und Namen hatte – die Adligen, die Großbürger, die Literaten und Künstler –, traf sich in den Salons geistreicher Frauen wie dem der Madame Geoffrin, der Marquise du Deffand, Madame Helvetius u. a. Bei diesen Zusammenkünften entwickelte und festigte sich eine Kunst der Konversation, wie sie nie mehr erreicht wurde, eine Konversation, von der Rousseau sagte, sie sei »gelehrt, doch nie pedantisch, heiter, doch ohne Tumult, galant, doch ohne Langeweile«. Hinzu kamen ein Lebensstil und eine ausgesuchte Höflichkeit, die eine Mischung aus natürlicher Leichtigkeit und kalkulierter Vorsicht waren. Freier ging es in den Gesprächsrunden der Cafés zu, einer Institution, die aus der Régence stammt; unter ihnen war das Café Procope am bekanntesten. In zahlreichen Provinzstädten gab es Akademien oder *sociétes de pensée*. Auch die Freimaurerei, die zu Beginn des Jahrhunderts aus England herübergekommen war, bot in ihren Logen viele Gelegenheiten zu gesellschaftlichen Begegnungen.

Neue Ideen

Die Unterhaltungen, die bei diesen Gelegenheiten gepflogen wurden, waren nicht bloß literarisch oder mondän, sondern, wie man damals sagte, philosophisch; das hieß, daß man in ihnen frei über Themen sprach, die einst entweder als zu gefährlich oder langweilig angesehen wurden: über politische, soziale, ökonomische und wissenschaftliche Probleme. Es ergab sich dabei ganz natürlich, daß man im Namen der Vernunft alle überkommenen Glaubenseinstellungen und etablierten Institutionen in Frage stellte. »Philosophieren«, so sagte Madame de Lambert, die einen der führenden Salons der Zeit leitete, »das heißt der Vernunft ihre ganze Würde verleihen und sie in alle ihre Rechte einsetzen; es ist ein Sich-befreien vom Joch der Meinungen und der Autorität.«
Diese kritischen Tendenzen fanden nach 1715 zunächst Nahrung in den engeren Beziehungen zu England, jenem Land, in dem zwei Revolutionen den monarchischen Absolutismus und die Herrschaft des Katholizismus überwunden und wo kühne Schriftsteller wie John Locke demokratische und irreligiöse Lehren verbreitet hatten. Nach 1750 wurden die kritischen Attacken der Philosophen angesichts einer schwachen und diskreditierten Regierung kühner und umfassender. Damals erschien der erste Band der ›Encyclopédie‹ Diderots, die zum Auslöser und wirksamsten Wegbereiter dieser neuen Philosophie der Aufklärung wurde. Auf dem Gebiet der Religion attackierten die Philosophen mit Vehemenz die katholische Kirche, die man für ignorant und intolerant hielt; an die Stelle des traditionellen Christentums wollten sie wie Voltaire eine Art rationalen Deismus oder wie Rousseau ein Evangelium des Gefühls und der Menschenfreundlichkeit oder schließlich wie bei Diderot und Helvetius einen atheistischen Materialismus setzen. Auf politischem und sozialem Gebiet kämpfte man gegen den königlichen Absolutismus und die Privilegien, durch welche die Ungleichheit verewigt wurde. Mit Rousseau und Mably kamen sogar rein demokratische (Volkssouveränität) und bereits mehr oder weniger sozialistische Ideen (Beschränkung des Privateigentums) auf. Auf wirtschaftlichem Gebiet schließlich bildete sich eine Schule von Physiokraten (Quesnay, Gournay, Turgot), die das von Colbert geschaffene merkantilistische System mit seiner strengen Kontrolle durch den Staat und der Abwehr der Konkurrenz kritisierte zugunsten eines Systems der Handels- und Gewerbefreiheit, für das die neue Parole galt: »Laissez faire, laissez passer.«
Alle diese neuen Lehren und Ideen ließen in den gebildeten Klassen eine reformistische Mentalität entstehen, die charakterisiert war durch eine Unzufriedenheit mit dem Bestehenden und durch den Glauben an einen

möglichen Fortschritt. Dadurch wurde der Fall des Ancien Régime geistig vorbereitet.

Die Künste

Die Künstler des vorausgehenden Jahrhunderts hatten im Geiste Ludwigs XIV. ziemlich kühle, in der majestätischen Einheit ihres Stils gleichwohl eindrucksvolle Werke geschaffen. Ihre Nachfolger im 18. Jahrhundert – auch sie Interpreten des Geschmacks und der Sitten ihrer Zeit – zeichneten sich durch Grazie, Leichtigkeit, Phantasie und Vielfalt aus. Diese Tendenzen zeigten sich nicht zuletzt in der Ausschmückung des täglichen Lebens. Die bürgerliche Baukunst erreichte einen Grad an solider Eleganz und Harmonie wie später nie mehr. Ähnliches gilt auch für die Innendekoration.
Ein Wandel im ästhetischen Empfinden wurde gegen Ende der Herrschaft Ludwigs XV. deutlich. Hatte die erste Hälfte des Jahrhunderts noch in gewundenen Linien, einem Übermaß an kapriziösen, vertrauten oder phantasievollen Verzierungen geschwelgt, die man Rokoko nannte, so kam es nach 1760 infolge von archäologischen Entdeckungen und literarischen Einflüssen zu einer Rückkehr zu den strengeren Formen antiker Kunst. Beispiele dafür sind das Pantheon und das Hôtel des Monnaies in Paris. Dieser Neoklassizismus fand in der Innenausstattung seinen Ausdruck im Stil »Louis Seize«, doch die Bezeichnung ist unkorrekt, weil diese Stilrichtung sich bereits vor Ludwig XVI. entfaltete.

Frankreich und Europa

Das 18. Jahrhundert brachte zweifellos den Höhepunkt des Einflusses der französischen Kultur auf das übrige Westeuropa. Literatur, Philosophie, die schönen Künste und vor allem die am Hof von Versailles und in den Pariser Salons entwickelte Lebensart wurden zum Vorbild für die gebildeten Klassen der anderen Länder. Von überall rief man nach französischen Künstlern, oder man kam nach Paris, um dort den Reiz des gesellschaftlichen Lebens zu genießen und sich am französischen Geschmack zu bilden. Die französische Sprache wurde zur internationalen Sprache der gebildeten und adligen Schichten. Ausländische Herrscher wie Friedrich II. von Preußen und Katharina II. von Rußland sprachen lieber französisch als die Sprache ihres eigenen Landes und unterhielten enge Kontakte mit Schriftstellern wie Voltaire und Diderot.

15 Ludwig XVI. (1774–1792) und die Krise des Ancien Régime

Die Thronbesteigung Ludwigs XVI. schien zunächst einen für die Nation und die Monarchie glücklichen Wandel anzukündigen. Aber die Schwäche des Königs, die Intrigen seiner Umgebung, die Opposition der privilegierten Klassen führten zum Scheitern der tiefgehenden Reformen, die allein die Revolution hätten vermeiden können. In seiner Außenpolitik hatte Ludwig XVI. mehr Glück. Es gelang ihm, England in Schach zu halten, den Frieden auf dem Kontinent zu wahren und das Prestige Frankreichs wiederherzustellen.

I. Ludwig XVI. Die ersten Jahre

Ludwig XVI.

Der einzige legitime Sohn Ludwigs XV., der Dauphin Ludwig, war 1765 gestorben. Durch das frühe Hinscheiden dieses sehr ehrenwerten Mannes fiel der Thron an seinen Sohn, einen jungen Mann von zwanzig Jahren, der zwar nicht minder ehrlich und gut war, jedoch jeder Erfahrung und Selbstsicherheit ermangelte. Von seiner Mutter, Maria Josepha von Sachsen, hatte Ludwig XVI. eine große Körperfülle und verschwommene Gesichtszüge geerbt, was durch seine linkischen Manieren noch unterstrichen wurde; es war ein peinlicher Kontrast zu den wahrhaft königlichen Gestalten Ludwigs XIV. und Ludwigs XV. Der junge König war äußerst fromm; er hatte eine ausgezeichnete Erziehung genossen. Er konnte aber auch mit seinen Händen arbeiten, geographische Karten anfertigen, Türschlösser fabrizieren usw. Er ging an seine Aufgabe mit einem rührenden Interesse für das öffentliche Wohl heran, doch seine Ehrlichkeit und Gewissenhaftigkeit ließen seinen schwachen Willen noch schwankender werden und lieferten ihn den Einflüssen seiner Umgebung um so mehr aus.

Marie-Antoinette

Die junge Königin Marie-Antoinette, eine Tochter von Kaiserin Maria Theresia, war im Gegensatz zu ihrem Mann lebhaft, elegant und graziös; in den späteren Stunden der Bewährung sollte sie eine große Charakterstärke beweisen, doch in den Anfängen der Herrschaft Ludwigs XVI. präsentierte sie sich als eine kapriziöse, verschwenderische, ganz ihren Vergnügungen hingegebene junge Frau, welche selbst auf die Gefahr hin, dadurch ihre Reputation zu verlieren, die Regeln der königlichen Etikette fröhlich mißachtete.

Die Wiedereinberufung der Parlamente

Um seiner eigenen Unerfahrenheit aufzuhelfen, bediente sich Ludwig XVI. des Grafen de Maurepas, eines ehemaligen Ministers der Marine, der 1749 durch Madame de Pompadour entlassen worden war. Dieser liebenswürdige Alte, der zum Staatsminister ohne Portefeuille ernannt wurde, war nur darauf bedacht, jedermann gefällig zu sein. Er riet dem König, Maupeou und die anderen unpopulären Minister Ludwigs XV. zu entlassen und die Parlamente wieder in ihre Funktionen einzusetzen. Die letztere Maßnahme führte überall im Volke zu Freudenkundgebungen, aber sie verurteilte schon im voraus alle Bemühungen um eine Reform des Systems zum Scheitern, wie dies auch einige klarsichtige Köpfe vorausgesagt hatten.

Turgot

Maurepas hatte immerhin das Verdienst, an die Spitze des Finanzministerums einen höchst fähigen und charaktervollen Mann zu berufen, Jacques Turgot, Sohn eines ehemaligen Vorsitzenden der Vereinigung Pariser Kaufleute. Turgot war ein besonders aktives Mitglied der Schule der Physiokraten und hatte Gelegenheit gehabt, die Ideen von Quesnay und Gournay im Verwaltungsbezirk Limoges, dessen Intendant er gewesen war, nicht ohne Erfolg in die Praxis umzusetzen.
Was war sein Programm für die Sanierung der königlichen Finanzen? In erster Linie Sparen, und zwar vor allem bei den am wenigsten nützlichen Ausgaben wie den Kosten für den Hof; sodann Erhöhung der Steuereinnahmen durch eine gerechtere Verteilung und schließlich die Schaffung von mehr Wohlstand nach dem physiokratischen Rezept *laissez-faire, laissez-passer.*
Bei seinem Sparprogramm stieß Turgot bald auf den Widerstand der Königin und aller, die von diesen Verschwendungen profitierten. Seine Maßnahmen zur Verbesserung der Steuereinnahmen zogen ihm das ge-

fährliche Ressentiment der *fermiers généraux* zu, die eine Minderung ihrer Einnahmen befürchteten. Die bereits im September 1774 verkündete totale Liberalisierung des Getreidehandels konnte nicht verhindern, daß sich im darauffolgenden Frühjahr aufgrund einer schlechten Ernte der Brotpreis spürbar erhöhte; dies führte zu einem Aufruhr des Volkes im Umkreis der Weizentransporte und der Bäckereien. Die neue Doktrin des *laissez-faire* fand Anwendung auch in einem Erlaß, der die Handwerkszünfte abschaffte. Schließlich ging Turgot daran, das fundamentale Problem der Steuergleichheit zu lösen; es war sein Ziel, alle früheren direkten Steuern durch eine einzige, auf dem Besitz an Grund und Boden beruhende Territorialsteuer zu ersetzen. Er begann mit der Abschaffung der *corvée royale*, einer Steuer, welche die Bauern für den Bau und den Unterhalt der Straßen bezahlen mußten, und ersetzte sie durch eine allgemeine Steuer auf den Grundbesitz. Diese Maßnahme empörte die privilegierten Klassen; das Parlament legte feierliche Beschwerde ein.
Eine Koalition aller Unzufriedenen, an deren Spitze die Königin stand, nötigte im Mai 1776 Ludwig XVI. zur Entlassung Turgots; auch die Zünfte und die *corvée* wurden wieder eingeführt.

Necker

Bald darauf betraute der König den großen Bankier Jacques Necker mit der Verwaltung der Finanzen. Dieser Protestant aus Genf hatte im Pariser Finanzwesen eine führende Stellung erworben und stand überdies in der Gunst einer einflußreichen Gruppe von Intellektuellen bzw. Philosophen, die im Salon der Madame Necker verkehrten. Necker stand den physiokratischen Theorien Turgots feindlich gegenüber und hatte zu ihrem Scheitern beigetragen.
Necker rechtfertigte zunächst seinen Ruf als geschickter Finanzmann, indem er das System der Erhebung der indirekten Steuern ökonomischer organisierte und durch vermehrte Anleihen den Krieg in Amerika finanzierte. Man war ihm dankbar dafür, daß er die Einführung neuer Steuern vermieden hatte, doch sollte man sehr schnell bemerken, daß er die öffentliche Verschuldung in katastrophaler Weise vergrößerte.
Andererseits pflegte Necker sein Image eines philosophisch orientierten Staatsmannes durch nützliche humanitäre Reformen: Es kam zu einer Verbesserung der Lage in den Krankenhäusern und den Gefängnissen, zur Abschaffung der Folter als Mittel der Justiz, zur Beseitigung der letzten Reste von Leibeigenschaft in den königlichen Domänen usw. Necker

leitete auch eine liberale Dezentralisierung der Verwaltung ein, indem er als Experiment in den Provinzen von Berry und Guyenne Provinzialversammlungen schuf, auf denen Vertreter des Adels, des Klerus und des Bürgertums zu gleichen Teilen vertreten waren und die einige bisher den Intendanten zustehende Aufgaben wie Verteilung der Steuern, der staatlichen Zuschüsse und der öffentlichen Arbeiten übernahmen.
Sein kühner Reformeifer schuf Necker schließlich ebensoviele Feinde wie Turgot. Auf die gegen ihn gerichteten Kampfschriften antwortete Necker durch die Veröffentlichung des *Compte rendu au Roi* im Februar 1781, worin erstmals öffentlich die gesamten Einnahmen und Ausgaben des Staates dargelegt wurden. Die Nutznießer des Systems sahen sich demaskiert und verdoppelten ihre Angriffe. Necker wurde von Maurepas und Ludwig XVI. fallengelassen und nahm im Mai 1781 seinen Abschied. Dieser Rücktritt war das definitive Ende des reformatorischen Schwungs und damit auch aller Hoffnungen, die mit der Machtübernahme durch den jungen König geweckt worden waren.

II. Die auswärtige Politik

Vergennes

Ludwig XVI. hatte das Glück, einen der besten Minister des Auswärtigen zu finden, die Frankreich je gedient hatten, und er war weise genug, ihn bis 1787 zu behalten. Es war der Graf von Vergennes, der dem auswärtigen Dienst eine Regelhaftigkeit und einen Stil aufprägte, die sich bis ins 19. Jahrhundert fortsetzen sollten. Ohne auf das von der Königin mit Leidenschaft verteidigte Bündnis mit Österreich ganz zu verzichten, war er doch darauf bedacht, daß Frankreich durch dieses Bündnis nicht in neue Abenteuer hineingezogen wurde. Kaiser Joseph II., der Bruder von Königin Marie-Antoinette, kam selbst nach Versailles und bot Frankreich sogar die Abtretung Belgiens an, doch Vergennes versagte seinen Eroberungsplänen in Deutschland und im Orient die Unterstützung. Seine Politik des Gleichgewichts und des Friedens und seine betonte Zurückweisung jeder territorialen Ausweitung trugen ihm das Vertrauen der kleineren europäischen Staaten ein, die von den Ambitionen Österreichs und Preußens verschreckt waren.

Der Krieg in Amerika

Die Aufrechterhaltung des Friedens auf dem Kontinent erlaubte es Frankreich, Revanche gegenüber England zu nehmen. Die Erhebung der englischen Kolonien in Amerika und ihre Unabhängigkeitserklärung am 4. Juli 1776 waren in Frankreich mit großer Begeisterung aufgenommen worden. Einige junge Offiziere aus dem hohen Adel, unter ihnen der Marquis de La Fayette, boten den Aufständischen spontan ihre Dienste an. Der amerikanische Kongreß schickte eines seiner bedeutendsten Mitglieder, Benjamin Franklin, als Botschafter nach Frankreich. Seine berechnende Leutseligkeit und seine Souveränität im Umgang wurden am Hof von Versailles und in den Pariser Salons bewundert.

Vergennes indessen engagierte sich nur maßvoll. Zunächst beschränkte er sich darauf, den Amerikanern finanzielle Unterstützung und Waffen aus den königlichen Arsenalen zukommen zu lassen. Erst die Nachricht vom militärischen Erfolg Washingtons in Saratoga veranlaßte die französische Regierung zum offenen Eingreifen; sie unterzeichnete mit Franklin einen Handels- und Bündnisvertrag, dem die Regierungserklärung an England bald folgte.

Die militärischen Mittel Frankreichs hatten sich gegenüber der katastrophalen Situation während des Siebenjährigen Krieges beträchtlich verbessert. Choiseul hatte mit einer Heeresreform begonnen, nach ihm war der Graf von Saint-Germain als Kriegsminister von 1775 bis 1777 dafür zuständig. Er hatte die Disziplin im Heer wieder hergestellt und die Rekrutierung und Ausbildung der Offiziere verbessert; er hatte dem Ingenieur Gribeauval die Möglichkeit eröffnet, die Artillerie mit neuem Material auszustatten, das so vollkommen war, daß es auch in den Kriegen der Revolution und Napoleons noch Verwendung fand. Auch die Kriegsflotte wurde wiederaufgebaut. Frankreich verfügte zu Beginn des Jahres 1778 über 78 gut gebaute und bewaffnete Linienschiffe, zu denen noch 186 Schiffe geringerer militärischer Bedeutung kamen.

Als Spanien nach einigem Zögern an der Seite Frankreichs in den Krieg ging, wurden große Anstrengungen unternommen, um mit beiden Flotten auf den britischen Inseln zu landen. Aber dieses Projekt scheiterte jämmerlich, weil es nicht gelang, die Seeherrschaft über den Ärmelkanal zu erringen. Ebenso scheiterten alle Bemühungen, die Festung von Gibraltar einzunehmen. So blieben die militärischen Erfolge im Mittelmeer auf die Eroberung des Seestützpunktes von Mahon auf den Balearen. beschränkt.

Bei den Antillen (Westindien) wie auch in den östlichen Meeren bekämpften sich die britische und französische Flotte mit Erfolgen auf bei-

den Seiten. Dabei zeichneten sich die französischen Admiräle La Motte-Picquet, Suffren und d'Estaing aus.
Der Ausgang des Krieges entschied sich jedoch auf amerikanischem Boden. Washingtons Armee, die von einem kleinen französischen Expeditionskorps unterstützt wurde, schloß die britische Armee bei Yorktown in Virginia ein und zwang General Cornwallis am 19. Oktober 1781 zur Kapitulation. Die entmutigten Engländer baten um Verhandlungen. Trotz ihrer Abmachungen mit Frankreich schlossen die Amerikaner einen separaten Vorfrieden mit den Engländern. Der endgültige Friede, den Vergennes vorbereitet hatte, wurde erst neun Monate später, am 3. September 1783 in Versailles unterzeichnet. Darin erkannte England die Unabhängigkeit der Vereinigten Staaten an und überließ ihnen das gesamte Hinterland bis zum Mississippi. Spanien erhielt die Balearen sowie das zwanzig Jahre zuvor eroberte Florida. Angesichts dessen, was Frankreich im vorausgegangenen Krieg alles verloren hatte, erhielt es nur einige unbedeutende, im Vertrag von Paris 1763 abgetretene Positionen zurück, so z. B. die Inseln Saint-Pierre und Miquelon vor Neufundland. Doch kostbarer als diese bloß symbolischen Vorteile war die Genugtuung, den auf eine globale Hegemonie gerichteten Ansprüchen der Briten einen entscheidenden Schlag versetzt und das politische und militärische Prestige Frankreichs wiederhergestellt zu haben.
Der amerikanische Unabhängigkeitskrieg sollte auch in Frankreich wichtige Folgen zeitigen. Auf der einen Seite war die Entstehung einer auf demokratischen Prinzipien basierenden Republik für die Kritiker der traditionellen Monarchie ein Stimulans und Vorbild. Auf der anderen Seite führten die enormen Kosten dieses Krieges, die sich auf 1,5 Milliarden Pfund beliefen, zum Ruin der Staatsfinanzen und machten die Zuhilfenahme der Generalstände unausweichlich. So kann man sagen, daß die Französische Revolution die Tochter der Amerikanischen Revolution gewesen ist.

III. Die aristokratische Revolution

Calonne

Den beiden ersten Nachfolgern Neckers war es nicht gelungen, die wachsenden Defizite des öffentlichen Haushalts auszugleichen. Ludwig XVI. berief deshalb im November 1783 den ehemaligen Intendanten des Hennegaus, Charles-Alexandre Calonne, dessen Geschicklichkeit und Liebenswürdigkeit man rühmte.

Dieser neue Generalkontrolleur der Finanzen versuchte zuerst, das Vertrauen in die Kreditwürdigkeit des Staates wiederherzustellen und das ökonomische Leben durch eine Politik der leichteren Hand wieder in Schwung zu bringen. Dies hatte auch den Vorzug, die Feindseligkeit des Hofes zu brechen, die zum Mißerfolg seiner Vorgänger beigetragen hatte. Als Calonne seine persönliche Autorität genügend gefestigt glaubte, präsentierte er im August 1786 dem König einen umfassenden Plan für eine Steuer- und Verwaltungsreform, der von den Ideen Turgots inspiriert war.

Versammlung der Notabeln

Da alle vorausgehenden Versuche, eine größere Steuergerechtigkeit zu erreichen, am Widerstand der Parlamente gescheitert waren, machte Calonne den Versuch, seine Pläne durch eine Versammlung von Notabeln gutheißen zu lassen. Sie trat, bestehend aus 144 vom König ernannten Persönlichkeiten, im Februar 1787 in Versailles zusammen. Aber auch diese Vertreter der privilegierten Klassen zeigten gegenüber den Vorschlägen Calonnes eine unüberwindbare Feindseligkeit. Ludwig XVI. ersetzte ihn deshalb durch den Erzbischof von Toulouse, Loménie de Brienne, der sich als einer der Führer der Opposition hervorgetan hatte. Aber auch dieser blieb ohne Erfolg, so daß der König die Notabeln wieder nach Hause schicken mußte (25. Mai 1787).

Revolte der Parlamente

Brienne mußte nun wieder den traditionellen Weg wählen, die königlichen Erlasse durch die Parlamente ratifizieren zu lassen. Doch zeigten sich diese jetzt besonders widerspenstig, weil man ohne sie auszukommen geglaubt hatte. Brienne versuchte ihren Widerstand zu brechen, indem er ihre Mitglieder von Paris nach Troyes ins Exil schickte. Aber die Parlamente in den Provinzen erklärten sich mit dem von Paris solidarisch, und die öffentliche Meinung ergriff Partei für die »Opfer des Despotismus«. Der Minister ließ sich zu einem Kompromiß herbei: Das Parlament wurde wieder nach Paris geholt und akzeptierte im Gegenzug die Anhebung einer bestimmten direkten Steuer.
Im Vollgefühl seiner neuen Popularität wagte sich das Parlament auf das Gebiet der Politik und veröffentlichte eine Art Manifest über die Rechte der Nation gegenüber der Monarchie. Nun begriff Ludwig XVI., daß er

einen schweren Fehler begangen hatte, als er zu Beginn seiner Herrschaft die große Justizreform von Maupeou billigte. Der Siegelbewahrer Lamoignon wurde beauftragt, diese Reform wieder aufzuheben. Aber diesmal waren die Umstände noch viel weniger günstig; die königlichen Erlasse begegneten einer Welle von Protesten und Demonstrationen. Am stärksten war der Widerstand in der Dauphiné. Im Juli 1788 versammelten sich die Vertreter aller drei Stände im Château Vizille und forderten in einem Appell alle Provinzen dazu auf, die Bezahlung von Steuern solange zu verweigern, wie der König die Generalstände nicht einberufen hätte. Ludwig XVI. kapitulierte; am 8. August 1788 wurden die Generalstände für den 1. Mai des darauffolgenden Jahres zusammengerufen. Wenige Tage später wurde Loménie de Brienne als Finanzminister durch Necker ersetzt, der wie ein Triumphator in sein Amt zurückkehrte.

Wahlen

Bei der nun folgenden Debatte über den Wahlmodus und die Kompetenzen der Generalstände trat der eigentliche Charakter der parlamentarischen Opposition deutlich zutage. Die Reformatoren, die sich mit dem vorteilhaften Namen Patrioten schmückten, verlangten für den Dritten Stand die doppelte Anzahl von Vertretern im Vergleich zu den privilegierten Ständen des Adels und der Geistlichkeit; sie forderten darüber hinaus, daß alle Entscheidungen in gemeinsamer Beratung und durch Abstimmungen mit gleichem Stimmrecht für alle Delegierten gefaßt würden. Das Parlament von Paris hingegen sprach sich feierlich für die traditionelle Verfahrensform aus: Die drei Stände sollten jeweils in getrennten Kammern beraten und jeder einzelne Stand nur über eine Stimme verfügen, so daß die privilegierten Stände alle Reformen blokkieren konnten. Als dies ruchbar wurde, verloren die als Aristokraten abgestempelten Parlamentarier ihre Popularität. Ludwig XVI. und Nekker sprachen sich am 27. Dezember 1788 für die Verdoppelung des Dritten Standes aus. Diese Entscheidung wurde bei den Patrioten begeistert aufgenommen. Da der König nicht mehr gemeinsame Sache mit den Privilegierten machte, schien der Weg nun offen für Reformen.
Die Wahlen fanden dann auf dieser Grundlage statt, wenn auch in einer gewissen Verwirrung. Von 1139 Abgeordneten entfielen 291 auf den Klerus, von denen nicht wenige für die neuen Ideen empfänglich waren; der Adel zählte 270 Abgeordnete, unter denen sich auch einige Anhänger von Reformen, wie La Fayette u.a. befanden; ebenfalls in die refor-

mistische Richtung ging das Gros der 578 Delegierten des Dritten Standes, der in seiner großen Mehrheit aus Rechtsanwälten und anderen Juristen zusammengesetzt war.

Die Bittschriften *(cahiers de doléance)*

Die Versammlungen hatten auf allen Ebenen gewohnheitsgemäß Bittschriften verfaßt, die dem Thron unterbreitet werden sollten. Sie stellen in ihrer Gesamtheit eine einzigartige Erforschung der Meinung der Nation dar. Ungeachtet der Interessenunterschiede zwischen den verschiedenen Ständen lassen sich drei allgemeine Stimmungsmomente herausschälen:
1. das Verlangen nach einer Reform des Staates, die das System der Regierungswillkür durch eine Verfassung begrenzen sollte;
2. eine stärkere Gleichheit in der Besteuerung und beim Zugang zu öffentlichen Ämtern;
3. eine starke Bindung an die Monarchie und die katholische Religion.

Wirtschaftliche und soziale Krise

Unglücklicherweise begannen die Generalstände ihre Arbeit in einer Atmosphäre, die nicht allein durch interne Polemiken, sondern auch durch eine allgemeine Unzufriedenheit im Volk gestört wurde, die ihrerseits das Ergebnis einer ernsten ökonomischen Krise war.
Schon seit einigen Jahren litt ein wichtiger Sektor der Landwirtschaft, der Weinbau, unter einer Überproduktion, die zu einem Preisverfall führte. 1788 hatten katastrophale Witterungsverhältnisse einen großen Teil der Getreideernte vernichtet, der Preis für Weizen und Brot stieg in den ersten Monaten des Jahres 1789 um 50 Prozent. Er erreichte just in dem Moment noch kritischere Höhen, als die Generalstände zusammentraten.
Diese Entwicklung verschlimmerte die sozialen Mißstände auf dem Lande; dort war durch die Vermehrung der Bevölkerung eine Verteuerung des Grund und Bodens und der Pachten eingetreten; sie machte die Einrichtung von neuen Haushalten für junge Menschen schwieriger und zwang viele Bauern zur Abwanderung in die Städte, wo sie unter den elenden Bedingungen von Tagelöhnern und Bettlern leben mußten.
Industrie und Handwerk litten seit 1786 unter der Konkurrenz von eng-

lischen Produkten, die im Rahmen eines in diesem Jahre abgeschlossenen Handelsvertrages Frankreich überschwemmten. Die plötzliche Verringerung der Kaufkraft als Folge der Landwirtschaftskrise löste eine echte Katastrophe aus: Viele Industriebetriebe mußten ihre Produktion einstellen oder verringern, ihre Arbeiter entlassen und die Löhne herabsetzen. Am 27. und 28. April 1789 mußten Truppen eingreifen, um einen ernsten Aufruhr von Arbeitern des Faubourg Saint-Antoine zu unterdrücken; es gab zahlreiche Tote und viele Hundert Verletzte.
Diese ökonomische Krisensituation ließ auch die ungleich verteilten Lasten an Steuern und Abgaben noch drückender werden. Ein Teil des Volkes lebte im Elend und stand vor dem Hunger. Diese Umstände erklären zu einem großen Teil die heftigen Gewaltausbrüche, die die nun folgende bürgerliche Revolution begleiten sollten.

16 Die Revolution. Das Ende der Monarchie

Die Generalstände, die ursprünglich zusammengerufen worden waren, um eine Finanzkrise zu lösen, verwandelten sich in eine Verfassunggebende Versammlung, die die politische und soziale Struktur Frankreichs von Grund auf umwälzte. Das ebenso notwendige wie heilsame Werk der Erneuerung wurde kompromittiert durch ein fatales Zusammenwirken von Gewalttätigkeiten seitens des Volkes und ungeschickten Reaktionen des Königs und der Privilegierten, bis es schließlich zum Fall der Monarchie kam.

I. Die Verfassunggebende Versammlung (Mai 1789 – September 1791)

Die Entstehung der Versammlung

Die zu Versailles feierlich eröffneten Generalstände wurden zuerst durch einen grundlegenden Verfahrensstreit gelähmt: Sollten die Beratungen für alle gemeinsam oder nach drei Kammern getrennt stattfinden? Die Abgeordneten des Dritten Standes beharrten auf der ersten Lösung und weigerten sich sogar, vorher eine formale Überprüfung ihrer Kompetenzen vorzunehmen. Der Adel und die Geistlichkeit gaben vor, sich an das traditionelle Verfahren zu halten, und wurden vom König, der mit einer Äußerung zurückhielt, ermuntert.

Da erklärten am 17. Juni die Abgeordneten des Dritten Standes, die von sich sagten, sie repräsentierten 96 Prozent der Nation, sich selbst zur Nationalversammlung. Am 20. Juni fanden sie ihren gewohnten Beratungssaal verschlossen; sie versammelten sich daher im Ballhaus (*Jeu de paume*) und vereinigten sich in dem Schwur, sich nicht mehr zu trennen, bevor sie dem Königreich nicht eine neue Verfassung gegeben hätten.

In den darauffolgenden Tagen überstürzten sich die Ereignisse: Ein Teil der Abgeordneten des Klerus und des Adels schloß sich den Vertretern des Dritten Standes an. Am 27. Juli erkannte Ludwig XVI. die neue Situation an; am 9. Juli schließlich erklärte sich die Nationalversammlung, in der die Abgeordneten der drei Stände nun durcheinander saßen, zur konstituierenden, d.h. zur Verfassunggebenden Versammlung.

Die absolute Monarchie hatte nun zu existieren aufgehört, und es war

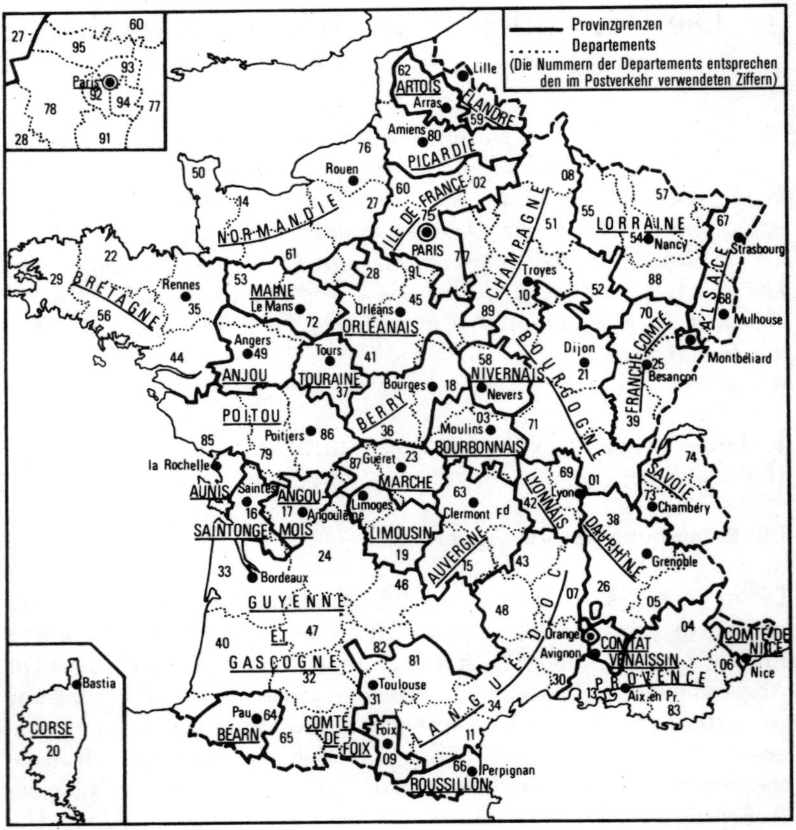

Frankreich im Jahre 1789

gelungen, diese politische Revolution von Aristokraten und Juristen ohne einen Tropfen Blut zu vollziehen. Doch genau in diesem Moment trat das Volk von Paris und in der Provinz in Aktion und eröffnete die Ära gewalttätiger Auseinandersetzung.

Die Eroberung der Bastille

Ludwig XVI. schien sich nach seinem Zugeständnis wieder zu fangen. Er ließ Truppen um Paris und Versailles zusammenziehen; am 11. Juli entließ er Necker und bestallte eine reaktionäre Regierung. Die Bevölkerung von Paris, die durch die Agenten des ehrgeizigen Herzogs von Orléans zweifelsohne aufgestachelt worden war, geriet darob in hitzige Erregung. Die Wähler von Paris schufen sich eine eigene Verwaltung *(commune)* und beschlossen die Schaffung einer bürgerlichen Miliz, der Nationalgarde, die allen Plünderungen wehren sollte. Der volkstümliche La Fayette wurde zu ihrem Kommandanten bestellt.

Am Morgen des 14. Juli setzt sich eine aus Bürgern und Pöbel gemischte Menge in Richtung auf die Bastille in Marsch, eine alte Festung aus der Zeit Karls V., in der man Waffen zu finden hofft. Die Bastille wird nur von etwa hundert invaliden Männern unter dem Kommando des Marquis de Launey bewacht und kapituliert nach einer Belagerung von wenigen Stunden. Launey wird mit sechs seiner Soldaten getötet. Wenig später ereilt den Bürgermeister von Paris, Flesselles, dasselbe Schicksal ebenso wie den Intendanten der Finanzen, Foullon, und dessen Schwiegersohn Bertier de Sauvigny, den Verwaltungschef für den Bezirk von Paris.

Obwohl der Fall der Bastille für sich genommen ein wenig bedeutsames Ereignis war, sollte er in der Folge einen symbolischen Wert gewinnen, denn die Festung diente einst der Unterbringung jener Gefangenen, die ohne Gerichtsurteil, allein durch »lettre de cachet«, d.h. durch eine Anordnung des Königs, eingesperrt wurden.

Das Ereignis bewog Ludwig XVI. dazu, ein weiteres Mal Necker zu holen und die neue Stadtverwaltung im Pariser Rathaus anzuerkennen. Bei dieser Gelegenheit erschien erstmals als Symbol der Versöhnung die dreifarbige französische Flagge, die Trikolore; die königliche Farbe weiß war eingerahmt von den Farben von Paris, rot und blau. Der Bruder des Königs, der Herzog von Artois, sowie die Anhänger einer Politik der harten Hand, die sich in ihrer Existenz bedroht sahen, verließen das Land und gaben so das Zeichen zur Emigration.

Revolution der Bauern

Die Nachricht von den Pariser Ereignissen führte in den meisten Städten zu ähnlichen Entwicklungen. Die königlichen Administratoren waren durch den Terror und den Ungehorsam ihrer Untergebenen gelähmt; diese gründeten unabhängige Stadtverwaltungen, die sich auf bürgerliche Milizen stützten.
Auf dem Lande brachen sich die aufgestauten Ressentiments Bahn: Einfriedungen wurden zerstört, Wälder geplündert, die Zahlung von Abgaben verweigert. Hie und da überfielen Banden von Bauern Schlösser und Abteien, um die Archive zu zerstören, in denen die verhaßten Abhängigkeitsverhältnisse rechtlich verbrieft waren.
In mehreren Provinzen kam es zur »großen Angst«; es war dies ein eigentümliches Phänomen kollektiver Psychose; die Nachricht vom Herannahen nicht identifizierter räuberischer Truppen verbreitete sich von Dorf zu Dorf; daraufhin bewaffneten sich die Bauern in aller Eile, während Frauen und Kinder flohen.

Die Nacht des 4. August

Die vom Zentrum ausgehende Erschütterung hatte die Masse der Landbevölkerung in Bewegung gebracht; es war diese Revolution des Volkes, welche die politische Revolution um einen weiteren Schritt vorantrieb.
Am Abend des 4. August machten zwei liberale Adlige vor der Nationalversammlung den Vorschlag, die unruhigen Bauern durch den Verzicht auf alle Herrenrechte wieder zu beschwichtigen. In einer Stimmung wetteifernder Großmütigkeit verzichteten alle privilegierten Körperschaften, der Klerus, der Adel, die Verwaltungen, die Provinzen, die Städte und Zünfte, nach und nach auf ihre Sonderrechte. Am Ende dieser Sitzung, die bis 3 Uhr nachts dauerte und sich in einer Atmosphäre larmoyanter Begeisterung abspielte, blieb von der alten Struktur der französischen Gesellschaft, die auf dem Privileg und der Ungleichheit gegründet gewesen war, nichts mehr übrig.
Nachdem das Terrain auf diese Weise bereitet war, konnte die Versammlung die *Erklärung der Menschenrechte* verabschieden. Sie sollte der künftigen Verfassung als Präambel vorangestellt werden und war der verfassungsrechtliche Ausdruck der grundlegenden Ideen der Aufklärungsphilosophen des 18. Jahrhunderts: Souveränität der Nation, Gleichheit der Bürger, individuelle Freiheit, Freiheit der Meinung und Schutz des privaten Eigentums.

Die Oktobertage

Im Laufe des Monats September zeichnete sich eine neue Krise ab. Der König zögerte, die Beschlüsse der Nacht des 4. August zu bestätigen; in der Versammlung selbst bildete sich eine konservative Gruppierung heraus. Unterdessen schwelte die Unruhe in der Pariser Bevölkerung aufgrund von Ernährungsschwierigkeiten weiter fort.
Am 5. Oktober machte sich eine Gruppe von Frauen, die von bewaffneten Männern in Frauenkleidern begleitet war, auf den Weg zur Nationalversammlung nach Versailles, angeblich um Brot zu verlangen. In der durch den Überfall entstandenen Unordnung stimmte die Nationalversammlung allen Forderungen zu. Ludwig XVI. empfing eine Delegation der Frauen und versprach sowohl Lebensmittel wie die Bestätigung der Beschlüsse der Versammlung. Die müde und ruhig gewordene Menge übernachtete in Versailles. Aber im Morgengrauen des 6. Oktober erzwangen sich einige Personen mit List Zugang zum Schloß; sie töteten einige Wachen und gelangten bis vor die Gemächer der Königin, die sich gerade noch in Sicherheit bringen konnte. Als La Fayette mit seiner Nationalgarde endlich auftauchte, gelang es ihm zwar, das Schloß wieder zu räumen, doch die im Hof versammelte Menge forderte nun gebieterisch, daß der König nach Paris kommen solle. Ludwig XVI. erschien zusammen mit der Königin auf dem Balkon, und La Fayette teilte des Königs Bereitschaft zur Übersiedlung mit. Noch am selben Abend verließ die praktisch in Gefangenschaft befindliche königliche Familie in einem unwürdigen Zug das Schloß von Versailles und bezog das Schloß der Tuileries in Paris. Einige Tage später quartierte sich die Nationalversammlung in der ›Manege‹ des Schlosses ein, die in einen Sitzungssaal verwandelt worden war.

Die Clubs

Die legalen Gewalten standen nun unter dem Druck populärer Anführer aus Paris. Die Gruppen kleiner Geschäftsleute und Handwerker waren im Schlepptau von Gesellschaften in den einzelnen Wohnvierteln, die ihre Parolen aus dem Club der Seilmacher (Club de Cordeliers) empfingen, in dem besonders scharfe Redner auftraten: Marat, Danton, Hébert usw.
Im Vergleich dazu war der Club der Jakobiner weitaus bürgerlicher. In ihm versammelte sich ein großer Teil der Delegierten der reformistischen Partei der Nationalversammlung; die wachsende Bedeutung, die

ihm während der Revolution selbst zukam, hing mit der großen Zahl von Filialen zusammen, die er in den meisten Städten unterhielt und die ihre Direktiven und Propagandaparolen aus Paris erhielten.

Die Verfassung von 1791

In der schließlich im September 1791 nach vielen Abänderungen angenommenen Verfassung verrät sich das Mißtrauen des Bürgertums gegenüber den unteren Volksschichten. Das komplexe, mehrstufige Wahlsystem steht in einem flagranten Widerspruch zur Erklärung der Menschenrechte, da es neue, auf dem Vermögen basierende Ungleichheiten begründet. Es verweigert allen Bürgern das Wahlrecht, die zu arm sind, um Steuern zu bezahlen; es unterscheidet auch bei den wählbaren Bürgern nach Einkommen und Vermögen, so daß nur eine Minderheit von etwa 40–50000 Begüterten überhaupt die Chance hat, zu Abgeordneten gewählt zu werden.

Die legislative Gewalt liegt bei einer einzigen Versammlung von 745 Mitgliedern, die für zwei Jahre gewählt wird und nicht aufgelöst werden kann.

Die Exekutive ist in der Hand des »Königs der Franzosen«, der als erster Diener des Staates gilt. Er kann den Gesetzen der Nationalversammlung seine Zustimmung verweigern, aber er hat nur ein suspensives Veto. Alle seine Regierungshandlungen bedürfen der Gegenzeichnung eines Ministers, der dafür die Verantwortung übernimmt.

Die einem Montesquieu so teure und in den Vereinigten Staaten bereits praktizierte Idee der Gewaltenteilung wird ferner dadurch erfüllt, daß alle Richter ihr Amt nur aufgrund einer Wahl ausüben sollen.

Durch eine rationale und einheitliche Verwaltungsorganisation werden die alten Wahlkreise mit ihren ungenauen Grenzen und unklaren Kompetenzen ersetzt. Das gesamte nationale Gebiet wird in 83 Departements eingeteilt, die wiederum in Distrikte und Gemeinden unterteilt sind. Alle diese Einheiten regieren sich durch gewählte Räte und Beamte.

Wirtschaftliche Reformen

Die Anwendung des Prinzips *laissez-faire, laissez-passer* führt zur Beseitigung aller innerstaatlichen Zölle, der städtischen Abgaben, der Wegegebühren usw. Ebenfalls abgeschafft werden die Zünfte und die von gewissen Manufakturen ausgeübten Monopole. Den Arbeitern, die nun isoliert ihrem Chef gegenüberstehen, ist es formell verboten, Vereinigungen zu bilden und zu streiken *(loi Le Chapelier,* 14. Juni 1791). Ein unbestreitbarer Fortschritt ist die Einführung einheitlicher Maße und Gewichte; die Akademie der Wissenschaften in Paris setzt das metrische System durch, das bald in der ganzen Welt verbindlich wird.

Nationalgüter und Assignaten

Der Finanzwirrwarr hatte sich seit Mai 1789 nur verschlimmert. Um den völligen Bankrott zu vermeiden, beschloß man die Nationalisierung, d.h. die Beschlagnahmung des ungeheuren Vermögens, das die katholische Kirche seit Jahrhunderten angesammelt hatte: Ländereien, Wälder, Gebäude usw., die etwa 6–10 Prozent des Gesamtgebiets ausmachten. Im Ausgleich dafür sollte der Staat selbst für die Kosten des religiösen Kultus, der materiellen Versorgung der Geistlichen und für die Ausgaben der sozialen und Bildungseinrichtungen aufkommen, die bis dahin in der Obhut der Kirche gewesen waren.
Wie aber sollte man alle diese »nationalen Güter« in flüssiges Geld verwandeln? Das Schatzamt gab auf diese »biens nationaux« Wertpapiere aus, die als Assignaten bezeichnet wurden und die Funktion von Papiergeld hatten. Natürlich konnten die Regierungen der folgenden Jahre der Versuchung nicht widerstehen, sich durch die maßlose Vermehrung dieser Wertpapiere leichtes Geld zu verschaffen.
Diese Geldinflation führte zu einem starken Preisanstieg, der wiederum die Misere der unteren Klassen verstärkte. Die Assignaten verloren gegenüber den Gold- und Silbermünzen schnell an Wert. Man suchte sich ihrer möglichst schnell zu entledigen, indem man Nationalgüter kaufte; gleichzeitig waren die neuen Besitzer so an die Sache der Revolution gebunden. Auf diese Weise gelang es Spekulanten, enorme Vermögen zu erwerben, und zwar auf Kosten des Staates, der beste Vermögenswerte gegen ein Papiergeld veräußerte, das immer mehr an Wert verlor.

Die zivile Verfassung des Klerus

Da der Staat nun für den materiellen Unterhalt des Klerus zuständig war, schien es der Versammlung sinnvoll, die Strukturen der französischen Kirche genauso zu organisieren wie jede andere öffentliche Verwaltung. Man begann mit der Abschaffung der religiösen Gelübde, da sie in Widerspruch zu den fundamentalen Freiheiten des Menschen stünden. Den Geistlichen in den Bistümern verpaßte man eine neue, »zivile Verfassung« genannte Organisationsform, die nach dem Muster der allgemeinen Verwaltung ausgerichtet war: In jedem Departement gab es eine Diözese, in jeder Gemeinde eine Kirchengemeinde; Bischöfe und Pfarrer wurden, wie auch die anderen lokalen Beamten, gewählt. In Fortsetzung der gallikanischen Tradition wurde beschlossen, daß die gewählten Bischöfe ihre geistlichen Weihen von einem ihrer Kollegen empfangen sollten, den man den Metropolitan-Bischof nannte, jedoch nicht mehr aus der Hand eines Vertreters von Rom, wie es das Konkordat von 1516 vorsah. Der Heilige Stuhl sollte von der Wahl eines Bischofs lediglich informiert werden.

Religiöse Spaltungen

Der Papst mußte diese Neuerungen verurteilen, weil sie – wie in England – zu einer von Rom getrennten und der weltlichen Macht unterworfenen Nationalkirche führen mußten. Die französische Geistlichkeit, welche die Verstaatlichung ihrer Güter noch hingenommen hatte, zeigte sich diesmal viel widerstandsfähiger. Um diesen Widerstand zu bezwingen, beschloß man, daß alle bezahlten Priester auf die zivile Verfassung der Kirche einen Eid ablegen sollten, sonst würden sie ihre Stellung verlieren. Nur sieben Bischöfe und etwa die Hälfte der Priester waren indes zu diesem erzwungenen Eid bereit. Die Kirche Frankreichs war in zwei Hälften gespalten.
Diese Situation sollte sich in Verbindung mit anderen Faktoren für das Werk der konstituierenden Versammlung als fatal erweisen. Noch schlimmer war, daß für mehr als ein Jahrhundert die Sache der katholischen Kirche mit dem Anliegen der Gegner der Revolution verbunden blieb.

Die Flucht des Königs

Ludwig XVI. war durch die letztgenannten Maßnahmen der Versammlung in seinem religiösen Gewissen tief verletzt worden. Als sich im Frühjahr 1791 eine gewisse Bewegung der Reaktion oder auch nur der Ermüdung in einem Teil der Bevölkerung abzeichnete und ihn auch entsprechende Appelle der Emigranten und der benachbarten Herrscher erreichten, machte er den Versuch, das verlorene Terrain zurückzugewinnen. Dazu mußte er zunächst dem Pariser Pöbel entrinnen. Der minuziös vorbereitete Fluchtversuch fand in der Nacht vom 20. auf den 21. Juni 1791 statt. Die schwere Kutsche mit dem König und seiner Familie verließ Paris und fuhr in Richtung Lothringen, wo den König eine ihm ergebene Streitmacht erwartete. Die Karosse war bis Sainte-Menehould, 200 km von Paris entfernt, gelangt, als der König von dem Postmeister Drouet erkannt wurde. Dieser traf die notwendigen Vorbereitungen, um ihn etwas weiter, in Varennes, verhaften zu lassen. Ludwig XVI. und seine Familie wurden nach Paris zurückgebracht.

Dieses Drama hatte schwere Folgen. Die dem König zugefügte Demütigung empörte die königstreuen Offiziere, die nun in großer Zahl emigrierten. Hingegen verloren die Patrioten, die bis dahin dem König verbunden gewesen waren, ihr Vertrauen in ihn. Die Nationalversammlung enthob den König vorübergehend seiner Funktionen, so daß das Land praktisch seine erste Erfahrung mit einer republikanischen Regierungsform machte. Die ausländischen Herrscher hatten zunächst die Unruhen, die Frankreich schwächten, ohne allzu große Besorgnis verfolgt, aber das letzte Ereignis öffnete ihnen die Augen für die Gefahren, die nicht allein der königlichen Familie, sondern ganz generell dem monarchischen Prinzip drohten. Leopold II., Kaiser und Bruder von Königin Marie-Antoinette, traf sich im sächsischen Pillnitz mit Friedrich Wilhelm, dem König von Preußen. Bei dieser Gelegenheit verabschiedete sie ein mit Drohungen versehenes Manifest (27. August 1791).

Das Ende der Verfassunggebenden Versammlung

Die Fluchtaffäre führte zu einer Spaltung innerhalb der Versammlung und im Club der Jakobiner. Die einen wollten sich mit Robespierre diesen Umstand zunutze machen, um die Monarchie zu beseitigen. La Fayette und seine Freunde hingegen taten alles, um Ludwig XVI. zu retten. Eine vom Club des Cordeliers organisierte Demonstration auf dem Marsfeld, auf der der Abtritt des Königs gefordert wurde, ließ La Fayette durch seine Nationalgarde mit Gewehrschüssen zerstreuen. Man verbreitete offiziell die Fiktion, Ludwig XVI. sei von Adligen entführt worden; daraufhin wurde der König wieder in seine Rechte eingesetzt.

Zwei Wochen später, am 30. September 1791, ging die Verfassunggebende Versammlung auseinander. Sie hatte beschlossen, daß keines ihrer Mitglieder der nächsten Versammlung angehören sollte; dies war zwar eine generöse, aber unheilvolle Entscheidung, denn durch ihren Rückzug überließen Männer, die durch die Erfahrung gereift waren, die Macht inkompetenten und anspruchsvollen Neulingen.

II. Die Gesetzgebende Versammlung (Oktober 1791 – September 1792)

Kriegerische Politik

Die neue Versammlung tagte vom 1. Oktober 1791 an. Sie wurde von der Dynamik einer gar nicht so zahlreichen Linken (sie bestand aus 136 Abgeordneten von 745) mitgerissen. Diese Linke verfügte über einen aktiven Führer namens Brissot und den illustren Theoretiker Condorcet sowie einige brillante Redner. Da einige in dieser Gruppe aus Bordeaux kamen, nannte man sie Girondisten. Diese Partei hatte auch ihren eigenen Salon unter der Leitung von Madame Roland, der Gattin eines Abgeordneten, einer begeisterten und fanatischen Anhängerin der demokratischen Theorien Rousseaus.

Die Gruppe um Brissot griff unablässig die gemäßigten Minister an, die Ludwig XVI. ausgesucht hatte, und verlangte strengere Maßnahmen gegen die Emigranten und gegen die widerspenstigen Priester, die der Reaktion beschuldigt wurden. Das beste Mittel zur Demaskierung der Verräter und zur Anfeuerung aller revolutionären Kräfte, so hieß es, sei ein allgemeiner Krieg, in dem sich die Völker gegen ihre Könige erheben würden. Ludwig XVI. fügte sich dieser Linie, weil seine besten Berater der Auffassung waren, daß der Krieg eine Möglichkeit zur Wiederherstellung der Disziplin in der Armee bot und dem König zu neuem Prestige verhelfen könnte. Dies war besonders die Auffassung des intriganten, aber durchaus fähigen Generals Dumouriez, der im März 1792 zusammen mit einigen Vertretern der Gruppe der Brissotins in die Regierung berufen worden war.

Am 20. April 1792 stimmte die Nationalversammlung durch einfache Akklamation der Kriegserklärung zu. Sie richtete sich bewußt nicht an den Kaiser, sondern an den König von Böhmen und Ungarn, womit man zum Ausdruck bringen wollte, daß der Krieg nicht den Völkern Deutschlands, sondern allein den Tyrannen galt.

Der 20. Juni

Die französische Armee war durch die Emigration von Offizieren und die schlechte Disziplin der Mannschaften in unguter Verfassung; ihre erste Offensive nach Belgien endete mit einer beschämenden Niederlage. Die Anhänger Brissots erblickten die Ursache dafür im Verrat; sie setzten Dekrete durch, die den König in eine extrem schwierige Lage brachten, denn sie verlangten die Deportation der widerspenstigen Priester, die Auflösung der Garde des Königs sowie die Konzentration von 20000 Nationalgardisten aus den Departements in Paris. Als der König sein Veto gegen die Dekrete einbrachte, beschloß man, ihn einzuschüchtern. Am 20. Juni besetzte eine von den Clubs mobilisierte Menge von 20000 Personen die Tuilerien und marschierte vor Ludwig XVI. auf und ab, der in einer Fensteröffnung festgehalten wurde. Seine Kaltblütigkeit und seine Entschlossenheit brachten die Demonstranten aus dem Konzept; sie zogen sich schließlich zurück, ohne etwas erreicht zu haben.

Die Beseitigung des Throns (10. August 1792)

Die Jakobiner und Cordeliers beschlossen nun, mit dem König Schluß zu machen. Der Ernst der äußeren Gefahr wurde durch ein Dekret der Versammlung unterstrichen, welches vom »Vaterland in Gefahr« sprach. Die Erregung des Pariser Pöbels wurde aufgrund des ›Manifests von Braunschweig‹ in geschickter Weise auf den Höhepunkt getrieben; es handelte sich um eine Proklamation des Führers der österreichisch-preußischen Armee, der Paris »die militärische Exekution und die totale Unterwerfung« androhte, wenn dem König und seiner Familie ein Leid geschähe. Freiwillige aus den Provinzen eilten nun in Scharen in die Hauptstadt. Die Freiwilligen aus Marseille erweckten die Begeisterung des Faubourg Saint-Antoine von Paris, als sie die mitreißenden Töne des von Rouget de l'Isle komponierten ›Lieds der Rheinarmee‹ anstimmten, die man von nun an die ›Marseillaise‹ nannte.
Der in aller Öffentlichkeit vorbereitete Aufstand bricht am 10. August los. In den einzelnen Wohnvierteln versammeln sich die Männer unter Glockenläuten und Trommelwirbel. Im Rathaus wird die legale Stadtverwaltung von Paris durch eine aufständische Kommune ersetzt.
Mandat-Grancey, der Führer der versprengten, zur Verteidigung des Schlosses abgeordneten Truppen, wird in einen Hinterhalt gelockt und ermordet. Ludwig XVI. flieht mit seinen Angehörigen in den Saal der Nationalversammlung. Die Aufständischen greifen das von einigen hundert Schweizern und freiwilligen Adligen verteidigte Schloß an. Der blutige, unentschiedene Kampf hört erst auf, als die Verteidiger ein Befehl des Königs erreicht, sie möchten die Waffen niederlegen; sie werden in großer Zahl ermordet, das Schloß wird geplündert.
Die Versammlung beschließt nun, den König aller seiner Rechte zu berauben; sie beschließt ferner, daß das Volk ohne Ansehen des Vermögens eine nationale *Convention*, den Konvent, wählen soll, der eine neue

Verfassung ausarbeiten wird. Ein Exekutivrat, bestehend aus sechs Mitgliedern, soll vorübergehend die Regierungsgewalt ausüben.

Die erste Terrorwelle

Während die Provinz auf den Pariser Machtanschlag nur schwach reagierte, verstärkte die Kommune von Paris ihre Willkürmaßnahmen; sie sperrte die königliche Familie in den Temple ein und füllte die Gefängnisse mit Verdächtigen. Die Versammlung beschloß die Beschlagnahme und den Verkauf der Güter von Emigranten, die Deportation widerspenstiger Priester, die Laisierung kirchlicher Aufgaben und die Einrichtung von Standesämtern usw. Danton kümmerte sich als Minister der Justiz im Exekutivrat darum allerdings nicht, denn er war ganz damit beschäftigt, die nationale Verteidigung gegen den fremden Eindringling vorzubereiten. Andere Volkstribune, darunter Marat, versicherten wiederholt, man müsse vor dem Waffengang an die Grenzen mit den Verrätern im Innern abrechnen und eine allgemeine Liquidierung aller Verdächtigen in die Wege leiten. Vom 2. bis 5. September drangen Tötungstrupps in die Gefängnisse ein und mordeten systematisch alle Insassen. Die genaue Zahl der Opfer ist nicht bekannt; man nimmt an, daß es zwischen 1100 und 1400 waren. Auch in der Provinz kam es zu Morden; Marat hatte alle Patrioten dazu aufgefordert, dem Pariser Beispiel zu folgen.

Valmy

Eine starke preußische Armee war, verstärkt durch ein vom Prinzen Condé rekrutiertes französisches Emigrantenkorps, am 19. August nach Frankreich eingedrungen. Unter dem Kommando des Herzogs von Braunschweig hatte sie sich der Städte Longwy und Verdun bemächtigt und überschritt die gewaltige Hügelkette von Argonne, die das letzte natürliche Hindernis auf dem Weg nach Paris war. Die Generale Dumouriez und Kellermann zwangen die Preußen durch eine Reihe von geschickten Manövern zum Rückzug und stellten sie mit ihren vereinigten Kräften bei Valmy zum Gefecht. Der Herzog von Braunschweig, der von der Entschlossenheit der französischen Soldaten und der Wirksamkeit ihrer Artillerie beeindruckt war, verzichtete auf den Kampf; seine durch schlechte Ernährung und Krankheiten geschwächte und demoralisierte Armee mußte den Rückzug antreten.

Obwohl es nicht zu einer Schlacht, sondern nur zu einem längeren Austausch von Kanonenschüssen gekommen war, bekam der Sieg von Valmy in den Augen der französischen Nation und ganz Europas einen symbolischen Wert. Das revolutionäre Frankreich hatte den Ansturm der gegen es verbündeten Monarchien zurückgeschlagen. »Von hier und heute geht eine neue Epoche der Weltgeschichte aus«, kennzeichnete der bei Valmy anwesende Johann Wolfgang von Goethe die Ereignisse.

17 Die Erste Republik

Der Konvent, dessen Aufgabe es war, die Grundlagen für die republikanische Regierungsform zu schaffen, regierte drei Jahre lang unangefochten. Die Macht lag in den Händen der extremistischen Fraktion der Montagnards; äußere und innere Gefahren dienten ihnen zur Rechtfertigung eines blutigen Terrors. Gleichwohl gelang es ihnen, sich gegenüber dem verbündeten Europa zu behaupten. Das auf die Diktatur des Konvents folgende Regime des Direktoriums ruinierte das republikanische Ideal vollends durch seine Wirkungslosigkeit und seine Korruption. Der sich hinziehende Krieg erlaubte es einem siegreichen General, den seine Siege zur Macht emportrugen, das Verlangen nach Ruhe und Ordnung für sich zu nutzen.

I. Der Konvent. Seine innere Politik (September 1792 – Oktober 1795)

Die Parteien

Die von einer Minderheit revolutionärer Wähler gewählte Nationalversammlung beschloß gleich bei ihrer ersten Zusammenkunft, das Königtum abzuschaffen und eine Republik zu errichten (21. September 1792). Die Extremisten der vorhergehenden Versammlung, die Girondisten, erschienen nun als die Gemäßigten: Als gesetzestreue Bürger verurteilten sie die zu Beginn des Monats September verübten Verbrechen; als Abgeordnete, die in der Provinz gewählt worden waren, sprachen sie sich gegen die Diktatur aus, welche die Kommune von Paris über den Staat und die übrigen Departements ausüben wollte; außerdem waren sie Anhänger des Prinzips der wirtschaftlichen Freiheit.

Die *Montagnards* (= Bergleute, so genannt, weil sie ihre Plätze auf den höchsten Stufen des Saals hatten) waren in ihrer Mehrheit Abgeordnete aus Paris, die in ständigem Kontakt mit den Extremisten in der Bevölkerung standen, die man Sans-culottes nannte. Sie waren zur Anwendung von Willkür und Gewalt bereit, um den politischen Gefahren und wirtschaftlichen Schwierigkeiten zu begegnen. Zwischen diesen beiden Polen bewegte sich die Masse der Abgeordneten des *Marais.* Sie waren lediglich darauf bedacht, die Revolution und ihren Kopf zu retten, und stellten sich je nach den Umständen mal auf die eine, mal auf die andere

Seite; dies ist die Erklärung für die erstaunlichen Wendungen, die der Konvent im Lauf der folgenden Jahre genommen hat.

Die Hinrichtung Ludwigs XVI.

Zunächst schienen die Brissotins die Oberhand zu behalten. Unter ihrem Einfluß beschloß der Konvent einige beschwichtigende Maßnahmen. Doch die von Robespierre angeführten Montagnards fanden bald ein Mittel, um ihre Vormachtstellung zu sichern. Ludwig XVI. sollte wegen seiner konterrevolutionären Manöver und seiner Verbindungen mit Emigranten und feindlichen Monarchen vor Gericht gestellt werden. Der Prozeß gegen den König fand vor dem Konvent selbst statt; nach einigen dramatischen Abstimmungen wurde Ludwig XVI. mit der schwachen Mehrheit von 387 gegen 324 Stimmen zum Tode verurteilt. Am 21. Januar 1793 wurde er auf dem Platz der Revolution, dem heutigen Place de la Concorde, durch die Guillotine hingerichtet.
Die Montagnards hatten richtig kalkuliert, daß der Königsmord es dem Konvent unmöglich machen würde, zurückzuweichen; sie entfesselten nun einen tödlichen Kampf zwischen der Revolution und ihren Feinden, der die diktatorischsten Maßnahmen rechtfertigte.

Sturz der Girondisten

Die Hinrichtung des Königs hatte England und Spanien veranlaßt, militärisch einzugreifen. Überdies erhoben sich im Frühjahr die westlichen Provinzen.
Das von Not und Elend heimgesuchte Volk von Paris stand im Banne von Extremisten, die man *les enragés* nannte; diese forderten Maßnahmen wie die Besteuerung aller Waren, die Beschlagnahmung von Getreide und die Enteignung der Reichen; sie drohten auch mit der Auflösung des Konvents.
Die Montagnards nutzten diese Volksbewegung, um ihre Gegner in der Versammlung auszuschalten. Die Kommune von Paris ließ mit ihrer Zustimmung den Konvent durch mehrere tausend ihrer Milizsoldaten umzingeln, die die Verhaftung der girondistischen Abgeordneten forderten. Die Versammlung beschloß den Ausschluß von 29 Mitgliedern dieser Richtung, die anderen zogen sich von selbst zurück, da ihnen die Verhaftung drohte.
In mehreren Provinzstädten, so in Caen und Bordeaux, führte der Pro-

test gegen diesen Handstreich zur Entstehung lokaler Regierungen, die sich gegen die Diktatur von Paris auflehnten. Diese »föderalistisch« genannte Bewegung sollte durch die Abgesandten des Konvents schnell unterdrückt werden. Im Südosten lieferten die aufständischen Royalisten Toulon an die Engländer aus. In Lyon, das in eine Art Festung verwandelt worden war, widerstanden sie vom 9. August bis zum 9. Oktober der Belagerung einer vom Konvent entsandten Armee. Nach der Aufgabe der Stadt veranstalteten die vom Konvent entsandten Vertreter, Fouché und Collot d'Herbois, schreckliche Massenhinrichtungen unter den Rebellen.

Die revolutionäre Regierung

Die föderalistische Bewegung trieb die Montagnards zur eiligen Verabschiedung einer äußerst demokratischen Verfassung, der Konstitution des Jahres I. Gleichzeitig beschloß man jedoch, die Anwendung dieser Verfassung bis zur Wiederherstellung des Friedens aufzuschieben. Zwischenzeitlich sollte eine revolutionäre Regierung amtieren, d.h., der Konvent sollte alle ihm notwendig erscheinenden Maßnahmen selbst treffen können.
Faktisch hatte die Versammlung keine andere Aufgabe als die Verabschiedung der von den 21 spezialisierten Ausschüssen vorbereiteten Dekrete. Die Macht war bei zweien dieser Ausschüsse konzentriert: dem *Comité du salut public* (Wohlfahrtsausschuß), dem Motor der allgemeinen Politik, und dem *Comité de sûreté générale* (Sicherheitsausschuß), der die revolutionäre Polizei und Justiz leitete. Die Justiz lag in den Händen des revolutionären Tribunals, das vom Staatsanwalt, dem unheilvollen Fouquier-Tinville, geleitet wurde. Seine Willkürurteile, gegen die es keine Berufung gab, wurden sofort vollstreckt. In der Provinz wurden die alten Lokalverwaltungen zwar nicht offiziell abgeschafft, doch durch nationale Beauftragte ersetzt, die von der Zentralgewalt ernannt wurden. Sie wurden durch die revolutionären Ausschüsse und die Filialen des Jakobinerclubs unterstützt und überwacht. Schließlich sandte der Konvent in bestimmte Departements wie auch zu den Streitkräften sogenannte Repräsentanten mit besonderem Auftrag, die über diktatorische Machtbefugnisse verfügten.

Der Terror

Als der Terror schließlich in den Rang einer Institution erhoben wurde, zwang eine Handvoll zu allem entschlossener Männer einer widerstrebenden Masse ihren Willen auf. Das Verdächtigtengesetz vom 17. November 1793 erlaubte die Verhaftung aller mutmaßlichen Gegner der Revolution. Das Revolutionstribunal von Paris und die entsprechenden Gerichte in der Provinz verhängten immer mehr Todesstrafen. Die Guillotine wurde zum Symbol des Regimes. Die Zahl der Opfer des revolutionären Terrors bewegt sich zwischen 35000 und 40000 Hingerichteten und mehr als 300000 Gefangenen.

Der Versuch, das Christentum abzuschaffen

Der Konvent versuchte sogar, das Christentum zu beseitigen. An die Stelle des kirchlichen Kalenders trat der revolutionäre Kalender: Der 22. September 1792 galt als der erste Tag des Jahres I der neuen Ära; die zwölf Monate eines Jahres trugen wohlklingende und poetische Namen wie Vendémiaire, Brumaire, Frimaire, Nivose, Pluviose, Ventose, Germinal, Floréal, Prairial, Messidor, Thermidor, Fructidor; sie waren in Abschnitte von zehn Tagen (Dekaden) eingeteilt, die an die Stelle der Wochen traten. Die revolutionäre Stadtverwaltung von Paris und, ihrem Beispiel folgend, viele andere Städte in der Provinz richteten einen Kult der Vernunft ein. In der Kathedrale Nôtre Dame von Paris thronte eine Ballettänzerin als Symbol der Freiheit auf dem Altar. Die Priester sahen sich wachsendem Druck ausgesetzt, ihre Funktionen aufzugeben und sich zu verheiraten. Die in Frankreich verbliebenen widerspenstigen Geistlichen wurden verfolgt und hingerichtet.

Soziale Maßnahmen

Unter dem Druck der Pariser Bevölkerung und den Erfordernissen der nationalen Verteidigung sahen sich die Montagnards gezwungen, einen Höchstsatz für alle Waren und Löhne zu fixieren. Die Dekrete vom Februar/März 1794 legten fest, daß die beschlagnahmten Güter der Verdächtigen an arme Patrioten verteilt werden sollten.

Die Diktatur Robespierres

Maximilian Robespierre, der Unbestechliche, hatte sich dank seiner Geschicklichkeit, der Festigkeit seiner Überzeugungen, seiner schwülstigen, von Rousseau inspirierten Beredsamkeit sowie der Strenge seiner privaten Lebensführung nach und nach eine beherrschende Stellung im Konvent, im Wohlfahrtsausschuß, im Jakobinerclub, ja selbst bei den extremistischen Sans-culottes erobert. Im Laufe des Frühjahrs 1794 beseitigte er nacheinander alle Fraktionen, die ihn kritisierten: die Enragés, die Hébertisten, die von Danton angeleiteten Indulgents. Ihre Führer wurden alle hingerichtet. Vier Monate lang war Robespierre unangefochtener Diktator. Er ließ einen offiziellen »Kult der Verehrung des Höchsten Wesens« einrichten, dessen erstes Fest mit großem Pomp am 8. Juni in Paris gefeiert wurde. Mit Robespierres Herrschaft ging eine Verschärfung des Terrors einher. Allein in Paris fanden zwischen dem 10. Juni und dem 26. Juli 1376 Hinrichtungen statt.

Der 9. Thermidor

Dieser Blutrausch widerte die öffentliche Meinung um so mehr an, als zur gleichen Zeit die französischen Armeen durch ihre Siege die äußeren Gefahren zu beseitigen vermochten, die den Terror allenfalls hätten rechtfertigen können. Der Widerstand gegen den Terror wurde auch von jenen Revolutionären mitgetragen, die aus verschiedenen Gründen selbst das Schafott zu fürchten hatten. So bildete sich Anfang Juli eine Koalition aller Feinde Robespierres. Am 9. Thermidor (27. Juli) stellte der Konvent im Laufe einer Sitzung voller Tumulte und Dramatik den neuen französischen Cromwell und seine engsten Mitarbeiter selbst unter Anklage. Robespierre wurde jedoch durch die aufständische Kommune von Paris wieder aus dem Gefängnis befreit; in der Nacht drangen dann Streitkräfte des Konvents in das Rathaus ein und verhafteten Robespierre, der versucht hatte, sich selbst das Leben zu nehmen, von neuem. Am nächsten Tag wurde er mit seinen Anhängern zur Guillotine geführt und enthauptet.

Die Reaktion

Die Macht ging nun von den zahlenmäßig dezimierten Montagnards auf die Männer der Mitte über, die einem liberaleren Regime zuneigten und

mit der Masse der Franzosen in der Verurteilung der Diktatur übereinstimmten. Der revolutionäre Regierungsapparat wurde schnell abgebaut, die politischen Gefangenen wurden befreit oder amnestiert, während einige der grausamsten Terroristen aufs Schafott geschickt wurden. Der Staat stellte die religiöse Freiheit und Gleichheit wieder her und stoppte die Bezahlung der konstitutionellen Geistlichen.
Durch die Wiederherstellung der Wirtschaftsfreiheit stiegen die Lebenshaltungskosten steil nach oben. Das Volk von Paris befürchtete eine Verschlimmerung seiner ohnehin schon schlimmen Lage, und so nutzten die Überlebenden der Montagnards und der Enragés die Situation zu zwei Meutereien gegen den Konvent. Dieser wandte sich an die Armee mit der Bitte, die Sans-culottes in den Vorstädten vollständig zu entwaffnen.

Royalistische Reaktionen

Nun wagten die Royalisten, ihr Haupt wieder zu erheben. Im Rhônetal lieferten sich bewaffnete Banden dieser Richtung blutige Gefechte mit den Jakobinern. Ein von den Engländern bewaffnetes Emigrantenkorps wurde auf der Halbinsel Quiberon abgesetzt, aber es gelang ihm nicht, eine Verbindung zu den Aufständischen des Westens herzustellen; es wurde aufgerieben und gefangengenommen.
Die Mitglieder des Konvents bekamen es nun mit der Angst zu tun und beeilten sich, eine Verfassung zu verabschieden, die der Großbourgeoisie die Macht sichern sollte. Da sie wußten, daß in freien Wahlen die Republikaner hinweggefegt würden, beschlossen sie, daß zwei Drittel der neuen Abgeordneten aus den Mitgliedern der sich auflösenden Versammlung gewählt werden sollten. Diese Maßnahme empörte die Royalisten von Paris. Die nationalen Garden der bürgerlichen Viertel der Stadt erhoben sich und marschierten am 5. Oktober 1795 zum Konvent. Der Abgeordnete Barras übernahm das Kommando der regierungstreuen Truppen; mit Unterstützung des jungen Generals Bonaparte zerschlug er den Angriff auf den Konvent.

II. Der Krieg gegen die europäische Koalition

Erste Erfolge

Nachdem es den Streitkräften der Republik gelungen war, die erste Invasion zurückzuschlagen, bemächtigten sie sich im Laufe der letzten Monate des Jahres 1792 Nizzas, Savoyens sowie der deutschen Gebiete am linken Rheinufer und schließlich, nach einem großartigen Sieg von Dumouriez, ganz Belgiens. Diese sogleich in Departements aufgeteilten eroberten Gebiete wurden Frankreich auf der Grundlage der Theorie der natürlichen Grenzen sofort einverleibt.

Die europäische Koalition

England konnte die Besetzung Belgiens nicht hinnehmen. Die Hinrichtung Ludwigs XVI. lieferte ihm einen Vorwand für den Eintritt in den Krieg; die meisten anderen europäischen Staaten folgten und schlossen sich zu einer allgemeinen Koalition gegen das revolutionäre Frankreich zusammen.

Die Erhebung im Westen

Zu diesem Zeitpunkt wurde die französische Verteidigungsorganisation durch innere Unruhen geschwächt. Die gravierendste gab es im Bereich südlich der Loire; sie brach aus, als der Konvent dort Soldaten ausheben wollte. Die ungenau als »Vendéens« bezeichneten Aufständischen brachten sich in den Besitz mehrerer wichtiger Städte, doch sie scheiterten vor Nantes und erschöpften ihre Kräfte bei dem vergeblichen Versuch, Granville zu erobern, von wo aus sie englische Unterstützung hätten erhalten können. Die darauffolgenden Niederlagen bereiteten den Operationen der katholischen und royalistischen Truppen ein Ende. Der Aufstand setzte sich jedoch in mehreren Departements des Westens in Gestalt eines Partisanenkriegs fort, obwohl härteste Unterdrückungsmittel wie systematische Zerstörung und Tötung der zivilen Bevölkerung angewendet wurden.

Rückschläge

Die Hauptarmee der Koalition, die unter dem Befehl des Herzogs von Sachsen-Coburg in den Niederlanden operierte, fügte Dumouriez bei Neerwinden eine Niederlage zu. Da er seine Verhaftung befürchtete, versuchte Dumouriez seine Truppen gegen den Konvent zu führen und ging schließlich mit seinem Generalstab zum Feind über. Dieser Verrat führte zur Desorganisation der französischen Nordarmee, die Belgien in völliger Auflösung räumte.
Auch an den anderen Fronten: am Rhein, in den Alpen und den Pyrenäen, eroberten die feindlichen Streitkräfte das zu Beginn des Jahres 1792 verlorengegangene Terrain wieder zurück und drangen auf französisches Staatsgebiet vor. Im Sommer 1793 schien die Republik am Ende zu sein.

Carnot

Der unbändigen Energie des Wohlfahrtsausschusses gelang es jedoch in Verbindung mit der patriotischen Begeisterung eines Teils der Nation, die Situation wieder in die Hand zu bekommen. Organisator des Sieges war Lazare Carnot, ein Pionieroffizier, der zugleich Mitglied des Konvents und des Wohlfahrtsausschusses war. Durch die am 23. August 1793 verfügte allgemeine Mobilmachung *(levée en masse)* wurden alle ledigen Männer im Alter von 18 bis 25 Jahren zu den Fahnen gerufen. Frankreich konnte auf diese Weise eine wahrhaft nationale Armee aufstellen, die den Söldnertruppen der Feinde auch an Zahl überlegen war. Carnot sicherte den Zusammenhalt der Armee, indem er Einheiten der alten königlichen Armee mit jungen Freiwilligen und Wehrpflichtigen auffüllte. Auf allen Ebenen wurde die Disziplin wiederhergestellt. Die jungen, aus den Mannschaften aufgestiegenen Generale wandten kühne Offensiv-Strategien an, die die alten Berufsoffiziere ihrer Gegner verwirrten.

Die Befreiung des nationalen Territoriums

Die Rettung der Republik war zu einem guten Teil der Uneinigkeit innerhalb der Koalition zu danken, die es nie verstand, ihre Pläne und Maßnahmen zu koordinieren. 1794 zogen Preußen und Österreich sogar einen Teil ihrer Streitkräfte aus dem westlichen Operationsgebiet zu-

rück, um eine letzte Revolte der Polen zu zerschlagen und die Teilung dieses unglücklichen Landes endgültig zu besiegeln.
Die Gegenoffensive der republikanischen Armeen im Lauf der letzten Monate des Jahres 1793 erlaubte die Entsetzung von Dünkirchen und Maubeuge sowie die Zurückdrängung des Feindes hinter die Grenzen im Osten, in den Alpen und den Pyrenäen. Toulon wurde den Engländern nach einer langen Belagerung wieder entrissen; dabei zeichnete sich der junge Artilleriebefehlshaber Bonaparte besonders aus.

Neue Eroberungen

Im darauffolgenden Sommer schlug eine französische, von Jourdan befehligte Armee die unter dem Kommando des Herzogs von Sachsen-Coburg stehenden Österreicher in Fleurus. Damit fielen Belgien und die Rheinlande von neuem in französische Hand. Auch der Rhein wurde überschritten: Unter Ausnutzung eines strengen Winters, der Flüsse und Kanäle hatte zufrieren lassen, gelang es General Pichegru, Holland zu erobern. Gleichzeitig bedrohten die Franzosen auch Norditalien und Katalonien.

Die Verträge von 1795

Der König von Preußen, der wegen Polen in einen Konflikt mit Rußland geraten war, entschloß sich, mit der französischen Republik Frieden zu schließen. Im Vertrag von Basel vom 5. April 1795 erkannte er Frankreich das Recht auf Annexion aller Gebiete am linken Rheinufer zu.
Holland hatte sich unter französischem Druck eine demokratische und unitarische Verfassung gegeben. Im Vertrag von Den Haag am 16. Mai 1795 trat es die Gebiete südlich des Rheins an Frankreich ab.
Auch Spanien, das über das Vorgehen der Engländer in Westindien beunruhigt war, zog sich durch einen zweiten Vertrag von Basel am 22. Juli 1795 aus der Koalition zurück.
Damit war der Krieg zwar noch nicht beendet, aber das republikanische Frankreich, das dem verbündeten monarchischen Europa widerstanden hatte, konnte der Zukunft mit Vertrauen entgegensehen.

III. Das Direktorium (Oktober 1795 – November 1799)

Die Verfassung des Jahres III

Die neue Verfassung war so angelegt, daß sie die Diktatur eines Mannes oder einer Partei verhindern sollte. Das Wahlrecht sicherte einer Schicht begüterter Bürger die Macht. Die Wahlen sollten in zwei Stufen stattfinden: Auf der ersten sollten alle männlichen steuerpflichtigen Bürger, die über 25 Jahre alt waren, sogenannte Wahlmänner küren; es handelte sich um etwas weniger als 30000 Personen, die ein gewisses Vermögen besaßen; diese wiederum wählten auf der zweiten Stufe die gesetzgebenden Versammlungen und die lokalen Verwaltungen.
Die Legislative bestand aus zwei Kammern, von denen ein Drittel jährlich neu gewählt werden mußte: dem Rat der Fünfhundert, der Gesetzentwürfe zu beraten hatte, und dem Rat der Alten, der sie in Gesetze umwandelte; letzterer bestand aus 250 Mitgliedern von mindestens 40 Jahren, während man für den Rat der Fünfhundert mindestens 30 Jahre alt sein mußte.
Die Exekutive lag bei einem Direktorium aus fünf Mitgliedern, das aufgrund einer durch den Rat der Fünfhundert präsentierten Liste vom Rat der Alten ernannt wurde. Einer der fünf Direktoren mußte jedes Jahr ersetzt werden.
Da das Direktorium nicht das Recht hatte, die Räte aufzulösen, und diese wiederum nicht die Möglichkeit hatten, den Direktoren ihren Willen aufzuzwingen, blieb für den Fall eines Verfassungskonflikts der Staatsstreich die einzige Lösungsmöglichkeit.

Die innere Politik

Die Innenpolitik des Direktoriums wurde durch das eifrige Interesse ehemaliger Mitglieder des Konvents bestimmt, sich zusammen mit ihrem Anhang aus Nutznießern der Revolution an der Macht zu halten. Sie mußten in der Tat sowohl eine monarchische Restauration wie die Rückkehr zu einem populären Jakobinismus um jeden Preis vermeiden, denn in beiden Fällen hätten sie das Schafott oder den Verlust ihres inzwischen erworbenen Vermögens befürchten müssen.
In den ersten Wahlen hatten sie dank der Zweidrittel-Klausel noch die Mehrheit in beiden Versammlungen. Fünf der ihren bildeten das Direktorium, von denen nur einer, Jean-Paul Barras, bis zum Ende des Regimes blieb, ja es geradezu personifizierte. Dieser intelligente und mutige

provençalische Edelmann war aus materiellem Interesse zum Revolutionär geworden; er war das Abbild eines zynischen und korrupten Genießers.
Schon die Wahlen des Frühjahrs 1797 führten in beiden Räten zu einer Mehrheit der Royalisten. Das Direktorium eliminierte diese Mehrheit mit Unterstützung der Pariser Garnison. Man ließ die feindlichen Abgeordneten einfach verhaften und deportieren. Im darauffolgenden Jahr fielen die Jakobiner einer ähnlichen Operation zum Opfer. Das Regime verlor also seinen ursprünglich liberalen Anstrich bald wieder: Es gab Deportationen und Gefangennahmen. Auch der katholische Klerus sah sich erneuter Verfolgung ausgesetzt.

Die ökonomische und soziale Situation

Der Staat war durch den schlechten Zustand der Finanzen permanent gelähmt. Die miserabel bezahlten Beamten machten aus ihrem Einfluß ein Geschäft und verkauften Güter aus staatlichem Besitz. Vor allem in Paris kam es in der Gesellschaft der Neureichen zu einem allgemeinen Sittenverfall. Die ungehemmte Vergnügungssucht führte zu so extravaganten Moden wie den »Merveilleuses« und den »Muscadins«.
Die Entfaltung dieses Luxus stand in krassem Gegensatz zum Elend des einfachen Volkes. Die gärende Unruhe in der Pariser Bevölkerung fand ihren Sprecher in der Person von »Gracchus« François-Noël Babeuf, dem Begründer einer Gesellschaft der Gleichen; er predigte einen echten Kommunismus und bereitete einen Anschlag vor. Doch das Direktorium wurde rechtzeitig gewarnt und ließ Babeuf mit seinen Komplizen verhaften und hinrichten.

Der Krieg gegen Österreich

Dank der Schwächung der Koalition konnte Frankreich wieder zur Offensive übergehen. Als die französischen Streitkräfte die natürlichen Grenzen des Landes überschritten, verfolgte das Direktorium damit die Absicht, sich zum Zwecke der Anerkennung seiner neuen Grenzen in den Besitz von Faustpfändern zu setzen und sich Geld zu verschaffen. Doch es ließ sich bald in ein geradezu imperialistisches Abenteuer hineinreißen.
Der entschiedenste Gegner, nämlich England, war auf seiner Insel unangreifbar; so richtete Carnot den militärischen Hauptschlag gegen Öster-

reich. Im Frühjahr 1796 galt die Stoßrichtung der durch Süddeutschland marschierenden Armeen Moreaus und Jourdans der Kaiserstadt Wien, doch gelang es Erzherzog Karl von Österreich, die beiden Armeen getrennt zu schlagen und sie zur Rückkehr über den Rhein zu zwingen.
Die entscheidenden Erfolge wurden von der Italienarmee errungen, die zunächst nur auf einem Nebenschauplatz operieren sollte: Ein junger, 27jähriger General namens Napoleon Bonaparte schneidet mit 30000 Soldaten, die er mit einer verblüffenden Schnelligkeit operativ einsetzt, die Österreicher von ihren Verbündeten in Piemont ab und zwingt die Piemontesen am 7. Mai zur Unterzeichnung eines Waffenstillstandes. Der Sieg bei Lodi öffnet Napoleon die Poebene und das Gebiet von Mailand. Er schließt die Besiegten in Mantua ein und schlägt nacheinander vier aus dem Norden zu Hilfe eilende Armeen: Es sind die Siege von Castiglione, Bassano, Arcole und Rivoli. Nach der Kapitulation von Mantua ist ganz Norditalien in seiner Hand.
Unter Mißachtung der Befehle des Direktoriums stößt Napoleon mit seiner Armee über die Alpen vor und gelangt bis auf 100 Kilometer vor Wien. Die bestürzten Österreicher bitten um einen Waffenstillstand, der zu Leoben in einen Vorfriedensvertrag umgewandelt wird.

Der Friede von Campoformio

Der endgültige Vertrag wird am 18. Oktober 1797 in Campoformio unterzeichnet. Österreich anerkennt darin den französischen Besitz Belgiens entlang der Rheingrenze. Ein in Rastatt abzuhaltender Kongreß soll über die Ansprüche der betroffenen deutschen Fürsten befinden. In Italien erhält Österreich den größten Teil des Gebiets der ehrwürdigen Republik Venedig, welche Bonaparte unter einem falschen Vorwand total liquidiert hat; dies ist der Preis für Österreichs Anerkennung der großen, durch Bonaparte herbeigeführten Veränderungen in Norditalien. Es handelt sich um die Schaffung einer Cisalpinen (Mailand) und einer Ligurischen (Genua) Republik, die beide durch die Ähnlichkeit ihres politischen Systems und durch Bündnisverträge eng an Frankreich angeschlossen sind.

Die Expedition nach Ägypten

Bei seiner Rückkehr nach Frankreich wurde Bonaparte wie ein Held empfangen. Seine große Popularität erschien dem Direktorium gefährlich; um ihn abzuschieben, gab man ihm die Mittel, eine fantastische Unternehmung durchzuführen, die er ersonnen hatte, um seinen Ruhm zu mehren: die Eroberung Ägyptens. Am 19. Mai 1798 stach das Expeditionskorps von Toulon aus ins Meer. Es handelte sich um eine Flotte von 55 Kriegsschiffen und 280 Transportern mit 38000 Mann Elitetruppen sowie Hunderten von Administratoren, Gelehrten, Künstlern und Schriftstellern – also allem, was es brauchte, um einen modernen Staat zu errichten.

Die Expedition bemächtigte sich auf dem Hinweg der Insel Malta und landete ohne Schwierigkeiten am 1. Juli in der Nähe von Alexandria. In einer einzigen Schlacht vor den Toren Kairos, die man die Pyramidenschlacht nennt, gelang es Bonaparte, das Militärsystem der Mameluken, die die wahren Herren des Landes waren, zu zerbrechen. Einige Tage später wurde die französische Flotte jedoch in der Bucht von Aboukir vom englischen Admiral Nelson überrascht und fast völlig vernichtet. Nun waren die Franzosen in ihrem eroberten Gebiet eingeschlossen. Bonaparte richtete sich auf eine zeitlich unbegrenzte Besetzung des Landes ein.

Doch der Sultan, der theoretische Herrscher über Ägypten, hatte den Franzosen den Krieg erklärt und in Syrien eine Armee zusammengestellt. Bonaparte entschloß sich, ihm entgegenzumarschieren, vielleicht in der Hoffnung, an die legendären Taten Alexanders des Großen anknüpfen zu können und auf dem Umweg über Konstantinopel nach Europa zurückzukehren. Nachdem er die Sinaiwüste durchquert und in Palästina eine türkische Armee geschlagen hatte, biß er sich an der Festung von Saint-Jean-d'Acre fest. Er mußte unter Zurücklassung von vielen Soldaten nach Ägypten zurückkehren.

Die Nachrichten, die ihn wenig später aus Frankreich erreichten, veranlaßten ihn, am 22. August 1799 heimlich nach Frankreich zurückzufahren. Er überließ die Männer, die er in das Abenteuer hineingezogen hatte, einfach ihrem Schicksal. Sein Nachfolger, der tapfere General Kléber, starb am 14. Juni 1800 aus Mörderhand. Nach einer demütigenden Kapitulation wurden die Reste des Expeditionskorps durch die Engländer nach Frankreich zurückgebracht.

Obwohl dieses fantastische Unternehmen in seiner unmittelbaren Auswirkung verheerend war, blieb es nicht ganz fruchtlos; es brachte Ägypten unter den Einfluß der französischen Kultur, der bis zum Beginn des 20. Jahrhunderts wirksam bleiben sollte.

Die zweite Koalition

Dank der Nachricht über die verheerende Niederlage der Franzosen vor Aboukir konnte England wieder Verbündete auf dem Kontinent finden; und dies um so mehr, als das Direktorium seine imperialistische Politik in Gestalt der Schaffung von sogenannten Schwesterrepubliken fortgesetzt hatte, so in Neapel, in der Schweiz, im Kirchenstaat. Papst Pius VI. war entführt und nach Valance in Frankreich gebracht worden, wo er am 29. August 1799 starb.
Dieses Mal erhielt Österreich die aktive Unterstützung des Zaren Paul I., der eine von Suworow, einem kühnen Taktiker und großen Heerführer, befehligte Armee nach Italien entsandte. Die herumgestoßenen französischen Streitkräfte verloren nun ganz Italien. Immerhin gelang es General Masséna, die Russen in der Schlacht von Zürich am 25. und 26. September 1799 zum Einhalten zu bringen. Kurz darauf zwang General Brune ein in Holland gelandetes englisch-russisches Armeekorps zur Kapitulation.

Das Ende des Direktoriums

Napoleon war wie durch ein Wunder den englischen Fregatten entkommen und am 9. Oktober 1799 in Fréjus gelandet. Zwar rechtfertigte die militärische Lage sein Eingreifen nicht mehr, doch kam er genau richtig, um den allgemeinen Widerwillen des Publikums gegen das direktoriale System für sich nützen zu können. Das Regime war durch seine innere Uneinigkeit ausgehöhlt; auf der Rechten drohten neue royalistische Aufstände, auf der Linken ein Wiedererwachen des Jakobinismus, und das System schien in einen Zustand der Anarchie abzugleiten. Die ehemaligen Thermidorianer und auch zwei der Direktoren, Sieyès und Ducos, glaubten, ihre Republik nur durch eine Verstärkung der exekutiven Gewalt mittels einer neuen Verfassung retten zu können.
Der enthusiastische Empfang, den die Pariser Bevölkerung dem General Bonaparte am 14. Oktober bereitete, zwang diese Revisionisten, sich seiner für die Durchführung ihrer Pläne zu bedienen. Man hatte alles wohl vorbereitet, um dem Staatsstreich den Anschein der Legalität zu verleihen: Gemäß dem vorgesehenen Plan reichen am 18. Brumaire, dem 9. November, drei der Direktoren ihren Rücktritt ein; die Räte beschließen unter dem Vorwand einer erfundenen Verschwörung ihre Verlegung nach Saint-Cloud; Bonaparte wird zum Militärkommandanten von Paris ernannt.

Aber die Jakobiner in der Versammlung der Fünfhundert reagieren einen Tag darauf mit großer Heftigkeit und wollen Bonaparte jeden Rechtsschutz verweigern. Der selbst vor den Abgeordneten erschienene General wird heftig angegriffen. Schließlich werden die Abgeordneten von den Grenadieren der legislativen Körperschaft aus dem Saal gejagt; sie unterstehen dem Kommando von Lucien Bonaparte, der Präsident der Versammlung der Fünfhundert ist. Die übriggebliebenen Mitglieder der beiden Räte beschließen die Übertragung der Macht an drei provisorische Konsuln: Bonaparte, Sieyès und Ducos, bis zum Zeitpunkt des Inkrafttretens einer neuen Verfassung.
So haben die Revisionisten, die die bürgerliche Republik stärken wollten, der Diktatur den Weg geebnet.

18 Napoleon

Die Revolution hatte die alten Formen zerschlagen, aber es war ihr nicht gelungen, die Freiheit und Gleichheit zu festigen, und die republikanischen Regierungen hatten sich als unfähig erwiesen, Frieden und Ordnung zu sichern. Die notwendige und fatale Reaktion brachte eine außergewöhnliche Persönlichkeit an die Macht, Napoleon Bonaparte. Die von ihm gegründete diktatorische Monarchie sollte die sozialen Ergebnisse der Revolution bestätigen und festigen, brachte aber eine vorübergehende Aufhebung der politischen Erfolge dieser Revolution. Die maßlosen politischen Ambitionen des Kaisers führten schließlich zu einem Zusammenbruch, aus dem Frankreich geschwächt und ruiniert hervorging und sogar die territorialen Erfolge der Revolution preisgeben mußte.

I. Das Konsulat Bonapartes (1799–1804)

Der Aufstieg Bonapartes

Nur die ungeheure Umwälzung der französischen Revolution machte ein so außerordentliches Schicksal wie das Napoleon Bonapartes möglich. Er wurde am 15. August 1769 als Sohn einer adligen, aber armen Familie in Ajaccio auf Korsika geboren, das ein Jahr zuvor in den Besitz Frankreichs gelangt war. Als königlicher Stipendiat der Militärschule von Brienne war er bereits mit sechzehn Jahren Unterleutnant der Artillerie. Nach 1789 versuchte er sich in einer politischen Rolle auf Korsika, aber die separatistische Partei erwies sich als stärker als die Gruppe der Jakobiner, der Bonaparte angehörte. Dieser mußte samt seiner ganzen Familie nach Frankreich flüchten. Seine entscheidende Rolle bei der Belagerung von Toulon trug ihm den Rang eines Brigadegenerals und die Freundschaft des späteren Direktoriumsmitglieds Barras ein. Nach dem Fall Robespierres lebte er in Paris in einem Zustand halber Ungnade, bis Barras ihn holte, um einen Royalistenaufstand zu unterdrücken. Herrn Barras verdankte Bonaparte auch den Oberbefehl über die Italienarmee und schließlich seine Ehe mit einer verführerischen Kreolin namens Joséphine Tascher de la Pagerie, der Witwe eines Generals de Beauharnais und früheren Mätresse des Direktors Barras.

Das Haus Bonaparte*

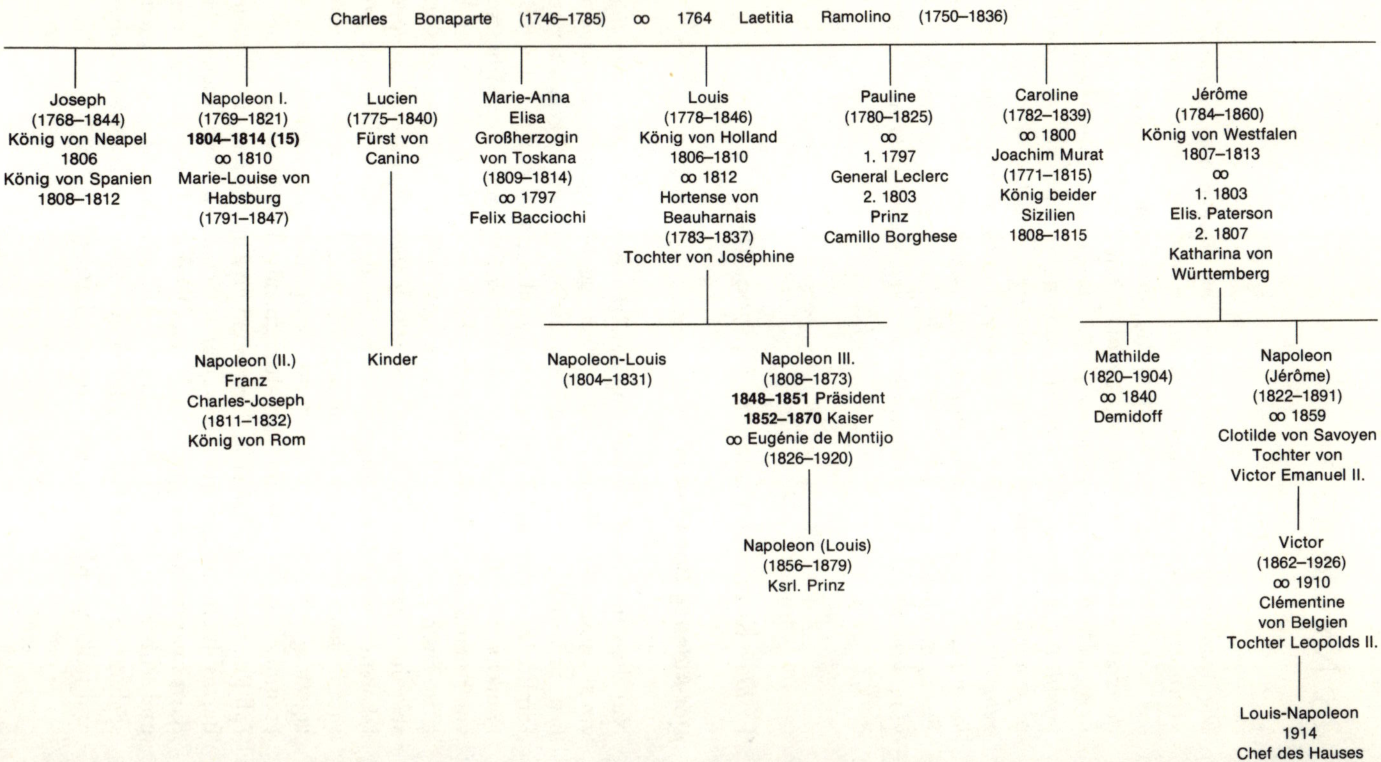

Die Verfassung des Jahres VIII

Die praktisch von Bonaparte diktierte neue Verfassung wurde schon am 25. Dezember 1799 in Kraft gesetzt. Das Plebiszit, das die geschaffenen Verhältnisse bestätigen sollte, fand erst im darauffolgenden Februar statt. Von sieben Millionen Wählern gab es immerhin nur drei Millionen Ja-Stimmen; die anderen hatten es vorgezogen, sich zu enthalten.
Dies war Napoleons einzige Konzession an das Prinzip der Volkssouveränität; im übrigen sollte sich die Beteiligung der Bürger bei Wahlen auf die Aufstellung von Notabelnlisten auf den verschiedenen Ebenen der Gemeinde, der Departements und der Nation beschränken.
Mittel- und Angelpunkt des Systems war der *erste Konsul*, der für die Dauer von zehn Jahren über die gesamte exekutive Gewalt verfügte und auch über einen Teil der Legislative, da er Gesetze vorschlagen und sie verkünden konnte. Die beiden anderen Konsuln hatten eine nur dekorative Funktion.
Die Rolle des *Senats* war kaum weniger bedeutsam. Diese Versammlung von achtzig auf Lebenszeit ernannten Mitgliedern wurde ursprünglich von Bonaparte und Sieyès zusammengesetzt. Der Senat galt als der Hüter der Verfassung und war auch der eigentliche Wahlkörper, weil er anhand einer Liste von nationalen Notabeln die Konsuln und die Mitglieder der beiden Legislativversammlungen bestimmte: das aus hundert Mitgliedern bestehende *Tribunat*, das die Gesetzentwürfe diskutierte, ohne über sie abzustimmen, und das aus dreihundert Mitgliedern bestehende *Corps législatif*, das die vom Tribunat übermittelten Gesetzentwürfe akzeptierte oder verwarf, sie jedoch nicht diskutieren durfte.
Der Staatsrat, eine Wiedererweckung des alten königlichen Rates, war eine Art »brain-trust« für den ersten Konsul zwecks Vorbereitung von Gesetzen und Erlassen und gleichzeitig ein Verwaltungsgericht.

Wiederherstellung der Ordnung

Das Gesetz vom 17. Februar 1800 sicherte die Herrschaft der Zentralregierung über das ganze Land und erstickte für lange Zeit die Ausübung der Demokratie auf lokaler Ebene, wo man sie hätte lernen können. In allen Gebietskörperschaften: Departements, Arrondissements (sie ersetzen die Distrikte) und Gemeinden wurde die Macht nicht von gewählten Vertretern, sondern von staatlichen Funktionären ausgeübt, die von der Zentrale ernannt wurden, also durch Präfekten, Unterpräfekten und Bürgermeister.

Durch den Willen des ersten Konsuls kam das große Werk der Vereinheitlichung der verschiedenen Gesetzbücher, die vor 1789 Geltung hatten, zu einem positiven Abschluß. Der *Code civil,* das am 21. März 1804 verkündete bürgerliche Gesetzbuch, erwies sich als besonders geeignet, die Prinzipien der Revolution durch ganz Europa zu tragen.
Das Vertrauen in den Staat als Kreditgeber kehrte wieder zurück, bei den Steuereinnahmen herrschte von neuem Ordnung und Strenge; so kam es zu einer fast wundersamen Wiederherstellung der öffentlichen Finanzen. Die wichtigsten Bankiers von Paris wurden ermuntert, sich zur Schaffung einer *Banque de France* zusammenzuschließen, die den Auftrag hatte, gewisse Operationen für die Staatskasse durchzuführen, und mit dem Privileg ausgestattet war, Papiergeld drucken zu lassen.

Die nationale Wiederversöhnung

Bonaparte machte deutlich, daß er die besten Elemente der alten und der neuen Gesellschaft im Dienste des Landes wieder zusammenführen wollte. So setzte er seine Verwaltung aus Republikanern und gemäßigten Royalisten zusammen. Die politischen Gefangenen wurden befreit, die Emigranten konnten zurückkehren, und die Aufständischen im Westen wurden durch eine sinnvolle Mischung von Konzessionen und Härte entwaffnet.
Das Werk der inneren Befriedung fand seinen bedeutsamsten Ausdruck in dem am 16. Juli 1801 in Paris unterzeichneten Konkordat, das die Versöhnung der katholischen Kirche mit dem revolutionären Frankreich besiegelte. Der Papst akzeptierte darin die Verstaatlichung der kirchlichen Güter; die Diözesen sollten sich in ihrer Größe der politischen Gliederung nach Departements anpassen; nach dem Verfahren der alten Monarchie sollte ein neuer Episkopat gebildet werden, d.h., der Staat ernennt die Bischöfe, der Papst verleiht ihnen die geistliche Macht. Der katholische Gottesdienst genießt den Schutz des Staates, die Geistlichkeit wird vom Staat bezahlt.
In den Versammlungen, ja sogar in der Regierung kam es zu einer lebhaften Opposition gegen dieses Arrangement. Um sie zu besänftigen, ließ Bonaparte in eigener Machtvollkommenheit dem Konkordat die sogenannten organischen Artikel hinzufügen, die die Kirche im Geist des alten Gallikanismus enger an den Staat banden. Bonaparte ging sogar noch weiter, denn er betrachtete die Geistlichkeit als eine Art moralischer Polizei, die den Auftrag hatte, die Unterwürfigkeit des Volkes sicherzustellen.

Die äußere Befriedung

Durch die französischen Niederlagen des Sommers 1799 waren die Österreicher praktisch die Herren Norditaliens geworden. Im Frühjahr 1800 war nur noch das von General Masséna verteidigte Genua in französischer Hand; es wurde jedoch durch die Armee des österreichischen Generals Melas belagert. Bonaparte überschritt überraschend den für unüberwindbar gehaltenen Paß am Großen Sankt Bernhard; er erschien plötzlich im Rücken der Österreicher und marschierte ohne Behinderung nach Mailand ein. Melas war nun in der Gefahr, eingeschlossen zu werden, und zog sich eilig nach Osten zurück. Er stieß am 14. Juni in der Ebene von Marengo auf die Armee Bonapartes, wurde geschlagen und mußte einen Waffenstillstand unterzeichnen.
Die daraufhin eingeleiteten Friedensverhandlungen führten zu keinem Ergebnis, so daß die Feindseligkeiten gegen Ende November 1800 wieder ausbrachen. Der von General Moreau am 3. Dezember bei Hohenlinden in Bayern erfochtene große Sieg zwang Österreich schließlich, sich den von Bonaparte diktierten Bedingungen zu beugen.
Im Frieden von Lunéville vom 9. Februar 1801 wurde Frankreich von neuem das linke Rheinufer zugesprochen; Österreich mußte Italien Bonaparte überlassen, der dort die Grenzen und Regierungen nach seinem Gutdünken veränderte und einsetzte.
Da sich mittlerweile auch Rußland aus der Koalition zurückgezogen hatte, war England isoliert und vor großen wirtschaftlichen Schwierigkeiten. Der liberale und pazifistische Premierminister Addington trat an die Stelle von Pitt, der ein unversöhnlicher Feind Frankreichs gewesen war. Die Feindseligkeiten wurden am 1. Oktober durch einen Vorfrieden beendet. Obwohl der am 25. März 1802 unterzeichnete Friedensvertrag voller Zweideutigkeiten steckte, wurde er in beiden Ländern begrüßt.

Das Konsulat auf Lebenszeit

Dank dem neuen Frieden erreichte das Prestige des ersten Konsuls einen Höhepunkt. Napoleon nutzte die Situation, um seine persönliche Macht zu festigen. Zunächst ließ er sich zum Konsul auf Lebenszeit ausrufen. Sodann wurde die Verfassung geändert, um die Rolle der legislativen Versammlungen noch weiter zu schwächen und die Stellung des ersten Konsuls und des Senats zu stärken. Der Senat konnte von nun an die Verfassung durch einen einfachen Senatsbeschluß (*sénatus-consulte*) ohne ein Votum seitens des Volkes ändern.

Royalistische Verschwörungen

Die Royalisten hatten zunächst gehofft, Bonaparte würde sein Werk durch die Restauration der Monarchie der Bourbonen krönen. Aber er wies die Ansprüche des Kronprätendenten hochmütig zurück. Extremisten griffen nun zu Mitteln der Gewalt: Ein erstes Attentat war am 24. Dezember 1800 gescheitert; im August 1803 kam Georges Cadoudal, einer der Führer der bretonischen Widerstandsbewegung, insgeheim nach Paris, um die Beseitigung Bonapartes vorzubereiten, und nahm Kontakt mit einigen Feinden der Diktatur auf. Das Komplott wurde entdeckt. Cadoudal wurde in der im Belagerungszustand befindlichen Stadt gehetzt, verhaftet und später zusammen mit sieben seiner Komplizen hingerichtet.
Bonaparte dehnte seine »Vendetta« (Rache) auch auf die Familie Bourbon aus. Er ließ den Herzog von Enghien, der nahe der Grenze im Großherzogtum Baden lebte, entführen, ins Gefängnis nach Vincennes verbringen und nach einem Scheinurteil erschießen. Dieser Mord führte in Verbindung mit der Verletzung fremden Territoriums zur Empörung der ausländischen Höfe wie der französischen Royalisten.

Bonaparte als Kaiser

Andererseits gewann Napoleon damit die alten Feinde des Königtums im Senat für seine Sache, die nun bereit waren, der Umwandlung der konsularischen Diktatur in eine neue Monarchie zuzustimmen. Eine Senatsentscheidung vom 18. Mai 1804, die man auch die Verfassung des Jahres XII nennt, proklamierte Bonaparte unter dem Namen Napoleon I. zum erblichen Kaiser. Napoleon wollte seinem kaiserlichen Titel eine doppelte Weihe zuteil werden lassen:
1. durch ein Plebiszit, das ihm 500000 Stimmen mehr eintrug als das von 1800,
2. durch einen religiösen Weiheakt, der die Krönung der französischen Könige in Reims in den Schatten stellen sollte. Als Nachfolger Karls des Großen, als den er sich verstand, brauchte er dafür den Papst und die Krönung in der eigenen Hauptstadt. Pius VII. unterwarf sich diesem unerhörten Ansinnen; die prunkvolle und theatralische Zeremonie der Salbung des Kaisers durch den Papst fand am 2. Dezember 1804 in der Kathedrale Nôtre-Dame von Paris statt.

II. Frankreich als Kaiserreich (1804–1814)

Despotismus

Nie hat Frankreich eine stärkere Konzentration der Macht in den Händen eines einzigen Mannes erlebt als zu Zeiten Napoleons. Der Kaiser beschäftigte sich dank seiner schnellen, durchdringenden, findigen Intelligenz und seiner enormen Arbeitskraft mit den kleinsten Details. Seinen Untergebenen war weder ein Widerspruch, geschweige denn Widerstand möglich. Minister und Generale waren bloße Agenten zur Übermittlung und Ausführung von Befehlen. Unter ihnen hatten nur zwei das Format, eine persönliche Politik zu betreiben: Talleyrand im Auswärtigen Dienst und Fouché bei der Polizei.
Fouché hat die Netze des ersten Polizeistaates der modernen Ära über das ganze Land ausgebreitet. Er verfügt über ein Heer von amtlichen und geheimen Informanten; sein »schwarzes Kabinett« kontrolliert die private Korrespondenz, seine Zensur alle Druckereierzeugnisse, die in Paris auf vier Organe geschrumpften Tageszeitungen und die Theatervorstellungen. Ein Befehl des Kaisers oder des Polizeiministers, ja sogar eines Präfekten reicht aus, um eine Person verhaften zu lassen oder sie zu zwingen, sich an einem ihr zugewiesenen Ort aufzuhalten.
Zu Beginn des Jahres 1814 betrug die Zahl der Personen, die ohne Gerichtsurteil in den Gefängnissen des Staates saßen, 2500. Diese Zahl ist natürlich weit niedriger als die in der Zeit des revolutionären Terrors und als die Zahlen, die wir seither in vielen anderen Staaten kennengelernt haben. Napoleon war intelligent oder menschlich genug, um zu erkennen, daß er durch eine begrenzte Repression die gleiche Wirkung erzielen konnte wie durch den Terror, ohne indessen die öffentliche Meinung gegen sich aufzubringen.

Eine neue Aristokratie

Schon in der Zeit seines Konsulats hatte Napoleon versucht, eine neue, allein auf Verdienst beruhende Aristokratie zu schaffen, die Ehrenlegion; sie wurde faktisch zu einer bloßen Auszeichnung. Die Gründung des Kaiserreiches (Empire) führte zur Einrichtung eines der alten Monarchie nachempfundenen Hofes mit einem entsprechenden Sortiment an Kämmerern, Ehrendamen, Pagen, Junkern und Offizieren. Napoleon wollte eine hierarchische Ordnung des Adels schaffen: An der Spitze standen die zu französischen Fürsten erhobenen, großzügig dotierten

Mitglieder der Familie Bonaparte. Danach kamen dreißig erbliche Lehen, die vor allem in Italien geschaffen wurden und ihren Besitzern die Titel eines Fürsten oder Herzogs eintrugen (Talleyrand z.B. war Fürst von Benevent). Im übrigen waren die Hauptfunktionen im Staat und im Militär mit Adelstiteln wie Graf und Baron verknüpft. So entstanden von neuem die sozialen Ungleichheiten, die durch die Revolution abgeschafft worden waren.

Die Gesellschaft

Gleichwohl sollte das napoleonische System maßgeblich zum Erstarken der Bourgeoisie beitragen. Die politischen Institutionen gaben jedem Bürger die Möglichkeit, am öffentlichen Leben zu partizipieren, und verschafften ihm auch praktisch den Zugang zur Verwaltung und zum Bildungswesen. Dieses wurde in der kaiserlichen Universität und ihren Schulen zusammengefaßt.
Auch die allgemeine Prosperität und die Förderung der Banken, der Kaufleute und der Industriellen trugen zum Aufschwung des Bürgertums bei. Auf dem Lande wurden die nationalen Güter unter der Bevölkerung verteilt; dank dem neuen bürgerlichen Recht wurde das Erbe an alle Nachkommen gleichmäßig verteilt, so daß die Zahl der kleinen Eigentümer zunahm.
Die rechtliche Lage der Arbeiterschaft änderte sich nicht, ganz im Gegenteil. Zu den Einschränkungen des Gesetzes Le Chapelier trat hinzu, daß jeder Arbeiter ein Arbeitsbuch führen mußte, ohne das er sich nicht anstellen lassen oder seine Stellung verändern konnte. Immerhin verbesserte sich die materielle Lage ein wenig, da die Lohnerhöhungen über den Steigerungen der Lebenshaltungskosten lagen.

Wirtschaftliche Prosperität

Mit Ausnahme einer Krise im Jahre 1812 erlebte die französische Wirtschaft unter Napoleon eine Periode der Prosperität. Dazu trug bei:
- eine spürbare, insgesamt 18 Prozent ausmachende Erhöhung der Preise, was den Produzenten einen Anreiz bot;
- die Vereinheitlichung des nationalen Marktes durch das metrische System;
- die Stabilität der neuen Währungseinheit, des Franc, der einem Gewicht von fünf Gramm Silber entsprach;

- der Zustrom geraubter Reichtümer aus den eroberten Gebieten;
- die Kontinentalsperre, die den doppelten Effekt hatte, in Frankreich die ausländische Konkurrenz auszuschalten und den französischen Markt nach Europa auszuweiten;
- der Aufschwung der Industrie durch Aufträge von seiten der Armee, des kaiserlichen Hofes und der Neureichen;
- schließlich die großen Unternehmungen der öffentlichen Hand, die sowohl strategischen Gesichtspunkten wie solchen des Prestiges entsprachen; Napoleon wollte aus Paris eine dem antiken Rom vergleichbare Hauptstadt machen, die durch die Majestät ihrer Denkmäler (Triumphbögen, Säulen, Statuen) und durch ihre moderne technische Ausstattung beeindrucken sollte.

Die Opposition

Trotz alledem gelang es dem napoleonischen Regime nie, eine in allen Klassen verbreitete, diffuse Opposition zum Schweigen zu bringen. Die Bürgerlichen ertrugen das die Meinungsfreiheit unterdrückende militärische und polizeiliche Joch immer ungeduldiger. Das gemeine Volk lebte wegen der Verbrauchssteuern und der Wehrpflicht in Angst und Schrecken, und bis in die höchsten Regierungsbereiche hinein fanden sich Leute, die die Politik ständiger Kriege und Eroberungen verurteilten. Schließlich entfremdete die brutale Politik Napoleons gegenüber dem Papst ihm auch die Geistlichkeit und die Masse der Katholiken, deren Dankbarkeit er sich zunächst durch das Konkordat von 1801 gesichert hatte. Im Mai 1809 hatte der Kaiser unter dem Vorwand, der von ihm angeordneten Kontinentalsperre Respekt zu verschaffen, die Annexion Roms und des Kirchenstaates verfügt. Pius VII. antwortete mit der Exkommunikation des Kaisers. Daraufhin wurde der katholische Oberhirte in der Nacht des 6. Juli 1809 durch ein französisches Kommando aus seinem Palast entführt und in Savona gefangengesetzt; später, im Mai 1812, ließ Napoleon ihn heimlich nach Fontainebleau schaffen. Pius VII. kam erst zu Beginn des Jahres 1814 wieder frei. Vor allem hatte der Papst den Kaiser dadurch verärgert, daß er die Legitimität seiner zweiten Ehe angezweifelt hatte, und mehr noch durch seine Weigerung, die von Napoleon ernannten Bischöfe mit einem geistlichen Auftrag zu versehen. Napoleon wollte diese Schwierigkeit umgehen, indem er ein Konzil von Bischöfen seines Reiches zusammenrief, doch diese solidarisierten sich mit dem Heiligen Stuhl: unter ihnen auch der leibliche Onkel des Kaisers, der Erzbischof von Lyon, Kardinal Fesch.

III. Die napoleonischen Kriege

Gegen England

Die britischen Kaufleute waren mit dem Frieden von Amiens sehr bald unzufrieden, da er es dem französischen Handel erneut ermöglichte, den Briten Konkurrenz zu machen. Englands Politiker waren über die fieberhafte Aktivität Bonapartes beunruhigt, der auf dem Schachbrett der Welt ständig die Figuren verschob. So hatte er z. B. eine starke Expedition zur Wiedereinnahme der Insel Santo Domingo ausgeschickt und andererseits von den Spaniern die Herausgabe des ehemaligen französischen Louisiana erwirkt, wofür er im Ausgleich einen spanischen Prinzen auf den Thron der Toskana setzte. Ein Konflikt über Malta, welches England unter Verletzung des Vertrags von Amiens nicht herauszugeben bereit war, diente als Vorwand für den von beiden Seiten gewünschten Bruch.
Bonaparte nahm sein Projekt einer Invasion Englands von neuem auf; er versammelte 150000 Soldaten und 1200 Transportschiffe in Boulogne. Doch infolge von Übermittlungsschwierigkeiten gelang es den vereinigten französisch-spanischen Flotten nicht, ihre Bewegungen so zu koordinieren, daß sie zur rechten Zeit die Kontrolle des Ärmelkanals erlangen konnten. Mitte August 1805 erfuhr Napoleon das Scheitern eines letzten Manövers seiner Flotten und gleichzeitig auch die Bildung der dritten Koalition. Er gab nun sein Invasionsprojekt auf, um seine Armee auf dem Kontinent gegen die Gegner in Marsch zu setzen.
Die großen Operationen der Flotten beider Seiten fanden ihr Ende in der berühmten Schlacht von Trafalgar, in der die britische Flotte unter dem Kommando des Admirals Nelson eine französisch-spanische Flotte von 33 Schiffen vernichtete. Danach konnte auch der auf dem Land siegreiche Napoleon nicht mehr hoffen, England zu schlagen.

Die dritte Koalition

Die Mächte des europäischen Festlandes waren beunruhigt über die Kühnheit, mit der Napoleon in den Nachbarländern Veränderungen herbeiführte, die der Festigung seiner Hegemonie dienen sollten. Bonaparte hatte sich im Jahr 1803 den Titel eines »Vermittlers« der schweizerischen Eidgenossenschaft zuerkennen lassen; die Struktur des deutschen Reiches wurde durch den sogenannten Reichsdeputationshauptschluß vom Februar 1803 völlig durcheinandergeworfen; die Zahl der

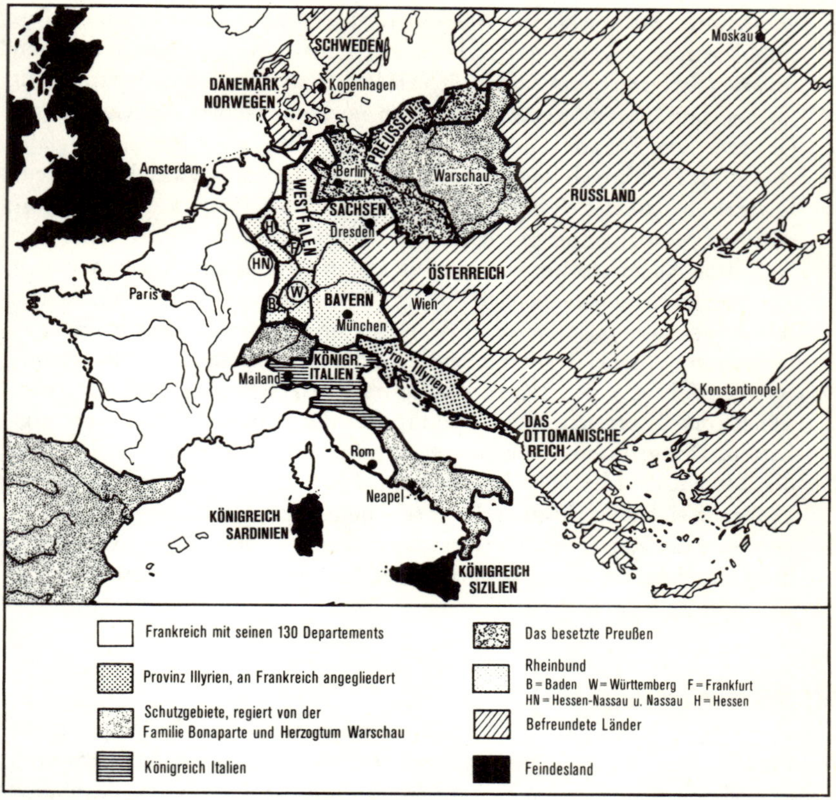

Europa zur Zeit der napoleonischen Kriege

souveränen Staaten wurde von 360 auf 82 reduziert. Die Cisalpine Republik wurde in vergrößerter Form zur Italienischen Republik erhoben und im Jahre 1805 zum Königreich erklärt; Napoleon ließ sich zum König krönen und verleibte Frankreich auch noch das Gebiet von Genua ein. Der russische Zar Alexander I. verband sich vertraglich mit den Engländern, um Frankreich wieder auf seine alten Grenzen zurückzuwerfen. Österreich schloß sich der Koalition im Sommer 1805 an; auch Schweden und Neapel traten ihr bei.
Auf diese Nachricht hin verlegte Napoleon seine große Armee von den Küsten des Ärmelkanals nach Bayern. Er umzingelte die österreichische Armee des Generals Mack und zwang sie am 20. Oktober in Ulm zur Kapitulation. Ohne Halt stürmte die französische Armee die Donau hinunter, bemächtigte sich Wiens und marschierte sodann gegen die russischen und österreichischen Streitkräfte, die sich in Mähren vereinigt hatten. Der großartige Sieg von Austerlitz am 2. Dezember 1805 ist als die Modellschlacht Napoleons in die Militärgeschichte eingegangen. Während sich die Trümmer der russischen Armee nach Osten zurückzogen, war der Kaiser von Österreich gezwungen, den Frieden von Preßburg zu schließen; darin verzichtete er auf alle seine Besitzungen in Italien und im Süden Deutschlands.

Die vierte Koalition

Preußen war abseits geblieben, denn Napoleon hatte ihm die Abtretung des schon 1803 dem englischen König entrissenen Hannover versprochen, wenn es neutral bliebe. Doch am Berliner Hof war eine starke antifranzösische Partei aktiv. Napoleon gab ihr Argumente an die Hand, indem er die deutsche Landkarte ganz ungeniert ummodelte. Das alte Römische Reich deutscher Nation verschwand, es wich einem Rheinbund, der die Staaten im Süden und Westen Deutschlands unter der höchsten Autorität eines Protektors zusammenfaßte, der den Auftrag hatte, die äußere Politik dieser Staaten zu bestimmen und ihre Armeen zu befehligen; dieser war aber kein anderer als Napoleon. Zu diesem Bund gehörte auch ein neuer, auf der rechten Rheinseite geschaffener Staat, das Großherzogtum Berg, das Murat, dem Schwager des Kaisers, übertragen wurde. Auch andere Mitglieder des kaiserlichen Clans wurden damals mit Kronen bedacht: Joseph, der ältere Bruder, wurde König von Neapel; Ludwig, der jüngere, König von Holland; der Stiefsohn, Eugen de Beauharnais, wurde Vizekönig von Italien und Schwiegersohn des Königs von Bayern.

Im Sommer des Jahres 1806 führte König Friedrich Wilhelm III. von Preußen geheime Verhandlungen mit Rußland; am 1. Oktober forderte er Napoleon auf, Deutschland bis zum Rhein zu räumen. Der Kaiser war in Bamberg, als er am 7. Oktober das Ultimatum erhielt; schon am 14. war die preußische Armee in der Doppelschlacht von Jena und Auerstädt vernichtend geschlagen. Napoleon zog am 27. Oktober in Berlin ein.
Blieben die Russen. Napoleon hatte im Laufe des Dezember einen Teil Polens besetzt. Im stärksten Winter machte eine russische Armee den Versuch, das belagerte Danzig zu befreien; Napoleon sammelte rasch seine Streitkräfte und stellte die Russen in Eylau, wo es am 8. Februar 1807 bei einem Schneesturm zu einer unentschiedenen, blutigen Schlacht kam.
Der Kaiser ging nach Warschau zurück, brachte seine Armee wieder in Ordnung und ergriff im Frühjahr seinerseits die Offensive. Diesmal gelang es ihm, die Russen bei Friedland entscheidend zu schlagen (14. Juni 1807). Zar Alexander beugte sich. Eine theatralische Begegnung auf einem Floß inmitten des Njemen war Ausdruck der Versöhnung der beiden Kaiser, die anschließend durch den Vertrag von Tilsit am 8. Juli 1807 besiegelt wurde. Preußen mußte die Kosten tragen. Im Osten verlor es alle territorialen Gewinne, die es bei den polnischen Teilungen gemacht hatte. Diese Provinzen wurden zum Großherzogtum Warschau zusammengefaßt und dem König von Sachsen unterstellt. Aus den preußischen Besitzungen westlich der Elbe entstand zusammen mit anderen Gebieten ein Königreich Westfalen, das Jerôme Bonaparte, dem jüngsten der Brüder Napoleons, übertragen wurde. Der Zar verpflichtete sich lediglich, England den Krieg zu erklären.

Die Kontinentalsperre

Allein England blieb ein weiteres Mal unbeugsam und unzugänglich. Napoleon machte den Versuch, es durch einen Wirtschaftskrieg in die Knie zu zwingen. Durch die Dekrete von Berlin (21. November 1806) und Mailand (17. Dezember 1807) verfügte er die Ergreifung jedes auch neutralen Schiffes, das englische Waren an Bord oder einen englischen Hafen angelaufen hatte.
Diese sogenannte Kontinentalsperre erlegte dem englischen Volk zwar einige Entbehrungen auf, stellte jedoch niemals eine tödliche Gefahr für das Land dar. Sie begünstigte bis zu einem gewissen Grad die französische Industrie, wirkte sich aber auf die Situation der großen französischen Häfen Marseille, Bordeaux und Nantes nachteilig aus. Schlimmer

war, daß Napoleon in seinem Bemühen, die Sperre noch wirksamer zu machen, weitere Gebiete an der Nordsee und in Italien annektierte und sich in das unheilvolle Abenteuer eines Spanienkrieges hineinziehen ließ.

Der Spanienkrieg

Portugal hatte sich geweigert, mit England zu brechen. Napoleon verständigte sich mit der spanischen Regierung, um das Land besetzen und teilen zu lassen. Eine von Junot befehligte französische Armee marschierte in Lissabon ein; die königliche Familie flüchtete nach Brasilien. Napoleon nutzte die Gelegenheit, um das schwache und korrupte Regime des alten Königs von Spanien, Karls IV. von Bourbon, zu beseitigen, das völlig von Godoy, einem Favoriten der Königin, beherrscht worden war. Unter dem Vorwand, den Konflikt zu schlichten, den Karl IV. mit seinem Sohn Ferdinand austrug, ließ er beide nach Bayonne kommen und zwang beiden einen Thronverzicht auf. Zugleich wurde Joseph Bonaparte zum König von Spanien ausgerufen, während sein Schwager Murat, der bereits Madrid besetzt hielt, die Order erhielt, die Herrschaft über Neapel anzutreten.
Die Spanier antworteten auf diese Machenschaften mit einer Volkserhebung. Eine nationale Junta organisierte im Namen Ferdinands VII. von Sevilla aus den Widerstand. Ein erster großer Erfolg gab der Bewegung einen unwiderstehlichen Schwung, nämlich die demütigende Kapitulation einer in den Schluchten von Baylen eingeschlossenen französischen Division. Nun erhoben sich auch die Portugiesen, die bald von einem britischen Korps unter dem Kommando Wellingtons unterstützt wurden. Junot mußte seine Eroberung aufgeben und kapitulierte am 30. August 1808 in Cintra.
Napoleon beschloß nun, selbst einzugreifen. Zu diesem Zweck mußte er einen großen Teil seiner Truppen aus Deutschland abziehen und sich der Neutralität des Zaren Alexander versichern, den er am 27. September in Erfurt traf. Die Besetzung von Madrid gelang ihm ohne Schwierigkeiten am 4. Dezember; es regnete sogleich Verordnungen, die der Erneuerung des Königreiches dienen sollten. Doch Mitte Januar 1809 kehrte der Kaiser Spanien plötzlich den Rücken und überließ es seinen Marschällen, die Befriedungsaktion zu beenden.
Diese Aufgabe sollte sich freilich als ebenso unmöglich wie kostspielig erweisen, denn die organisierten Armeen waren unfähig, mit dem Guerillakrieg eines ganzen Volkes fertig zu werden. Außerdem kamen die

Engländer dem Widerstand zu Hilfe. 1811 mußte Napoleon seinen Marschall Masséna beauftragen, den Engländern Portugal wieder zu entreißen. Doch Wellington schlug ihn nicht nur zurück, sondern ergriff selbst die Offensive. Er vertrieb König Joseph aus Madrid, fügte den Franzosen bei Vitoria eine entscheidende Niederlage zu und drang gegen Ende des Jahres 1813 nach Frankreich ein und trug so zum Endsieg der Verbündeten über Napoleon zu Beginn des Jahres 1814 bei.
Der unklug begonnene Krieg kostete die Franzosen 300000 der besten Soldaten und verschaffte England eine Operationsbasis auf dem Kontinent. In politischer Hinsicht ermutigte das spanische Beispiel den Widerstandsgeist bei den besetzten Völkern, während Napoleons Niederlage dessen Prestige erschütterte.

Die fünfte Koalition

Napoleons plötzlicher Abzug aus Spanien im Januar 1809 war durch die nationalistische Gärung veranlaßt worden, die sich in Deutschland bemerkbar machte und Österreich dazu trieb, sich an die Spitze des Kreuzzugs gegen den Eindringling zu stellen.
Die Österreicher hatten dank englischer Hilfe eine mächtige Armee aufstellen können. Mitte April ergriff Erzherzog Karl plötzlich die Offensive in Bayern. Napoleon eilte herbei, gruppierte seine Armee in fünftägigen Kämpfen und Manövern um und schlug die Österreicher zurück. Wien wurde von neuem besetzt. Ein erster Versuch der Franzosen zur Überquerung der Donau führte zu einem Mißerfolg. Beim zweiten Mal gelang es Napoleon, das Hindernis zu überwinden und den Truppen Erzherzog Karls in der Ebene von Wagram eine blutige Schlacht zu liefern. Die besiegten, jedoch nicht vernichteten Österreicher baten um einen Waffenstillstand.
Der am 14. Oktober in Wien unterzeichnete Friede entriß Österreich noch zusätzliche Gebiete, vermied aber das Schlimmste dank einem Opfer, das der Kaiser in Gestalt seiner ältesten Tochter Marie-Louise brachte. Da Napoleon begierig war, einen wahrhaft königlichen Stammbaum zu begründen, verstieß er Kaiserin Joséphine, um die Erzherzogin zu heiraten und sich so in die großen Königsfamilien einzureihen. Seine Hoffnungen wurden tatsächlich durch die Geburt eines Sohnes erfüllt, dem er den Titel eines Königs von Rom gab.

Der Rußlandfeldzug

Das Bündnis mit Frankreich hatte Zar Alexander manche Nachteile gebracht. Insbesondere die Kontinentalsperre schädigte die mürrischen Großgrundbesitzer und Kaufleute. Unter ihrem Druck öffnete Alexander seine Häfen dem Handel mit den Neutralen und erhob Steuern auf französische Einfuhren. Da beschloß Napoleon, mit der einzigen Macht, die ihm die Hegemonie auf dem Kontinent noch streitig machen konnte, Schluß zu machen. An Vorwänden für einen Bruch fehlte es nicht. Riesige Militärstreitkräfte wurden zusammengezogen, es waren 700000 Mann, von denen die Hälfte aus den unterworfenen Ländern stammte. Diese »Armee der zwanzig Nationen« überschritt am 24. Juni 1812 den Njemen. Die russischen Armeen zogen sich zurück und überließen das weite Land dem Angreifer. Zwei Monate erschöpfender Märsche führten Napoleon bis in die Nähe von Moskau. Die Russen hätten es jedoch nicht verstanden, wenn man ihre heilige Stadt ohne Kampf preisgegeben hätte. Deshalb stellte sich der alte Marschall Kutusow bei Borodino zur Schlacht, einem sorgfältig ausgewählten, mit vielen Erdbefestigungen versehenen Ort an der Moskwa. Der unentschiedene und besonders heftige Kampf kostete 50000 Russen und 30000 Franzosen das Leben. Einige Tage später, am 14. September 1812, marschierte Napoleon in Moskau ein. Aber die Ressourcen, welche die Stadt ihm bieten konnte, wurden durch einen ungeheueren Brand zerstört. Napoleon wartete mehr als einen Monat vergeblich auf Friedensvorschläge. Als er sich endlich am 19. Oktober zum Rückzug entschloß, war die kalte Jahreszeit bereits weit fortgeschritten. Die Armee, die von Kosaken und Partisanen ständig bedrängt wurde, konnte sich am 28. und 29. November den Weg über die Beresina freikämpfen, doch danach kamen Tausende von Soldaten in der immer grausamer werdenden Kälte und vor Hunger um. Am Ende gelang es nur 100000 Mann, Deutschland zu erreichen. Bei seiner Ankunft in Wilna am 5. Dezember übertrug Napoleon das Kommando seinem Schwager Murat, dem König von Neapel, um nach Paris zu eilen und das durch die Katastrophe erschütterte Land wieder in die Hand zu bekommen.

Die Feldzüge des Jahres 1813 in Deutschland

Die Ankunft der Russen ermutigte den König von Preußen, den Kampf gegen Napoleon wiederaufzunehmen. Die französischen Armeen mußten sich über die Elbe zurückziehen.

Im Frühjahr des Jahres 1813 ergriff Napoleon in Sachsen die Offensive. Die Siege von Bautzen und Lützen machten es ihm möglich, seine Gegner wieder über die Oder zurückzuwerfen, aber die Erschöpfung und mangelnde Erfahrung seiner Armee, die er zu Beginn des Jahres eilig zusammengestellt hatte, ließen ihn eine von seiten Österreichs vorgeschlagene Vermittlung annehmen und am 4. Juni einen Waffenstillstand unterzeichnen. Die von Österreichs Kanzler Metternich geführten Friedensverhandlungen scheiterten am mangelnden Vertrauen beider Parteien.

Am 10. August schloß Österreich sich Rußland und Preußen in einer großen Allianz an, zu der auch Schweden hinzutrat. Es gelang Napoleon zwar noch einmal, eine feindliche Armee vor Dresden zu schlagen, aber die von seinen Unterführern in einer Reihe von sekundären Gefechten erlittenen Niederlagen machten diesen Erfolg wieder zunichte. Die Alliierten vermochten schließlich alle verfügbaren Kräfte – 320000 Mann – bei Leipzig zu sammeln. Napoleon hatte nur 160000 Soldaten aufbieten können, denn er hatte sich darauf versteift, eine ebenso große Zahl in den verschiedenen deutschen Festungen zu belassen. Die gigantische und heftige Völkerschlacht von Leipzig dauerte drei Tage (16.–18. Oktober) und endete mit der totalen Niederlage Napoleons. Die Trümmer seiner auf 40000 Mann zusammengeschrumpften Armee wichen bis zum Rhein zurück. Hinter ihnen suchten die deutschen Fürsten unter dem Druck ihrer Bürger Anschluß an die europäische Koalition.

Der Feldzug in Frankreich (1814)

Als die Alliierten sich zum entscheidenden Kampf in Frankreich anschickten, ließen sie wissen, daß sie nicht gegen die französische Nation, sondern nur gegen den Kaiser Krieg führten. Napoleon wollte der öffentlichen Meinung, die Frieden um jeden Preis haben wollte, willfahren und war zu Verhandlungen bereit, obwohl weiter gekämpft wurde. Doch der lächerliche Kongreß von Châtillon war nichts anderes als eine diplomatische Komödie.

Zu Beginn des Jahres 1814 drangen die alliierten Truppen – mehr als 250000 Mann – nach Frankreich ein. Napoleon konnte ihnen nur 70000 Soldaten entgegenstellen, aber für einen Augenblick schien es, als könnte sein militärisches Genie die verzweifelte Situation für ihn günstiger gestalten. Die beiden Hauptarmeen der Alliierten, die von dem Preußen Blücher und dem Österreicher Schwarzenberg befehligt wurden, hatten sich getrennt, um auf Paris zu marschieren; der Kaiser hatte sie nacheinander mit Erfolg angegriffen und nach Osten zurückgetrieben. Die zunächst konsternierten Verbündeten knüpften von neuem ihr Bündnis mit England; sie verpflichteten sich, keinen Separatfrieden zu schließen und der Koalition zusätzliche Truppen von je 150000 Mann zur Verfügung zu stellen.

Die Offensive begann Anfang März von neuem. Dieses Mal erlitt Napoleon angesichts der Übermacht seiner Feinde mehrere Rückschläge. Da faßte er den kühnen Plan, sich nach Lothringen zu begeben, um die Truppen der belagerten französischen Garnison zu entsetzen und die Angreifer von ihrer Nachschubbasis abzuschneiden. Doch Zar Alexander, der über die in Paris herrschende defätistische Stimmung informiert war, veranlaßte seine Verbündeten zum Marsch auf die Hauptstadt. Sie wurde nur von 40000 Mann versprengter Truppenteile verteidigt. Nach eintägigem Kampf unterzeichneten die Marschälle Moncey und Marmont eine ehrenhafte Kapitulation, während Joseph Bonaparte, der Präsident des Regentschaftsrates, mit der Kaiserin Marie-Louise und dem kleinen König von Rom sowie anderen Würdenträgern nach Blois flüchtete. Am Mittag des 31. März zogen Zar Alexander und der König von Preußen in Paris ein. Die Flucht der Regenten gab Talleyrand Raum für seine Intrigen. Es gelang ihm, Alexander zu überzeugen, daß allein die Bourbonen die allgemeine Zustimmung der Nation finden könnten. Dafür sprach auch ein anderer Umstand, nämlich die Einnahme der Stadt Bordeaux durch die Engländer, wo die Royalisten die weiße Fahne der Monarchie gehißt hatten. Eine Proklamation der Alliierten ließ schon am Abend des 31. März verlauten, daß man mit Napoleon nicht mehr verhandeln würde. Am nächsten Tag, dem 1. April, ernannten die in Paris verbliebenen Senatoren eine provisorische Regierung unter dem Vorsitz Talleyrands, während der Stadtrat von Paris eine Proklamation aushängen ließ, die Napoleon als Kaiser für abgesetzt erklärte. Der Senat traf am 3. April dieselbe Entscheidung.

Der Zusammenbruch des Kaiserreichs

Napoleon jedoch bewegte sich in Eilmärschen auf die Hauptstadt zu. Am 31. März erfuhr er zu seiner Bestürzung, daß Paris kapituliert hatte. Er begab sich nach Fontainebleau, um die noch verbliebenen Truppen für eine Gegenoffensive zu sammeln. Doch seine Marschälle weigerten sich, einen Kampf ins Auge zu fassen, der Paris in ein Schlachtfeld verwandelt hätte. Am 4. April dankte der Kaiser zugunsten seines Sohnes ab.

Der Zar schien eine Zeitlang dieser Lösung zuzuneigen; als er erfuhr, daß Marschall Marmont Napoleon im Stich gelassen und sein Armeekorps der provisorischen Regierung zur Verfügung gestellt hatte, verlangten Alexander und die französischen Marschälle eine bedingungslose Abdankung. Napoleon erklärte sich schließlich am 6. April 1814 dazu bereit.

Die alliierten Herrscher zeigten sich großmütig. Aufgrund einer als Vertrag von Fontainebleau deklarierten Abmachung konnte Napoleon seinen Kaisertitel behalten. Er wurde Herrscher über die Insel Elba und erhielt eine Pension von zwei Millionen Francs. Am 20. April brach er in sein Exil auf, nachdem er zuvor bewegenden Abschied von seiner im Schloßhof von Fontainebleau versammelten Garde genommen hatte. Ganz im Gegensatz dazu mußte er auf seinem Weg nach Süden im Rhônetal die Beleidigungen eines Teils der Bevölkerung über sich ergehen lassen, die ihn sogar lynchen wollte.

19 Die konstitutionelle Monarchie (1814/15–1848)

Die Restauration der Bourbonendynastie im Jahre 1814 gelang mittels eines Kompromisses zwischen den Prinzipien der alten Monarchie und denen des Jahres 1789. Die Klugheit Ludwigs XVIII. ermöglichte eine Festigung dieses zweideutigen Regimes, das sogar die Rückschläge der Periode der ›Hundert Tage‹ wettzumachen vermochte. Die Unbeugsamkeit Karls X. ließ offenbar werden, wie schwierig es war, die königliche Prärogative mit den Rechten der Volksrepräsentation zu versöhnen. Außerdem hatte das Bürgertum den Eindruck, daß der Adel und die Geistlichkeit bemüht waren, ihre alten Privilegien wiederzuerlangen.
Die Revolution von 1830 ersetzte das monarchische Prinzip von Gottes Gnaden durch das Prinzip der Volkssouveränität und den Einfluß der Aristokratie durch den der Großbourgeoisie. Aber die Basis des Regimes der Julimonarchie blieb schmal und unsicher, weil das politische Leben im Gegensatz zur Idee des Regimes einer Minderheit von Begüterten vorbehalten blieb.

I. Die erste Restauration und die Hundert Tage (1814/15)

Die Rückkehr des Königs

Am Tage der endgültigen Abdankung Napoleons hatte der Senat den Bruder Ludwigs XVI., den Grafen von Provence, auf den Thron berufen. Dieser Prinz hatte Frankreich im Juni 1791 verlassen und in mehreren Ländern im Exil gelebt, bevor er schließlich in England Asyl fand. Seine enorme Korpulenz und sein legendärer Appetit erinnerten an seinen älteren Bruder, doch galt er für intelligenter, kultivierter und liberalen Ideen gegenüber als offener. Gleichwohl verstand er sich nicht als Throninhaber kraft nationaler Delegation, sondern hielt sich für einen König aus göttlichem Recht, mit anderen Worten: aufgrund der dynastischen Erbfolge. Darum hatte er schon beim Tod seines Neffen im Juni 1795 den Namen Ludwig XVIII. angenommen.
Ludwig XVIII. war am 24. April in Calais an Land gegangen und begab sich inmitten von Freudenkundgebungen und Ergebenheitsadressen, die seine Position stärkten, langsam nach Paris. So war er auch in der Lage,

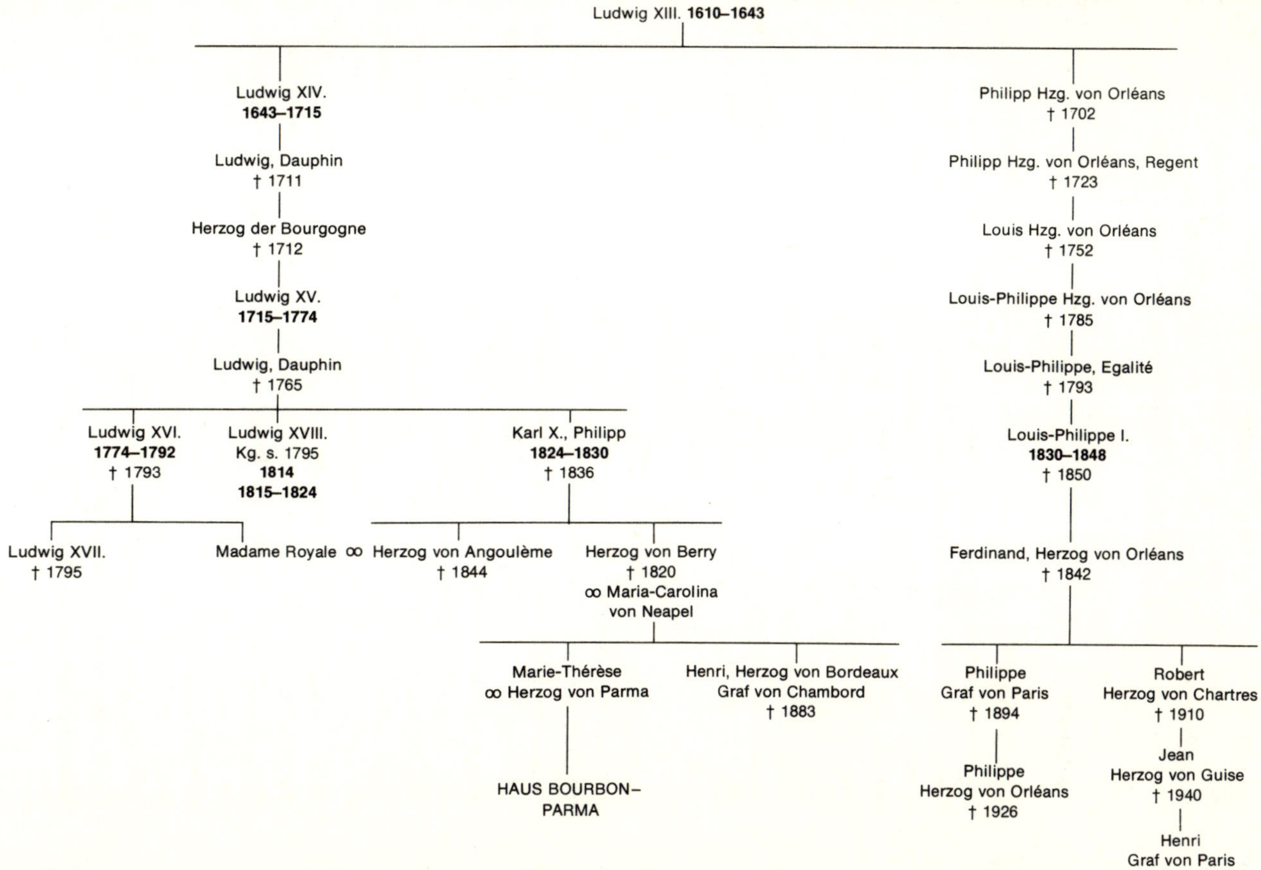
Ludwig XIII. 1610–1643
Ludwig XIV. 1643–1715
Ludwig, Dauphin † 1711
Herzog der Bourgogne † 1712
Ludwig XV. 1715–1774
Ludwig, Dauphin † 1765
Ludwig XVI. 1774–1792 † 1793
Ludwig XVIII. Kg. s. 1795 1814 1815–1824
Karl X., Philipp 1824–1830 † 1836
Ludwig XVII. † 1795
Madame Royale ∞ Herzog von Angoulème † 1844
Herzog von Berry † 1820 ∞ Maria-Carolina von Neapel
Marie-Thérèse ∞ Herzog von Parma
HAUS BOURBON–PARMA
Henri, Herzog von Bordeaux Graf von Chambord † 1883
Philipp Hzg. von Orléans † 1702
Philipp Hzg. von Orléans, Regent † 1723
Louis Hzg. von Orléans † 1752
Louis-Philippe Hzg. von Orléans † 1785
Louis-Philippe, Egalité † 1793
Louis-Philippe I. 1830–1848 † 1850
Ferdinand, Herzog von Orléans † 1842
Philippe Graf von Paris † 1894
Philippe Herzog von Orléans † 1926
Robert Herzog von Chartres † 1910
Jean Herzog von Guise † 1940
Henri Graf von Paris

die vom Senat eilig vorbereitete neue Verfassung zur Seite zu schieben, die die königliche Gewalt den Vertretern des Volkes, in diesem Falle den Senatoren, untergeordnet hätte. Statt dessen präsentierte er selbst eine liberale Verfassung, welche die bestehenden Rechte garantierte.

Die Charte

Diese schon am 4. Juni veröffentlichte, unter dem Titel *Charte constitutionnelle* bekanntgewordene Verfassung, hält am monarchischen Prinzip fest und läßt die notwendigen Konzessionen an den Zeitgeist als Ausfluß des freien Willens des Königs erscheinen, der als einziger Inhaber der Macht gilt. Gleichwohl werden die wichtigsten politischen und sozialen Errungenschaften von 1789 bestätigt: Gleichheit aller vor dem Gesetz, Mitwirkungsrecht des Volkes bei der Festsetzung der Steuern und Teilnahme der Volksvertreter bei der Abfassung der Gesetze; individuelle Freiheit, Meinungsfreiheit, Religionsfreiheit, diese allerdings mit der Maßgabe, daß der Katholizismus zur Staatsreligion erklärt wird.

Der König ist im vollen Besitz der exekutiven Gewalt und hat allein die Gesetzesinitiative; Artikel 14 der Charte ermächtigt ihn sogar, »die notwendigen Regelungen und Anordnungen zu treffen, um die Durchführung der Gesetze und die Sicherheit des Staates zu gewährleisten«. Er kann seine Minister frei auswählen, die nur ihm gegenüber verantwortlich sind. Es handelt sich also um kein parlamentarisches System, da ein entsprechendes Votum der Kammern nicht ausreicht, um einen Minister zum Rücktritt zu veranlassen.

Die Repräsentation des Volkes wird durch zwei Versammlungen wahrgenommen: das Oberhaus (*chambre des pairs*), dessen Mitglieder vom König mit vererbbarem Anspruch ernannt werden, und die Deputiertenkammer, die für fünf Jahre gewählt wird, jedoch vom König aufgelöst werden kann. Beide Kammern nehmen gleichmäßig an der Verabschiedung der Gesetze teil. Nur das Budget muß zuerst von den Abgeordneten gutgeheißen werden. Das Zensuswahlsystem beschränkt die politische Tätigkeit auf eine Minderheit von Reichen. Um wählen zu können, muß man dreißig Jahre alt sein und 300 Francs direkte Steuern bezahlen; will man gewählt werden, so muß man vierzig Jahre alt sein und 1000 Francs Steuern entrichten. Weniger als 90000 Franzosen stand so das aktive und weniger als 10000 das passive Wahlrecht zu.

Der Vertrag von Paris

Schon am 23. April hatte Talleyrand einen Waffenstillstand geschlossen, kraft dessen das französische Gebiet von fremden Truppen geräumt wurde. Der endgültige Friede wurde am 30. Mai in Paris unterzeichnet. Frankreich verlor dabei praktisch alle seine Eroberungen der Revolutionszeit und des Empire und sah sich auf seine Grenzen vom Januar 1792 zurückgeworfen; hinzu kamen nur ein Drittel Savoyens und einige kleine Gebiete an der Nordostgrenze. Dafür hatten die Alliierten von Schadenersatzansprüchen und einer Besetzung abgesehen.

Der Wiener Kongreß

Frankreich hatte sich auch verpflichtet, die künftige territoriale Ordnung Europas zu akzeptieren, wie sie auf dem zwischen Oktober 1814 und Juni 1815 tagenden Wiener Kongreß ausgehandelt werden sollte.
Auf ihm repräsentierte Talleyrand Ludwig XVIII. und machte durch seine Geschicklichkeit und sein persönliches Prestige eine gute Figur. Die Interessenkonflikte zwischen den Siegern gaben ihm sogar die Möglichkeit, einen geheimen Bündnisvertrag zwischen England, Österreich und Frankreich zu unterzeichnen. Doch die abschließenden Ergebnisse des Kongresses waren Ausdruck der Sorge der Alliierten gegenüber eventuellen neuen Unternehmungen Frankreichs. Es wurde von einer Kette ziemlich fester Pufferstaaten umgeben: dem Königreich der Niederlande, das aus Belgien und der alten holländischen Republik zusammengesetzt war, der Schweizer Eidgenossenschaft, deren Neutralität von den großen Mächten garantiert wurde, dem Königreich Sardinien-Piemont, das die Alpengrenzen schützte, und insbesondere von Preußen auf dem linken Rheinufer, um jeden Versuch Frankreichs, in dieser Richtung seine natürliche Grenze zu suchen, von vornherein im Keim zu ersticken.

Unruhige öffentliche Meinung

Neben der Enttäuschung über den Friedensvertrag gab es in der öffentlichen Meinung eine Reihe von anderen Problemen, die Unzufriedenheit verursachten. Das Ende der Kontinentalsperre führte zu einer Invasion englischer Waren, zum Ruin zahlreicher Industrien und zu verbreiteter Arbeitslosigkeit, die noch durch den Stopp der öffentlichen Bauarbeiten verschärft wurde. Die ehemaligen Getreuen des alten Regimes waren schockiert darüber, daß allein die mit den Fürsten zurückgekehrten Emigranten in der Gunst der Mächtigen standen. Die Inhaber von nationalen Besitztümern waren beunruhigt über die von den ehemaligen Besitzern erhobenen Schadenersatzansprüche und über ihre Verurteilung seitens der Geistlichkeit. Kurz, man glaubte, es handle sich um die Rückkehr des Ancien Régime.

Vor allem die Armee war verbittert. 12000 Offiziere, die nun überflüssig geworden waren, wurden bei halbem Sold entlassen. Zur gleichen Zeit wurde die privilegierte Garde des Königs mit ehemals emigrierten Offizieren an der Spitze wieder aufgestellt.

Die Rückkehr Napoleons

Dem früheren Despoten war es in seinem kleinen Königreich auf der Insel Elba bald etwas eng geworden. Informiert über die wachsende Nervosität der öffentlichen Meinung in Frankreich beschloß er, seinen letzten Einsatz zu wagen.

Ohne von den englischen Überwachungsbooten entdeckt zu werden, landet er am 1. März 1815 zwischen Cannes und Antibes mit 700 Mann seiner Garde. Auf Bergwegen marschiert er in Richtung Grenoble. Beim Eingpaß von Laffrey trifft er auf die erste militärische Truppe, die ihm entgegengeschickt wird, doch er kann sie für seine Sache gewinnen. Von Etappe zu Etappe vergrößert sich die Zahl seiner Anhänger durch diejenigen, die man ausgeschickt hat, um ihn zu verhaften. Grenoble und Lyon empfangen ihn voller Begeisterung. Selbst der Marschall Ney, der Ludwig XVIII. versprochen hatte, Napoleon in einem eisernen Käfig abzuliefern, wird von der allgemeinen Stimmung überwältigt und stellt seine Truppen dem Kaiser zur Verfügung. In Paris wird die anfängliche Zuversicht von einer Stimmung der Verstörung und Entmutigung abgelöst. Ludwig XVIII. verläßt in der Nacht vom 19. auf den 20. März heimlich die Tuilerien, um mit einigen Getreuen nach Gent zu flüchten. Am Abend des 20. März ist Napoleon wieder Herrscher über Frankreich, ohne einen einzigen Schuß abgegeben zu haben.

Innere Schwierigkeiten

Am Vorabend seines Triumphes wurde Napoleon sich klar darüber, daß er nicht einfach sein despotisches Regime in alter Form wiederherstellen könne. Er versuchte, die liberale Bourgeoisie für sich zu gewinnen, indem er eine mehr oder weniger an der ›Charte‹ ausgerichtete Verfassung ausarbeiten ließ. Aber als er dieses Dokument, das den Titel ›Zusatzakte zu den Verfassungen des Kaiserreiches‹ trug, einem Plebiszit unterwarf, enthielten sich drei Viertel der Wähler ihrer Stimme, und gleiches geschah auch bei der Wahl der Abgeordneten zur neuen Volkskammer. Offensichtlich waren sich die aufgeklärten Elemente der Nation darüber klar, daß dieses Abenteuer ohne Aussicht auf Erfolg sein würde. Auch die Royalisten hatten sich inzwischen wieder gefangen: Es kam zu einer Erhebung in den westlichen Provinzen.

Waterloo

Unmittelbar nach der Nachricht von der Rückkehr des Kaisers hatten die in Wien versammelten Alliierten Napoleon in Acht und Bann getan und den Pakt von Chaumont bekräftigt, in dem sie ihre Entschlossenheit kundtaten, den Krieg bis zur Beseitigung dieser Geißel Europas fortzusetzen.

Napoleon mußte schnell handeln, bevor die Russen und die Österreicher zu ihren englischen und preußischen Verbündeten stoßen konnten, die sich in Belgien versammelten. Der Kaiser eröffnete den Feldzug schon am 15. Juni mit nur 125000 Mann. Sein Plan war, die alliierten Armeen zu trennen und die preußische Armee unter Blücher und die englisch-holländische Armee unter Wellington getrennt zu schlagen. Am 16. Juni attackierte er Blücher bei Ligny, doch die preußische Armee konnte sich entziehen, was Napoleon dazu zwang, ein Korps von 30000 Mann unter dem Kommando des Marschalls Grouchy zu ihrer Verfolgung abzustellen.

In der Zwischenzeit hatte sich Wellington im Süden von Brüssel, auf der Ebene von Mont-Saint-Jean, eine starke Verteidigungsposition schaffen können. Dort griff ihn Napoleon am 18. Juni an. Die zunächst an Zahl unterlegene Armee Wellingtons konnte den wütenden Angriffen der Franzosen widerstehen und gab so den Preußen Gelegenheit zum Heranrücken. Grouchy hatte sie weder zu fassen vermocht, noch kam er rechtzeitig, um die Armee Napoleons zu verstärken. Der Tag endete mit der Niederlage und Auflösung der französischen Armee. Diese Schlacht von Waterloo war eine der entscheidendsten der modernen Zeit; sie bestimmte nicht nur augenblicklich das Schicksal Napoleons, sondern auch auf lange Zeit das Schicksal Frankreichs und Europas.

Die zweite Abdankung

Der nach Paris zurückgekehrte Napoleon wurde durch die Feindschaft der liberalen Elemente der Kammer und die Intrigen seines Polizeiministers Fouché gelähmt. Am 22. Juni dankte er zugunsten seines Sohnes ab.
Fouché, der zum Präsidenten einer provisorischen Regierung aus fünf Personen ernannt worden war, verstand es, sich Ludwig XVIII. als unentbehrlich zu erweisen, dessen Restauration ihm unvermeidlich schien. Er entledigte sich Napoleons, indem er ihn zum Hafen von Rochefort geleitete, wo eine Fregatte auf ihn wartete, die ihn nach Amerika bringen sollte.
Marschall Davout, der in Paris über nahezu 100000 Mann gebot, ließ sich davon überzeugen, daß eine neue Schlacht sinnlos wäre. Er schloß ein Militärabkommen, das es den Engländern und Preußen erlaubte, Paris zu besetzen, während sich die französische Armee hinter die Loire zurückziehen sollte. Dieser Rückzug gab Fouché freie Hand. Er machte sich eilig auf den Weg nach Saint-Denis, um mit Ludwig XVIII. und Talleyrand zu verhandeln, die sich in der Nähe Wellingtons aufgehalten hatten. Der König akzeptierte den ehemaligen Todfeind der Monarchie als Minister. Am nächsten Tag erklärte Fouché seinen überraschten Kollegen, daß sie ihre Rolle ausgespielt hätten. Der König kehrte am 8. Juli in die Tuilerien zurück, genau 100 Tage nach seiner Flucht.
Napoleon ergab sich schließlich den Engländern. Er wurde auf Sankt Helena, einer kleinen Insel im südlichen Atlantik, interniert. Dort starb er am 5. Mai 1821.

II. Die zweite Restauration (Juli 1815 – Juli 1930)

Der zweite Vertrag von Paris

Dieses Mal waren die Alliierten fest entschlossen, die unbelehrbare Nation ihre Niederlage fühlen zu lassen. Über eine Million Soldaten aus allen Teilen Europas überschwemmten das französische Gebiet.
Der am 20. November 1815 unterzeichnete Vertrag war hart. Frankreich verlor die ihm 1814 konzedierten territorialen Vorteile. Es mußte eine Kriegsschuld in Höhe von 700 Millionen Francs entrichten, wozu noch Auslandsschulden in Höhe von 240 Millionen Francs hinzukamen, die durch die vorherigen Regierungen eingegangen worden waren. Die Einhaltung dieser Verpflichtungen sollte durch eine drei bis fünf Jahre dau-

ernde militärische Besetzung der Grenzprovinzen in einer Stärke von 150000 Mann abgesichert werden, die ebenfalls auf Kosten Frankreichs unterhalten werden mußten. Untereinander hatten die Alliierten den Viererbund geschlossen, der den Vertrag von Chaumont erneuerte und eine Art von Vormundschaft oder Aufsicht über Frankreich darstellte.

Richelieu

Die Episode der Hundert Tage hatte zu einer gefährlichen Spaltung der Nation geführt. Alle, die sich mit Napoleon eingelassen hatten, wurden in eine unversöhnliche Opposition zurückgestoßen, während die Royalisten die Bestrafung der Verräter forderten. Diejenigen, die den König in dieser Hinsicht der Schwäche bezichtigten, nannte man die Ultraroyalisten. Es war diese Tendenz, die sich bei den Wahlen vom August 1815 durchsetzte. Unter dem Druck der sogenannten Unauffindbaren Kammer (*chambre introuvable*) gab Ludwig XVIII. Talleyrand und Fouché den Abschied und übertrug die Macht dem Herzog von Richelieu, einem adligen Emigranten, der sich der Freundschaft des Zaren Alexander erfreute.
Richelieu war bemüht, die Reaktion in Grenzen zu halten, indem er nur wenige der Schuldigen verfolgte: unter ihnen Marschall Ney, der von der Pairs-Kammer verurteilt und am 17. Dezember 1815 erschossen wurde. Im September 1816 ließ Ludwig XVIII. die Unauffindbare Kammer unter dem Druck der Alliierten auflösen. Neue Wahlen erbrachten eine gemäßigte Mehrheit, die man die konstitutionelle nannte. Mit ihrer Hilfe machte sich Richelieu an die Beseitigung der schlimmen Folgen der Niederlage. Dank dem Vertrauen, das sein nobler Charakter überall erweckte, dank der gewissenhaften Ausführung des Vertrags, den zu unterschreiben er die traurige Verantwortlichkeit hatte, erlangte Richelieu schon gegen Ende des Jahres 1818 die völlige Räumung Frankreichs von fremden Truppen. Am Kongreß von Aachen, wo diese Evakuierung durch die Alliierten beschlossen wurde, nahm Frankreich bereits wieder als gleichberechtigter Partner am Konzert der großen Mächte teil.

Decazes

Als Richelieu sich nach diesem Erfolg aus der Politik zurückzog, gelangte die Macht in die Hände Elie Decazes', eines verführerischen und ehrgeizigen jungen Mannes von einfacher Herkunft, dem es gelungen war, die

Zuneigung des alten Königs zu erringen. Doch Decazes zog sich durch seine Politik der Versöhnung gegenüber den liberalen und bonapartistischen Feinden der Monarchie den Haß der Royalisten zu. Diese nutzten einen tragischen Unglücksfall, die Ermordung des Herzogs von Berry, eines Neffen des Königs, um seine Entlassung herbeizuführen.

Villèle

Eine Übergangsregierung, die noch einmal von Richelieu präsidiert wurde, machte es den Ultraroyalisten möglich, von neuem die Kontrolle des Staates zu übernehmen. Ludwig XVIII. begnügte sich sowohl aus Klugheit wie auch aus Trägheit damit, wie ein echter konstitutioneller Monarch zu regieren, d. h., er überließ den Ministern, nachdem er sie einmal ausgewählt hatte, die volle Verantwortung für ihre Maßnahmen. Der Herzog von Villèle, der von 1822 bis 1824 Präsident des Rates war, zeichnete sich durch die exemplarische Ordnung aus, die er als Minister in die Staatsfinanzen brachte.
Sein Kollege im Auswärtigen Amt, der große Dichter Chateaubriand, zog Frankreich in eine militärische Intervention gegen die spanischen Liberalen hinein, die dem König Ferdinand VII. eine demokratische Konstitution auferlegt hatten. Diese gut geführte und mit vollem Erfolg gekrönte Expedition war in den Augen ganz Europas ein Beispiel für die militärische und politische Gesundung des Landes. Sie diente auch der Festigung des Regimes im Innern, weil die Armee, in der noch viele ehemalige Offiziere Napoleons dienten, sich als loyal erwiesen hatte.
Als Ludwig XVIII. im September 1824 starb, hatte Frankreich neben Ruhe und Ordnung auch eine echte wirtschaftliche Prosperität erlangt.

Die Regierungszeit Karls X. (1824–1830)

Der Bruder Ludwigs XVIII., der Herzog von Artois, konnte ihm ohne Schwierigkeiten nachfolgen. Der neue König verführte zunächst durch seine schöne Gestalt, seine spontane Güte und seinen Wunsch zu gefallen und wohlzutun. Aber er hatte weder die Intelligenz noch den politischen Takt seines Vorgängers; die penible Gewissenhaftigkeit, mit der er seine Aufgabe als König wahrnahm, trug sogar zur Infragestellung der Krone bei.
Karl X. behielt zunächst Villèle als Regierungschef. Dessen Politik beun-

ruhigte einen Teil der öffentlichen Meinung, weil sie den Eindruck einer Rückkehr zum Ancien Régime erweckte. Die früheren Emigranten wurden für ihre in der Revolution beschlagnahmten Besitzungen entschädigt. Die Absicht, die Aristokratie zu stärken, führte zu einem Gesetzentwurf, der das Vorrecht der Älteren bei der Erbfolge wieder einführen wollte. Auch die Kirche stand beim Regime in hoher Gunst, was zur Entstehung einer mächtigen antiklerikalen Stimmung führte. Ende 1827 mußte der von einem Teil der Royalisten bekämpfte und von der kühnen und brillanten liberalen Presse verhöhnte Villèle seinen Abschied von der Macht nehmen. Karl X. ersetzte ihn durch Persönlichkeiten, die der Opposition genehmer waren.

Das geistige und künstlerische Leben

Die Rückkehr zu Ruhe und Ordnung unter einem relativ liberalen Regime gab der Nation nicht nur die Möglichkeit, ihre materiellen Verluste wettzumachen und den Abstand zu verringern, der sich auf dem industriellen Sektor im Vergleich zu England ergeben hatte; vielmehr kam es auch zu einer ungeahnten Entfaltung der Literatur und der Kunst. Innerhalb weniger Jahre erreichte Frankreich so den hohen geistigen und moralischen Rang wieder, den es in der Krise des militärischen Imperialismus eingebüßt hatte. Paris wurde von neuem zum Ort der Begegnung für alle, die sich für geistige Dinge interessierten. In der Physik verzeichnete man bahnbrechende Arbeiten: diejenigen Fresnels in der Optik, Ampères in der Elektrotechnik, Carnots in der Thermodynamik. In den Naturwissenschaften zeichneten sich Lamarck, Geoffroy Saint-Hilaire und Cuvier aus. Berühmte Mediziner wie Dupuytren und Laennec zogen Studenten bis aus Amerika an. Das politische und soziale Denken, das sich nun frei äußern konnte, entwickelte jene Hauptrichtungen, von denen sich das 19. Jahrhundert bestimmen ließ: den Liberalismus (Benjamin Constant), den Traditionalismus (de Maistre, Bonald), den Positivismus (Auguste Comte), den Eklektizismus (Victor Cousin) und schließlich den Sozialismus mit Saint-Simon und Charles Fourier.
In der Literatur setzte sich die Romantik mit den Werken Lamartines und Victor Hugos durch, was nicht ohne Einfluß auf eine Erneuerung des historischen Denkens blieb: Sie triumphierte in der Malerei von Eugène Delacroix und der Musik von Berlioz. Nur die Architektur blieb der neoklassizistischen Richtung des späten 18. Jahrhunderts treu.

Polignac

Im August 1829 überraschte Karl X. die politische Welt durch die Ernennung einer von reaktionären Persönlichkeiten geprägten Regierung, so daß man glauben konnte, der König wolle die ›Charte‹ beseitigen. Chef dieser neuen Regierung war der Fürst Jules de Polignac, der glaubte, seine mangelnde Volkstümlichkeit durch militärische Unternehmungen wettmachen zu können, die dem Nationalgefühl schmeichelten. Er nahm eine Beleidigung des Beys von Algier gegenüber dem französischen Konsul zum Anlaß für eine Expedition, deren offensichtliches Ziel es war, dem barbarischen Treiben der Piratenschiffe ein Ende zu machen. Die gekonnt geplante Operation führte zur Einnahme Algiers am 5. Juli 1830. Paradoxerweise zog jedoch gerade dieser Erfolg den Sturz der Regierung und des Throns nach sich, denn er ermutigte Karl X. in seinem Kampf gegen die Opposition. Doch fehlten ihm wegen dieser Expedition im kritischen Moment seine besten Truppen.

Die Revolution des Jahres 1830

Im Frühjahr 1830 verabschiedeten die Deputierten der Kammer eine Adresse an den König, in der sie respektvoll um einen Regierungswechsel ersuchten. Karl X., der davon überzeugt war, daß er seine verfassungsmäßige Prärogative verteidigen müsse, antwortete mit der Auflösung der Kammer. Die Wahlen hatten eine ihm feindlich gesonnene Mehrheit erbracht, so daß sich der König zu einer Art Staatsstreich entschloß, indem er den Artikel 14 der Charte anwandte. Durch vier am 25. Juli veröffentlichte Gesetze stürzte er das Wahlsystem um und beeinträchtigte die Freiheit der Presse in starkem Maße.
Angefeuert von den Journalisten erhob sich nun die Pariser Bevölkerung; nach einem dreitägigen Straßenkampf, den man »les Trois Glorieuses« nennt, beherrschten sie die Hauptstadt. Da die Abgeordneten der Opposition nichts mehr fürchteten als die Wiedererrichtung einer Republik, appellierten sie an den Vetter des Königs, den Herzog von Orléans, und verliehen ihm den Titel eines Generalleutnants des Königreichs. Karl X., der nach Rambouillet geflüchtet war, versuchte seine Dynastie zu retten, indem er zugunsten seines Enkels, des Herzogs von Bordeaux, abdankte und seinen Vetter bat, die Regentschaft zu übernehmen. Aber diese Lösung wurde von den Führern des Aufstands nicht akzeptiert. Karl X. verließ das Land ohne weiteren Widerstand, und der Herzog von Orléans wurde am 9. August 1830 zum König erklärt.

III. Die Juli-Monarchie (August 1830 – Februar 1848)

Louis-Philippe

Philippe d'Orléans wurde mit 57 Jahren unter dem Namen Louis-Philippe I. König; er war der älteste Sohn jenes Vetters von Ludwig XVI., der während der Revolution eine traurige Berühmtheit[1] erlangt hatte. Wie sein Vater war auch er im Club der Jakobiner eingeschrieben gewesen, hatte in der Armee gedient und an den Schlachten von Valmy und Jemmapes teilgenommen. Er war seinem Führer Dumouriez bei seinem vergeblichen Anschlag auf den Konvent und dann auch ins Exil gefolgt. Dort hatte er einige schwierige Jahre durchzustehen und mußte arbeiten, um leben zu können. Er versöhnte sich sodann mit der älteren Linie der Bourbonen, und Ludwig XVIII. gab ihm in der Restauration seinen Titel und seine Güter zurück. Aber schon 1815 rechneten die Feinde des Regimes mit ihm, und der Prinz hofierte die liberale Opposition, ohne sich öffentlich zu kompromittieren.
Er war ein großer und robuster Mann und besaß einige Züge, die an Ludwig XIV. erinnern. In gewisser Hinsicht verkörperte Louis-Philippe die Tugenden der Bourgeoisie, die ihn an die Macht gebracht hatte: Er war ein ausgezeichneter Ehemann und guter Familienvater, ein fast geiziger, gewiefter Geschäftsmann, daneben aber rechtschaffen und gutmütig, und wußte angesichts der Gefahr dennoch seinen Mann zu stehen. In der Politik freilich gab er der List den Vorzug. Hinter der Fassade einer berechnenden Freundlichkeit verbarg sich ein entschiedener Wille, ungeachtet der verfassungsmäßigen Fiktionen ein persönliches Regiment zu führen.

Art des Regimes

Die Revolution war zur Verteidigung der ›Charte‹ gemacht worden. So blieb die Struktur des Staates im wesentlichen die gleiche mit gewissen Änderungen zur Beschwichtigung der öffentlichen Meinung. Sie betrafen folgende Punkte:

– Das Wahlalter wurde von 30 auf 25 Jahre herabgesetzt; der Wahlzensus von 300 auf 200 Francs. Gewählt werden konnte man jetzt schon

1 Louis-Philippe d'Orléans (1747–1793) nannte sich während der Revolution Philippe Egalité und stimmte als Mitglied des Konvents für den Tod des Königs, starb aber gleichwohl 1793 auf der Guillotine.

mit 30 Jahren im Gegensatz zu 40, und es genügte eine Steuerleistung von 500 Francs anstelle von 1000.
- Der Katholizismus war nun nicht mehr Staatsreligion, sondern nur noch wie schon unter dem napoleonischen Konkordat die Religion der Mehrheit der Franzosen.
- Die Kammern hatten nun das Recht, Gesetzentwürfe zu unterbreiten.

Doch der Kern des politischen Systems wurde tiefgreifend verändert: Das von Ludwig XVIII. noch so stark betonte monarchische Prinzip von Gottes Gnaden wurde durch das Prinzip der Volkssouveränität ersetzt, wie schon 1789. Folglich nannte man den neuen König »König der Franzosen«, und die Trikolore ersetzte die weiße Fahne der Monarchie als nationales Emblem.

Das Bürgertum an der Macht

Die Revolution von 1830 schien die endgültige Niederlage der alten privilegierten Klassen zu besiegeln. Die meisten Adligen, die Karl X. gedient hatten, weigerten sich, den Eid auf den neuen König zu leisten, und verloren ihre Stellungen. Auf den Geburtsadel folgte ein Geldadel, d. h. die Großbourgeoisie, die sich der staatlichen Herrschaftsmittel bemächtigte, um sie in den Dienst ihrer ökonomischen Interessen zu stellen. Die Nationalgarde wurde in allen Städten zum Schutz der begüterten Bürger eingesetzt; sie sollte die Volksmassen, die sich um die Früchte ihres Sieges vom Juli 1830 betrogen fühlten, zum Respekt anhalten.

Oppositionsgruppen

Die Lebensbedingungen der Arbeiter, deren Zahl mit dem Aufschwung der Industrie zunahm, blieben so hart wie früher. Sozialistische Theorien begannen sich zu verbreiten. In Lyon kam es im November zu einem Aufruhr, als die vom allgemeinen Elend zur Verzweiflung getriebenen Seidenweber sich erhoben und die Stadt unter ihre Kontrolle brachten; es bedurfte eines Einsatzes der Armee, um die Lage wiederherzustellen.

Die in Geheimgesellschaften organisierten Republikaner schürten in Paris Aufstände gegen das Regime. Der Haß gegen Louis-Philippe machte sich in einer Welle von beleidigenden Publikationen und Karikaturen Luft; es kam auch zu mehreren Attentatsversuchen gegen den König.

Die Legitimisten – Anhänger der älteren Linie der Bourbonen – versuchten im Frühjahr 1832 vergeblich, die Vendée aufzuwiegeln. Dann begnügten sie sich mit einer legalen Opposition, die zwar störend, aber nicht gefährlich war.
Auch der bonapartistische Thronanwärter, Louis Napoleon, machte zwei Versuche, um die Armee für seine Sache zu gewinnen: 1836 in Straßburg und 1840 in Boulogne. Unvorsichtigerweise hatte die Regierung die enorme Ausbreitung der napoleonischen Legende begünstigt, als sie 1840 großartige Zeremonien aus Anlaß der Rückkehr der sterblichen Überreste des Kaisers organisierte.
Die gedemütigten Katholiken gingen mit dem großen Schriftsteller La Mennais eine Allianz mit dem Liberalismus ein. Da sie sich sozialen Aufgaben widmeten, gewannen sie in breiteren Volksschichten eine gewisse Sympathie. Von 1840 an rückten sie näher an die Opposition heran, weil die Regierung nicht bereit war, das Monopol der Universität auf die höhere Bildung aufzugeben.

Die Regierung

Die revolutionäre Gärung im Gefolge der Juli-Explosion von 1830 wurde durch Rückwirkungen auf die Nachbarländer (Belgien, Italien, Deutschland) noch verschärft und stellte zunächst sogar die Existenz des neuen Regimes in Frage. Der König betraute daher einen bedeutenden Geschäftsmann, Casimir Périer, mit der Regierungsgewalt; dank seiner Energie war die Ordnung bald wiederhergestellt.
Nach dem Tod Périers im Mai 1832 blieb dem König mehr Spielraum. Mit Geduld machte er sich die ehrgeizigen Rivalitäten der wichtigsten Politiker zunutze und spielte sie in einer dichten Folge von immer neuen Regierungen gegeneinander aus. Allein in acht Jahren gab es zehn Regierungen! Schließlich fand Louis-Philippe in François Guizot einen Premierminister nach seinem Herzen; er überließ ihm die reale Macht, nahm aber die Verantwortung dafür auf sich.
Guizot stand, ungeachtet der wachsenden Feindschaft in der öffentlichen Meinung, vom Oktober 1840 bis zum Februar 1848 an der Spitze der Regierung. Dank der geringen Zahl von Wählern (nur etwa 240000) verfügte er in beiden Kammern über eine gefügige Mehrheit, die er relativ leicht manipulieren konnte. Hinzu kam, daß mehr als ein Drittel der Abgeordneten zugleich Beamte, also im Dienste der Regierung waren. Denen, die eine Ausweitung des Wahlrechts forderten, antwortete Guizot: »Bereichert Euch« (*Enrichissez-vous!*), d.h.: Seht zu, daß Ihr über den

Steuersatz von 200 Francs hinauskommt. In einem weiteren Sinne charakterisierte dieses Wort jedoch auch den Geist eines Systems, das im ausschließlichen Dienst der Großbourgeoisie zu stehen schien.
Gegen Ende 1846 forderte die Opposition eine Reform, die es Staatsbeamten unmöglich machen sollte, Abgeordnete zu werden; ferner wollte sie den Wahlzensus senken. Die hartnäckige Weigerung des Königs und Guizots führte zur Februarrevolution 1848.

Die auswärtige Politik

Das, was uns heute als das große Verdienst Louis-Philippes erscheint, nämlich seine entschieden friedliche Außenpolitik, war zu seiner Zeit eine der Hauptsorgen der von einem romantischen Nationalismus getragenen öffentlichen Meinung, wozu die machtvolle Ausbreitung der napoleonischen Legende nicht wenig beitrug.
Zunächst mußte Louis-Philippe lavieren zwischen den Herrschern des Kontinents einerseits, die ihn als einen Usurpator betrachteten, und dem aufgeregtesten Teil der Sieger der Julirevolution andererseits, der die französische Trikolore wieder über den Rhein tragen und die verhaßten Verträge von 1815 zerreißen wollte. Dessen Empörung steigerte sich noch, als der König sich weigerte, die in Norditalien und Polen ausgebrochenen Revolutionen zu unterstützen. Die belgische Revolution vom August 1830 offenbarte sein Desinteresse. Er lehnte den Thron eines unabhängigen Belgien, der seinem zweiten Sohn, dem Herzog von Nemours angeboten worden war, ab und erklärte sich hinsichtlich Belgiens mit einer Lösung einverstanden, die den Interessen Englands entgegenkam. Damals begann man den Ausdruck »Entente cordiale« zu gebrauchen. Louis-Philippe wollte dieses herzliche Einvernehmen mit Großbritannien in ein echtes Bündnis umgestalten, aber die Engländer wichen aus. In mehreren Punkten waren ihre Interessen denen Frankreichs konträr: so in Spanien, auf den entfernten Meeren des Pazifischen Ozeans und insbesondere im östlichen Mittelmeer. Dort entstand 1840 ein scharfer Konflikt in Verbindung mit den Ansprüchen des ägyptischen Paschas Mehmed Ali, den Frankreich unterstützte. Englands Premierminister Palmerston drohte mit einer europäischen Koalition und zwang Frankreich zum Rückzug. Die erbitterte öffentliche Meinung in Frankreich und die Regierung selbst, die damals unter der Leitung von Adolphe Thiers stand, wollten den Krieg, doch Louis-Philippe scheute nicht die Unpopularität: Er verabschiedete den kriegslüsternen Minister und sorgte für eine Lösung auf dem Verhandlungswege.

Die Eroberung Algeriens

Die Eroberung Algeriens vermochte die Träume von militärischer Größe etwas zu befriedigen und lieferte ein Ventil für den Tatendrang der Armee. Louis-Philippe hatte es nicht gewagt, Algier, das die Truppen Karls X. eingenommen hatten, aufzugeben, denn diese Eroberung schmeichelte dem Nationalgefühl. Aber er wollte die französische Besetzung auf die unmittelbare Umgebung von vier Städten an der Küste beschränken. Doch die arabischen Stämme machten unter der Leitung ihres bedeutenden Führers, des Emirs Abd el-Kader, den französischen Einrichtungen immer wieder zu schaffen. Um die Sicherheit der ersten Siedler zu gewährleisten, weitete man so die Besetzung nach und nach auf das gesamte algerische Territorium aus. Der Kampf gegen Abd el-Kader führte zu einem kurzen Krieg gegen Marokko, welches den algerischen Kämpfern Unterschlupf gewährte. Eine von General Bugeaud befehligte französische Armee drang auf marokkanisches Gebiet vor und schlug die Truppen des Sultans in der Schlacht von Isly. Ende 1847 gab es in Algerien 110000 Europäer, von denen 40000 Franzosen waren. So wurde der Grundstein für ein neues französisches Kolonialreich gelegt.

20 Die Zweite Republik (1848–1851/52)

Die Zweite Republik begann in einer Atmosphäre romantischer Euphorie. Wer sich an das Jahr 1793 erinnerte, wunderte sich über ein republikanisches System, das von Einberufungen, Beschlagnahmungen und Kriegen nichts wissen wollte. Man versuchte, die angestauten Frustrationen in einer großen Kirmes von Umzügen, Reden und Publikationen loszuwerden. Die Tiefe der Enttäuschung entsprach der Höhe der Erwartung: Nach weniger als drei Jahren legte die Masse der Bürger ihr Los mit Erleichterung in die Hand des »Mannes der Vorsehung«, der mit der Gloriole der napoleonischen Legende umgeben war.

Die Februarrevolution

Da Louis-Philippe und Guizot sich hartnäckig weigerten, das Wahlsystem zu reformieren, wandte sich die Opposition mittels einer Kampagne von öffentlichen Versammlungen in Form von Banketten an die öffentliche Meinung. Es war dies eine von den Engländern übernommene Methode, die es erlaubte, das Gesetz gegen die Abhaltung politischer Versammlungen zu umgehen. Diese »Kampagne der Bankette« nahm ihren Anfang im Juli 1847 in Paris und griff sodann auf die meisten Provinzstädte über. Die Agitation wurde verschärft durch eine wirtschaftliche Krise, die von 1846 an wütete und zu Arbeitslosigkeit und Lohnminderung führte. Hinzu kam eine revolutionäre Gärung, die sich vor allem in Deutschland und Italien entwickelte.
Das Verbot eines Banketts, das am 22. Februar 1848 in Paris stattfinden sollte, war der Funke, der zur Explosion führte. Zwar waren die Organisatoren bereit, sich der Anordnung zu beugen, doch die Aufgeregtesten unter ihren Parteigängern organisierten gewaltsame Demonstrationen. Louis-Philippe versuchte, den Aufruhr zu besänftigen, indem er Guizot entließ. Doch am Abend des 23. Februar kam es zu einem Zusammenstoß zwischen Demonstranten und Wacheinheiten des Außenministeriums, bei dem 16 Personen getötet wurden. Die Aufständischen trugen die Leichen durch die Straßen und riefen das Volk zu den Waffen. Am nächsten Morgen wurden in den Wohnvierteln des Pariser Ostens Barrikaden errichtet. Marschall Bugeaud durfte nicht eingreifen, weil der König zögerte und noch eine politische Lösung zu finden hoffte. Als die Soldaten sich mit den Aufständischen, die auch von vielen Angehörigen der

Nationalgarde unterstützt wurden, zu verbrüdern begannen, dankte der entmutigte Louis-Philippe zugunsten seines Enkels, des Grafen von Paris, ab und flüchtete unter Zuhilfenahme einer Verkleidung.
Die Herzogin von Orléans begab sich mit ihrem Sohn zur Kammer, um ihn als König anerkennen zu lassen. Aber Aufständische drangen in das Palais Bourbon ein; die Herzogin und die monarchistischen Abgeordneten ergriffen die Flucht; die republikanischen Abgeordneten Lamartine und Ledru-Rollin ließen per Akklamation die Schaffung einer provisorischen Regierung beschließen, die unmittelbar darauf im Rathaus gebildet wurde. Niemals, so hat man gesagt, war eine Revolution unvermeidlicher und zufälliger zugleich. Die Macht zerfiel fast kampflos in einer Atmosphäre der Gleichgültigkeit von seiten aller Elemente der Nation, deren tiefere Sehnsucht sie verkannt hatte.

Die provisorische Regierung

Die Umstände hatten eine uneinheitliche und zufällige Mannschaft von zwölf Personen, die in ihrer Mehrheit Journalisten waren, an die Regierung gebracht. Unter ihnen war der bekannteste der Dichter Lamartine; seine romantische Beredsamkeit war typisch für das Regime. Louis Blanc, ein Theoretiker des Sozialismus, machte sich zum Anwalt der Forderungen der Arbeiter.
Man beeilte sich, die Republik auszurufen, und ergriff in den folgenden Tagen, je nach dem Inhalt der bei den täglichen Demonstrationen aufgestellten Forderungen, eine Fülle von Maßnahmen, die den idealistischen Charakter des neuen Systems kennzeichneten: Abschaffung der Todesstrafe für politische Fälle, Abschaffung der Sklaverei in den Kolonien, Presse-, Versammlungs- und Vereinigungsfreiheit, Recht auf Arbeit usw. Vor allem aber beschloß man, eine aus einer allgemeinen Wahl hervorgegangene verfassunggebende Versammlung einzuberufen.

Erste Enttäuschungen

Die neue Republik war von der Nation mit Bekundungen des guten Willens und der Brüderlichkeit angenommen worden. Im Gegensatz zum Jahr 1830 verhielt sich die Kirche positiv zum neuen Regime.
Aber die Unordnung hatte die ökonomische Krise plötzlich verschärft. Die Regierung legte den Wert des Papiergeldes fest und führte eine Zusatzsteuer von 45 Centimes pro Franc auf alle Abgaben ein. Dies begann

die Besitzenden zu beunruhigen. Die wachsende Arbeitslosigkeit brachte enttäuschte Gruppen von Arbeitern unter den Einfluß von Agitatoren. Um dagegen anzugehen, schuf man Nationalwerkstätten: Man beschäftigte die in Bataillonen organisierten Arbeitslosen für zwei Francs pro Tag mit mehr oder weniger unnützen Erdarbeiten.
Die Anhänger einer sozialistischen und demokratischen Republik hatten versucht, die Wahlen unter dem Vorwand hinauszuschieben, daß die Massen erst erzogen werden müßten. Das Ergebnis der Wahl, die am 23. und 24. April stattfand, rechtfertigte diese Besorgnisse: Die große Mehrheit der Franzosen, vor allem auf dem Lande, bekundete durch ihre Stimmabgabe ihre Bindung an die bestehende Sozialordnung. Die sozialistischen Republikaner errangen weniger als 100 Sitze gegenüber 500 für die gemäßigten Republikaner und 300 für die Monarchisten.
Die Versammlung trat am 4. Mai zusammen und ernannte eine Exekutivkommission aus fünf Mitgliedern, der auch Lamartine und Ledru-Rollin angehörten. Die von den Wahlen enttäuschten extremistischen Clubs versuchten einen Anschlag auf die Versammlung, doch die bürgerliche Nationalgarde stellte die Ordnung schnellstens wieder her.

Die Junitage

Die furchtsame Mehrheit drängte die Regierung, die Nationalwerkstätten aufzulösen, deretwegen Horden von Arbeitslosen nach Paris kamen. So beschloß man, daß die ledigen Arbeitslosen zwischen 17 und 25 Jahren in die Armee eintreten müßten, während die anderen in die Provinz geschafft werden sollten, um bei verschiedenen großen öffentlichen Arbeiten Verwendung zu finden. Da erhoben sich die Arbeiter mit dem Schrei: »Wir bleiben! Entweder Brot oder Blei!« Die Versammlung gab dem Kriegsminister General Cavaignac alle Vollmachten. Unter seinem Kommando gingen reguläre Truppen und die Nationalgarden aus Paris und der Provinz gegen die Aufständischen vor, die sich heftigst verteidigten. Die Repression war unerbittlich, und es gab schreckliche Verluste auf beiden Seiten. Cavaignac blieb an der Spitze der exekutiven Gewalt und erwirkte Gesetze, welche die Pressefreiheit und die Versammlungsfreiheit einschränkten.
Der Bürgerkrieg in diesen vier Junitagen sollte schwerwiegende Konsequenzen haben: Auf sie gehen der Haß der Arbeiter auf die Bürger und die Angst der Bürger, ob liberal oder konservativ, vor dem Sozialismus zurück. Der brüderliche Schwung des Jahres 1848 mußte dem Klassenkampf weichen.

Die Verfassung

Von Juni bis November 1848 beriet die Versammlung über eine neue Verfassung, die dann verabschiedet wurde. Sie beruhte auf dem Prinzip der Volkssouveränität und der Gewaltenteilung. Ihre Präambel war Ausdruck des erhabensten Idealismus, denn sie erinnerte die Bürger daran, daß sie nicht nur Rechte, sondern auch Pflichten hätten und daß die Gesellschaft den bedürftigen Bürgern eine brüderliche Hilfe schulde. Die legislative Gewalt lag in den Händen nur *einer* Versammlung von 750 Abgeordneten, die für drei Jahre auf der Grundlage des allgemeinen Wahlrechts gewählt wurden. Die Exekutivgewalt war einem für die Dauer von vier Jahren direkt vom Volk gewählten Präsidenten der Republik anvertraut. Er ernannte die Minister, die nur ihm gegenüber verantwortlich waren. Aber er konnte die Versammlung nicht auflösen. Es gab keine Vorkehrungen für den Fall, daß der Präsident in einen Konflikt mit dem Parlament geriet.

Die Wahl des Präsidenten (10. Dezember 1848)

Man beschloß, die Wahl des Präsidenten der Republik so schnell wie möglich vornehmen zu lassen, und verschob die Wahlen zur legislativen Versammlung auf später. General Cavaignac, der Kandidat der gemäßigten Republikaner, hatte die Unterstützung der Verwaltung. Aber er fand einen Gegenkandidaten in dem Prinzen Louis Napoleon Bonaparte, einem Neffen des großen Kaisers. Er war im September 1848 in die Versammlung gewählt worden, hatte dort aber den Eindruck hinterlassen, daß er zu unbedeutend sei, um gefährlich werden zu können. Doch er hatte das Prestige seines Namens für sich, und es war ihm gelungen, die Unterstützung der Katholiken zu erlangen. Trotz allem war das Resultat der Abstimmung eine große Überraschung. Bonaparte hatte 5434000 Stimmen, also 75 Prozent erhalten, Cavaignac nur 1448000. Louis Napoleon ernannte Minister, die fast ausschließlich der monarchistischen Rechten angehörten; den Katholiken zuliebe beschloß er die Entsendung französischer Streitkräfte nach Rom. Die enttäuschten Republikaner beschlossen, zu weichen und die von der Verfassung vorgesehenen Parlamentswahlen abzuwarten.

Die legislative Versammlung

Die Wahlen vom 13. Mai 1849 wurden zu einem überwältigenden Sieg für die konservativen Parteien, die sich mit den Bonapartisten zu einer ›Partei der Ordnung‹ vereinigt hatten. Zusammen verfügten sie mit ihren 450 Abgeordneten über die absolute Mehrheit; doch die Linksrepublikaner, die man »Montagnards« nannte, hatten nahezu zwei Millionen Stimmen erhalten, weit mehr als 1848, und verfügten über 180 Parlamentssitze, während die gemäßigten Republikaner weniger als 80 erhielten. Die Mehrheit war sich mit dem Präsidenten zwar einig, die Reaktion voranzutreiben, aber es kam zwischen den beiden zu einem Konflikt über das Ziel dieser Reaktion: Die Mehrheit dachte an eine Restauration der Monarchie, der Präsident an die Festigung seiner persönlichen Macht und die Wiederherstellung des Kaiserreichs.

Die Reaktion

Eine Demonstration des Volkes gegen die Expedition nach Rom gab dem Präsidenten Gelegenheit, gegen die Montagnards vorzugehen. »Es wird Zeit«, so sagte er, »daß die Guten ruhig schlafen können und die Bösen zittern müssen.« Er verfügte strenge Maßnahmen gegen die Zeitungen und die republikanischen Vereine, 30 Abgeordnete der Linken wurden verhaftet.

Graf Falloux, ein katholischer Legitimist, brachte einen Gesetzentwurf ein, der die von den Katholiken verlangte Freiheit des Unterrichtswesens garantieren sollte. Die Situation war günstig: Die Bürger im Geiste Voltaires waren vom Gespenst des Sozialismus verschreckt und glaubten, daß religiöse Unterweisung das Volk in Schach halten könnte. Doch die napoleonische Universität verfügte über das akademische Ausbildungsmonopol und war allein befugt, entsprechende Grade zu verleihen. Unter diesen Umständen wurde das als liberale Maßnahme konzipierte Gesetz zu einem Instrument der sozialen Reaktion, was die Republikaner den Katholiken nie mehr verzeihen sollten.

Schließlich beschloß das Parlament, »das allgemeine Wahlrecht zu reinigen«. Durch das Gesetz vom 31. Mai 1850 wurde die Ausübung des Wahlrechts einer Bedingung unterworfen, die praktisch die nicht seßhafte Arbeiterbevölkerung davon ausschloß: Verlangt wurde der Nachweis eines dreijährigen Wohnsitzes in derselben Gemeinde.

Die auswärtige Politik

Die Republikaner hatten Louis-Philippe seinen Pazifismus zum Vorwurf gemacht. Nachdem sie an der Macht waren, zeigten sie sich jedoch noch vorsichtiger als er. Die inneren Schwierigkeiten ließen diese Zurückhaltung ratsam erscheinen. Angesichts der großen Umwälzungen in Deutschland, Italien und dem österreichischen Kaiserreich betrieb Frankreich eine Politik fast totaler Enthaltsamkeit.
Die einzige auswärtige Intervention entsprach zu einem großen Teil innerpolitischen Rücksichten. Der Papst hatte am 24. November 1848 Rom verlassen müssen, die italienischen Patrioten hatten eine römische Republik errichtet. Die französischen Katholiken hatten Louis Napoleon ersucht, den Kirchenstaat wiederherzustellen, und ihm als Gegenleistung dafür die Stimmen bei der Präsidentschaftswahl zugesichert. Präsident Louis-Napoleon tat dies um so lieber, als er damit den Österreichern den Rang ablaufen konnte, die sich als die Gendarmen der italienischen Halbinsel betrachteten. Ein erstes Expeditionskorps unter dem Befehl des Generals Oudinot traf auf einen unerwarteten Widerstand. Man mußte Verstärkungen nachsenden und eine regelrechte Belagerung durchführen. Schließlich fiel die Stadt, und Papst Pius IX. konnte nach Rom zurückkehren. Die Republikaner empörten sich darüber, daß die einzige Aktion einer französischen Armee dem Zweck diente, eine klerikale und reaktionäre Macht wieder ins Amt einzusetzen.

Der Verfassungskonflikt

Die Monarchisten, die die Restauration des Königtums wünschten, blieben gespalten. Die Legitimisten wollten den Enkel Karls X., den Herzog von Chambord, auf den Thron setzen; die Orléanisten waren für den Grafen von Paris, einen Enkel Louis-Philippes. Dieser Streit, in dem prinzipielle Fragen im Gewande dynastischer Auseinandersetzungen aufeinandertrafen, lähmte die Royalisten.
Louis Napoleon nutzte seine offiziellen Reisen durch das Land, um die öffentliche Meinung zu seinen Gunsten zu beeinflussen. »Der Name Napoleon«, so sagte er, »ist für sich selbst ein Programm. Im Innern bedeutet er Ordnung, Autorität, Religion und Wohlfahrt des Volkes, im Äußeren nationale Würde.« Im Juli 1851 forderte er die Revision der Verfassung, damit er sich nach Ablauf der vier Jahre seiner Präsidentschaft von neuem wählen lassen könne. Aber dieser Vorschlag fand nicht die für eine Verfassungsänderung notwendige Dreiviertelmehrheit.

Der Staatsstreich

Schon damals beschloß Louis Napoleon, Gewalt anzuwenden, und sein Halbbruder Morny lieferte ihm dazu die Pläne. Tatkräftige, ihm ergebene Personen wurden an die Schlüsselposten beordert. In der Nacht vom 1. auf den 2. September besetzte die Armee die strategisch wichtigen Punkte der Hauptstadt, während die Polizei alle Personen verhaftete, von denen die Organisation eines Widerstandes hätte ausgehen können. Proklamationen mit dem Text von zwei Dekreten wurden veröffentlicht. Im ersten wurde die Versammlung für aufgelöst erklärt und das Wahlgesetz vom 3. Mai 1850 geändert; im zweiten wurde das Volk zu einem Plebiszit aufgerufen; es sollte sich äußern zu dem folgenden Satz: »Das französische Volk will die Aufrechterhaltung der Autorität Louis Napoleons und überträgt ihm die notwendigen Machtbefugnisse zur Schaffung einer Verfassung auf der Grundlage der Proklamation des 2. Dezember.«

In Paris versammelten sich etwa 300 Abgeordnete im Rathaus des X. Bezirks und erklärten den Präsidenten für abgesetzt, aber sie wurden festgenommen und ins Gefängnis gebracht. Am Nachmittag des 3. Dezember kam es zur Errichtung einiger Barrikaden in den Wohnvierteln der einfachen Leute im Zentrum, aber die Bevölkerung blieb im ganzen träge. Am nächsten Tag griff die Armee die aufständischen Wohnviertel an, räumte die Barrikaden hinweg und erschoß die Widerständler an Ort und Stelle. Das hier vergossene Blut war ein unauslöschlicher Makel zu Beginn der Diktatur Louis Napoleons.

In der Provinz war der Widerstand ernsthafter; in etwa zwanzig Departements marschierten bewaffnete Gruppen in die jeweiligen Hauptstädte, doch die Armee zerstreute sie ohne Mühe. Morny nutzte die Gelegenheit, um die Opposition zu dezimieren: Mobile Einheiten verhafteten 26000 Personen, die dann durch gemischte Kommissionen – bestehend aus dem Präfekten, dem Staatsanwalt und einem General – abgeurteilt wurden. 9581 Deportationen nach Algerien, 239 nach Guyana waren die Bilanz dieser summarischen Rechtsprechung.

Die Masse des Volkes akzeptierte gleichwohl die geschaffenen Tatsachen. Das Plebiszit, das am 21. Dezember 1851 stattfand, ergab 7145000 Ja-Stimmen gegen 646000 Nein-Stimmen.

21 Das Zweite Kaiserreich (1852–1870) Innere Entwicklung

Die Wiedererrichtung der imperialen Monarchie ist ein Zeugnis für die tiefe Spur, die Napoleon I. im nationalen Bewußtsein hinterlassen hat. Nachdem sein Neffe die Ordnung in autoritärer Form wiederhergestellt hatte, bewegte er sich in Etappen auf eine Monarchie liberalen und parlamentarischen Typs zu; das Gelingen dieser schwierigen Operation stellt einen fast einzigartigen Fall in der Geschichte der Diktaturen dar. Louis Napoleons größtes Verdienst liegt jedoch darin, die Widerstände gegen eine Modernisierung der französischen Wirtschaft gebrochen und das Land in den Genuß einer blendenden Prosperität gebracht zu haben.

I. Politische Entwicklung

Die Wiederherstellung des Empire

Die anläßlich des Staatsstreiches angekündigte Verfassung wurde im Januar 1852 in Kraft gesetzt. Gemäß dem Vorbild der Verfassung des Jahres VIII gab sie praktisch alle Macht dem Präsidenten der Republik, der durch eine allgemeine Wahl für die Dauer von zehn Jahren gewählt wurde. Drei Versammlungen sollten ihn unterstützen:
- Ein Senat, bestehend aus 150 vom Präsidenten ernannten Mitgliedern, hat die Aufgabe, die Verfassung zu wahren und sie gegebenenfalls durch Senatsverordnungen (*sénatus-consultes*) zu ergänzen;
- die für sechs Jahre gewählte legislative Versammlung (*corps législatif*) stimmt über die Gesetze und die vom Präsidenten vorgeschlagenen Steuern ab, doch ihre Debatten sind nicht öffentlich;
- der Staatsrat (*Conseil d'Etat*) wird vom Präsidenten zusammengesetzt und bereitet die Gesetzentwürfe vor.

Der Prinz-Präsident quartierte sich in den Tuilerien ein und umgab sich mit einem regelrechten Hof. Im September 1852 reiste er in großer Manier durch das Land und wurde überall mit dem Ruf »Es lebe der Kaiser!« empfangen. Der Senat zögerte nicht lange und beschloß die Wiederherstellung der kaiserlichen Würde für Louis Napoleon. Das am 20. November abgehaltene diesbezügliche Plebiszit ergab 7839000 Ja-Stimmen gegenüber 253000 Nein-Stimmen. Am 2. Dezember 1852, dem Jahrestag der Schlacht von Austerlitz und des Staatsstreiches, wurde das Zweite Kaiserreich (Second Empire) ausgerufen.

Der Kaiser

Napoleon III. erscheint als eine originelle, etwas rätselhafte Persönlichkeit. Folgende Züge sind bemerkenswert:

– ein tiefes Mißtrauen, das wohl aus den langjährigen Erfahrungen des Verschwörers und Gefangenen resultiert;
– ein unbezwingbares Phlegma im Angesicht von Gefahren und Widrigkeiten;
– eine eingewurzelte Gütigkeit in Verbindung mit einer Einfachheit des Umgangs, die ihn liebenswert erscheinen lassen;
– eine ziemlich mittelmäßige Intelligenz. Thiers sagt von ihm: »Der Kaiser ist eine große, verkannte Inkapazität.« Dagegen verfügt er über eine kosmopolitische Bildung; er spricht perfekt Deutsch, Englisch und Italienisch und zeigt ein lebhaftes Interesse für ökonomische und soziale Fragen sowie für alte Geschichte;
– eine wirre Einbildungskraft, die sich in grandiosen und widersprüchlichen Projekten gefällt;
– ein sowohl unentschiedener wie eigenwilliger Charakter: Manchmal scheint er auf der Woge der Ereignisse zu schwimmen, manchmal verfolgt er seine Absichten mit der Hartnäckigkeit eines Schlafwandlers, der alle Einwände sanft hinwegräumt.

Napoleon III. heiratete im Januar 1853 eine Spanierin namens Eugénie de Montijo, die ihn durch ihre strahlende Schönheit verführt hatte. Sie verlieh dem Leben am kaiserlichen Hof jene geistige Atmosphäre, jenen Glanz und Luxus, die das Prestige des Regimes so nachhaltig prägten. Nach der Geburt des kaiserlichen Prinzen Louis und angesichts der schwindenden Kräfte des Kaisers hatte sie den Ehrgeiz, sich auch in die Politik einzumischen.

Das autoritäre Kaiserreich

Bis 1860 war die kaiserliche Diktatur ohne Gegengewicht. Die Presse wurde durch das System der Warnungen gezügelt: Eine Zeitung, die zweimal vermahnt worden war, konnte suspendiert oder aufgelöst werden. Bei den Wahlen standen dem offiziellen, durch den Minister ausgesuchten Kandidaten des Systems alle Hilfsmittel der Administration zur

Verfügung, während der Kandidat der Opposition über keinerlei Propagandamöglichkeiten verfügte.
Napoleon III. bemühte sich, den Klerus durch materielle Vergünstigungen für sich einzunehmen; die religiösen Vereinigungen konnten sich ebenso ungehindert entwickeln wie das katholische Bildungswesen. Andererseits suchte er die Zustimmung der Wirtschaftsbourgeoisie und der Arbeiterschaft dadurch zu gewinnen, daß er dem wirtschaftlichen Leben neue Impulse verlieh.
Aufgrund der engen Verbindung der Kirche mit dem Kaiserreich war die royalistische Opposition ihrer Truppen beraubt. Sie konnte lediglich am Hof und an den öffentlichen Ämtern Anstoß nehmen und in den Salons sowie in der Académie Française eine diskrete Fronde unterhalten.
Weitaus gefährlicher war dagegen die republikanische Opposition, die in den Werkstätten und in den Geheimgesellschaften zu Hause war und durch so illustre Schriftsteller im Exil wie Victor Hugo angefeuert wurde. Dreimal machten Fanatiker den Versuch, den Kaiser zu töten. Das schlimmste Attentat war das Werk eines italienischen Patrioten namens Orsini, der den vermeintlich Verantwortlichen für die Zerstörung der römischen Republik strafen wollte; er warf drei Bomben, als der Kaiser und die Kaiserin vor der Oper vorfuhren; es gab acht Tote und 148 Verletzte.

Liberale Entwicklung

Napoleons III. Intervention zugunsten der Unabhängigkeit Italiens (1859) führte ihn langsam dazu, sein Regime in einem liberalen Sinn zu verändern. Dieses Unternehmen entfremdete ihm zwar einen Teil der Katholiken, denn es bedrohte die weltliche Macht des Papstes, die man für dessen Unabhängigkeit für unentbehrlich hielt. Es entfremdete ihm auch die Geschäftswelt, denn, um sich die Neutralität Englands zu sichern, hatte sich der Kaiser entschieden für einen freien Handel ausgesprochen, wodurch viele Industrien angesichts der ausländischen Konkurrenz in Schwierigkeiten gerieten. Nur die Republikaner unterstützten sein Eingreifen zugunsten der Befreiung des italienischen Brudervolkes. Es war deshalb nur natürlich, daß der Kaiser sich bemühte, die Unzufriedenheit der Konservativen durch Zugeständnisse an die liberale Seite wettzumachen.
Diese Entwicklung ging ohne systematischen Plan vor sich, in rasch aufeinanderfolgenden Veränderungen, die von Zeiten des Zögerns und der Rückwärtsorientierung unterbrochen waren. Die ersten Konzessionen

betrafen die Freiheit der Meinungsäußerung und die Verstärkung der Kompetenzen des Corps législatif; sie ermöglichten ein Anwachsen der liberalen und republikanischen Opposition: Bei den Wahlen zur Versammlung von 1863 erhielt sie zwei Millionen Stimmen, 1869 waren es bereits 3335000. Doch zu diesem Zeitpunkt war die Opposition nicht mehr geeint: Angesichts einer Minorität strenger Republikaner hatte sich eine dritte Partei herausgeschält, die geneigt war, sich mit dem kaiserlichen Regime abzufinden unter der Voraussetzung, daß es sich in Richtung auf ein liberales parlamentarisches System fortentwickelte.
Der Chef dieser dritten Partei, Emile Ollivier, wurde im Januar 1870 mit der Bildung einer Regierung beauftragt. Er veranlaßte Napoleon III. zu einem Senatsbeschluß, in dem alle innerhalb der letzten zehn Jahre vorgenommenen Verfassungsänderungen berücksichtigt und koordiniert wurden. Diese Art neuer Verfassung führte zur Errichtung eines politischen Systems, das dem der ›Charte‹ von 1814 ziemlich ähnlich war, darüber hinaus jedoch noch das allgemeine Wahlrecht enthielt. Der Senat behielt seine Rolle als Hüter der Verfassung bei, nahm aber auch, wie die alte Pairs-Kammer, an der Legislative teil. Die legislative Kammer konnte von nun an ihren Präsidenten selbst wählen und Gesetzesvorschläge machen. Allerdings waren die Minister ihr gegenüber nicht verantwortlich, sondern nach wie vor nur dem Herrscher, der sich auch das Recht vorbehielt, sich unmittelbar an das Volk zu wenden. Diese Verfassungsänderungen wurden einer Volksabstimmung unterworfen; das Resultat war ein Triumph für Napoleon III.: 7538000 Ja-Stimmen gegen 1572000 Nein-Stimmen. Das Kaiserreich schien stärker denn je.

Die Sozialpolitik

Die von der Republik enttäuschten Arbeiter hatten den Staatsstreich ohne Mißvergnügen hingenommen. Der Name Napoleon war populär, der Kaiser hatte sich überdies in seiner Jugend für sozialistische Ideen aufgeschlossen gezeigt und hatte wohl auch den aufrichtigen Wunsch, die Lebensbedingungen der Arbeiter zu verbessern.
Seine wohlmeinenden Absichten fanden ihren Ausdruck freilich zunächst nur in der Gründung sozialer Hilfswerke. Erst nach 1860 entwickelte er eine Politik, die darauf abzielte, »aufgeklärtere« Arbeiter von der Partei der bürgerlichen Republikaner zu trennen. Durch ein Gesetz des Jahres 1864 erhielten sie das Streikrecht, sofern dabei kein Zwang und keine Gewalt angewendet würden. Wenig später ließ Napoleon die Er-

richtung von Handwerkskammern (*chambres de métiers*) zu, die zu Vorläufern der Gewerkschaften wurden.
Abordnungen französischer Arbeiter wurden ermächtigt – und auch finanziell unterstützt –, mit den britischen Trade Unions Kontakt aufzunehmen. Aus diesen Kontakten entstand 1864 die erste internationale Vereinigung der Arbeiterschaft. Napoleon III. ließ sie zunächst gewähren, und sie sammelte in Frankreich bald eine imponierende Anzahl von Anhängern um sich. Doch 1868 bekam die kaiserliche Regierung es wegen der revolutionären Erklärungen auf dem in der Schweiz abgehaltenen Kongreß der Internationale mit der Angst zu tun: Die französische Sektion der Internationale wurde durch die Polizei aufgelöst, ihre Führer wurden verfolgt.

II. Die wirtschaftliche Entwicklung

Die Ideen Napoleons III.

Das wirtschaftliche Denken Napoleons III. war durch die sozialistische Schule Saint-Simons beeinflußt, die das liberale Dogma ablehnte: Es sei falsch anzunehmen, daß der Staat auf keinen Fall in das ökonomische Leben eingreifen dürfe; er habe im Gegenteil das Recht und die Pflicht, die Wirtschaft zu fördern und zu lenken. Napoleon umgab sich mit Beratern dieser Richtung, unter ihnen Michel Chevalier.
Wie in den meisten autoritären Systemen konnten materielle Leistungen als Ablenkung und Ausgleich für verlorene Freiheiten genutzt werden. Außerdem sollte der wirtschaftliche Aufschwung dazu beitragen, die humanitären Ansichten des Kaisers in die Tat umzusetzen.
Napoleons Absichten wurden durch eine günstige Konjunktur unterstützt: Die Jahre 1852 bis 1872 brachten der Wirtschaft Westeuropas eine Periode raschen Wachstums und allgemeiner Prosperität. Und die Regierung des Zweiten Kaiserreiches hatte das Verdienst, diese günstige konjunkturelle Lage zu nutzen und jene Veränderungen einzuleiten, die notwendig waren, um die französische Wirtschaft dem Rhythmus der neuen kapitalistischen Industriegesellschaft anzupassen.

Der Kapitalmarkt

Im Hinblick auf die Kreditbeschaffung für die neuen Unternehmen wurde es notwendig, die von den Franzosen gehorteten Ersparnisse zu mobilisieren. Zu diesem Zweck änderte man das Handelsrecht von 1807 zugunsten der Bildung von Aktiengesellschaften mit beschränkter Haftung. Andererseits förderte man die Schaffung großer Bankgesellschaften: Crédit Foncier, Crédit Mobilier, Crédit Lyonnais, Société Générale. Mit ihren zahlreichen Filialen und der Aussicht auf Profite sollten sie das brachliegende Kapital locker machen und neuen Industrie-, Handels- und Agrarunternehmen in Frankreich wie im Ausland zuführen. Paris wurde zu einem großen Kapitalmarkt, die Pariser Börse war von fiebriger Aktivität gekennzeichnet.

Verkehrswege

Die Entwicklung des Eisenbahnwesens, jenes wichtigen Motors der modernen Wirtschaft, war in Frankreich durch allgemeine Skepsis, das Fehlen von Kapital und einen Prinzipienstreit zwischen privaten Unternehmern und der staatlichen Verwaltung hintangehalten worden. 1842 war es endlich zu einem Kompromiß gekommen: Der Staat war zuständig für den Ankauf des Terrains und die notwendigen Erdarbeiten, die privaten Eisenbahngesellschaften sollten die Schienen verlegen, das rollende Material bereitstellen und die neuen Linien betreiben. Doch viel Zeit war verlorengegangen: Zu Beginn des Jahres 1848 verfügte Frankreich erst über 2000 Eisenbahnkilometer gegenüber 5900 in England. Napoleon III. veranlaßte die Fusion von 33 damals existierenden Kompagnien zu drei großen Verkehrsgesellschaften: Außerdem ermächtigte er sie, hohe Anleihen aufzulegen, für die der Staat die Garantie übernahm. Das Ergebnis war, daß zu Beginn des Jahres 1870 die französischen Eisenbahnlinien bereits eine Länge von 18000 km hatten. Im selben Jahr wurde bei Fréjus auch der erste Tunnel durch die Alpen eröffnet.
Gleichfalls durch erzwungene Fusionen entstanden zwei große Schiffahrtsgesellschaften: die ›Messageries maritimes‹ für die Verbindungen nach Nordafrika und dem Orient und eine ›Compagnie générale transatlantique‹ für den Schiffsverkehr auf dem Atlantik. Sie waren mit neuen Dampfschiffen ausgestattet und konnten sich die Weltpolitik des Kaiserreichs zunutze machen, so daß sie das britische Schiffahrtsmonopol in Frage zu stellen begannen. Ein Haupttrumpf in dieser Auseinandersetzung war der von Ferdinand de Lesseps mit französischem Kapital gebaute Suezkanal. Das Riesenunternehmen wurde trotz britischen Widerstands mit diplomatischer Unterstützung Napoleons III. durchgeführt.
Im Innern gab es im Verkehrswesen keine weiteren spektakulären Er-

folge mehr, aber das Kaiserreich machte große Anstrengungen, um durch die Schaffung eines Netzes von kleineren Straßen auch isolierte Dörfer an die großen Verkehrswege anzuschließen.

Handelspolitik

Napoleon III. brach kühn mit dem Protektionismus der vorausgehenden Regimes. Geheimverhandlungen zwischen seinem Berater Michel Chevalier und Richard Cobden, dem englischen Apostel des Freihandels, führten zu einem am 23. Januar 1860 unterzeichneten Handelsvertrag. Durch ihn wurden alle Schutzzölle beseitigt und durch sehr maßvolle Einfuhrabgaben ersetzt. Analoge Verträge wurden in der Folge mit elf anderen Ländern abgeschlossen.
Um gegenüber der Konkurrenz bestehen zu können, mußte sich die französische Industrie modernisieren. Nach einer vorübergehenden Krise, die viel Unzufriedenheit verursachte, gelang es Frankreich, einen Teil des Rückstands gegenüber England und Belgien aufzuholen. Der Außenhandel verdoppelte sich zwischen 1859 und 1869 im Wert und erreichte die Höhe von acht Milliarden Franken.
Die französischen Produzenten wurden außerdem durch zwei Weltausstellungen stimuliert, die 1855 und 1867 in Paris stattfanden und Millionen von Besuchern anzogen.

Öffentliche Arbeiten

Finanziert durch Sonderfonds, die der parlamentarischen Kontrolle entzogen waren, wurden große öffentliche Arbeiten in Angriff genommen, die alle Bereiche der Volkswirtschaft belebten. Neben den bereits erwähnten Anstrengungen zur Inbetriebnahme weiterer Eisenbahnstrekken handelte es sich vor allem um die Trockenlegung von Sümpfen und die Schaffung des großen Forstgebietes der *Landes*.

Die Verwandlung von Paris

Auch die meisten Städte profitierten von den Sanierungs- und Verschönerungsarbeiten, allen voran natürlich die Hauptstadt Paris. Paris war 1850 für seine sprunghaft anwachsende Bevölkerung viel zu eng geworden. Es erstickte sozusagen an sich selbst. Napoleon wählte zur

Neugestaltung der Stadt, wie sie ihm vorschwebte, mit Haussmann einen äußerst tatkräftigen Mann und ernannte ihn zum Präfekten der Seine.

Eine Verwaltungsreform erleichterte die materielle Durchführung: Mittels Dekret wurden 1860 einige an der Peripherie liegende Orte wie Auteuil, Passy, Montmartre etc. eingemeindet, und das so vergrößerte Stadtgebiet wurde sodann in zwanzig Arrondissements unterteilt.

Das Werk Haussmanns läßt sich mit folgenden Stichworten umreißen:

- Sanierung: Beseitigung ungesunder Wohngebiete, bessere Wasserversorgung, Schaffung einer unterirdischen Kanalisation und zentraler Markthallen;
- Modernisierung des Verkehrs: Schaffung großer durchgehender Straßen, Einrichtung von Bahnhöfen und Knotenpunkten, Einführung der Straßenbeleuchtung (durch Gas), Ersetzung des Pflasters durch Asphalt, Errichtung eines Omnibussystems;
- Verschönerung: Schaffung perspektivischer Durchblicke, Errichtung neuer Baudenkmäler (z. B. die von Garnier geschaffene Oper, die Verbindung von Tuilerien und Louvre, die Kirche St. Augustin), die Anlage der Wälder von Boulogne und Vincennes nach dem Vorbild der Londoner Parks.

Man hat Haussmann seine wenig orthodoxen finanziellen Methoden zum Vorwurf gemacht, die den Grundstücksspekulanten zu großen Raum ließen; man hat behauptet, er habe die Erinnerungen an die Vergangenheit zerstört und durch seine Vorliebe für eine gerade Linienführung eine gewisse Eintönigkeit verursacht; dennoch teilt er sich mit dem Kaiser in das Verdienst, Paris die Gestalt gegeben zu haben, die aus ihm mehr als ein halbes Jahrhundert lang die attraktivste Stadt der Welt machte.

22 Das Zweite Kaiserreich
Die äußere Politik

So geschickt und förderlich die Innenpolitik Napoleons III. war, so unglücklich und unheilvoll war seine Außenpolitik. Sie galt grandiosen und widersprüchlichen Zielen, die im geheimen, zuweilen zögernd, gelegentlich aber auch mit großem Theaterdonner verfolgt wurden. Trotz der besten Absichten konnte diese Art Politik nur das Mißtrauen und die Feindseligkeit anderer Länder wecken und mußte Frankreich schließlich in ein Desaster führen, das mit den Folgen des Größenwahns Napoleons I. durchaus vergleichbar ist.

I. Prestigeerfolge

Ziele und Methoden

Die Außenpolitik Napoleons III. war von Zielen bestimmt, die nur schwer miteinander vereinbar waren. Als geistiger Erbe Napoleons I. glaubte er sich einer Prestigepolitik verpflichtet, die dem Nationalismus und dem militärischen Chauvinismus der Franzosen schmeichelte und sie die Einschränkungen durch die Diktatur vergessen ließ. Andererseits sah er die große außenpolitische Mission Frankreichs darin, die Verträge von 1815 zunichte zu machen und dem Nationalitätenprinzip zum Erfolg zu verhelfen. Mit anderen Worten: Es ging darum, den Völkern, die gegen ihren Willen unter fremder Herrschaft leben mußten oder wegen überholter dynastischer Interessen künstlich geteilt blieben, das Recht auf nationale Selbstbestimmung zu verschaffen.
Eine intensivere Kolonial- und Schiffahrtspolitik sollte den wirtschaftlichen Interessen der Nation dienen. Parallel dazu sollte die Ausbreitung der französischen Kultur vorangetrieben werden, indem man religiöse Missionsstationen aktiv schützte und so der kaiserlichen Regierung die Dankbarkeit der französischen Katholiken sicherte.
Diese grandiosen Projekte wünschte Napoleon III. zweifellos auf friedlichem Wege zu erreichen, indem er so oft wie möglich Regelungen auf dem Wege internationaler Vereinbarung suchte. Sollte man zu den Waffen greifen müssen, so war er entschlossen, um jeden Preis den Fehler zu vermeiden, der den Ruin Napoleons I. verursacht hatte, nämlich gegen England Krieg zu führen.

Mit Ausnahme dieser Konstante seiner Politik verfolgte der Kaiser, der sich darin gefiel, seine Außenpolitik ohne das Wissen seiner Minister geheim zu betreiben, so viele verschlungene und mehr oder weniger widersprüchliche Absichten, daß er sich schließlich in diesem Gewirr verheddern mußte.

Überseeische Unternehmungen

Einige Unternehmungen des Zweiten Kaiserreiches wurden im klassisch kolonialistischen Stil ausgeführt, so die militärische und administrative Besetzung des Senegal, Indochinas, Neu-Kaledoniens und der Somaliküste.
Die Eroberung Algeriens wurde durch die schwierige Befriedung der gebirgigen Gegenden der Kabylei vollendet. In diesem Fall zeigte Napoleon eine bemerkenswerte Voraussicht; er wollte Algerien einen autonomen Status gewähren, und zwar in Gestalt eines arabischen Königreiches, dessen oberster Repräsentant er selbst sein sollte.
Der Schutz christlicher Missionare war der vorgeschobene Grund für eine gemeinsame französisch-britische Expedition nach China (1860). Peking wurde eingenommen; als Repressalie wurde der prächtige Sommerpalast der chinesischen Kaiser geplündert und angezündet.
Im selben Jahr 1860 wurde ein Expeditionskorps nach Syrien entsandt, um die dort lebenden christlichen Maroniten zu retten, die vom Völkermord bedroht waren. Napoleon III. setzte auch die Schutzrechte Frankreichs über die Heiligen Stätten wieder in Kraft, die Frankreich seit Franz I. innehatte. In anderen Ländern des Nahen Ostens nahm der französische Einfluß die sehr modernen Formen einer wirtschaftlichen und kulturellen Durchdringung an: vor allem in der Türkei und mehr noch in Ägypten. Das außergewöhnlichste überseeische Unternehmen jedoch galt Mexiko, von dem später noch die Rede sein wird.

Der Krieg im Orient

Die politische Situation nach 1850 erschien dem russischen Zaren Nikolaus I. günstig für die Verwirklichung eines lange gehegten Planes der russischen Politik, nämlich die Teilung oder Unterwerfung des türkischen Reiches, das man den »kranken Mann am Bosporus« nannte. Eine Streitigkeit, die im Zusammenhang mit dem Schutz der Heiligen Stätten in Palästina ausbrach, gab ihm die Gelegenheit, für Rußland das Recht auf

Schutz aller dort lebenden orthodoxen Untertanen zu fordern. Als der Sultan dies ablehnte, fiel die Armee Nikolaus' I. in Rumänien ein, und die Türkei erklärte den Krieg. England war fest entschlossen, die Russen am Zugriff auf Konstantinopel zu hindern, und erbat die Unterstützung Frankreichs. Da Napoleon III. von großen Veränderungen in Europa träumte, wollte er sich vor allem das britische Wohlwollen erhalten. Obwohl seine eigenen Interessen gar nicht im Spiel waren, verband sich Frankreich mit England, beide Länder erklärten den Russen am 25. März 1854 den Krieg.

Nach einem wenig glücklichen Auftakt in Rumänien und in der Ostsee entschlossen sich die westlichen Alliierten, Sewastopol, den wichtigsten Kriegshafen der Russen im Schwarzen Meer auf der Halbinsel Krim anzugreifen. Ein französisch-britisches Expeditionskorps landete nördlich der Stadt und erzwang sich durch die blutige Schlacht von Alma den Zugang zur Stadt. Dank der zögernden und unklaren Strategie des alliierten Kommandos gelang es den Russen jedoch, ein großartiges Verteidigungssystem aus Gräben und Erdbefestigungen aufzubauen. Die Belagerung Sewastopols zog sich den ganzen Winter lang hin und verursachte bei den Alliierten riesige Verluste, zu denen später noch Krankheiten kamen.

Die französische Armee, die im Gegensatz zu der englischen die entstehenden Lücken durch neue Einberufungen schließen konnte, war am Ende dreimal so stark wie die britische, so daß das Oberkommando an General Pélissier fiel. Nachdem er die feindlichen Stellungen Stück für Stück erobert hatte, gab er am 8. September 1855 den Befehl zum Generalangriff. Die Einnahme der Bastion von Malakoff durch General Mac-Mahon zwang die Russen, die verwüstete Stadt aufzugeben.

Der Kongreß von Paris

Mehrere Monate vergingen mit diplomatischen Manövern, bis der Friede wiederhergestellt werden konnte. Nikolaus I. war am 1. März 1855 gestorben, und sein Sohn Alexander II. nahm schließlich unter dem Druck Österreichs den Vorfriedensvertrag an. Die Bedingungen wurden auf dem Kongreß von Paris in Vertragsform gebracht.

Napoleon III. hatte diesen Kongreß mit großem Prunk organisiert. Die Unabhängigkeit und Integrität des Ottomanischen Reiches wurden von neuem durch die großen Mächte garantiert. Rußland verlor fast das ganze Gebiet, das es in seinem Bemühen um Kontrolle der türkischen Meerengen seit Beginn des Jahrhunderts erworben hatte. England hatte

seine Position im östlichen Mittelmeer gefestigt. Napoleon III. begnügte sich damit, die prestigereiche Rolle eines Schiedsrichters der europäischen Politik übernommen und den Zerfall der vom Wiener Kongreß 1815 errichteten europäischen Ordnung eingeleitet zu haben.
Er nutzte die ihm zugewachsene Autorität, um aktiv auf dem Balkan zu intervenieren. Mit seiner Unterstützung kam es zur Bildung des neuen, unabhängigen Königreichs Rumänien. Auch Montenegro wurde unabhängig, und Serbien konnte seine bereits erlangte Unabhängigkeit festigen.

Der Italienkrieg

Nach dem Scheitern der Revolution von 1848 hatten sich die Hoffnungen der italienischen Patrioten auf das Königreich Piemont-Sardinien gerichtet. Sein König Viktor-Emanuel II. und sein Minister Cavour bereiteten die Wiederaufnahme des Kampfes um die Befreiung Italiens vom österreichischen Joch vor, doch konnten sie es ohne auswärtige Unterstützung nicht riskieren. Napoleon III. war gern bereit, ihnen zu helfen, zumal er als junger Mann an der Erhebung der Romagna im Jahre 1831 mitgewirkt hatte. Aber die Schwierigkeiten des Unternehmens ließen ihn lange zögern.
Im Juli 1858 fiel plötzlich eine Entscheidung: Cavour wurde zu höchst geheimen Besprechungen nach Plombières eingeladen, wo der Kaiser gerade eine Badekur machte. Aus diesen Unterhaltungen ergab sich eine mündliche Übereinkunft über einen Aktionsplan: Frankreich und Piemont würden ein militärisches Verteidigungsbündnis schließen; Cavour sollte es so einrichten, daß Österreich ihm den Krieg erklärte; Napoleon würde ihm dann eiligst zu Hilfe kommen; nach dem Sieg sollte das befreite Italien in Gestalt eines vom Papst präsidierten Staatenbundes reorganisiert werden. Als Gegenleistung für seine Hilfe sollte Frankreich Nizza und Savoyen erhalten.
Der erste Teil dieses Programms wurde Punkt für Punkt durchgeführt. Das durch die systematischen Provokationen der Piemonteser gereizte Österreich erklärte Ende April 1859 den Krieg. Sogleich schloß sich eine starke französische Armee in Norditalien mit der Armee Piemonts zusammen. Die Österreicher wurden bei Magenta und Solferino geschlagen und zogen sich hinter den Mincio zurück. Da entschloß sich Napoleon zur allgemeinen Überraschung, dem Krieg ein Ende zu setzen; er traf in Villafranca mit Kaiser Franz Joseph zusammen und einigte sich mit ihm über einen Waffenstillstand sowie über ein Arrangement, das

von dem in Plombières Besprochenen ziemlich verschieden war: Österreich sollte Venedig behalten, und die Fürsten Mittelitaliens sollten wieder in ihre Rechte eingesetzt werden.
Da Frankreich sein Versprechen, Italien bis zur Adria zu befreien, nicht gehalten hatte, mußte es auf Savoyen verzichten.
Was waren die Motive für diese theatralische Wendung? Zum einen hatte die französische Armee schreckliche Verluste erlitten und schien nicht imstande, einen langen Belagerungskrieg durchzustehen. Andererseits gab es Unruhe in Deutschland, und Preußen drohte damit, seine Armee über den Rhein zu schicken. Schließlich gefährdete die revolutionäre Bewegung, die durch Mittelitalien ging, auch die weltliche Macht des Papstes; und sie konnte Napoleon III. nicht opfern, ohne sich die französischen Katholiken zum Feind zu machen. Aber die italienischen Patrioten, die sich dieser Schwierigkeiten nicht bewußt waren, kamen sich verraten vor. Der empörte Cavour nahm seinen Abschied.

Die Schaffung des Königreichs Italien

Die Abmachungen von Villafranca, die durch den Vertrag von Zürich bestätigt wurden, hatten eine Restauration der Fürstentümer in Mittelitalien vorgesehen. Aber die revolutionären Regierungen pochten auf das Prinzip der nationalen Selbstbestimmung und verlangten ihre Angliederung an Piemont. Napoleon III. gab diesem Begehren schließlich nach, forderte als Gegenleistung jedoch die Abtretung Savoyens und Nizzas, wie sie in der Vereinbarung von Plombières vorgesehen gewesen war. Der im Januar 1860 an die Macht zurückgekehrte Cavour nahm den Handel an. Eine Reihe von Plebisziten bestätigte diese Entscheidung.
Angesichts dieses Erfolges konnte Napoleon III. die kühnen Taten der Schöpfer des modernen Italien geschehen lassen und gegenüber einem feindseligen Europa rechtfertigen: die Landung Garibaldis in Sizilien, den Sturz der Monarchie der Bourbonen in Neapel, den gewaltsamen Marsch der Armee Piemonts durch das Gebiet des Papstes und schließlich die Proklamation des Königreiches Italien im März 1861; zu ihm gehörte schließlich nicht nur das alte Königreich beider Sizilien, sondern auch die Provinzen Marken und Umbrien, die man dem Heiligen Stuhl entrissen hatte.

II. Mißerfolge

Die römische Frage

In den Augen der Italiener konnte nur Rom die Hauptstadt des neuen Königreichs sein. Aber Papst Pius IX. wies alle Ratschläge zurück, die ihm empfahlen, dieses letzte Stück des Kirchenstaates freiwillig aufzugeben. Unter dem Druck der Empörung der französischen Katholiken wagte Napoleon III. es nicht, den Papst im Stich zu lassen; andererseits wollte er sich den italienischen Erwartungen auch nicht entgegenstellen. Am 15. September 1864 unterzeichnete er eine zweideutige Vereinbarung mit der Regierung Viktor-Emanuels: Die französischen Truppen, die seit 1849 in Rom stationiert waren, sollten Ende 1866 zurückgezogen werden; dafür versprach die italienische Regierung, die Papststadt nicht anzutasten; zum Beweis ihres guten Willens sollte sie sich in Florenz niederlassen.

Die Empörung, die sich wegen dieses Abkommens in Italien erhob, veranlaßte Napoleon, alles Erdenkliche zu tun, um wenigstens den italienischen Forderungen auf Venedig entgegenzukommen. Der österreichpreußische Krieg des Jahres 1866 gab ihm Gelegenheit dazu. Napoleon ermutigte Italien, sich mit Preußen zu verbünden, und erhielt von Österreich das Versprechen der Abtretung Venedigs, wenn er selber neutral bliebe. Die Italiener wurden sowohl zu Lande wie zu Wasser schwer geschlagen, aber diese Ablenkung verhalf Preußen nur zu seinem Triumph über Österreich. Im Frieden von Wien vom 30. Oktober 1866 verzichtete Franz Joseph auf Venedig zugunsten Napoleons III., der es sogleich an die Italiener weitergab. Da sie in ihrem Stolz verletzt waren, wußten sie ihm wenig Dank dafür.

Kaum hatten die Franzosen aufgrund der Abmachung vom September 1864 Rom evakuiert, da bereitete Garibaldi mit seinen Freiwilligen den Marsch auf Rom vor. Als die italienische Regierung nichts dagegen unternahm, brachte eine in aller Eile in Italien gelandete französische Brigade die Truppen Garibaldis im Kampf von Mentana zum Stehen. Danach übernahmen die Franzosen wieder ihr Wachregiment in Rom. Noch am Vorabend des Krieges von 1870 war Napoleon III. eher bereit, auf das Bündnis mit Italien zu verzichten, als den Papst im Stich zu lassen; nur der Sturz des kaiserlichen Regimes in Frankreich machte die vollständige Einigung Italiens möglich.

Um den Italienern bei der Verwirklichung ihrer nationalen Einheit zu helfen, hatte Napoleon III. mehrmals die Interessen seines Landes und die Stabilität seines Regimes aufs Spiel gesetzt, aber die Wendungen seiner Politik hatten das paradoxe Ergebnis, daß die Italiener für Frankreich nur Verärgerung und Bitterkeit übrig hatten.

Das mexikanische Abenteuer

An der Italienpolitik des Kaisers lag es auch, daß er in das schlimmste Unternehmen seiner Regierungszeit hineingezogen wurde. Die Idee einer Intervention in Mexiko entsprach zwar ohne Zweifel einer Reihe von sehr verschiedenartigen Wünschen – der lateinische Katholizismus sollte gegen den angelsächsischen und protestantischen Imperialismus verteidigt werden; es ging ferner um die Unterstützung einer konservativen und monarchischen Partei gegen eine Revolution des Volkes sowie um die Gewinnung einer Basis für die wirtschaftliche und kulturelle Expansion Frankreichs in ganz Lateinamerika –, doch Napoleon sah in dem Unternehmen sicher auch eine Chance, sich mit Österreich zu arrangieren und den empörten französischen Katholiken ein Trostpflaster zu verabreichen.
Die Affäre hatte 1862 als eine kleine militärische Demonstration begonnen: Gemeinsam mit England und Spanien ging Frankreich gegen das revolutionäre Regime Juárez vor, das man zwingen wollte, die Schulden Mexikos gegenüber ausländischen Gläubigern anzuerkennen. Doch während sich die beiden anderen Alliierten zurückzogen, stießen die Franzosen mit militärischen Kontingenten, die in Vera Cruz gelandet waren, in das Innere des Landes vor. Es kam zu einer demütigenden Niederlage für die Franzosen vor der Stadt La Puebla, was Napoleon aber nur dazu veranlaßte, – wie schon 1849 bei der Niederlage vor Rom –, den Einsatz zu verdoppeln. Er schickte Verstärkungen, die das Expeditionskorps auf 30000 Mann anwachsen ließen. Unter dem Befehl des Generals Forey wurden La Puebla und Mexiko eingenommen. Da die Vereinigten Staaten durch ihren eigenen Bürgerkrieg gelähmt waren, konnten sie die Dinge nur geschehen lassen.
Unter dem Schutz der Franzosen bot eine Versammlung von konservativen mexikanischen Notabeln Erzherzog Maximilian von Österreich, einem Bruder des Kaisers Franz Joseph, die Krone des mexikanischen Reiches an. Als Maximilian im Juni 1864 nach Mexiko kam, gelang es ihm nicht, die Guerillas der Anhänger Juárez' auszuschalten, noch fand er die Unterstützung aller konservativen Elemente des Landes. Seine Autorität wurde auch durch die Intrigen des Kommandanten der französischen Truppen, des Generals Bazaine, geschwächt. Das Ende des amerikanischen Sezessionskrieges 1865 ermöglichte es der Regierung der Verei-

nigten Staaten, die Respektierung der 1823 verkündeten Monroe-Doktrin zu verlangen, die ausländische Interventionen in ganz Amerika verbot, und dementsprechend den Rückzug der französischen Truppen zu fordern. Napoleon, der im Innern geschwächt und im Äußern in seine europäischen Händel verstrickt war, mußte sich beugen. Im Februar 1867 verließen die letzten französischen Soldaten Mexiko; wenig später wurde der unglückliche Maximilian von den Juaristen erschossen.
Die Affäre hatte Frankreich nur Verluste an Menschen und Geld und zudem noch die Feindschaft der Vereinigten Staaten eingetragen. Das persönliche Prestige Napoleons war schwer angeschlagen.

Die polnische Frage

Es war Napoleon nach 1857 gelungen, freundliche Beziehungen zu Zar Alexander II. zu knüpfen. Sie wurden erneut getrübt durch die Haltung, die Napoleon 1863 in der polnischen Frage einnahm. Die Polen hatten sich ein weiteres Mal erhoben, um das russische Joch abzuschütteln. Frankreichs öffentliche Meinung hatte freudig Partei für die Aufständischen ergriffen. Napoleon unternahm große Anstrengungen, um einen internationalen Kongreß zustande zu bringen, doch England und Österreich wollten davon nichts wissen.
Das einzige Resultat war, daß der Zar alle Sympathien für Frankreich verlor und sich enger an Preußen anschloß, das ihm bereitwillig half, die polnische Erhebung zu unterdrücken.

Schwierigkeiten mit Deutschland

Angesichts der Bemühungen Bismarcks, die Einheit Deutschlands unter preußischer Führung zustande zu bringen, nahm Napoleon eine ambivalente Haltung ein. Einerseits – in logischer Hinsicht – konnte er die Bestrebungen der deutschen Nation nicht anders behandeln als die der Italiener, deren Förderer er gewesen war, aber er war andererseits auch nicht völlig blind für die Gefahr, die ein geeintes Deutschland für die französische Vorherrschaft in Europa darstellen mußte. Daher sein Zögern und seine Ungeschicklichkeit, die schließlich sein Regime und Frankreich in das Unglück von 1870 führten.
Der erste Akt in dem großen politischen Spiel Bismarcks war 1864 die Eroberung der dänischen Herzogtümer von Schleswig und Holstein.

England war bereit, sich diesem Schritt mit Gewalt zu widersetzen, doch Napoleon weigerte sich, einem solchen Unternehmen beizutreten.
Im folgenden Jahr suchte Bismarck sich durch einen Besuch über die Absichten des Kaisers zu informieren, der damals in Biarritz zur Kur weilte. Er war sehr überrascht zu entdecken, daß Napoleon vor allem daran interessiert war, Venedig an das Königreich Italien kommen zu lassen. Napoleon III. hatte sich ausgerechnet, daß ihn die durch einen langen Konflikt erschöpften Gegner als Belohnung für seine Neutralität um seine Vermittlung bitten würden. Dieser Plan wurde durch die Schnelligkeit vereitelt, mit der die preußische Armee in Königgrätz triumphierte (3. Juli 1866). Einige Berater Napoleons III. forderten daraufhin eine sofortige militärische Demonstration am Rhein, aber der Kaiser zog den Verhandlungsweg vor. Der beunruhigte Bismarck hielt die französische Diplomatie mit fiktiven Vermittlungsprojekten hin und handelte unterdessen nach eigenem Gutdünken die Friedensbedingungen mit Österreich aus. Wenn die kluge Zurückhaltung Bismarcks bei diesem Vertrag es Österreich auch gestattete, sich in Ehren aus der Affäre zu ziehen, so bedeutete die Schaffung eines Norddeutschen Bundes unter der Vorherrschaft Preußens doch einen großen Schritt in Richtung auf die nationale Einheit Deutschlands.
Die französische öffentliche Meinung kritisierte Napoleons Untätigkeit heftig. Um besser dazustehen, bemühte sich der Kaiser eifrig darum, von Bismarck einige territoriale Kompensationen zu erlangen. Er beanspruchte nacheinander deutsche Gebiete am linken Rheinufer, dann Belgien und Luxemburg. Der preußische Kanzler wies dieses »Verlangen nach Trinkgeldern« hochmütig zurück und bediente sich geschickt dieses Umstandes, um die Feindseligkeit der Engländer gegen Napoleon zu schüren und die süddeutschen Staaten zu veranlassen, sich durch geheime militärische Beistandsverträge mit Preußen zu verbinden.
Diese Staaten hielten gleichwohl an ihrer Unabhängigkeit fest. Um den partikularistischen Widerstand mit Hilfe der mächtigen nationalistischen deutschen Welle hinwegzuschwemmen, faßte Bismarck mit Unterstützung seiner Militärs einen Krieg gegen Frankreich ins Auge. Es war seiner Diplomatie großartig gelungen, Frankreich zu isolieren und nervös zu machen. Allerdings mußte man noch einen plausiblen Grund finden. Die Unfähigkeit der kaiserlichen Diplomatie tat ihm auch diesen Gefallen.

Ursachen des Krieges

Der Thron Spaniens war durch eine Revolution vakant geworden. Bismarck bemühte sich um die Einsetzung des Prinzen Leopold von Hohenzollern-Sigmaringen, eines Neffen des preußischen Königs. Die am 3. Juli 1870 veröffentlichte Nachricht führte in Frankreich zu einer starken Beunruhigung. Waren die Hohenzollern nicht im Begriff, die einst durch die Habsburger verwirklichte Einkreisung Frankreichs von neuem zu inszenieren? Napoleon wandte sich unmittelbar an Berlin und forderte die Rücknahme der Kandidatur des Hohenzollern. Der alte König Wilhelm I. gab seinem Neffen den Rat, seine Kandidatur zurückzuziehen, was dieser am 12. Juli zur großen Enttäuschung Bismarcks auch tat.

Dieser diplomatische Erfolg verkehrte sich dank der Unklugheit des Ministers des Auswärtigen, des Herzogs von Gramont, der von der Kaiserin angetrieben wurde, in ein schlimmes Unheil. Beide überredeten sie den damals durch eine Krankheit geschwächten Kaiser zu einem verhängnisvollen Schritt: Er gab dem französischen Botschafter den Auftrag, König Wilhelm in seinem Badeort Ems aufzusuchen und ihm die Garantie abzuverlangen, daß eine ähnliche Kandidatur sich nicht mehr wiederhole. Der König war von dieser unangemessenen Forderung überrascht und wies sie formell, aber höflich zurück. Bismarck gab dem Bericht über diesen Vorfall – die berühmte Emser Depesche – mit Absicht eine Form, die sowohl in Frankreich wie in Deutschland Empörung auslösen mußte.

Der gallische Stier, so sagte Bismarck, ging mit gesenktem Kopf auf das rote Tuch los. Die Kriegspartei erwies sich als stärker als der Pazifismus Napoleons III. Emile Ollivier, der Premierminister, erklärte vor der Kammer, er werde leichten Herzens einen Krieg annehmen, den die Ehre des Landes ihm auferlege. Die von einer Welle des Chauvinismus ergriffene Pariser Bevölkerung jubelte dieser Entscheidung zu. Die Kriegserklärung wurde Preußen am 19. Juli 1870 überreicht.

Die Niederlage

Die von langer Hand und unter massivem Einsatz der Eisenbahn vorbereitete preußische Mobilmachung führte zum Aufmarsch von 450000 gut ausgerüsteten Soldaten, die von offensiv eingestellten Offizieren befehligt wurden. Die in größter Unordnung mobilisierte französische Armee konnte diesem Aufgebot zunächst nur 300000 Soldaten entgegenstellen. Die vor allem in den Algerienkriegen geschulten Generale

glaubten Strategie und Disziplin durch Mut und den Geist der Improvisation wettmachen zu können.
Nach einigen Anfangskämpfen an den Grenzen eroberten die deutschen Truppen am 6. August das Elsaß durch den Sieg von Froschweiler und Lothringen durch die Schlacht von Forbach. Die von dem unfähigen Bazaine kommandierte lothringische Armee ließ sich in Metz einschließen, wo sie über einen Monat untätig bleiben mußte, bis sie am 27. Oktober kapitulierte. Die Armee des Elsaß mit Marschall Mac-Mahon an der Spitze zog sich in die Gegend von Châlons zurück, wo sie Verstärkungen und auch den Besuch des Kaisers und seines Sohnes erhielt. Von hier aus ergriff sie die Offensive entlang der Maas, doch erfolgten die Truppenbewegungen so langsam, daß es den deutschen Armeen gelang, die Franzosen bei Sedan einzuschließen. Napoleon III. kapitulierte, um weiteres Blutvergießen zu vermeiden, und begab sich am 2. September mit nahezu 100000 Mann in Gefangenschaft.

Der Zusammenbruch des Zweiten Kaiserreichs

Die Nachricht von dieser Niederlage führte den Sturz des Regimes herbei. Es bedurfte, wie schon 1848, dazu nur des Eindringens von Demonstranten in das Palais Bourbon und der Initiative republikanischer Abgeordneter aus Paris, die mit der Menge zum Rathaus zogen und dort die Republik ausriefen. Die Organe des Regimes – die Versammlungen, die hohen Beamten, die Militärs – leisteten nicht den geringsten Widerstand. Die regierende Kaiserin floh nach England. Napoleon III. folgte ihr nach dem Abschluß des Friedensvertrages nach. Der Ex-Kaiser starb am 9. Januar 1873 in Chislehurst.

23 Die Dritte Republik
Von den Konservativen zu den Radikalen

Das System der Dritten Republik entstand aus einem durch die Umstände erzwungenen Kompromiß. Aber es sollte sich als die flexibelste und dauerhafteste aller Regierungsformen bewähren, die Frankreich seit 1789 gehabt hat. Der Eifer und gelegentlich auch die Niedrigkeit der Mittel, mit denen die Parteien ihren inneren Kampf führten, hinderten das Land nicht daran, sich an die parlamentarische Demokratie zu gewöhnen, sein wirtschaftliches Potential weiterzuentwickeln, ein großes Kolonialreich zu schaffen und mit Hilfe einer klugen Diplomatie jene Bündnisse vorzubereiten, die es ihm erlaubten, 1914 der deutschen Macht entgegenzutreten.

I. Eine schwere Geburt

Die nationale Verteidigung

Die provisorische Regierung, die am 4. September die Macht übernommen hatte, versuchte zunächst mit Bismarck zu verhandeln. Aber die Forderungen des Siegers veranlaßten sie, den Kampf fortzusetzen. Paris wurde schon Ende September von den Deutschen besetzt. Gambetta, der entschiedenste Anhänger einer Fortsetzung des Krieges, konnte die Hauptstadt in einem Ballon verlassen und versuchte von Tours aus, alle Kräfte der Nation zu mobilisieren. Unterstützt von einer großen patriotischen Begeisterung brachte er fast 600000 Mann auf die Beine. Sie waren in drei Hauptarmeen aufgeteilt, die sich jedoch vergeblich bemühten, den Belagerungsring um Paris zu brechen. Auch die in der Hauptstadt eingeschlossenen Streitkräfte, die von der Nationalgarde unterstützt wurden, hatten keinen Erfolg bei ihren Bemühungen, die feindlichen Linien zu durchstoßen. Mitte Januar 1871 wurde die Lage der Pariser Bevölkerung untragbar: Es drohte Hunger, der Winter war besonders streng, und es gab laufend feindliche Bombardements. Trotz der leidenschaftlichen Ermahnungen Gambettas fanden sich die in Paris verbliebenen Mitglieder der Regierung schließlich bereit zur Kapitulation und zur Unterzeichnung eines allgemeinen Waffenstillstandes (28. Januar).

Der Friede

Für die Wahl einer neuen Nationalversammlung waren drei Wochen zugebilligt worden. Die Abgeordneten traten erstmals am 12. Februar in Bordeaux zusammen. Der zum Chef der Exekutive ernannte Thiers traf sich mit Bismarck in Versailles, um über die Friedensbedingungen zu sprechen. Die am 26. Februar von der Versammlung angenommenen Bedingungen, die später im Frieden von Frankfurt bestätigt wurden, waren hart: Abtretung des Elsaß und des nördlichen Lothringen mit Metz (insgesamt 14000 qkm und 1600000 Menschen), teilweise militärische Besetzung bis zur Bezahlung einer Kriegsschuld in Höhe von fünf Milliarden Franken in drei Jahren; Begünstigung der deutschen Ausfuhren nach Frankreich.
Die während des Zweiten Kaiserreiches angesammelten Reichtümer sollten es der Nation möglich machen, sich relativ rasch von der enormen Schuldenlast zu befreien und die materiellen Schäden auszugleichen. Doch das Trauma der Niederlage ließ sich nicht so schnell auslöschen; auch das drängende Verlangen nach einer Revanche und nach Wiedergewinnung der gegen den Willen ihrer Bevölkerung dem Vaterland geraubten Provinzen blieb wach. All dies führte zu einer permanenten Spannung in den französischen Beziehungen der folgenden Zeit.

Die Nationalversammlung

Die Wahlen hatten am 8. Februar 1871 unter außergewöhnlichen Umständen stattgefunden. Da es keine Direktiven seitens einer Zentralregierung gab und organisierte Parteien noch fehlten, hatten sich die Wähler in den Provinzen im allgemeinen den lokalen Notabeln mit monarchistischer Tradition und den Anhängern des Friedens zugewandt; die von Gambetta mobilisierten Republikaner boten ihnen keine aussichtsreiche Perspektive, da sie einen hoffnungslosen Krieg fortsetzen wollten. So kam es, daß sich in der Nationalversammlung, die am 12. Februar in Bordeaux zusammentrat, unter 630 Mitgliedern mehr als 400 Monarchisten befanden gegenüber nur 200 Republikanern.

Thiers

Die Abgeordneten wollten die unvermeidlichen Opfer infolge der Fehler des vorhergegangenen Regimes nicht der Monarchie aufbürden, wie dies

1815 der Fall gewesen war. Außerdem brauchten sie Zeit, um sich über die Person des künftigen Monarchen zu einigen. Die Versammlung ernannte darum einen »Chef der Exekutivgewalt der französischen Republik« bis zum Inkrafttreten eines neuen Statuts über die Institutionen Frankreichs. Der Erwählte war Adolphe Thiers, ein ehemaliger Minister Louis-Philippes, der sich hohes Ansehen erworben hatte, weil er mutig auf die Fehler hingewiesen hatte, die zur Katastrophe führten. Der kleine Alte von 73 Jahren hatte eine Leidenschaft für die Macht und verstand sie auszuüben, wobei ihm seine Erfahrung in allen Sparten der Regierung, seine große historische Bildung, seine unermüdliche Tätigkeit und seine vertrauenerweckende und klare Beredsamkeit zu Hilfe kamen.

Die Pariser Kommune

Unmittelbar bei seiner Amtsübernahme war Thiers mit einer dramatischen Krise konfrontiert: dem Aufstand der Pariser Bevölkerung gegen die Nationalversammlung.

Nach der fünfmonatigen Belagerung war diese Bevölkerung in einem gefährlichen physischen und psychischen Zustand. Die ersten Entscheidungen der Versammlung ließen die Verbitterung noch anwachsen: Abschaffung der Soldzahlung an die Nationalgarden, Aufhebung des Moratoriums für Mietzahlungen und alle anderen Schulden, das für die Dauer der Belagerung gegolten hatte, sowie die Verlegung des Sitzes der Versammlung nach Versailles anstelle von Paris.

Die Explosion ereignete sich am 18. März, als Thiers die Rückgabe von 200 Kanonen befahl, die von der Pariser Nationalgarde in Montmartre und in Belleville abgestellt worden waren, um sie nicht in die Hände der Preußen fallen zu lassen. Die aufrührerische Bevölkerung widersetzte sich dem Befehl mit Waffengewalt und riß einen Teil der Soldaten, die den Befehl durchführen sollten, mit sich; zwei Generale wurden getötet. Thiers beschloß, eingedenk des Jahres 1848, sich mit der gesamten Regierung und den loyalen Truppen nach Versailles zurückzuziehen. Durch diesen Rückzug war der Weg frei für ein Zentralkomitee der Nationalgarde, das sich in der voraufgegangenen Woche gebildet hatte. Es schritt zur Wahl eines Generalrats der Kommune und lud die anderen französischen Städte ein, ähnliche Stadtregierungen zu bilden. In der Tat gab es einige Versuche in dieser Richtung, so vor allem in Lyon, Toulouse, Narbonne und nicht zuletzt in Marseille, wo es zu einer regelrechten Straßenschlacht kam.

Die von den revolutionären Sozialisten beherrschte Pariser Kommune

fand nicht die Zeit, ihre angekündigten sozialpolitischen Absichten zu verwirklichen. Ihre willkürliche und chaotische Tätigkeit wurde völlig durch den Kampf gegen »die Versailler« beansprucht.
Während Thiers mit Unterstützung des Marschalls Mac-Mahon eine Armee aufbaute, der vor allem von den Preußen zurückgegebene Gefangene angehörten, marschierten die Kommunarden am 3. April nach Versailles. Ihre undisziplinierten Kolonnen wurden durch die regulären Truppen auseinandergetrieben, ihre Führer an Ort und Stelle erschossen, um die am 18. März begangenen Tötungen zu rächen. Von da an erhielt der Bürgerkrieg einen erbarmungslosen und grausamen Charakter.
Anfang Mai eroberten die Regierungstruppen systematisch die Außenstellungen von Paris. Am 21. Mai drangen sie überraschend in das Innere der Stadt ein und besetzten die Wohnviertel im Westen der Hauptstadt, aber sie brauchten dann eine ganze Woche, bis sie in harten Straßenkämpfen mit dem erbitterten Widerstand der Kommunarden fertig wurden, die systematisch alle Wohngebiete, die sie verlassen mußten, anzündeten. Auf diese Weise wurden ehrwürdige Baudenkmäler wie die Tuilerien, das Rathaus und der Justizpalast zerstört. 480 Geiseln, darunter der Erzbischof von Paris, wurden umgebracht. Entgegen den Anordnungen Mac-Mahons machten die Truppen keine Gefangenen. Im ganzen gab es in dieser blutigen Woche nahezu 20000 Opfer unter den Aufständischen. Danach verurteilten die Kriegsgerichte noch weitere 13000 Personen zu Gefängnisstrafen oder Deportation.
Die sozialistische Internationale, die in der Affäre nur eine zurückhaltende und mäßigende Rolle gespielt hatte, wurde aller Verbrechen bezichtigt. Dies erlaubte es Karl Marx, die Legende zu schaffen, daß es sich bei der Pariser Kommune, die in Wahrheit durch vielerlei Ideologien gekennzeichnet war, um die erste kommunistische Revolution gehandelt habe. Fürs erste vermieden jedenfalls die führenden Männer der Republikaner entschieden jede Verbindung mit dem Sozialismus.

Die Regierung Thiers

Die Versammlung gab Thiers den Titel eines Präsidenten der Republik mit den Vollmachten eines Regierungschefs, der wie im parlamentarischen System gegenüber der Versammlung verantwortlich war.
Die Zusammenarbeit Thiers' mit der konservativen Mehrheit in der Versammlung erlaubte die Wiederherstellung der Ordnung im Land, die Gesundung der Finanzen, die Aufstellung einer neuen Armee und die

Abtretung gewisser Machtbefugnisse an die Räte der Departements und der Gemeinden. Als ein Hauptverdienst dieser Regierung kann gelten, daß es ihr gelungen ist, die völlige Befreiung des französischen Gebiets von fremden Truppen schon Ende September 1873, also 18 Monate vor dem im Frankfurter Vertrag vorgesehenen Termin, zu erreichen. Dies war möglich geworden durch die vorzeitige Zahlung der enormen Kriegsschuld in Höhe von fünf Milliarden Franken. Die entsprechenden Mittel waren durch zwei Anleihen aufgebracht worden. Die zweite im Juli 1873 gezeichnete Anleihe offenbarte den Patriotismus wie den Reichtum der Nation; man hatte drei Milliarden verlangt, doch 42 Milliarden wurden angeboten.

Das Scheitern der monarchischen Restauration

Thiers hatte im Februar 1871 versprochen, sich einer eventuellen Restauration der Monarchie nicht zu widersetzen, wie sie von der Mehrheit der Nationalversammlung gewünscht wurde. Aber Ende 1872 sprach er sich offen für eine konservative Republik aus. Kurz darauf zwang ihn die Versammlung zum Rücktritt und ersetzte ihn durch Marschall MacMahon. Dieser brave Militär, der ein überzeugter Anhänger der Bourbonen war, mußte sich mit der Rolle des Präsidenten der Republik begnügen, während die eigentliche Regierungsgewalt durch den Vizepräsidenten des Rates, den Herzog Albert de Broglie, ausgeübt wurde, der ein großer Parlamentarier der orléanistischen Richtung war.
Das Haupthindernis für die von Broglie und der Majorität gewünschte monarchische Restauration war die Spaltung der Royalisten in zwei Fraktionen: in die der Legitimisten, die Anhänger des Herzogs von Chambord waren, und der Orléanisten, den Anhängern des Grafen von Paris, der ein Enkel Louis-Philippes war. Jede der beiden Parteien hatte eine andere Vorstellung von der königlichen Gewalt: Die Legitimisten waren Anhänger des durch die weiße Fahne symbolisierten dynastischen Rechts; die Orléanisten akzeptierten das Prinzip der Volkssouveränität, dessen Symbol die Trikolore war. Die von den beiden Anhängern lange vergeblich erstrebte Versöhnung kam im August 1873 durch einen Schritt des Grafen von Paris zustande. Er machte seinem Vetter in dessen Residenz in Frohsdorf in Österreich seine Aufwartung, woraufhin der Herzog von Chambord, der keine Kinder hatte, ihn als seinen Erben anerkannte.
Die Nationalversammlung und die Regierung machten sich bereit, den Herzog von Chambord als Heinrich V. zu empfangen. Dieser wollte je-

doch nur mit der weißen Fahne seines monarchischen Prinzips zurückkehren und ließ dies feierlich verkünden. Aber die Mehrheit des Volkes, insbesondere die Armee, deren Garant Mac-Mahon war, waren nicht bereit, auf die Trikolore zu verzichten. Die verwirrten und mehr als je zuvor gespaltenen Monarchisten bequemten sich dann zu der von Broglie vorgeschlagenen aufschiebenden Lösung: der Verlängerung der Amtszeit Mac-Mahons um sieben Jahre (20. November 1873).

Die Verfassungsgesetze

Das Gesetz, mit dem dieses sogenannte »Septennat« geschaffen wurde, sah auch die Einrichtung einer parlamentarischen Kommission zwecks Vorbereitung verfassungsmäßiger Gesetze vor. Die Arbeiten dieser Kommission wurden ohne großes Interesse durchgeführt und versandeten in fruchtlosen Diskussionen, während die Versammlung durch den Bruch ihrer früheren Mehrheit wie gelähmt schien. Die republikanische Opposition nutzte diese Lage, um die Wahl einer neuen Versammlung zu fordern. Einige gemäßigte Monarchisten glaubten schließlich, daß es besser wäre, selbst ein republikanisches System aus der Taufe zu heben, das so weit wie möglich jener parlamentarischen Monarchie gliche, die sie sich erträumt hatten. Zur gleichen Zeit waren die Republikaner über den rapiden Aufstieg einer bonapartistischen Partei erschrocken. Es schien ihnen dringlich zu sein, dieser Bewegung durch die Schaffung fester Institutionen entgegenzutreten, selbst wenn sie dabei Abstriche von ihrem Ideal in Kauf nehmen mußten.
Aus dem Zusammentreffen dieser beiden Wellen der Resignation entstanden so die Verfassungsgesetze von 1875, die vom Februar bis zum Juli dieses Jahres zur Gründung der Dritten Republik führten. Wie sehr es der konservativen Versammlung widerstrebte, das Unvermeidliche zu sanktionieren, zeigte sich noch einmal am 30. Januar 1875 bei der berühmten Abstimmung über den Abänderungsantrag Wallons, bei der das republikanische Prinzip nur mit einer Stimme Mehrheit angenommen wurde.
Wenn diese Art von Verfassung in ihrer Form auch keiner anderen gleicht, so machten es doch gerade ihre Zweideutigkeiten möglich, eine Entwicklung ohne revolutionären Bruch einzuleiten:

- Der Präsident der Republik und Inhaber der exekutiven Gewalt wird von den beiden zur Nationalversammlung vereinigten Kammern für sieben Jahre gewählt. Er ernennt die Minister und Beamten, ist jedoch nicht selbst verantwortlich, denn alle seine Maßnahmen bedürfen der

Gegenzeichnung durch einen Minister, der vor den Kammern verantwortlich ist. Zum Ausgleich besitzt der Präsident das Recht, die Abgeordnetenkammer mit Zustimmung des Senats aufzulösen.

- Das aus 300 Mitgliedern bestehende Oberhaus, der Senat, war geschaffen worden, um den konservativen Geist der Nationalversammlung in der Republik lebendig zu erhalten. 75 Senatoren waren unabsetzbar und wurden von der Nationalversammlung bestimmt; die anderen mußten mindestens 40 Jahre alt sein und in jedem Departement von einem Wahlkollegium gewählt werden, das aus den Abgeordneten, den Räten des Departements und der Arrondissements und aus einem Delegierten pro Gemeinde bestand. So wurde der Senat zum Organ des ländlichen Frankreich und der Notabeln. Auch seine Stabilität war sichergestellt, denn die Senatswahlen sollten nur alle drei Jahre jeweils für ein Drittel der Sitze stattfinden.
- Die Abgeordnetenkammer sollte auf der Basis des allgemeinen Wahlrechts gewählt werden; über ihre Zusammensetzung sollte ein später zu verabschiedendes Gesetz befinden. Gewählt wurde in Ein-Mann-Wahlkreisen pro Arrondissement, wobei auf ca. 100000 Wahlberechtigte ein Abgeordneter kommen sollte.

Die Nationalversammlung ging am 31. Dezember 1875 auseinander.

Die Krise des 16. Mai 1877

Die Wahlen vom Januar 1876 führten in der Kammer zu einer starken republikanischen Mehrheit (340 von 553), während ihre konservativen Gegner im Senat aufgrund von falschen Manövern weit weniger stark vertreten waren, als sie es erwartet hatten. Mac-Mahon nahm als Chef der Regierung zunächst zwei gemäßigte Republikaner, Armand Dufaure, dann Jules Simon. Da er jedoch der Meinung war, daß es Simon angesichts der antiklerikalen Kampagnen der Linken an Entschlossenheit fehle, tat er ihm sein Mißfallen kund, und die Regierung trat zurück, obwohl sie das Vertrauen der Kammer hatte. Diese revanchierte sich einen Monat später durch einen Mißtrauensantrag gegen Broglie, den Mac-Mahon an die Macht gerufen hatte. Daraufhin machte der Präsident der Republik von seinem verfassungsmäßigen Recht Gebrauch und verkündete die Auflösung der Kammer.
Der nun folgende Wahlkampf war erbittert. Auf der einen Seite standen die Konservativen, auf der anderen die in einem Block zusammengeschlossenen und sich aller propagandistischen Mittel bedienenden Republikaner. Gambetta, der große Anführer der Linken, proklamierte:

»Wenn Frankreich seine souveräne Stimme erhoben haben wird, muß man sich entweder unterwerfen oder abtreten (il faudra se soumettre ou se démettre).«
Die Republikaner gewannen die Wahl, und der Präsident mußte sich in der Tat dem Gesetz der Mehrheit unterwerfen und Dufaure wieder als Regierungschef einsetzen. Nach dieser unglücklichen Erfahrung mit dem Auflösungsrecht hat es kein französischer Präsident mehr gewagt, davon Gebrauch zu machen; so hat diese Krise dazu beigetragen, die Dritte Republik in Richtung auf ein Versammlungsregime zu entwikkeln, d. h. auf ein Regierungssystem, in dem die Regierungen nicht viel mehr sind als Ausschüsse, die von der Mehrheit der Kammer delegiert werden.
Bei den Senatswahlen vom Januar 1879 verloren die Konservativen ihre letzte Bastion: Nun waren auch dort die Republikaner in der Mehrheit. Der entmutigte Mac-Mahon trat zurück. Die beiden vereinigten Kammern ersetzten ihn sogleich durch Jules Grévy, einen alten Republikaner des Jahres 1848 (am 30. Januar 1879).

II. Die politische Entwicklung

Das Funktionieren des Systems

Der Präsident der Republik – zwischen 1879 und 1914 gab es insgesamt sieben – hat im politischen Leben der Dritten Republik nur eine eingeschränkte Rolle, denn die Zusammensetzung der Regierungen und die politischen Geschäfte des Tages liegen in der Hand des Regierungschefs (*Président du Conseil des ministres*), der wiederum von der jeweiligen Mehrheit abhängt. Aber hinter den Kulissen kann er als ein Schiedsrichter und Berater fungieren, vor allem in außenpolitischen Fragen. Er repräsentiert in der Tat ein Element der Kontinuität und Information, das um so einflußreicher ist, je häufiger die verantwortlichen Minister wechseln.
In der Tat lösen die einzelnen Regierungen einander in rascher Folge ab: 46 zwischen 1879 und 1914 und noch einmal 45 zwischen 1914 und 1940. Die dauerhaftesten bleiben nicht einmal drei Jahre im Amt, die flüchtigsten nur einige Tage. Der Grund für diese Instabilität der Regierungen, die dem Prestige des Systems schadet, liegt in der Kammer: In ihr gibt es keine fest organisierten Parteien, die wie in Großbritannien oder den Vereinigten Staaten sich in der Macht abwechseln könnten, sondern nur eine Vielzahl von »groupes parlementaires« mit wechselnden und oft

täuschenden Benennungen; sie sind zu zahlreich, um selbst eine homogene Regierung bilden zu können, darum sind sie auf Koalitionen mit anderen Gruppen angewiesen, die durch das geringste Ereignis wieder zerbrechen können.
Doch das System erweist sich als weniger unheilvoll, als man glauben könnte. Die »crise ministérielle« ist ein wesentliches Element für das gute Funktionieren des Systems, denn mit ihrer Hilfe kann man ohne allzu große Störungen auf neue Situationen und neue Probleme reagieren, indem man jeweils die dafür geeignet erscheinende Koalition bildet. Im übrigen wird die Kontinuität der Regierung durch die Stabilität der großen Verwaltungskörper gesichert, die um so freier sind, ihre Pläne zu verfolgen, je häufiger die Minister wechseln.
Die Entwicklung des Regimes zeigt sich am Ende vor allem in der Integration der neuen, aus dem Kleinbürgertum und dem einfachen Volk bestehenden Schichten in die Maschinerie der Macht; sie ersetzen die Großbürger der ersten Generation der Republikaner.

Die Opportunisten

Nach ihrem Sieg im Jahre 1789 spalteten sich die Republikaner in Radikale und Opportunisten. Die Radikalen wollten die Konzessionen, die die Entstehung der Republik möglich gemacht hatten, wieder in Frage stellen und tiefgreifende Veränderungen einführen wie die Beseitigung des Senats, die Trennung von Kirche und Staat, die Einkommenssteuer, die Listenwahl usw. Die Opportunisten wollten das an Ordnung und wirtschaftlichem Fortschritt interessierte Bürgertum beschwichtigen. Die prinzipiell für notwendig gehaltenen Reformen sollten nur mit Bedacht und im geeigneten Moment durchgeführt werden.
Politiker dieser Richtung waren für etwa zwanzig Jahre zunächst vorherrschend. Unter ihnen war der markanteste Jules Ferry, der einen unversöhnlichen Krieg gegen die katholische Kirche führte und ihr das Recht auf Erziehung der Jugend entziehen wollte. Die Volksschule wurde unentgeltlich, obligatorisch und staatlich; die nicht vom Staat autorisierten religiösen Gemeinden mußten ihre Ausbildungsstätten schließen, und ihre Gemeinschaften wurden brutal aufgelöst und vertrieben.
Die Regierungen der Opportunisten verabschiedeten Gesetze, die die Versammlungsfreiheit, die Pressefreiheit und die Koalitionsfreiheit festigten. Die Zusammensetzung des Senats wurde demokratischer gestaltet, indem man die Sitze der unabsetzbaren Senatoren abschaffte und

den Gemeinden eine ihrer Bevölkerungsgröße entsprechende Zahl von Wahlmännerstimmen gab.
Im Bereich der Wirtschaft und der Finanzen verhielten sich die Opportunisten umsichtig: Sie achteten darauf, daß das Budget stets ausgeglichen war und sich die Gewölbe der *Banque de France* mit Gold füllten. In der allgemeinen und lange andauernden Depression der westlichen Wirtschaft zwischen 1873 und 1895 betrieben sie eine protektionistische Zollpolitik, wie sie vor allem von seiten der Bauern gefordert wurde.

General Boulanger

Zwischen 1887 und 1889 war das Regime durch eine Koalition aller Unzufriedenen unter dem Banner des ebenso ehrgeizigen wie mittelmäßigen Generals Boulanger ernsthaft bedroht. Er war 1887 als Kriegsminister durch seinen extremen Nationalismus populär geworden und fand eifrige Anhänger bei den Radikalen wie auch bei den Bonapartisten, ja sogar bei den Royalisten. Seine Partei forderte die Auflösung der Kammer und eine Revision der Verfassung. Die Regierung versetzte ihn in den Ruhestand, gab ihm aber dadurch ungeschickterweise erst volle Aktionsfreiheit. Der General wollte ein Plebiszit zu seinen Gunsten herbeiführen, indem er für die jeweils vakant gewordenen Sitze in der Kammer kandidierte. Ein triumphaler Wahlerfolg am 27. Januar 1889 in Paris schien seine Machtergreifung möglich zu machen. Aber er wich vor der Anwendung von Gewalt zurück, die seine Anhänger von ihm erwarteten. So hatte die Regierung Zeit, sich wieder zu fangen. Der von Verhaftung bedrohte Boulanger mußte unter erbärmlichen Umständen nach Belgien flüchten, während seine Partei zerfiel.
Die politischen Gegebenheiten sind jedoch durch ihn dauerhaft beeinflußt worden. Der militaristische Nationalismus, der seit 1871 ein Teil der linken Ideologie gewesen war, ging nun auf die Reihen der Konservativen über und zog einen Teil der früheren republikanischen Wählerschaft mit sich.

Der Panama-Skandal

Drei Jahre später wurde das Regime durch den politischen und finanziellen Skandal um den Panamakanal erneut erschüttert. Die von Ferdinand de Lesseps gegründete Gesellschaft zum Bau eines neuen, zwei Ozeane verbindenden Kanals ging bankrott und riß Tausende von kleinen Spa-

rern mit sich, die die Anleihen gezeichnet hatten. Danach gab es eine Fülle von Enthüllungen über die Gelder, die an Politiker gezahlt worden waren. Mehrere Führer der Radikalen, darunter auch Clemenceau, waren kompromittiert, was wiederum zu einer Stärkung der Gemäßigten führte. Diese verfolgten ihrerseits mit großer Beunruhigung den Aufstieg der sozialistischen Parteien, bei denen der Marxist Jules Guesde und der große Redner Jean Jaurès die führenden Persönlichkeiten waren. Die Sozialisten eroberten bei den Wahlen von 1893 fünfzig Sitze.
Einige der gemäßigten Republikaner hielten nun den Augenblick für gekommen, den Krieg gegen den Katholizismus zu beenden. Papst Leo XIII. hatte seinerseits die französischen Katholiken aufgefordert, das republikanische System zu akzeptieren. Diese Politik des »ralliement« (Versöhnung) hatte bereits zu einer gewissen Beruhigung geführt, als eine gewaltige Affäre die Leidenschaften von neuem entfachte.

Die Affäre Dreyfus

Der Hauptmann Alfred Dreyfus war angeklagt, militärische Geheimnisse an Deutschland verraten zu haben, und wurde 1894 zur Degradierung und Deportation verurteilt. Seine Freunde, die von einer wachsenden Zahl von Journalisten und Politikern unterstützt wurden, bezeichneten das Urteil als einen ungeheuerlichen Justizirrtum. Sie beschuldigten die hohen militärischen Stellen und ganz allgemein die Rechte und den Klerus, die Wahrheit und die Gerechtigkeit zu ersticken. Mit gleicher Heftigkeit bekämpfte die Rechte ein vermeintliches Komplott der Juden und der Freimaurer gegen die Armee. Das Land war in zwei Lager gespalten, die sich erbittert gegenüberstanden: in die Dreyfusards oder Revisionisten und die Anti-Dreyfusards.
Die nationalistische Agitation nahm 1899 einen so bedrohlichen Charakter an, daß die Parteien der Linken sich zu einer Regierung »der republikanischen Verteidigung« zusammenschlossen, die von Waldeck-Rousseau geleitet wurde. Dieser veranlaßte eine Wiederaufnahme des Prozesses und erwirkte die Befreiung von Dreyfus, dessen vollständige Rehabilitation jedoch bis zum Jahre 1906 auf sich warten ließ.

Die radikale Republik

Die unvorsichtigen Stellungnahmen der katholischen Presse und eines Teils des Klerus in der Affäre Dreyfus hatten zu einem Wiederaufleben

der antiklerikalen Leidenschaften geführt. Unter der Führung der Freimaurerloge Grand-Orient bildete sich in der Kammer ein Linksblock, dem sogar die Sozialisten angehörten.
Mit Hilfe eines allgemeinen Vereinsgesetzes vom 1. Juli 1899 hatte Waldeck-Rousseau die Rechtsstellung der religiösen Gemeinschaften auszuhöhlen gesucht. In den Wahlen vom Mai 1902 gab es eine Verstärkung des Linksblocks, die es der von Senator Emile Combes geleiteten Regierung gestattete, ihre antiklerikale Politik fast im Stile einer Verfolgung fortzusetzen. Die religiösen Gemeinschaften wurden aufgelöst, ihr Besitz wurde beschlagnahmt; 3000 Bekenntnisschulen wurden geschlossen; die in den staatlichen Schulen unterrichtenden Männer und Frauen aus den religiösen Orden wurden entlassen. Combes bereitete die Abschaffung des Konkordats von 1801 vor und hatte bereits die diplomatischen Beziehungen mit dem Heiligen Stuhl abbrechen lassen, als er infolge einer parlamentarischen Verwicklung gestürzt wurde.
Sein Nachfolger Rouvier vollzog dann die Auflösung des Konkordats, aber er war bestrebt, dem Gesetz über die Trennung von Staat und Kirche einen wahrhaft liberalen Charakter zu verleihen. Die unbeugsame Reaktion Papst Pius' X. gestattete es dem französischen Episkopat nicht, von den wohlwollenden Bestimmungen des Gesetzes Gebrauch zu machen. Dieses hatte vorgesehen, daß die Kirchen und kirchlichen Nebengebäude in den Besitz einer kultischen Vereinigung übergehen sollten. Als der Papst dies verbot, wurden sie dem Staat oder den Gemeinden unterstellt.
Die Sozialisten hatten sich in Befolgung der Direktiven der Zweiten Internationale Ende 1905 aus der Koalition des Linksblocks zurückgezogen. Die unter dem Namen S.F.I.O. (*Section française de l'Internationale ouvrière*) zusammengefaßten sozialistischen Gruppen, die unter der Führung des großen Tribuns Jean Jaurès standen, wollten nun ihre Opposition im legalen Rahmen fortführen. Aber die wichtigste Gewerkschaft der Arbeiter, die C.G.T. (*Confédération générale du Travail*) war von einer Ideologie gewaltsamer anarchistischer Tendenz beherrscht und propagierte den revolutionären Streik. Zwischen 1906 und 1911 gab es eine Reihe ausgedehnter Streikbewegungen, die auch den öffentlichen Dienst nicht aussparten. Georges Clemenceau, der Ministerpräsident der radikalen Partei (1906–1909), bekämpfte die Streiks mit brutaler Härte und vertiefte so den Graben zwischen Radikalen und Sozialisten.
Die wachsende internationale Spannung verschaffte den gemäßigten Republikanern ab 1911 wieder mehr Einfluß; sie traten für eine Beendigung der religiösen Streitigkeiten und für eine Annäherung an die

Rechte mittels eines Programms der nationalen Verteidigung ein. Diese Politik wurde von Raymond Poincaré verkörpert, der im Januar 1912 Ministerpräsident, im Februar 1913 Präsident der Republik wurde. Ausdruck dieser Politik war das Gesetz vom 3. August 1913, das die Dauer des Militärdienstes auf drei Jahre verlängerte. Bei den Wahlen vom Mai 1914 kam es zu einer Neubildung des Linksblocks mit starkem sozialistischen Einschlag, und es war ein unabhängiger Sozialist namens René Viviani, der bei Ausbruch des Ersten Weltkriegs als Ministerpräsident amtierte.

III. Die auswärtige Politik

Die koloniale Ausdehnung

Frankreichs Politik kolonialer Ausdehnung war 1880 durch Jules Ferry begonnen und danach von allen späteren Regierungen weiterverfolgt worden; sie hatte drei Hauptziele:
1. Erhöhung des Prestiges des republikanischen Systems,
2. Versorgung der französischen Wirtschaft mit Rohstoffen und Absatzmärkten,
3. Vorbereitung der Revanche mittels der Entwicklung Frankreichs zu einer Weltmacht.

Der wesentliche Teil der öffentlichen Meinung des Landes stand diesen Unternehmungen äußerst skeptisch gegenüber und beklagte, daß man die Mittel verschwende, die man für die nationale Auf- und Ausrüstung und die Wiedereroberung der verlorenen Provinzen hätte einsetzen können. Tatsache ist, daß Bismarck Frankreich zu seiner Kolonialpolitik ermuntert hat, um das Land von der Idee der Revanche abzulenken.

Die französische Vorherrschaft in Nordafrika wurde durch die Einrichtung eines Protektorats über Tunis 1881 ausgeweitet. Nach Süden stieß man bis tief in die Sahara vor; im Westen errichtete man 1912 ebenfalls ein Protektorat über das marokkanische Königreich. Um den Erwerb Marokkos hatte es einen heftigen internationalen Wettbewerb gegeben.

Die französische Durchdringung Schwarzafrikas wurde von Niederlassungen an den Küsten aus betrieben; man schloß Verträge mit den Stammeshäuptlingen und behalf sich gegen die mächtigeren Herrscher mit kurzen militärischen Aktionen. Im ganzen führten diese Anstrengungen zu zwei großen Kolonialregionen Frankreichs in Afrika: Französisch-Westafrika und Französisch-Äquatorial-Afrika. Zwischen den

beiden Regionen unter Einschluß der französischen Sahara kam es 1901 zu einer Verbindung im Gebiet des Tschad, wo sich die aus Algerien, dem Kongo und Senegal in Marsch gesetzten Truppen vereinigten.
Die schon vor 1870 begonnene Eroberung Madagaskars wurde nicht ohne Schwierigkeiten von 1895 bis 1907 durch General Gallieni vollendet. In Südostasien hatte schon die Regierung Napoleons III. Indochina erobert sowie ein Protektorat über Kambodscha errichtet. Jules Ferry erhob den Anspruch, die französische Herrschaft auf das Gebiet von Annam und Tonkin auszuweiten, was zu einem kurzen Krieg gegen China führte, welches die Schutzmacht dieser Länder war. Im Frieden von Tien-Tsin mußte der chinesische Kaiser 1885 das französische Protektorat über diese Regionen anerkennen. Eine im Tal des Roten Flusses in Tonkin beginnende Eisenbahnlinie schuf eine französische Einflußzone bis weit nach China hinein.
Insgesamt hatte das von der Dritten Republik geschaffene neue französische Kolonialreich einen Umfang von zehn Millionen qkm mit fünfzig Millionen Untertanen; es war zehnmal größer als im Jahre 1871.

Isolierung (1871–1890)

Die Niederlage von 1870/71 und die Ungewißheit der innenpolitischen Situation hatten Frankreich zunächst zu größter Zurückhaltung im Bereich der internationalen Politik genötigt. Erst ab 1880, und zwar im Zusammenhang mit der Kolonialpolitik Jules Ferrys, wurde die französische Außenpolitik wieder aktiver, als es zur Rivalität mit den kolonialen Ambitionen Englands und Italiens kam. Für Bismarck war diese Entwicklung sehr beruhigend, denn er fürchtete noch immer die Entstehung einer Koalition gegen die deutsche Vorherrschaft auf dem Kontinent.
Einer der Reibungspunkte war Ägypten, wo Frankreich eine Art finanzielles und kulturelles Protektorat ausübte. Die entschlossen und geschickt agierenden Engländer verschafften sich die Kontrolle über die Suezkanal-Gesellschaft und errangen so die politische Vorherrschaft über das Niltal. Die aus ihrem Einflußbereich vertriebenen Franzosen nutzten jedoch alle möglichen Gelegenheiten, um den Engländern Schwierigkeiten zu machen.
Was Italien anbetraf, so hatte die Errichtung eines französischen Protektorats über Tunesien die kolonialen Absichten der Italiener, von denen eine starke Kolonie in Tunis lebte, zunichte gemacht. Diese Enttäuschung trieb Italien 1882 in den Dreibund mit Deutschland und Österreich. Unter dem Schutz dieser Allianz verstärkte der italienische

Ministerpräsident Crispi die Provokationen gegenüber Frankreich. Die französisch-italienische Spannung blieb jedoch auf einen Zoll- und Finanzkrieg beschränkt, der im übrigen für Italien schädlicher ausging als für Frankreich.

Bündnisse (1890–1904)

Bismarcks Entlassung im Jahre 1890 führte zu einer großen Umstrukturierung im europäischen Bündnissystem. Das von Deutschland preisgegebene Rußland, das sich in Asien zugleich in einem verdeckten Konflikt mit England befand, suchte die Allianz mit Frankreich. Die dargebotene Hand wurde gern ergriffen. Durch eine Reihe von zwischen 1891 und 1901 geschlossenen Abmachungen entwickelte sich zwischen diesen beiden Mächten ein politisches und militärisches Bündnis, das auch finanzielle Auswirkungen hatte, denn mittels französischen Kapitals in Höhe von fast zehn Milliarden Franken sollte Rußlands industrielle Entwicklung und der Ausbau seines Eisenbahnwesens vorangetrieben werden.
Das Bündnis mit Rußland vergiftete zunächst die britisch-französischen Beziehungen, denn es ermutigte die französischen Politiker, den englischen Interessen in Indochina und vor allem in Afrika mehr oder weniger offen entgegenzutreten. 1898 erreichte die Spannung einen kritischen Höhepunkt durch das Ereignis von Faschoda. Einer französischen Truppeneinheit unter der Leitung des Hauptmanns Marchand war es gelungen, von der Westküste Afrikas aus den afrikanischen Kontinent zu durchqueren und bis an den Oberlauf des Nil zu gelangen, den die Engländer für sich beanspruchten. Die französische Regierung, die damals durch die Wirren der Dreyfus-Affäre geschwächt war, mußte angesichts einer Kriegsandrohung seitens der Briten kapitulieren und Hauptmann Marchand zurückberufen.
Nach diesem Gewitter lichtete sich die Atmosphäre jedoch nach und nach, und die beiden Mächte erkannten, daß sie aufeinander angewiesen waren, um den immer beunruhigender werdenden Unternehmungen des Wilhelminischen Deutschlands Einhalt zu gebieten. Der berühmte Besuch König Edwards VII. im Mai 1903 in Paris war Ausdruck der Renaissance der ›Entente cordiale‹ zwischen den beiden Nationen. Ein Abkommen vom 8. April 1904 führte zur Klärung aller Streitfragen zwischen den beiden Ländern. Es handelte sich nicht um ein Bündnis im strengen Sinn des Wortes, aber in den folgenden Jahren kam es zu geheimen Kontakten zwischen den Generalstäben beider Länder. Der Architekt dieser Annäherung war auf französischer Seite Théophile Delcas-

sé, der in fünf aufeinanderfolgenden Regierungen von Juni 1898 bis Juni 1905 Außenminister war. Ihm war es auch gelungen, die Verbindungen mit Italien wieder zu knüpfen. Durch ein Geheimabkommen vom Dezember 1900 ließen sich die beiden Mächte gegenseitig freie Hand, um ihre Interessen in Marokko bzw., was Italien anging, in Tripolis wahrzunehmen. Darüber hinaus gab Italien bei der Erneuerung des Dreibundes im Jahre 1902 den Franzosen die Versicherung, daß es dieses Bündnis nicht gegen Frankreich in Anspruch nehmen würde.

Der Krieg rückt näher

Der deutsche Reichskanzler Bülow nutzte 1905 die Chance, die ihm die Schwächung Rußlands bot, das von Japan im Kriege besiegt und von revolutionären Unruhen im Innern erschüttert war. Kaiser Wilhelm II. landete in Tanger und hielt dort eine scharfe Rede, in der er seine Entschlossenheit bekundete, die Unabhängigkeit Marokkos gegen Frankreich zu verteidigen. Entgegen den Ratschlägen Delcassés nahm die französische Regierung eine versöhnliche Haltung ein und billigte die Abhaltung einer internationalen Konferenz. Dank der entschlossenen Unterstützung Englands hatte die Konferenz von Algésiras ein günstiges Ergebnis für Frankreich und festigte zugleich die französisch-britische Entente. Dies war nicht gerade das, was Bülow gewollt hatte. Außerdem wurde diese Krise zum Ausgangspunkt einer Annäherung Englands und Rußlands, die 1907 zu einem ähnlichen Übereinkommen führte wie das mit Frankreich im Jahre 1904. Gegenüber dem Drei-Bund der Kontinentalmächte stand nun das weniger fest verankerte, aber um so größere Gebäude einer Entente zwischen England, Rußland und Frankreich.
In der ersten Serie der Krisen auf dem Balkan, die zum Ersten Weltkrieg führten, nämlich beim Konflikt zwischen Rußland und Österreich über Bosnien (1908/09), ließ Frankreich seinem Verbündeten allerdings nur eine schwache Unterstützung zuteil werden; dies war einer der Gründe für den demütigenden Rückzug Rußlands.
Das Zarenreich zahlte Frankreich mit gleicher Münze zurück, als dieses 1911 von neuem mit Deutschland zu tun bekam. Die Deutschen hatten, um ihren Widerstand gegen Frankreichs Herrschaft über Marokko zu dokumentieren, ein Kanonenboot in die Bucht von Agadir entsandt. Dank der Unterstützung Englands kam es zu einem Kompromiß. Deutschland verzichtete auf alle Ansprüche in Marokko und erhielt als Gegenleistung ein Stück der französischen Kolonien im Bereich des Kongo.

Rußlands mürrische Zurückhaltung in dieser Angelegenheit ließ die französischen Politiker fürchten, daß es mit ihrem Bündnis mit Rußland nicht zum besten stehe. Im Oktober 1912 hielt Poincaré es für richtig, den Russen formell zu versichern, daß Frankreich ihnen im Falle eines deutschen Angriffs beistehen würde, auch wenn die Ursache des Krieges in einem Konflikt auf dem Balkan zu suchen wäre. Gleichzeitig wurden Vereinbarungen zwischen den Führern der Generalstäbe getroffen. Damit war der Bündnismechanismus in Kraft, der Frankreich in den großen Weltkrieg stürzen sollte.

24 Der Erste Weltkrieg

Im Unterschied zu den Ereignissen von 1870 stand Frankreich dem deutschen Feind nicht allein, sondern im Verein mit mächtigen Verbündeten gegenüber; außerdem hatte es den moralischen Vorteil, nicht mehr der Urheber, sondern das Opfer einer Aggression zu sein. Die Nation nahm vier Jahre lang ungeheure Opfer auf sich und kämpfte mit einer Entschlossenheit und einem Mut, die Freunde wie Feinde überraschten. Der schließlich gerade noch mit Hilfe der Vereinigten Staaten errungene Sieg erlaubte es Frankreich, seine 1871 verlorenen Gebiete im Osten wiederzugewinnen, ließ das Land jedoch ausgeblutet zurück.

Kriegserklärung

Die Ermordung des österreichischen Thronfolgers in Sarajewo am 28. Juni 1914 wirkte wie eine Bombe mit Zeitzünder: Mehr als ein Monat verstrich, bevor die fatale Krise ausbrach, aber danach ging alles sehr schnell:
23. Juli. Österreich richtet mit Unterstützung Deutschlands ein unannehmbares Ultimatum an Serbien. Poincaré und Viviani verlassen Sankt Petersburg, wo sie zu einem offiziellen Besuch weilen. Sie versichern den Russen, daß Frankreich seine Bündnisverpflichtungen einhalten werde.
28. Juli. Die Vermittlungsversuche Englands sind gescheitert. Österreich erklärt Serbien den Krieg.
29. Juli. Der Zar ordnet eine Teilmobilisierung an. Das Deutsche Reich gibt ihm zu verstehen, daß es reagieren werde, wenn er weiter mobilmache.
30. Juli. Allgemeine Mobilmachung in Rußland.
31. Juli. Deutschland richtet ein Ultimatum an den Zaren und ein Ersuchen an Frankreich, im Konflikt mit Rußland neutral zu bleiben. Dafür solle es die Besetzung der Festungen von Toul und Verdun durch deutsche Truppen zugestehen.
1. August. Obwohl das Eingreifen Englands noch offen ist, weist Frankreich diese Forderung zurück und erklärt die allgemeine Mobilmachung. Deutschland erklärt Rußland den Krieg.
2. August. Im Gegensatz zu den deutschen Erwartungen ergreift Frankreich nicht die Initiative zu Feindseligkeiten, sondern ordnet sogar an,

daß seine Truppen sich zehn Kilometer von der Grenze entfernt halten sollen. Belgien weist ein deutsches Ultimatum zurück, das den freien Truppendurchzug verlangt.
3. August. Unter dem falschen Vorwand, französische Flugzeuge hätten Nürnberg überflogen, erklärt Deutschland schließlich Frankreich den Krieg. Seine Truppen fallen in Belgien ein.
4.–5. August. Frankreich, das bis zum Einfall in Belgien gezögert hat, tritt nun auch in den Krieg ein.

Die Heilige Union

Die gesamte Nation antwortete auf den Mobilmachungsbefehl mit einem Schwung, der bis zur Begeisterung reichte. Nun war die seit vierzig Jahren angekündigte Stunde der Revanche gekommen, der Kampf um die Wiedergewinnung der 1871 verlorenen Provinzen, der Kreuzzug für Freiheit und Recht gegen einen ungerechten Aggressor. Die Sozialisten ließen ihren Pazifismus fahren, die Syndikalisten ihren Antimilitarismus. Die Ermordung Jaurès' durch einen jungen Nationalisten am 31. Juli hinderte die sozialistischen Abgeordneten nicht daran, sich den anderen Parteien anzuschließen und der Regierung der »Heiligen Union« das Vertrauen auszusprechen, die am 26. August unter der Leitung Vivianis gebildet wurde und in der die sozialistische Partei zwei Vertreter hatte.

Kriegspläne

Der deutsche Kriegsplan, der sogenannte Schlieffen-Plan, ging von einer einfachen Überlegung aus: Da die Russen wegen der Langsamkeit ihrer Mobilmachung nicht in der Lage wären, innerhalb der ersten sechs Wochen wirksam zu handeln, sollte man diesen Zeitraum nutzen, um alle Kräfte an der Westfront zu konzentrieren und einen Blitzsieg über Frankreich zu erringen; danach könnte man die siegreichen Armeen gegen die Russen im Osten einsetzen. Die französische Armee sollte durch eine riesige Zangenbewegung quer durch Belgien und Nordfrankreich matt gesetzt werden, wodurch die an den Ost- und Nordgrenzen massierten französischen Truppen eingekreist würden. Der französische Generalstab war nicht ohne Kenntnis dieses Planes, aber er hatte seine Bedeutung unterschätzt.

Die Schlacht an den Grenzen

In den ersten Wochen des Kampfes wurde der Schlieffen-Plan Punkt für Punkt ausgeführt: Zehn Tage hatten genügt, um den heroischen Widerstand der kleinen belgischen Armee zu brechen. Der linke Flügel der französischen Truppen, der bei Charleroi zum Gegenangriff ansetzte, wurde ebenfalls schwer geschlagen und zum Rückzug gezwungen, ohne daß es den Franzosen gelungen wäre, die Verbindung zum britischen Expeditionskorps herzustellen, das im Gebiet von Mons selber mit Schwierigkeiten zu kämpfen hatte. In den folgenden Tagen wurde das Einkreisungsmanöver über die Ebenen Nordfrankreichs mit Macht vorangetrieben. Der rechte Flügel der deutschen Armeen näherte sich schon Paris. Zusammen mit 500000 verstörten Parisern verließ die Regierung die Hauptstadt und nahm ihren Sitz in Bordeaux, während General Gallieni den Auftrag erhielt, die Stadt zu verteidigen.

Das Wunder an der Marne

Der allgemeine Rückzug der französischen Truppen fand jedoch nicht in völliger Unordnung, sondern höchst kontrolliert und geordnet statt. Dies machte es dem Generalstabschef Joffre möglich, die Truppen neu zu organisieren und zu verstärken, während die feindlichen Truppen durch die Schnelligkeit ihres Vormarschs und durch die Entscheidung ihres Oberkommandos geschwächt wurden, zwei Armeekorps von der französischen Front abzuziehen und sie gegen die russische Offensive einzusetzen, die früher als erwartet begonnen hatte. Am 4. September begann die auf dem rechten Flügel operierende deutsche Armee, östlich von Paris die Marne zu überschreiten. Auf den dringenden Rat Gallienis gab Joffre seinen Truppen den Befehl, nicht weiter zurückzuweichen, sondern sich dem Feind zu stellen. Zwischen dem 5. und 10. September kam es zu Kämpfen auf breiter Front, die mit dem allgemeinen Rückzug der Deutschen endeten.

Der Stellungskrieg

Die Franzosen waren indessen zu erschöpft, um ihren Erfolg nutzen zu können, so daß die Deutschen sich in der Champagne in relativ festen Stellungen etablieren konnten, die jedem Frontalangriff standhielten. Die alliierten Truppen versuchten, diese Linie in Richtung Nordwesten

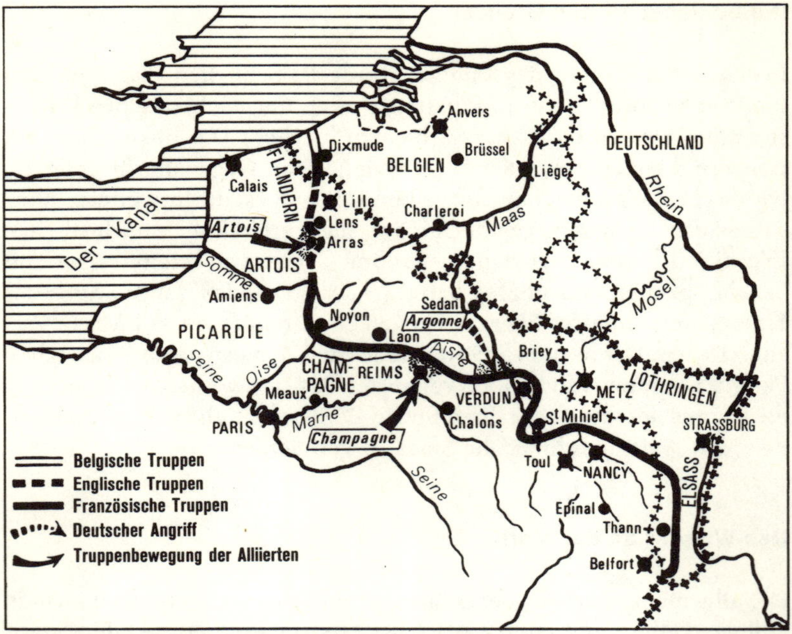

Die Westfront im Jahre 1915

zu überwinden; es folgte vom 2. bis 13 November eine Reihe von Kämpfen, die jedesmal mit einer Ausdehnung der Schützengrabenstellungen endeten. Am Ende dieses Marsches in Richtung auf das Meer ergab sich eine durchgängige und stabile Frontlinie von 700 km Länge, von der Nordsee bis zur schweizerischen Grenze. Jede Seite verfügte über zwei oder drei Linien von Schützengräben, die durch Stacheldrahtverhaue abgeschirmt und ständig durch Befestigungen aus Beton oder Erde verstärkt wurden.

Im Jahre 1915 richteten die Deutschen ihren Hauptstoß gegen die Russen. Dies veranlaßte Joffre zu mehreren großen Offensiven an der Westfront, um den in Schwierigkeiten befindlichen russischen Verbündeten zu entlasten. Aber der Durchbruch, den das französische Oberkommando hartnäckig suchte, erwies sich mit den damals vorhandenen Waffen als unmöglich. Um die Fortsetzung dieser vergeblichen und mörderischen Angriffe zu rechtfertigen, gab man sich der Vorstellung hin, der Sieg könnte durch die systematische Abnutzung des gegnerischen Kriegspotentials errungen werden. Dabei vergaß man allerdings, daß der Angreifer bei dieser Taktik mehr Menschen einbüßte als der Angegriffene; allein 1915 kam es zu der schrecklichen Bilanz von 400000 toten oder gefangengenommenen Franzosen und nahezu 600000 Verwundeten oder Kranken.

Verdun

Diese Abnutzungsstrategie wurde 1916 auch von den Deutschen übernommen. Sie griffen einen vorgeschobenen Punkt der französischen Linien an, der unbedingt gehalten werden mußte, aber schwer zu verteidigen war: die Festung Verdun. Die Schlacht tobte vom Februar bis Juni 1916 mit einem bis dahin unerhörten Einsatz von Artillerie aller Kaliber. Es gelang General Pétain, die französische Abwehr so zu organisieren, daß dem deutschen Vormarsch Einhalt geboten und Verdun gerettet werden konnte. Dieser unter schrecklichen Opfern erkaufte Sieg wurde in den Augen der Welt zum Symbol für den Mut und die Widerstandskraft des französischen »poilu«, wie der einfache Soldat genannt wurde.

Die in Verdun erlittenen Verluste hatten Joffre dennoch nicht daran gehindert, zusammen mit den jetzt stärker gewordenen Engländern eine Offensive an der Somme-Front zu beginnen. Aber auch hier versackte der Vorstoß der alliierten Truppen nach einigen Anfangserfolgen im monotonen Schrecken des Abnutzungskrieges. Die Bilanz der Verluste: 615000 Franzosen und Engländer, 650000 Deutsche.

Die Ablenkungsmanöver gegen die Verbündeten der Deutschen kosteten zwar weniger Menschenleben, waren aber letztlich enttäuschend. Die von den Engländern gewollte Operation in der Meerenge der Dardanellen führte zu einem völligen Fiasko. Die Landung eines französischen Korps in Saloniki, die zur Rettung Serbiens beitragen sollte, kam zu spät.

Die Nation im Kriege

Als man sich Ende 1914 allen Vorhersagen zum Trotz mit der Perspektive eines lange andauernden Krieges vertraut machen mußte, kam es darauf an, die Wirtschaft des Landes auf die Bedürfnisse des Krieges einzustellen. Diese Aufgabe war um so schwieriger, als die meisten industrialisierten Gebiete in den Händen des Feindes waren. Die vorhandene

Ausrüstung reichte nicht aus, so daß man an die Privatindustrie appellierte; die Kriegslieferanten genossen die finanzielle Unterstützung des Staates und waren sicher, ihre zum Teil auch schlechte Produktion loszuwerden, so daß eine neue Klasse von Kriegsgewinnlern entstand. Auch die Kaufleute, die gewisse Notlagen für sich auszunutzen wußten, bereicherten sich. Ebenfalls begünstigt waren die Unabkömmlichen, weil sie als qualifizierte Fachkräfte nicht einrücken mußten, sondern in der Kriegsindustrie mit erhöhten Löhnen arbeiten konnten.
Auf dem Land gab es solche Freistellungen nicht, auch nicht bei der Mittelschicht und den freien Berufen. Sie alle wurden, ebenso wie die Rentner, mehr als andere soziale Gruppen von der Erhöhung der Lebenshaltungskosten betroffen, die durch die Inflation des Papiergeldes und die Verknappung gewisser Waren hervorgerufen wurde. Die so entstehende Ungleichheit im Einsatz für das Vaterland führte zu Spannungen und Bitterkeit. Die von den Lehren des ökonomischen Liberalismus durchdrungene Regierung wich vor Rationierungsmaßnahmen oder autoritären Preisfestsetzungen zurück. Sie wagte es nicht einmal, eine Einkommenssteuer einzuführen, die es erlaubt hätte, einen Teil der Kriegsgewinne wieder dem Staat zuzuführen. Die Franzosen (mit Ausnahme der besetzten Gebiete) mußten jedoch dank der Herrschaft der Alliierten über die Meere und trotz der durch die deutschen Unterseeboote zugefügten Verluste nicht jenes Maß an Entbehrung erleiden, das die deutsche Bevölkerung zu dieser Zeit durchmachte. Mit anderen Worten: Das Land hatte sich auf den Krieg eingerichtet, ohne sich eine völlige ökonomische Mobilisierung aufzuerlegen.
In der Politik herrschten ähnliche Zweideutigkeiten und Halbheiten. In den ersten Kriegsmonaten, als die Regierung in Bordeaux und das Parlament in Ferien waren, verfügte Generalstabschef Joffre über fast diktatorische Vollmachten; sein in Chantilly gelegenes Hauptquartier stellte eine Art Parallelregierung dar. Als ab 1915 die Minister und die Kammern wieder nach Paris zurückgekommen waren, erhoben sie jedoch wieder den Anspruch auf die Kontrolle des Lebens im Hinterland, ja selbst über die Streitkräfte. Ohne das Prinzip der nationalen Einheit aufzugeben, kam es nun wieder zum alten Spiel mit verschiedenen Regierungskoalitionen. Zwischen 1914 und 1917 hatten sich vier aufeinanderfolgende Regierungen verbraucht: René Viviani (August 1914–Oktober 1915), Aristide Briand (Oktober 1915–März 1917), Alexandre Ribot (März 1917–September 1917) und Paul Painlevé (September 1917–November 1917).

Die Krise von 1917

Die Rückkehr zur Regierungsinstabilität war nur eines unter vielen anderen Zeichen für das Unbehagen, in dem die Nation 1917 versank. Die immer heftiger werdenden Kritiken gegen die Kriegführung hatten Briand als Ministerpräsidenten dazu veranlaßt, Joffre im Dezember 1916 seines Oberbefehls zu entheben. Sein junger und forscher Nachfolger, der General Nivelle, wollte den berühmten Durchbruch durch die feindliche Front mit Hilfe einer von ihm entwickelten Wundermethode schaffen sowie dank der gleichzeitigen Entfesselung ähnlicher Offensiven an allen anderen Frontabschnitten.

Der Ausbruch der Revolution in Rußland im März 1917 erlaubte es jedoch nicht mehr, auf die Russen zu rechnen. Andererseits versprach der Eintritt der Vereinigten Staaten in den Krieg am 2. April eine entscheidende Verstärkung, sofern man die Geduld hatte zu warten. Doch obwohl man ihm zur Vorsicht riet, wollte Nivelle nicht auf seine seit Monaten vorbereitete Offensive verzichten. Sie begann am 12. April, scheiterte jedoch an den Verteidigungsstellungen der »Siegfried-Linie«, welche die Deutschen hinter ihren vorgeschobenen Gefechtspositionen gebaut hatten.

Die verbrecherische Gewissenlosigkeit des Oberkommandos hatte diesmal die Grenzen überschritten. Im Mai weigerten sich einige Truppeneinheiten, in den Kampf zu ziehen. Nivelle wurde durch Pétain ersetzt, den Sieger von Verdun, ein Militärführer, von dem man wußte, daß er Menschenleben zu schonen versuchte und um das Wohlergehen der Soldaten besorgt war. Pétain stellte die Disziplin wieder her, aber für einige Zeit konnte von größeren militärischen Operationen nicht die Rede sein.

Auch die französischen Alliierten hatten in den letzten Monaten des Jahres 1917 einige Rückschläge hinnehmen müssen, so das verlustreiche Scheitern einer großen englischen Offensive in Flandern, die schlimme Niederlage von Caporetto in Italien, den Zerfall der russisch-republikanischen Armee Kerenskijs, auf den die Machtübernahme durch die Sowjets folgte.

Diese militärische Situation konnte nur den Überdruß verstärken, den drei Jahre der Opfer und Entbehrungen erzeugt hatten. Der Gedanke, dem vergeblichen Opfer von Hunderttausenden von Menschen durch einen Kompromißfrieden ein Ende zu machen, wurde auch durch die Vorschläge des amerikanischen Präsidenten Wilson genährt, wie andererseits durch die Angebote eines Separatfriedens seitens Karls I., des Kaisers von Österreich, und zu Beginn 1917 schließlich durch die Russische Revolution. Die pazifistische Volksmeinung, die man damals defätistisch nannte, wurde in wachsendem Umfang von Sozialisten und Syndikalisten unterstützt. Im Mai/Juni 1917 gab es in der Metallindustrie eine Streikwelle. Die sozialistischen Abgeordneten zogen sich aus der Nationalen Union zurück. Ein ehemaliger Regierungschef, Joseph Caillaux, trat offen für Verhandlungen ein. Einige bekanntgewordene oder vermutete Fälle von Verrat führten zur Verbreitung schädlicher Gerüchte.

Clemenceau

Am 14. November 1917 berief der Präsident der Republik, Poincaré, einen Mann, den er verachtete, den radikalen Senator Georges Clemenceau, an die Spitze der Regierung. So erreichte dieser vife alte Mann im Alter von 76 Jahren den Gipfel einer politischen Karriere, die 1871 begonnen hatte. Wegen seiner wilden Polemiken nannte man ihn den »Tiger«. Er hatte sich in seiner Eigenschaft als Vorsitzender der Senatskommission der Armee eine große Popularität bei den Soldaten verschafft, die er auch häufig in ihren Schützengräben aufsuchte. Er verstand es, allen, Zivilisten wie Militärs, seinen heißen Patriotismus und seine unerschöpfliche Energie zu vermitteln. Er verlangte von der Kammer diktatorische Vollmachten und erhielt sie auch. Seine Minister, die ohne Rücksicht auf die Parteien ausgesucht wurden, sollten nur die Ausführenden seines Willens sein. Defätisten und Pazifisten wurden unerbittlich verfolgt, zwei ehemalige Minister, Malvy und Caillaux, wegen Hochverrats abgeurteilt. Das Land hatte den Eindruck, endlich von einer starken Hand regiert zu werden.

Der Sieg

Die Wiederherstellung der Moral und der Disziplin in der Armee wie auch im Hinterland kam keinen Moment zu früh. Rußland war außer Gefecht, so daß die Deutschen nun ihre ganzen Kräfte an die Westfront werfen konnten. Im Frühjahr 1918 verfügten sie über 192 Infanteriedivisionen gegen nur 172 der Alliierten. Dies sei genug, so glaubte man, um eine Entscheidung herbeizuführen, bevor sich die amerikanische Intervention bemerkbar machen könnte. Hinzu kam, daß der Chef des deutschen Generalstabs, Erich von Ludendorff, Methoden entwickelt hatte, mit denen man die feindliche Front aufbrechen konnte.

Von März bis Juli 1918 startete Ludendorff an verschiedenen Stellen vier machtvolle Offensiven, die in allen Fällen zu tiefen Einbrüchen in die Front der Alliierten führten. Bei ihrem dritten Vorstoß erreichten die Deutschen sogar zum zweiten Mal den Lauf der Marne. In den ersten Siegen Ludendorffs war der Mangel an Koordination zwischen den französischen und englischen Streitkräften sichtbar geworden. Daraufhin beschlossen die alliierten Regierungen die Schaffung eines gemeinsamen Oberkommandos, das General Foch anvertraut wurde. Er erhielt auch den Befehl über das amerikanische Expeditionskorps, das Tag für Tag verstärkt wurde.

Der 18. Juli wurde zweifellos zum Wendepunkt des Krieges. An diesem Tag wurde der Vorstoß der Deutschen durch einen machtvollen Gegenangriff, bei dem zahlreiche Panzer und Flugzeuge zum Einsatz kamen, in der Gegend von Château-Thierry in der Champagne zerschlagen. Das zuvor verlorene Terrain wurde schnell zurückerobert. Im Laufe der Monate August und September hinderte Foch Ludendorff durch eine Reihe von Angriffen an der ganzen Front daran, sich wieder zu fangen, und zwang ihn, seine Gefechtslinie Stück um Stück zurückzunehmen. Zwar konnte die deutsche Armee ihren Zusammenhalt noch bewahren, aber ihre verbündeten Truppen mußten kapitulieren. Bulgarien bat am 29. September, die Türkei am 31. Oktober und Österreich-Ungarn am 3. November um einen Waffenstillstand.

Das deutsche Oberkommando war beunruhigt über Symptome der Zersetzung in den militärischen Einheiten und trieb nun die Reichsregierung an, den Feindseligkeiten ein Ende zu bereiten. Am 7. November überschritt eine deutsche Delegation die Linien, um mit Foch einen Waffenstillstand auszuhandeln. Er wurde in der Nacht vom 10. auf den 11. November in Rethondes im Wald von Compiègne unterzeichnet. Manche Franzosen hielten den Abschluß dieses Waffenstillstands für übereilt, weil es nicht mehr möglich gewesen war, den Krieg in das Feindesland hineinzutragen, und weil die Reputation des deutschen Heeres nicht gelitten hatte. Doch die von Foch erwirkten Waffenstillstandsbedingungen waren derart, daß Deutschland nun ganz in der Hand seiner Sieger war.

Der Vertrag von Versailles

Der Friedensvertrag wurde in Verhandlungen in Paris ausgearbeitet, die von Januar bis Juni 1919 dauerten. Bei diesen Verhandlungen befand sich Clemenceau, dem die Kammer alle Vollmachten gegeben hatte, mehr als einmal im Gegensatz zu den Auffassungen des britischen Premierministers Lloyd George und des amerikanischen Präsidenten Woodrow Wilson. Zwar wurde die Rückkehr Elsaß-Lothringens an Frankreich ohne Schwierigkeiten gebilligt, aber die Angelsachsen weigerten sich, Frankreichs Forderung nach einer Grenze entlang des Rheins zu erfüllen, die von Clemenceau und vielen anderen Franzosen im Hinblick auf die künftige Sicherheit für notwendig gehalten wurde. Clemenceau mußte sich mit einer Beistandsgarantie für den Fall einer nichtprovozierten Aggression seitens Deutschlands sowie mit einigen anderen Sicherheitsvorkehrungen begnügen: Begrenzung der künftigen deutschen Reichswehr auf 100000 Mann, eine fünfzehn Monate dauernde Besetzung des linken Rheinufers, wobei die Beendigung der Rheinlandbesetzung von der angemessenen Erfüllung des Versailler Vertrags abhängen sollte. Außerdem sollte dieses ganze Gebiet sowie ein Streifen von 50 km Tiefe entlang des Rheins eine entmilitarisierte Zone bleiben. Das Saargebiet, das Frankreich unter Hinweis auf einen Rechtstitel des Jahres 1814 für sich verlangt hatte, sollte für die Dauer von fünfzehn Jahren durch den Völkerbund verwaltet werden, danach sollte die Bevölkerung über ein endgültiges Statut entscheiden können. Frankreichs Verbündete waren sich im Prinzip einig, daß Deutschland für die Zerstörungen und für die Verluste in den überfallenen Gebieten Reparationen leisten sollte, aber es war unmöglich, sich über die Höhe dieser Reparationen und die Art ihrer Bezahlung zu verständigen. Diese in Wahrheit sehr komplexen Probleme wurden an eine Reparationskommission verwiesen, die ihren Bericht bis spätestens Mai 1921 erstatten sollte. Bis dahin sollte Deutschland eine Vorausleistung in Höhe von 25 Milliarden Goldfranken leisten.

Der Friedensvertrag wurde am 28. Juni 1919 in der Spiegelgalerie des Schlosses von Versailles feierlich unterzeichnet.

25 Die Dritte Republik Zwischen den Kriegen (1919–1939)

Der Begeisterung über den Sieg folgte bald die Enttäuschung. Frankreich, das durch seine ungeheuere Anstrengung geschwächt war, erlangte das Gewicht, das es vor 1914 in der Welt besessen hatte, nicht mehr, noch war es ihm möglich, zu einem wirtschaftlichen und sozialen Gleichgewicht zu finden. Der Einfluß fremder Ideologien verschärfte die politischen Spannungen, während die Sicherheit des Landes durch Hitler-Deutschland von neuem bedroht wurde. Die Gebrechlichkeit und die Ohnmacht der Regierungen, die dem Spiel der Parteien ausgesetzt waren, zeugten vom Verfall des parlamentarischen Systems.

I. Die Nachkriegszeit (1920–1924)

Probleme des Friedens

Frankreich war zwar im Krieg Sieger geblieben, aber es war in seiner Lebenskraft entscheidend beeinträchtigt. 1310000 Menschen waren tot oder vermißt; es handelte sich dabei um den größten Anteil an aktiven Männern unter allen kriegführenden Nationen. Daneben gab es etwa 1100000 Kriegsversehrte. Von diesen Verlusten waren die physisch und moralisch gesunden Bevölkerungsgruppen am stärksten betroffen.
Dazu kamen die materiellen Verluste: In den von der Artillerie durchgepflügten Kampfgebieten waren nahezu drei Millionen Hektar, darunter Dörfer und ganze Städte, zu Ruinen oder unbrauchbarem Land geworden. In den besetzten Gebieten hatte der Feind bei seinem Rückzug systematisch das industrielle Potential zerstört, das Vieh weggetrieben, die Transportwege zerstört.
Um die Kosten des Krieges zu decken, die sich auf über 150 Milliarden Francs beliefen, mußte man einen großen Teil der französischen Guthaben im Ausland liquidieren sowie die Goldreserven angreifen. Man hatte sowohl in Frankreich wie auch bei den Alliierten riesige Anleihen aufgelegt. Wo sollte man nun die notwendigen Mittel finden, um sowohl die Kosten des Wiederaufbaus wie auch die Verpflichtungen aus diesen Anleihen decken zu können? Der Spruch »L'Allemagne paiera« (Deutschland wird schon zahlen) war eine zu einfache Lösung, die sowohl am fehlenden guten Willen der Besiegten wie auch an ihrer tatsächlichen

Unfähigkeit, eine solche Belastung zu tragen, scheitern mußte. Die beiden untrennbar miteinander verbundenen Probleme Sicherheit und Reparationen belasteten nicht nur die deutsch-französischen Beziehungen, sondern auch die Beziehungen zwischen Frankreich und seinen großen Verbündeten, deren Hilfe in den Zeiten des Friedens nicht minder notwendig war wie in Kriegszeiten.
Auch in dieser Hinsicht kam die Enttäuschung sehr schnell. Der Senat der Vereinigten Staaten weigerte sich, die von Präsident Wilson eingegangenen Verpflichtungen zu ratifizieren; damit entfiel die Garantie, die Clemenceau zum Ausgleich für seinen Verzicht auf die Rheingrenze akzeptiert hatte. Die Garantien seitens des Völkerbundes, der auf eine Anregung Wilsons zurückging, erwiesen sich ebenfalls als wirkungslos, denn die Engländer waren nicht bereit, die Liga der Nationen mit echten Interventionsmöglichkeiten auszustatten. Was die Reparationen anbetraf, so waren Engländer wie Amerikaner bestrebt, das Gewicht dieser Reparationen so weit wie möglich zu mildern, um die wirtschaftliche Genesung Deutschlands zu erleichtern. Als die Franzosen auf diese Situation hinwiesen, um ihrerseits eine Verringerung der für die gemeinsame Sache eingegangenen Schulden zu erwirken, stießen sie auf ein kategorisches Nein. Diese Haltung der Alliierten führte bei den Franzosen zu einem dauerhaften Ressentiment.

Der nationale Block

Die aus den Wahlen vom November 1919 hervorgegangene Kammer zeigte in ihrer Zusammensetzung, daß der Geist der nationalen Einheit der Kriegszeit noch vorhanden war. Die Mehrheitskoalition, die man als nationalen Block bezeichnete, umfaßte Repräsentanten fast aller parlamentarischen Gruppen, von der Rechten bis zu den Radikalen.
Die Herrschaft des nationalen Blocks begann mit einer Art Vatermord. Bei der Wahl eines neuen Präsidenten der Republik im Februar 1919 wurde die Kandidatur Clemenceaus, des Vaters des Sieges, eliminiert. Nach dieser demütigenden Niederlage zog sich Clemenceau aus dem öffentlichen Leben zurück. Sein Nachfolger als Regierungschef wurde Alexandre Millerand, ein ehemaliger Sozialist, der konservativ geworden war; Millerand wurde durch seine Wahl zum Präsidenten der Republik im September 1920 selbst aus dem parlamentarischen Leben ausgeschaltet; er ersetzte Paul Deschanel, dessen schwache Persönlichkeit man Clemenceau vorgezogen hatte und der sich bald danach unfähig zeigte, das Präsidentenamt adäquat auszuüben.

Nach diesem Zwischenspiel sollten vor allem zwei Männer das politische Leben in den zwanziger Jahren bestimmen: Raymond Poincaré und Aristide Briand. Poincaré arbeitete hart und systematisch und verkörperte in den Augen des Durchschnittsfranzosen die Tugenden Sparsamkeit und moralische Integrität; in der Außenpolitik war er gewillt, den Versailler Vertrag so streng wie möglich anzuwenden, wie das übrigens auch bei Millerand der Fall gewesen war. Briand war ein mitreißender Redner von subtilem und lässigem Charakter, der Kompromißlösungen zuneigte und sich aus seiner Vergangenheit als militanter Sozialist einen Hang zu humanitären Ideologien bewahrt hatte.

Die Entstehung der Kommunistischen Partei

Die Sozialisten hatten sich aus freien Stücken nicht dem nationalen Block angeschlossen. Ihr Einfluß ging aufgrund einer tiefgehenden Spaltung bald zurück. Bei ihrem Kongreß in Tours im Dezember 1920 endete die Debatte über die Einstellung der Partei zu der von Lenin und den Bolschewiken gegründeten Dritten Internationale mit der Spaltung der Partei: Ein Teil formierte sich als prosowjetische und revolutionäre Kommunistische Partei Frankreichs, der andere Teil, die S.F.I.O., blieb den demokratischen und patriotischen Ideen Jaurès' treu.
Im Anschluß an diese Spaltung kam es im Juli 1921 auch zu einem ähnlichen Bruch in der Gewerkschaftsbewegung. Auf der einen Seite die C.G.T., in der sich der reformistische Geist des Sozialismus der S.F.I.O. behauptete, auf der anderen Seite die C.G.T.U., die als Transmissionsriemen der kommunistischen Partei in die Arbeiterschaft hinein fungierte. Neben diesen beiden großen Gewerkschaftszentralen entstand 1919 noch eine christliche Gewerkschaft, die Confédération des Traivailleurs chrétiens, die erst sehr viel später einen beträchtlichen Einfluß gewinnen sollte.

Reparationen

Briand, der von Januar 1921 bis Januar 1922 Regierungschef war, bemühte sich darum, im Osten Verbündete zu finden, die in etwa den Ausfall Rußlands wettmachen konnten. Auf der einen Seite half er Polen, sich gegenüber den Sowjets und auch in Oberschlesien zu behaupten, auf der anderen Seite begünstigte er die Bildung der kleinen Entente, die aus der Tschechoslowakei, Rumänien und Jugoslawien bestand. Das Problem der Reparationen wurde dann seine Hauptbeschäftigung: Während der zahlreichen internationalen Konferenzen des Jahres 1921 wurden die französischen Positionen immer mehr zurückgedrängt.

Der entmutigte Briand machte Poincaré Platz. Dieser verhandelte zunächst mit großem Eifer. Nachdem er schließlich überzeugt war, daß die Deutschen das Wohlwollen der Alliierten nicht zu honorieren bereit waren, beschloß er, Gewalt anzuwenden. Im Januar 1923 ergriffen französische und belgische Truppen die Herrschaft über die Bergwerke und Fabriken an der Ruhr, das Herzstück der deutschen Industriemacht. Dieser Aktion setzten die Deutschen zunächst einen passiven Widerstand, einen Streik mit verschränkten Armen sozusagen, entgegen, doch die Sorge vor einem totalen Zusammenbruch ihrer Wirtschaft zwang sie schließlich zur Kapitulation. Es kam zu neuen Verhandlungen zwischen den Deutschen und den Alliierten. Aus ihnen entstand im Jahre 1924 der Dawes-Plan zur Regelung der Reparationsfrage, der die französischen Ansprüche teilweise befriedigte.

Der Wiederaufbau

Nachdem die ersten Schwierigkeiten überwunden waren, erlebte die französische Wirtschaft angesichts der außerordentlich starken Nachfrage einen kräftigen Aufschwung. Schon 1924 war der Wiederaufbau zu etwa 80 Prozent vollzogen. Das wachsende Steueraufkommen erlaubte sogar die Rückkehr zu einem ausgeglichenen Staatsbudget.

Auch das mondäne, künstlerische und literarische Leben kam zu neuem Glanz, der allerdings von der Genußsucht der Neureichen geprägt war. Aber hinter dieser glänzenden Fassade gab es zwei beunruhigende Symptome, welche in Illusionen derer, die glaubten, sie könnten den Glanz, der allerdings von der Genußsucht der Neureichen geprägt war. Kurswert des Franc, der sich während des Krieges noch einigermaßen gehalten hatte, verlor nach 1919 seine Stabilität und ging auf und ab. Die schlecht kontrollierte Geldinflation führte zu einer Preissteigerung, die vor allem diejenigen traf, die von einem festen Einkommen abhängig waren.

Religiöse Befriedung

Die Regierungen des nationalen Blocks versuchten ein Wiederaufleben jener Konflikte zu vermeiden, die vor dem Krieg die Beziehungen zwischen Staat und katholischer Kirche so vergiftet hatten. Briand stellte die diplomatischen Beziehungen zum Vatikan wieder her. Es kam zu längeren Verhandlungen, die 1924 zu einer annehmbaren rechtlichen Lösung in der Frage des Kirchenbesitzes sowie zu einer offiziösen Zusammenarbeit bei der Ernennung von Bischöfen führten.

II. Die Rückkehr zur Politik der Parteien

Das Kartell der Linken

Briands und Poincarés Entgegenkommen gegenüber der Kirche irritierte die Radikalen und trieb sie aus Anlaß der Wahlen im Mai 1924 zu einem Bündnis mit den Sozialisten. Aber auch die allgemeine Teuerung und das Steuerproblem waren wichtige Themen des Wahlkampfs. Dieses Kartell der Linken fand in der Kammer eine Mehrheit. Es drängte zunächst auf den Rücktritt des Präsidenten der Republik, Millerand, der vorgab, sich dem Programm der Linken widersetzen zu wollen, doch konnte die Linke nicht verhindern, daß einer der gemäßigten Radikalen, Gaston Doumergue, an seine Stelle trat. Die Sozialisten wollten in die damals von dem Radikalen Edouard Herriot gebildete Regierung nicht eintreten, unterstützten sie jedoch durch ihre Stimmen.
Der militante Antiklerikalismus des Kartells führte von neuem zu Empörung und Beunruhigung bei den Katholiken. Aber noch fataler für die Regierung war die Beunruhigung der großen und kleinen Kapitalisten, die nicht bereit waren, die staatlichen Anleihen zu zeichnen, ohne welche die Regierung ihre Verpflichtungen nicht erfüllen konnte. Der Kursverfall des Franc beschleunigte sich. Am 10. April 1925 wurde Herriot durch den Senat – was eine Ausnahme war – gestürzt.
Danach folgte eine Periode äußerster Instabilität, in der innerhalb von sechzehn Monaten allein sechs Regierungen zu Fall kamen, während der Franc seine Talfahrt fortsetzte. Im Juli 1925 war ein Dollar bereits 49 Franc wert, das Pfund Sterling 240 Franc, verglichen mit 26 im Jahre 1919.

Poincaré. Die finanzielle Erholung

Im Juli 1926 gab Präsident Doumergue Poincaré den Auftrag, eine Regierung auf der Basis der nationalen Einheit zu bilden. In sie traten Persönlichkeiten aller großen Parteien mit Ausnahme der Sozialisten ein.

Die Unterstützung der angloamerikanischen Finanzgruppen wurde schließlich durch das Abkommen Mellon – Bérenger erreicht, das die schwierige Frage der Schulden Frankreichs gegenüber den Vereinigten Staaten regelte. Damit kehrte das Vertrauen wieder zurück, der Wert des Franc stieg sogar so schnell, daß die französischen Ausfuhren davon beeinträchtigt waren.
Die Wahlen zum Abgeordnetenhaus im April 1928 wurden zu einem Erfolg für die Parteien der Rechten und der Mitte, die Poincaré unterstützt hatten. Dieser mußte nun das Währungssystem in Ordnung bringen. Durch das Gesetz vom 25. Juli 1928 band er den Franc wieder an einen Goldstandard, doch war es nur ein Fünftel des Wertes jenes »franc germinal«, der seit März 1803 in seinem Wert unverändert geblieben war. Diese Abwertung, die die erste in einer langen Reihe war, machte es der staatlichen Finanzkasse möglich, einen Teil der in alten Francs eingegangenen Schulden mit den nun abgewerteten Francs zu bezahlen. Dadurch wurden diejenigen, die in ihrem patriotischen Eifer dem Staat ihr Gold oder ihre Ersparnisse zur Verfügung gestellt hatten, um vier Fünftel ihres Guthabens beraubt. Die öffentliche Kreditnahme und auch die Mentalität der Franzosen sind von diesen Erfahrungen dauerhaft geprägt worden.
In der unmittelbaren Situation von damals war diese Stabilisierung jedoch segensreich. Während der großen Weltwirtschaftskrise, die von 1929 an wütete, blieb der Franc eine starke Währung. Ausländisches Kapital floß nach Frankreich, und die öffentlichen Finanzen verfügten über Mittel, wie man sie seit 1914 nicht mehr gehabt hatte.

Die auswärtige Politik. Briand

Das Außenministerium blieb vom April 1925 bis zum März 1932 durch alle Regierungswechsel hindurch in den Händen von Briand. Seine Politik der Versöhnung vollzog sich vor allem über den Genfer Völkerbund. Es war Briands Hauptziel, von Deutschland die freiwillige Anerkennung der neuen Westgrenzen sowie von England eine Verpflichtung zu erlangen, diese Grenzen zu verteidigen; beides wurde mit dem Locarno-Pakt vom 16. Oktober 1925 erreicht. Ein Jahr später wurde Deutschland in den Völkerbund aufgenommen.
Briand suchte auch die Vereinigten Staaten in das weite System kollektiver Sicherheit einzubeziehen, das er sich erträumte. Seine Bemühungen führten jedoch nur zu einem formalen Erfolg, nämlich zur Unterzeichnung des Briand-Kellogg-Paktes, der eine allgemeine Verzichterklärung

auf den Krieg enthielt und von den Vertretern aus fünfzehn Staaten am 27. August 1928 in Paris feierlich unterzeichnet wurde. Aber hier handelte es sich nur um eine schöne Absichtserklärung, die jeder praktischen Sanktion entbehrte, was auch verständlich macht, warum mit Ausnahme von fünf Staaten alle anderen Staaten der Welt dem Pakt beitraten.

Der deutsche Außenminister Stresemann konnte sich diese Atmosphäre der Versöhnung zunutze machen, um auf der Konferenz von Den Haag im August 1929 die vorzeitige Evakuierung des Rheinlands und hinsichtlich der Reparationen ein neues System, den sogenannten Young-Plan, zu erwirken, der sowohl eine substantielle Reduzierung des Umfangs der deutschen Schulden wie auch die Beseitigung aller fremden Kontrollen über die deutschen Finanzen enthielt. Briand gefiel sich mehr und mehr in der Rolle eines Friedensapostels, von einem Teil der öffentlichen Meinung Frankreichs wurde er aber der Schwachheit und Naivität geziehen. Er erwies sich schließlich als prophetischer Vorläufer, indem er im September 1929 für eine europäische Föderation plädierte. Doch diese Idee wurde damals nicht ernst genommen.

Die Regierung der Rechten

Durch den Erfolg der Finanzreform hatten die Radikalen ihren politischen Spielraum erweitert. Sie gingen im September 1928 in die Opposition. Poincaré bildete daraufhin eine neue Regierung, die allein von den Parteien der Rechten und der Mitte getragen wurde. Als sein schlechter Gesundheitszustand ihn am 29. Juli 1929 zum Rücktritt nötigte, blieb diese Koalition für die neun verschiedenen Regierungen verantwortlich, die bis zu den Wahlen vom Juni 1932 aufeinander folgten.

Der Staatsmann, der in dieser Periode am sichtbarsten hervortrat, war André Tardieu, ein Großbürger von hoher Intelligenz und unbeugsamem Charakter, der als Technokrat seinen Abscheu gegenüber dem Zustand der Ohnmacht nicht verbarg, in die das parlamentarische System durch das Spiel der Parteien geraten war. Er versuchte dem Übel mittels einer Politik des wirtschaftlichen und sozialen Fortschritts beizukommen und die traditionellen Gleise zu verlassen. Er führte ein wirksames System der Sozialversicherung und der Familienbeihilfen ein und nutzte die gute Finanzsituation zur Entwicklung eines umfangreichen Programms zur materiellen Erneuerung des Landes: im Bereich des Verkehrs, der Elektrifizierung, der Laboratorien, der Krankenhäuser und Schulen etc. Zur selben Zeit wurde mit dem Bau der Maginot-Linie begonnen, einem mit unterirdischen Verbindungen versehenen Festungsgürtel, der, so glaubte man, die Unverletzlichkeit der Grenzen im Norden und Osten garantieren würde.

Das Kolonialreich

Die öffentliche Meinung wurde auch durch in den Kolonien Geleistetes beflügelt. 1931 fand in Paris eine Kolonialausstellung statt: die letzte große Repräsentation des kolonialen Imperialismus vor seinem Zusammenbruch. Durch den Krieg war das französische Kolonialreich noch größer geworden, denn Frankreich hatte nicht nur seine Gebiete in Äquatorial-Afrika, die es 1911 an Deutschland hatte abtreten müssen, wieder zurück erhalten, sondern auch einen Teil der ehemaligen deutschen Kolonien dazu bekommen, nämlich Kamerun und Togo, sowie ein provisorisches Mandat über Syrien und den Libanon, die ehemals zum Ottomanischen Reich gehört hatten.

Das Erwachen nationalistischer Gefühle in den unterworfenen Bevölkerungen war noch nicht so, daß es die Kolonialmacht beunruhigen mußte; es zeigte sich vorerst nur bei kleinen Gruppen, die von Intellektuellen angeleitet wurden, die zum großen Teil in der französischen Hauptstadt studiert hatten. Die Unterstützung, die sie in der kommunistischen Partei fanden, vermochte die Sympathie für diese Bewegung nicht zu verstärken. Die ernsthafteste kriegerische Auseinandersetzung war der Widerstand Abd el-Krims in Marokko (1925/26), doch erschien sie eher als ein Nachspiel zu den kolonialen Eroberungskriegen.

III. Der Zerfall des Regimes

Die Rückkehr der Radikalen

Bei den Wahlen vom Mai 1932 erhielten wieder die Linken die Mehrheit, aber da die Sozialisten sich weigerten, einer bürgerlichen Regierung beizutreten, waren es die Radikalen, die zwei Jahre lang an der Spitze schwankender Regierungen standen.

Diese schwachen Regierungen mußten mit einem Zusammentreffen von Gefahren und Schwierigkeiten fertig werden, die zum großen Teil durch äußere Faktoren verursacht waren und über die sie selbst keine Kontrolle hatten.

1. *Finanzielle Schwierigkeiten:* Die Weltwirtschaftskrise hatte zum Ende der deutschen Reparationszahlungen geführt. Nach einem vom amerikanischen Präsidenten Hoover herbeigeführten allgemeinen Moratorium (Zahlungsaufschub) befreite die Konferenz von Lausanne im Juli 1932 die Deutschen von jeder weiteren Verpflichtung, die durch die Zahlung einer Gesamtsumme von drei Milliarden Reichsmark als abgegolten galt. Diese Restverpflichtung ist von Hitler unmittelbar darauf zurückgewiesen worden. Anstelle der 62 Millionen Francs, die es gefordert hatte, hatte Frankreich von 1920 bis 1931 etwas mehr als acht Milliarden in bar und vier Milliarden in Waren erhalten. Durch das Ausbleiben dieser Zahlungen kam es von 1932 an zu Defiziten im Budget. Überdies hatte die französische Wirtschaft, die zunächst von der Weltwirtschaftskrise verschont geblieben war, nach und nach auch mit Schwierigkeiten zu kämpfen: Es kam zu einem Rückgang der Exporte, zu einer Verringerung der Produktion, zu Arbeitslosigkeit, allgemeiner Ungewißheit über die Zukunft, Kapitalflucht usw.
2. *Äußere Gefahren:* Zu Beginn des Jahres 1933 war Hitler an die Macht gekommen. Schon im Oktober dieses Jahres verließ Deutschland den Völkerbund und erteilte so den Träumen Briands eine Abfuhr. Würde der Faschismus, der in Italien bereits fest im Sattel saß, auch andere europäische Länder unter seine Macht bringen?
Mit umgekehrten Vorzeichen zeigte sich erstmals auch die Sowjetmacht als Gefahr; unter der Faust Stalins war aus dem russischen Chaos eine furchterregende ökonomische und militärische Macht geworden, die überall auf die subversiven Agenten der Komintern rechnen konnte.
Je nachdem, ob sie gerade mehr den Kommunismus oder den Faschismus fürchteten, neigten die Franzosen dazu, sich an ihren auswärtigen Sympathien zu orientieren, was die politischen Leidenschaften noch mehr entflammte.
3. *Die Macht der Bünde:* Das mangelnde Ansehen der parlamentarischen Politik sowie das Beispiel der Faschisten und Nazis ließen überall bündische Organisationen entstehen, in denen Männer aktiv waren, die entschlossen waren, auf die Straße zu gehen, um ihren Ideen zum Sieg zu verhelfen. Nach der royalistischen Liga der ›Action française‹, die durch die gegen sie gerichtete Verurteilung durch Papst Pius XI. im Jahre 1926 stark geschwächt wurde, gab es die Liga der jungen Patrioten, eine Gründung des Pariser Abgeordneten Pierre Taittinger, und nicht zuletzt die Croix-de-Feu, eine Organisation ehemaliger Frontkämpfer unter Leitung des Oberstleutnants de la Rocque, die 1935 über 260000 Anhänger verfügte.

Die Krise des 6. Februar 1934

Ein politischer Finanzskandal bot den Bünden die Möglichkeit zu einer massiven Demonstration gegen das Regime. Ende Dezember 1933 enthüllte die Presse die enormen Betrügereien eines jüdischen Abenteurers russischer Abstammung namens Stavisky. Auch Politiker waren in den Skandal verwickelt. Die Affäre erreichte im Laufe des Januar einen dramatischen Höhepunkt mit dem unaufgeklärten Tod des Betrügers und eines Beamten, der mit der Durchführung der Untersuchung beauftragt war. Selbst Ministerpräsident Camille Chautemps war indirekt in die Affäre verwickelt und mußte zurücktreten. Sein vorgesehener Nachfolger, der Radikale Edouard Daladier, stellte seine Regierung am 6. Februar der Kammer vor. Die Bünde und Vereinigungen der ehemaligen Frontkämpfer mobilisierten ihre Anhänger und marschierten zum Palais-Bourbon. Ihre schlecht koordinierten Aktionen trafen auf den Widerstand der Polizei, die schließlich das Feuer eröffnete; es gab 16 Tote und etwa 2000 Verwundete.
Der Ministerpräsidenten-Kandidat Daladier wich zurück, und man appellierte an den ehemaligen Präsidenten der Republik, Gaston Doumergue, damit er eine neue Regierung der nationalen Einheit zusammen mit Herriot und Tardieu bilde. Doumergue ließ sich das Recht geben, unter Umgehung des Parlaments Gesetze zu erlassen, und bereitete eine Verfassungsreform vor, welche die Exekutivgewalt stärken sollte. Diesem Ansinnen verweigerten sich jedoch die Radikalen, so daß Doumergue die Macht wieder abgeben mußte. So kehrte man zwischen 1934 und 1936 wieder zum System der kurzlebigen Regierungen zurück, die im allgemeinen durch die parlamentarischen Gruppen der Mitte und der Radikalen gestützt wurden.

Wachsende äußere Gefahren

Die beiden Jahre 1934–1936 waren im Innern durch eine ökonomische Krise und einen ungeschickten Versuch der Deflation sowie der Senkung der Löhne und Gehälter gekennzeichnet, während sich im Äußeren die internationale Spannung verschärfte. Italien machte sich im Oktober 1935 auf einen Eroberungskrieg nach Abessinien auf, was zur Folge hatte, daß einerseits die Ohnmacht des Völkerbundes allgemein offenbar wurde, während andererseits die Bemühungen des französischen Ministers Pierre Laval um ein Bündnis mit Mussolini scheiterten, der sich nun in die Arme Hitlers warf.

Angesichts der deutschen Gefahr suchten die französischen Politiker das alte Bündnis mit Rußland wieder zu beleben. Ein im Mai 1935 unterzeichneter französisch-sowjetischer Vertrag wurde am 27. Februar 1936 von der Kammer ratifiziert. Hitler erklärte daraufhin, dieser Akt mache den Locarno-Pakt hinfällig, und ließ seine Truppen in die entmilitarisierte Zone des Rheinlands einmarschieren. Für diese flagrante Verletzung des Versailler Vertrags hatte die französische Regierung, die damals unter der Leitung des Radikalen Albert Sarraut stand, nur verbale Proteste übrig; England hatte sich jedem militärischen Eingreifen widersetzt. So wurde die letzte Chance, die Hitlerschen Pläne zu vereiteln, verpaßt.

Die Volksfront

Die faschistische Drohung, die im Innern durch die Bünde auf der Rechten und im Äußeren durch Hitler und Mussolini verkörpert wurde, hatte die politischen Kräfte auf der Linken veranlaßt, ihre Reihen enger zu schließen. Die französischen Kommunisten konnten sich an den Bemühungen um eine Einheit der Linken beteiligen, sobald die Sowjetunion sie dazu anhielt und ihnen durch das Bündnis mit dem bürgerlichen Staat Frankreich selbst ein Beispiel für eine solche Politik gab. Die Gewerkschaftler gingen auf diesem Weg noch weiter als die Politiker, denn im März 1936 kam es zu einem Zusammenschluß zwischen der sozialistischen C.G.T. und der kommunistischen C.G.T.U. Die politischen Parteien bildeten eine taktische Allianz unter dem Namen Volksfront, die gemäß ihrem Programm dem Faschismus den Weg versperren und Brot, Frieden und Freiheit sichern sollte. Bei den Parlamentswahlen vom Mai 1936 erhielt die Volksfront 378 Sitze gegenüber 241 für die Parteien der Rechten und der Mitte. Aber innerhalb der siegreichen Koalition hatten die Radikalen 600000 Stimmen und 43 Sitze verloren, während die Kommunisten 700000 Stimmen hinzugewannen und ihre Mandatszahl von 10 auf 62 steigern konnten. Sie weigerten sich jedoch, in die Regierung einzutreten und beschränkten sich darauf, ihr parlamentarische Unterstützung zu gewähren. Anders die Radikalen, sie traten in die von dem Führer der sozialistischen Partei Léon Blum gebildete Regierung ein. Blum war ein sensibler und großzügiger Intellektueller, doch er war zu ehrlich und zu fern jeder Demagogie, um die Massen begeistern und mitreißen oder die Legalität verletzen zu können.

Die Regierung Blum

Gleich zu Beginn seiner Amtszeit am 6. Juni sah Blum sich einer kritischen sozialen Situation gegenüber. In der Freude über den Wahlsieg hatten die Gewerkschaften unter dem Druck ihrer Basis beschlossen, sich die ihnen notwendig erscheinenden Zugeständnisse zu verschaffen. In einer volksfestähnlichen Atmosphäre traten 1 1/2 Millionen Arbeiter in den Streik und besetzten die Fabriken. Blum rief die Vertreter der C.G.T. und der Arbeitgeber zusammen. Unter seiner Vermittlung unterzeichneten sie die Vereinbarung von Matignon (so benannt nach dem Sitz der Regierung). Neben einer Lohnerhöhung von 10 bis 15 Prozent erreichten die Gewerkschaften eine ganze Reihe von rechtlichen Zugeständnissen, die ihren Einfluß in den Betrieben verstärkten. Einige Tage später brachte die Regierung ein Gesetz über die Vierzig-Stunden-Woche und den bezahlten Urlaub ein.

Die Schaffung eines nationalen Getreideamtes sollte zur Stabilisierung und zur Aufwertung der Einkommen der Landbewohner beitragen. Die Bank von Frankreich erhielt ein neues Statut, mittels dessen die Vertreter des Staates im Verwaltungsrat der Bank die Mehrheit hatten. Durch ein Programm öffentlicher Arbeiten sollte die Arbeitslosigkeit verringert werden. Das Interesse an der Förderung der unteren Klassen führte zu einer Reform des Bildungswesens und zu einem Programm für allgemeine Freizeitgestaltung.

Der in diesen Maßnahmen zum Ausdruck kommende reformerische Schwung versandete jedoch bald in unauflöslichen Schwierigkeiten. Der erwartete ökonomische Aufschwung trat nicht ein. Die Verbesserung der Löhne und Gehälter wurde durch Preiserhöhungen wieder zunichte gemacht, und die soziale Agitation machte sich von neuem sporadisch bemerkbar und hemmte die Produktion. Die Handelsbilanz zeigte ein wachsendes Defizit, während sich die Kapitalflucht verstärkte. Trotz ihrer Verpflichtungen nahm die Regierung eine neue Abwertung des Franc vor. Um die Erregung des radikalen Koalitionspartners und die allgemeine Unruhe zu beschwichtigen, proklamierte Blum im Februar 1937 eine Reformpause.

Äußere Ereignisse verstärkten die Unruhe. Der im Juli 1936 ausgebrochene Bürgerkrieg in Spanien peitschte die Leidenschaften auf: Die Kommunisten machten Blum seine Politik der Nichtintervention, die dem britischen Beispiel folgte, zum Vorwurf. Unter dem Druck von allen Seiten bat Blum das Parlament um außerordentliche Vollmachten. Der Senat verweigerte sie ihm. Daraufhin trat er am 22. Juni 1937 zurück.

Die letzten Regierungen

Die auf Blum folgenden Regierungen standen unter der Leitung der Radikalen Chautemps und Daladier, zuerst auf der Basis der Beteiligung der Sozialisten und der Unterstützung der Kommunisten, dann zogen die Kommunisten angesichts der Verstärkung der äußeren Gefahren ihre Unterstützung zurück; an ihre Stelle traten gemäßigte Gruppen der Rechten und der Mitte. Die damals allgemein geübte Praxis, durch Verordnungen mit Gesetzeskraft zu regieren, unterstreicht den Verfall des parlamentarischen Systems. Immerhin gelang mit Hilfe von Rüstungsprogrammen und dank der energischen und einfallsreichen Politik des Finanzministers Paul Reynaud ein wirtschaftlicher Aufschwung.

Auf den Krieg zu

Die Regierungen der Radikalen betrieben nach der Abdankung Blums insbesondere durch den Außenminister Georges Bonnet eine Politik der Beschwichtigung gegenüber Deutschland und Italien. Die Annexion Österreichs, die Hitler im März 1938 ohne Widerstand gelang, führte auf seiten Frankreichs lediglich zu einem platonischen Protest.
Im Hinblick auf die tschechoslowakische Frage, die Hitler kurz danach aufwarf, war die Lage insofern anders, als Frankreich durch einen Vertrag dazu verpflichtet war, dieses Land zu verteidigen. Aber das Kräfteverhältnis war so ungünstig, daß ein isoliertes Eingreifen undenkbar schien. England war zu diesem Zeitpunkt noch nicht bereit zu kämpfen. Die Sowjetunion erklärte sich zwar bereit, doch nur unter der Bedingung, daß ihre Truppen durch Polen und Rumänien marschieren könnten, was beide Länder kategorisch ablehnten. So blieb Frankreich nichts anderes übrig, als die Bemühungen der britischen Politiker Chamberlain und Halifax zu unterstützen, die nach einer Verhandlungslösung suchten. So kam es zum Münchener Abkommen vom 20. September 1938, das die Aufteilung der Tschechoslowakei besiegelte. Die öffentliche Meinung in Frankreich war geteilt zwischen der Erleichterung der großen Mehrheit und der Empörung der Weitblickenden.
Die Besetzung der Rest-Tschechoslowakei durch Hitler-Deutschland im März 1939 veränderte die britische Politik von Grund auf. Die Engländer wurden sich plötzlich des wahren Charakters der Hitlerschen Politik bewußt und beeilten sich, allen kleinen und mittleren Ländern, die von Deutschland bedroht waren, Beistandsgarantien zu geben; so auch Polen, das seit langem durch ein Verteidigungsbündnis mit Frankreich li-

iert war. Als überdies klar wurde, daß Danzig das nächste deutsche Ziel war, begannen Frankreich und England im April 1939 Verhandlungen mit der Sowjetunion, die jedoch Anfang August scheiterten, und zwar sowohl wegen des gegenseitigen Mißtrauens wie auch wegen der strikten Weigerung Polens, russische Truppen auf seinem Hoheitsgebiet zu dulden. Stalin wandte sich nun an Hitler; durch den deutsch-sowjetischen Vertrag vom 23. August 1939 wurden die beiden Diktatoren zu Komplizen. Den versöhnlich klingenden Worten Hitlers vom 25. August trat Daladier mit der Antwort entgegen, daß Frankreich dieses Mal seine Verpflichtungen einhalten würde. Am Tage des Einfalls der deutschen Truppen in Polen (1. September) ordnete die französische Regierung die allgemeine Mobilmachung an. Sie vollzog sich in einer Atmosphäre mürrischer Resignation, die in lebhaftem Kontrast zur Begeisterung vom August 1914 stand. Am folgenden Tag schickte sich auch die Kammer in das Unvermeidliche und stimmte ohne jede Diskussion für die Kriegskredite. Am Abend des 3. September wurde der Krieg formell erklärt.

26 Der Zweite Weltkrieg

In dem von Hitler entfesselten Krieg erlitt Frankreich eine militärische Niederlage ohne Beispiel, in deren Gefolge das Land vier Jahre lang einer militärischen Besetzung durch die Deutschen unterworfen wurde. Das System der Dritten Republik, welches man für das Unglück verantwortlich machte, wurde durch ein autoritäres Regierungssystem des Marschalls Pétain mit Sitz in Vichy ersetzt. Obwohl sie zunächst mit Erleichterung aufgenommen wurde, verlor die Regierung Pétain durch ihre Bemühungen, die Besetzer zufriedenzustellen, schnell an Ansehen. Die Widerstandsbewegung, die durch General de Gaulle von außen angekurbelt worden war und anfangs nur wenige Anhänger fand, konnte schließlich die Mehrheit der Nation hinter sich scharen.

I. Die Niederlage

Der seltsame Krieg (La drôle de guerre)

Schon Ende September hatte das überrannte Polen als Staat zu existieren aufgehört; sein Gebiet wurde zwischen Deutschland und Sowjetrußland geteilt. Frankreichs Hilfe hatte sich auf eine symbolische Offensive im Saargebiet beschränkt, die bereits am 1. Oktober eingestellt wurde. Immerhin wies Daladier Hitlers Vorschlag vom 6. Oktober, auf der Grundlage der geschaffenen Tatsachen Frieden zu schließen, entschieden zurück.

In Wahrheit hatte Hitler seine Truppen sofort nach dem Westen werfen wollen, und nur die äußerst ungünstigen Witterungsbedingungen im Herbst und in einem besonders harten Winter zwangen ihn, seine Offensive aufzuschieben. Die Alliierten hatten eine abwartende Verteidigungsstrategie gewählt, die es ihnen möglich machen sollte, ihre Rüstung zu verbessern und den Gegner durch eine Wirtschaftsblockade zu schwächen.

Es folgten sechs Monate, in denen fast nichts geschah. Diese Periode, die man »la drôle de guerre« nennt, hatte unheilvolle Auswirkungen auf die Moral der Nation. Solange es nicht darum ging, einen Angreifer zurückzuwerfen, hatten die Menschen, ob sie nun unter Waffen standen oder nicht, die Neigung, sich das Leben so angenehm wie möglich zu machen und ihren Privatinteressen nachzugehen. Dieser Defätismus wurde ei-

nerseits von den Kommunisten unterstützt, die nach dem deutsch-russischen Pakt plötzlich wieder zu ihrem Antimilitarismus von vor 1936 zurückfanden, zum andern durch alle diejenigen, die, ohne es zu sagen, einen Krieg beendigt wissen wollten, von dem man weder das Ende noch das Ziel klar vor Augen sah.
Die unerschrockene Verteidigung der Finnen, die am 30. November von den Russen angegriffen wurden, führte zum Entwurf von militärischen Interventionsplänen quer durch die skandinavischen Länder, doch die Schwierigkeiten erwiesen sich als unüberwindlich. Der als zu träge eingeschätzte Premierminister Daladier mußte am 20. März 1940 seinen Hut nehmen.
Er wurde durch Paul Reynaud ersetzt, der gemeinsam mit den Engländern eine Operation vorbereitete, welche die Deutschen von der für sie wichtigen Zufuhr schwedischen Eisenerzes über den norwegischen Hafen Narwik und die norwegischen Küstengewässer abschneiden sollte. Aber Hitler war schneller als die Alliierten; er überfiel Dänemark und Norwegen vom 7. bis 9. April. Zwar gelang es den Franzosen, sich des Erzhafens Narwik zu bemächtigen, doch das Schicksal des Krieges entschied sich bereits an anderer Stelle.

Der Blitzkrieg

Die von langer Hand vorbereitete deutsche Westoffensive hatte am 10. Mai mit einem massiven Angriff auf Belgien und Holland begonnen. Der Kampf begann für die Franzosen und Briten unter den denkbar schlechtesten Bedingungen. Mehr als die Hälfte der französischen Divisionen wurde an der Maginot-Linie im Osten festgehalten. Anstatt diese Befestigungslinie entlang der französisch-belgischen Grenze fortzuführen, hatte man auf die belgischen Befestigungen am Albertkanal gesetzt, der mit den natürlichen Hindernissen der Schelde und der Maas verbunden war. Die belgische Armee war freilich nicht in der Lage, diese Stellungen allein zu verteidigen, weshalb die Franzosen sich schon vor einem möglichen Angriff dort festsetzen wollten, aber die belgische Regierung hatte sich unter dem Druck König Leopolds III. bis zum letzten Moment geweigert, ihre 1936 beschlossene Politik der Wahrung strikter Neutralität aufzugeben. Der französische Generalstabschef Gamelin hatte darum beschlossen, seine besten Divisionen so schnell wie möglich nach Belgien zu verlegen, um zusammen mit den verbliebenen belgischen und holländischen Einheiten den Gegner außerhalb des französischen Territoriums zum Kampf zu stellen.

Diese Maßnahme paßte wunderbar in die Strategie Hitlers: Er wollte den Feind am schwachen Punkt der Verbindung zwischen dem äußersten Ende der Maginot-Linie und der beweglichen alliierten Streitmacht treffen, und zwar im gebirgigen und waldreichen Massiv der Ardennen, dessen tiefe Täler einen Panzerangriff unwahrscheinlich machten. Nach dem Durchbruch wollte er nach Nordosten vorstoßen und so die nach Belgien vorgedrungenen französischen Truppen einschließen. Dies war nichts anderes als der Schlieffen-Plan, der jedoch im umgekehrten Sinne benutzt wurde. Das Manöver fand wie vorgesehen statt.
Schon am 15. Mai ist der Bruch der französischen Front nicht mehr zu kitten; am 20. Mai erreichen deutsche Panzerkolonnen das Meer bei Abbeville und schneiden 45 französische und britische Divisionen im Norden ab. Ein guter Teil der Soldaten kann aus der Falle von Dünkirchen nach England entkommen, aber in den Händen des Feindes bleibt ein auf lange Zeit nicht ersetzbares riesiges Kriegsmaterial zurück. Gamelin wird am 19. Mai seines Kommandos enthoben und durch General Weygand ersetzt, den ehemaligen Leiter des Generalstabs von Foch. Gleichzeitig macht man Marschall Pétain zum Vizepräsidenten der Regierung; offenbar soll durch die Beiziehung dieser glorreichen alten Männer des Ersten Weltkriegs (Weygand ist 73, Pétain 84 Jahre alt) neues Vertrauen geweckt werden.
Wegen der Verstopfung der Verkehrswege durch die auf der Flucht befindliche Bevölkerung kann Weygand den zunächst vorgesehenen Entlastungsangriff nicht starten. Es gelingt ihm immerhin, eine einigermaßen durchgehende letzte Widerstandslinie von der Mündung der Somme bis zu den Vogesen zu errichten. Doch zwischen dem 5. und 10. Juni wird diese Linie an verschiedenen Punkten durchbrochen. Danach kommt es zu einem völlig ungeordneten Rückzug isolierter Truppeneinheiten inmitten von Millionen Flüchtlingen, die in höchster Panik dem Feind zu entkommen suchen. Zu allem Unglück tritt am 10. Juni auch Italien in den Krieg ein, um an der Aufteilung der Beute teilhaben zu können.

Der Waffenstillstand

Die Minister, die am 10. Juni Paris überstürzt verlassen hatten, traten am 14. wieder in Bordeaux zusammen. Inzwischen hatten die chaotischen Besprechungen, die es zwischen den Führern der Armee und den verantwortlichen Politikern Großbritanniens noch geben konnte, Reynaud zu einer kühnen Lösung inspiriert: Er wollte den unnütz geworde-

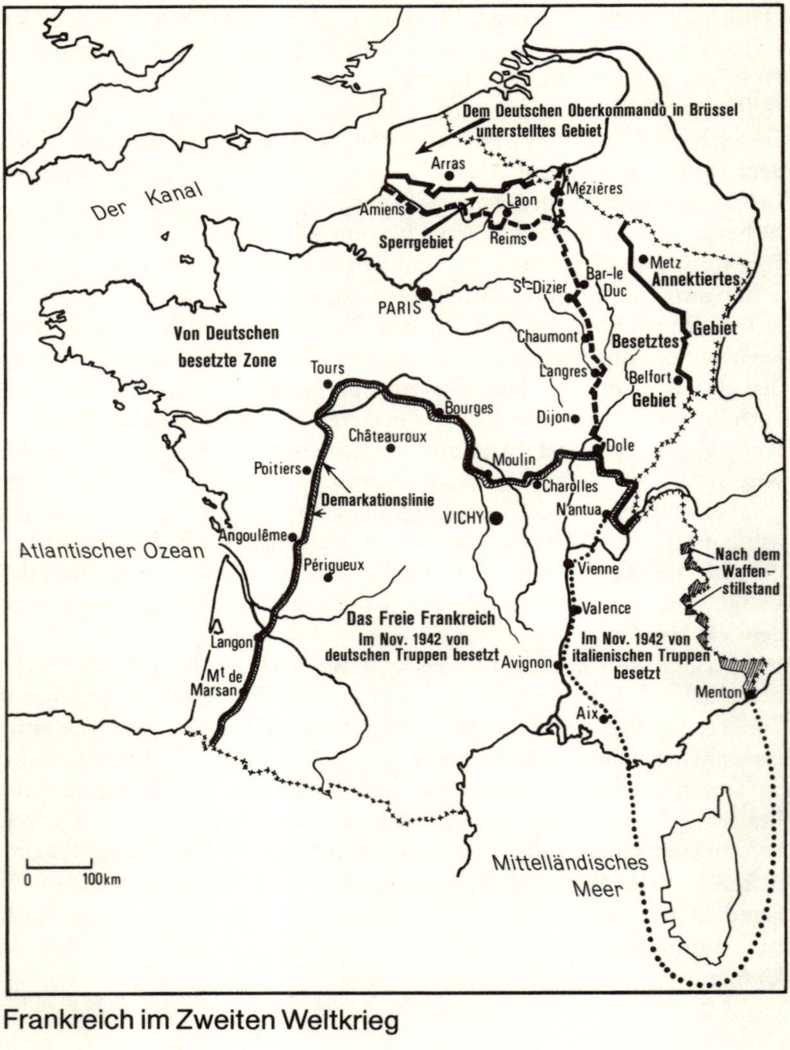

Frankreich im Zweiten Weltkrieg

nen Kampf in Frankreich durch eine einfache militärische Kapitulation beenden und mit allem, was man noch zur Verfügung hatte, nach Nordafrika ausweichen, um dort an der Seite der Engländer mit den Mitteln des Kolonialreiches und mit der Unterstützung der noch intakten französischen Kriegsflotte den Kampf fortzusetzen. Doch Weygand und Pétain widersetzten sich kategorisch; ersterer wollte nicht, daß allein das Heer die Schande und die Verantwortung für die Niederlage tragen sollte; letzterer hielt es für die Pflicht der Regierung, bei ihren Landsleuten zu bleiben und sie in Zeiten der Not zu unterstützen. Beide waren überzeugt, daß England nicht lange würde widerstehen können und daß es einen Frieden auf Kosten Frankreichs zu erreichen suchen würde.
Am Abend des 16. Juni trat Reynaud die Macht an Pétain ab, der sofort Waffenstillstandsverhandlungen einleitete. Hitler wollte um jeden Preis vermeiden, daß die französische Flotte die britische Kriegsmarine verstärken könnte; es schien ihm auch von Vorteil zu sein, Frankreich eine scheinbar unabhängige Regierung zu belassen, die es auf sich nehmen würde, die administrativen Aufgaben zu erfüllen und die Ordnung aufrechtzuerhalten. Er erwies sich deshalb als relativ entgegenkommend. Nichtsdestoweniger wollte er seinen Sieg durch eine symbolische Geste unterstreichen: Die Unterzeichnung des Waffenstillstands am 22. Juni fand an demselben Ort im Wald von Compiègne statt, an dem am 11. November 1918 die Kapitulation des wilhelminischen Kaiserreiches erfolgt war. Erst am 25. Juni, und zwar nach Unterzeichnung eines Waffenstillstandsvertrags mit Italien in Rom, kam es zur endgültigen Beendigung aller Feindseligkeiten.
Frankreich war nun in zwei Stücke geteilt: in eine besetzte Zone, die den ganzen Norden des Landes sowie die atlantische Küste umfaßte und den deutschen Militärbehörden unterstand, und eine sogenannte freie Zone im Süden, in der die französische Regierung unter Wahrung aller Attribute der Souveränität, darunter auch der Verfügung über eine Wehrmacht von 100000 Mann, Herr sein sollte.
Die französische Flotte sollte mit Ausnahme einiger Einheiten, die zur Verteidigung des Kolonialreiches bestimmt waren, zusammengeführt, entwaffnet und in ihre Heimathäfen zurückgebracht werden, ohne daß Deutschland auf sie Anspruch erhob. Wie in allen Kriegen sollten die Besatzungskosten von den Besiegten aufgebracht werden; die französischen Kriegsgefangenen (1500000 an Zahl) würden erst nach Abschluß eines Friedensvertrages freigelassen.

II. Die Regierung des Marschalls Pétain

Das Ende der Dritten Republik

Da sich Bordeaux in der besetzten Zone Frankreichs befand, verlegte Pétain seine Regierung nach Vichy, einer alten Bäderstadt, in deren großen Hotels die Regierungsbüros gut untergebracht werden konnten.
Die Franzosen hatten in ihrer großen Mehrheit den Waffenstillstand mit Erleichterung begrüßt. Sie waren dem alten Marschall Pétain dankbar dafür, daß er sein Prestige und seine Ruhe geopfert hatte, um das Land vor noch schlimmerem Unglück zu bewahren. Er selbst war überzeugt davon, daß er berufen war, ein Werk der nationalen Erneuerung durchzuführen. Der erste Schritt in diese Richtung war die Liquidation jenes unheilvollen Systems, welches das Land in die nationale Katastrophe geführt hatte.
Diese politische Operation wurde durch den Senator Pierre Laval durchgeführt, dem Pétain freie Hand gegeben hatte. In der Zeit vom 4. bis 10. Juli gelang es Laval mit einer Mischung aus Überzeugung und Drohung, die nach Vichy einberufenen Senatoren und Abgeordneten wie auch den schwachen Präsidenten der Republik, Albert Lebrun, für seine Absichten zu gewinnen. Am 10. Juli nahmen die legal zur Nationalversammlung vereinigten beiden Kammern mit 569 Stimmen gegen 80 Gegenstimmen bei 17 Enthaltungen den folgenden Text an:
»Die Nationalversammlung verleiht der Regierung der Republik unter Marschall Pétain alle Vollmacht zu dem Zweck, in einem oder mehreren Akten eine neue Verfassung des französischen Staates zu bestimmen. In dieser Verfassung müssen das Recht auf Arbeit, Familie und Vaterland enthalten sein.«

Das Vichy-Regime

Die sogleich verkündeten Verfassungsakte beseitigten die Funktion eines Präsidenten der Republik und gaben dem »Marschall von Frankreich und Chef des französischen Staates« alle Vollmachten; sie bezeichneten als möglichen Nachfolger den Vizepräsidenten des Ministerrats, Pierre Laval. Die angekündigte Verfassung wurde aufgeschoben.
Der alte Marschall, der nun die einzige Quelle aller Autorität war, regierte wie ein absoluter Monarch und erfreute sich eines gewissen Personenkults. Die wegen seines hohen Alters immer wieder auftretende Geistes- und Willensschwäche machten ihn weitgehend zu einem Spiel-

ball seiner Minister und seiner Umgebung. Unter seinen treuen Bewunderern und in den hohen Posten der Verwaltung fand man jene Elemente, welche von der Dritten Republik entweder bekämpft oder beunruhigt oder enttäuscht worden waren: ehemalige Royalisten, katholische oder evangelische Christen, Militärs, große Geschäftsleute, Antidemokraten mit faschistischen Neigungen auf der Rechten und auf der Linken.
Die nationale Revolution mit ihrem Wahlspruch »Arbeit, Familie, Vaterland« verstand sich als Reaktion gegen die Prinzipien der parlamentarischen Demokratie von 1789. Die neue Ordnung, die man errichten wollte, war zunächst weniger vom Nationalsozialismus als vom christlichen Ständewesen und von den moralischen Positionen des autoritären Salazar-Regimes in Portugal inspiriert. So wurden die Gewerkschaften beseitigt und durch korporative Organisationen ersetzt, in denen sowohl Vertreter der Arbeiter wie der Arbeitgeber, die von oben ernannt wurden, vertreten waren. Für die Landwirtschaft und andere Bereiche der Wirtschaft gab es Organisationskomitees. Die Jugend wurde aufgefordert, in die Bewegung der ›Compagnons de France‹ einzutreten; die jungen Menschen im wehrpflichtigen Alter wurden in die ›Chantiers de la Jeunesse‹ eingereiht; und eine Legion der Kämpfer war dazu ausersehen, alle Teilnehmer des Ersten Weltkriegs zum Zwecke der Unterstützung des Siegers von Verdun zu mobilisieren.
Später freilich übernahm das Vichy-Regime auch einige der hassenswerten Praktiken und Institutionen des totalitären Systems des Nationalsozialismus: willkürliche Verhaftungen und Gefangennahmen, Inquisition durch die Polizei, Ausnahmegerichte, Verfolgung der Juden und, in Nachahmung der unheilvollen SS, eine Miliz, die sich der Aufrechterhaltung der Ordnung verschrieb.

Die besetzte Zone

Unter Verletzung der Waffenstillstandsbedingungen hatten die Deutschen die drei Departements von Elsaß-Lothringen einfach dem Reich einverleibt; die jungen Männer im wehrpflichtigen Alter wurden mit Gewalt in die Wehrmacht eingezogen; die Germanisierung der Verwaltung und der Besitzverhältnisse wurde schnell vorangetrieben. Die Departements im Norden und in Pas-de-Calais wurden dem Militärkommando von Brüssel angegliedert. Der Rest des besetzten Frankreich unterstand dem in Paris residierenden Militärbefehlshaber, der durch spezielle Abwehr- und Propagandaeinheiten unterstützt und überwacht wurde und dem als Vertreter des Außenministeriums ein Botschafter,

Otto Abetz, beigegeben war. Die verbliebenen französischen Verwaltungen wurden ihnen unmittelbar unterstellt; alle Maßnahmen der Regierung von Vichy bedurften ihrer Zustimmung. Viele Franzosen wurden aus ideologischen Gründen oder aus Privatinteresse zu Helfershelfern (Kollaborateuren) dieser Unterdrückung, wobei man sich der Presse und faschistischer Organisationen bediente. So beschimpften Marcel Déat, ein ehemaliger sozialistischer Minister der Volksfront, und Jacques Doriot, kommunistischer Dissident und der Gründer einer französischen Volkspartei, die Vichy-Regierung, weil sie zögerte, sich mit Haut und Haar der deutschen Sache zu verschreiben.
Die deutschen Behörden nutzten die Bestimmungen des Waffenstillstandsvertrags und schufen sich durch einseitige Normsetzung neue Möglichkeiten, um die französischen Ressourcen systematisch und brutal auszubeuten. Man hat die Gesamtheit der Entnahmen auf mehr als 50 Prozent des Nationaleinkommens geschätzt. Vor allem die Franzosen in den Städten lernten nun die Rationierung, den Hunger und die Kälte kennen. Hinzu kam die Angst vor der deutschen Gestapo und vor den immer heftiger werdenden Luftangriffen der Engländer und Amerikaner.

Anfänge der Kollaboration

Das Auf und Ab in der Politik der Vichy-Regierung ergab sich aus den abhängigen Beziehungen zu Deutschland. In der Frage der Anwendung des Waffenstillstands gab es zunächst zwei Meinungen: Die einen traten mit General Weygand, dem Verteidigungsminister, für eine loyale Anwendung ein, ohne dem vorübergehend siegreichen Gegner entgegenzukommen; die anderen unter der Führung Lavals glaubten, es sei für die Zukunft Frankreichs am besten, wenn man sich offen den Kriegsbemühungen Deutschlands anschließe, um so bei den Friedensverhandlungen bessere Bedingungen zu erreichen. Marschall Pétains Haltung war ganz wesentlich von dem Wunsch bestimmt, den Franzosen das schreckliche Schicksal der Polen zu ersparen und das Leiden der Bevölkerung und der Kriegsgefangenen zu erleichtern. Daher wählte er wie die Deutschen nach 1918 die Methode des Finassierens; er wollte Zeit gewinnen, den Anschein einer unabhängigen Regierung wahren und vermeiden, sich auf die eine oder andere Seite zu stellen.
Ein tragisches Ereignis gab Laval ein Argument zugunsten seiner prodeutschen Politik. Ein großer Teil der französischen Flotte war in einer algerischen Bucht am 3. Juli von den Engländern angegriffen und zer-

stört worden, die die Befürchtung hegten, daß diese Schiffe gegen sie eingesetzt werden könnten. Dieser Angriff, bei dem 1300 Matrosen umkamen, empörte viele Franzosen und machte aus dem Schöpfer und Führer der französischen Seestreitkräfte, dem Admiral Darlan, einen unversöhnlichen Feind Englands.
Laval entledigte sich des Opponenten Weygand, der als Zivil- und Militärgouverneur nach Algerien geschickt wurde. Eine Reise Hitlers zu einem Treffen mit Franco an der spanischen Grenze eröffnete Laval eine Chance, seine Politik weiter zu verfolgen. Aufgrund einer Unterredung, die am 24. Oktober im Bahnhof von Montoire zwischen Pétain und Hitler stattfand, verkündete er feierlich eine neue Politik der Kollaboration zwischen Deutschland und Frankreich. Die Erleichterungen, die sich Pétain von dieser Geste erhofft hatte, welche die öffentliche Meinung Frankreichs tief aufwühlte, blieben freilich aus. Der enttäuschte Marschall ließ sich für eine Verschwörung der Laval feindlich gesonnenen Minister gewinnen: Es kam zum großen Ärger der Deutschen zu dessen plötzlicher Absetzung am 13. Dezember.

Darlan

Sein Stellvertreter im Außenministerium, der große Rechtsparlamentarier Pierre-Etienne Flandin, ein intelligenter und mutiger Mann, hatte kaum die Zeit, seine Politik in der Linie Weygands zu verfolgen. Er wurde am 9. Februar 1941 auf Geheiß der Deutschen entlassen.
Die Regierungsmacht ging nun auf den Admiral François Darlan über, der für das Außen- und Innenministerium sowie für die Marine zuständig war. Während der vierzehn Monate, die er an der Macht war, verfolgte dieser fähige, ehrgeizige und opportunistische Admiral eine ganz von den Umständen diktierte Politik des Lavierens. Seine Kollaboration ging so weit, daß er den Deutschen die Benutzung französischer Militärbasen in Syrien überließ, von wo aus sie eine gegen das probritische Regime im Irak gerichtete Rebellion zu unterstützen suchten. Als die Deutschen sich über die Aktivität Weygands in Nordafrika beunruhigt zeigten, der dort eine neue Armee aufzustellen versuchte, beorderte Darlan ihn nach Frankreich zurück. Aber zu Beginn des Jahres 1942 ließen die deutschen Rückschläge in Rußland und in Libyen eine Niederlage der Achsenmächte als möglich erscheinen. Von da an zeigte sich Darlan weniger hilfsbereit.
Hitler forderte im April 1942 die Rückkehr Lavals an die Macht. Trotz der Abneigung, die er gegen ihn hegte, beugte sich Pétain. Durch ein

spezielles Verfassungsgesetz übertrug er ihm die Leitung der inneren und äußeren Politik. Die nationale Revolution war nun endgültig aufs Abstellgleis geschoben, und ein großer Teil derer, die das Vichy-Regime zunächst unterstützt hatten, zog sich zurück.

Das Ende des Vichy-Regimes

Einige Monate später verpaßte Pétain die letzte Chance, seine Ehre zu retten und alle Franzosen zu einigen. Als man von der Landung der Angloamerikaner in Nordafrika am 8. November 1942 erfuhr, auf die eine Sammlung aller französischen Streitkräfte in Übersee folgte, flehten Weygand und viele andere den Marschall an, sich nach Nordafrika zu begeben und den Kampf aufzunehmen. Pétain verweigerte sich, weil er noch immer überzeugt war, daß seine Anwesenheit in Frankreich nützlicher wäre. Die Deutschen betrachteten nun das Abkommen vom Juni 1940 als gegenstandslos; sie fielen in die freie Zone ein und entwaffneten die kleine französische Waffenstillstandsarmee. Die Flotte vor Toulon vermochte sich gerade noch selbst zu versenken.
Die Regierung von Vichy hatte mit dem Rest ihrer Flotte und den Kolonien ihre letzten Trümpfe verloren. Nunmehr war sie für die Deutschen nichts anderes als ein fügsames und verachtetes Instrument in einem total besetzten Frankreich. Laval regierte praktisch allein und betrieb seine Politik mit einem Eifer und einem Mut, die einer besseren Sache würdig gewesen wären. Seine Hauptdiskussionen mit den Besatzern betrafen die Begrenzung der Zahl der französischen Arbeitskräfte, die in der deutschen Industrie zwangsverpflichtet werden sollten. Für 600000 französische Arbeitskräfte, die im Rahmen eines obligatorischen Arbeitsdienstes nach Deutschland geschickt wurden, erhielt er etwa 100000 Kriegsgefangene zurück.

III. Résistance und Befreiung

General de Gaulle und das Freie Frankreich

Vier Tage vor dem Waffenstillstand hatte eine französische Stimme, die von der BBC übertragen wurde, die Franzosen dazu aufgerufen, den Kampf trotz der Niederlage fortzusetzen. Es war die Stimme des Generals Charles de Gaulle, eines Theoretikers des Bewegungskrieges, den Paul Reynaud am 5. Juni in seine Regierung geholt hatte und der nach

London geflüchtet war. Sein Appell fand zunächst nur geringes Echo. Der General schien ein Söldling im Dienste jener Engländer zu sein, die für das schlimme Massaker unter den französischen Matrosen vor Algier verantwortlich waren. Churchill hatte ihn als Führer der freien Franzosen anerkannt, die willens waren weiterzukämpfen. Ihre zunächst sehr geringe Zahl wuchs nach und nach, bis man schließlich französische Kampfeinheiten im Rahmen der britischen Streitkräfte bilden konnte. Man hoffte, daß es de Gaulle gelingen könnte, die französischen Gebiete in Übersee hinter sich zu bringen. Aber Nordafrika wurde durch General Weygand fest in der Abhängigkeit Vichys gehalten. Ein Versuch der freien Franzosen, in Dakar Fuß zu fassen, scheiterte im September 1940 erbärmlich. Es gelang ihnen jedoch, sich in Äquatorialafrika festzusetzen.

Als Darlan im Frühjahr 1941 den Deutschen die Benutzung der französischen Flughäfen in Syrien gestattete, drängte de Gaulle die Engländer, dieses Land mit Hilfe einer Division freier Franzosen zu erobern, wobei er die Hoffnung hatte, das Land unter französische Kontrolle zu bringen. Aber die französische Armee Syriens unter Führung des Generals Dentz blieb Pétain treu; nach ihrer Kapitulation waren die meisten Offiziere und Mannschaften empört, daß sie von Franzosen angegriffen worden waren, und verweigerten die Zusammenarbeit mit de Gaulle, so daß Syrien unter britische Herrschaft kam.

Dieser Mißerfolg hat die Engländer und Amerikaner im November 1942 zweifellos dazu bewogen, de Gaulle und das freie Frankreich nicht an ihrer großen Operation in Nordafrika zu beteiligen. Um die französischen Streitkräfte zu gewinnen, die bis dahin Pétain gegenüber loyal geblieben waren, setzten sie auf General Giraud, einen sehr populären Armeeführer, der durch seine sensationelle Flucht aus deutscher Gefangenschaft bekannt geworden war. Der Zufall wollte es jedoch, daß sich im entscheidenden Moment nicht Giraud, sondern Darlan in Algerien befand; unter Berufung auf eine geheime Vollmacht des Marschalls Pétain machte er dem von Vichy nach außen hin befohlenen Widerstand der Franzosen gegen die amerikanische Invasion ein Ende. So wurde Darlan von den Angloamerikanern zuerst als Inhaber der französischen Macht in Algerien anerkannt. Erst als Darlan am 23. Dezember durch einen jungen Gaullisten umgebracht wurde, übernahm Giraud die Rolle, die ihm zugedacht worden war.

De Gaulle konnte nicht ertragen, daß man ihn beiseite geschoben hatte. Es gelang ihm, Roosevelt und Churchill von der Notwendigkeit der Vereinheitlichung der französischen Kriegsanstrengungen zu überzeugen. Ende Mai 1943 kam er nach Algerien und übernahm, zusammen mit Gi-

raud, als Ko-Präsident die Leitung eines französischen Komitees für die nationale Befreiung. Giraud, dem der Sinn fürs Politische völlig abging, ließ sich bald in rein militärische Funktionen abdrängen. De Gaulle behauptete seine führende Rolle und eliminierte alle, die in irgendeiner Weise etwas mit dem Pétain-Regime zu tun gehabt hatten. Zusammen mit einigen früheren Parlamentariern der Dritten Republik schuf er eine beratende Versammlung, welche die künftige Verfassung des befreiten Frankreich vorbereiten sollte. Am 26. Mai 1944 schließlich erklärte sich das Befreiungskomitee zur provisorischen Regierung der französischen Republik.
In der Zwischenzeit hatte Giraud genügend Soldaten zusammengebracht, um mit Hilfe amerikanischen Kriegsmaterials zwei Panzerdivisionen und fünf Infanteriedivisionen aufstellen zu können. Sie sollten bald ihre Fähigkeiten unter Beweis stellen, indem sie unter dem Kommando des Generals Juin am Italienfeldzug des Sommers 1943 und bald danach unter den Generalen Leclerc und de Lattre de Tassigny an der Befreiung des französischen Territoriums aktiven Anteil nahmen.

Der innere Widerstand

In der besetzten Zone, die dem direkten Zugriff der Deutschen ausgesetzt war, war der Widerstandsgeist drängender und lebhafter geworden, doch bot die Südzone mehr Möglichkeiten für die Bildung organisierter Widerstandsbewegungen. Ihre Hauptaufgabe war die Verteilung von Flugblättern und geheimen Zeitschriften, die Organisation von Schleichwegen, um entflohene Kriegsgefangene über die Demarkationslinie und die spanische Grenze zu bringen, die Sammlung und Übermittlung von Informationen und dergleichen. Zahl und Kampffähigkeit der Widerstandskämpfer verstärkten sich merklich nach dem Juni 1941, als sich die Kommunisten infolge der Hitlerschen Aggression gegen die Sowjetunion wieder im Lager der Feinde Deutschlands befanden. Sabotageakte und Attentate gegen die Besatzer führten zu brutalen Repressalien, vor allem Geiselerschießungen, und das wiederum verstärkte den Haß auf die Besatzung.
Zu den bereits erwähnten Aktivitäten, die immer besser organisiert wurden, kam nach 1942 dann die Bildung von sogenannten »maquis«. Darunter verstand man kleine Gruppen von Partisanen, die in Wäldern oder Bergen verborgen lebten. Zunächst setzten sich die Maquis aus jungen Männern zusammen, die der Zwangsverpflichtung nach Deutschland entgehen wollten und in vielen Fällen durch ehemalige Offiziere der

Waffenstillstandsarmee geleitet wurden. Die totale Besetzung Frankreichs und das Ende der Illusionen, von denen das Vichy-Regime sich zunächst genährt hatte, brachten es mit sich, daß die Mehrheit der Bevölkerung die Résistance nun aktiv oder passiv unterstützte.
Jean Moulin, ein Vertreter General de Gaulles, der im Januar 1942 mit einem Fallschirm über Frankreich abgesprungen war, nahm mit den verschiedenen Widerstandsgruppen Kontakt auf, die sich zunächst, ohne voneinander zu wissen, gebildet hatten. Im Mai 1943 traten ihre Führer insgeheim in Paris zusammen und bildeten einen Nationalrat der Résistance. Dank der ausgezeichneten Beziehungen zwischen London und der französischen Widerstandsbewegung konnte man im November 1943 mit dem Fallschirmabwurf von Waffen beginnen. Im Februar 1944 waren alle bewaffneten französischen Einheiten in der Organisation der französischen Streitkräfte im Innern (*Forces françaises de l'Intérieur*) zusammengefaßt. Die Kommunisten, die eine eventuelle Machtergreifung im Visier hatten, waren bestrebt, in alle diese Organisationen einzudringen und auch besondere Kampfgruppen zu entwickeln, wie zum Beispiel ihre bewaffneten Freischärler (Francs-Tireurs partisans, F.T.P.).

Die Befreiung

Bei der Landung der Alliierten in der Normandie am 6. Juni 1944 traten alle Einheiten der von London benachrichtigten inneren Streitkräfte in Aktion. Trotz ihrer oft mangelhaften Bewaffnung und ungeachtet vieler Fehler, die zu unnötigen Verlusten führten, trugen sie ihren Teil zum Sieg bei, indem sie die Verkehrsverbindungen und die Transporte des Feindes störten. Die militärische Führung der Amerikaner war davon so beeindruckt, daß sie auf ihren ursprünglichen Plan verzichtete, die befreiten Provinzen einer alliierten Militärverwaltung zu unterstellen, die ohne Rücksicht auf die provisorische Regierung von Algier aus direkt mit den bestehenden lokalen Behörden zu tun gehabt hätte.
Der schnelle und vollständige Zerfall der Vichy-Regierung trug zum gleichen Ergebnis bei. Am 20. August wurde Marschall Pétain von den Deutschen in Gewahrsam genommen. Man brachte ihn erst nach Belfort, dann nach Sigmaringen. Dort stieß Laval zusammen mit einigen anderen führenden Vertretern des Vichy-Regimes zu ihm. Überall im Land überließ man mehr oder weniger spontan die Macht den Befreiungskomitees, die aus ihrem Schattendasein heraustraten, sowie den »Kommissaren der Republik«, die aus London geschickt wurden.
Das Pariser Befreiungskomitee appellierte unter dem Druck der Kom-

munisten schon am 16. August an das Volk, es möge sich erheben; es war eine voreilige Entscheidung, denn die alliierten Truppen waren noch weit, und der deutsche Militärkommandeur, General Choltitz, verfügte noch über genügend Truppen, um die F.F.I. zu zerschlagen. Glücklicherweise machte er sich klar, daß sein Kampf vergeblich war; er hatte den Mut, Hitlers Befehl zur Zerstörung der Hauptstadt durch Feuer und Dynamit zu verweigern. Die Amerikaner waren über die kritische Situation informiert und gaben der zweiten französischen Panzerdivision unter General Leclerc den Auftrag, direkt nach Paris vorzustoßen. Unter dem Jubel der Bevölkerung drang sie am 25. nach Paris ein, während von Choltitz die Kapitulation seiner Truppen unterzeichnete. Am nächsten Tag marschierte General de Gaulle zusammen mit den Mitgliedern des Widerstandskomitees im Triumph über die Champs-Elysées.
Bei den alliierten Streitkräften, die am 15. August in der Provence landeten, hielten die Franzosen mit ihren aus Italien gekommenen sieben Divisionen sich mit den Amerikanern in etwa die Waage. General de Lattre de Tassigny, der Befehlshaber der ersten französischen Armee, konnte darum den Vormarsch selbst entscheidend mitgestalten. Er kam so schnell voran, daß bereits am 12. September in Burgund die Verbindung mit den aus dem Norden kommenden Armeen hergestellt wurde.

Das Ende des Krieges

Im November mußten nur mehr das nördliche Elsaß und ein Teil Lothringens befreit werden, doch noch gab es in Deutschland eine Million französischer Kriegsgefangener sowie 600000 zwangsverpflichtete Arbeiter und nahezu 200000 Häftlinge in den Konzentrationslagern. Um sie zu befreien, mußte Frankreich seine militärischen Anstrengungen fortsetzen, ja sogar noch verstärken. Dies war auch notwendig, um Frankreichs Interessen in bezug auf die Friedensregelungen bei den Alliierten zur Geltung zu bringen. Die Drei Großen – Churchill, Roosevelt, Stalin – behandelten Frankreich in der Tat als eine »quantité négligeable«. De Gaulle wurde weder zur Konferenz von Yalta (Februar 1945) noch nach Potsdam (Juli 1945) eingeladen. Über 100000 Freiwillige der inneren Streitkräfte gliederten sich in die Reihen der aus England und Amerika gekommenen Kampfeinheiten ein. Unter den Generalen Leclerc, de Lattre und Béthouart befreiten diese Truppen den Rest des französischen Territoriums und drangen bis tief nach Süddeutschland vor. Dies erlaubte es de Gaulle, einen französischen Vertreter zur Unterzeichnung der deutschen Kapitulation zu schicken, und später kam es dann auch zur Bildung einer französischen Besatzungszone in Deutschland und in Österreich.

Die Bilanz des Krieges

Die menschlichen Verluste Frankreichs bezifferten sich auf 600000; es waren also sehr viel weniger als während des Krieges von 1914–1918. Im Vergleich zum Ersten Weltkrieg war der Anteil der zivilen Opfer, der Deportierten, Erschossenen und durch Bomben Getöteten jedoch ungleich höher: Er betrug zwei Drittel. Die materiellen Verluste waren zweifellos noch viel schwerer. Diesmal betrafen sie das ganze Land; und die angloamerikanischen Bombenangriffe hatten vor allem die Häfen, die Bahnhöfe, die Eisenbahnlinien und Brücken getroffen. Außerdem waren mehr als eine Million Gebäude zerstört oder stark beschädigt.

Um den Anforderungen der deutschen Besatzung zu genügen, hatte man immer mehr Papiergeld drucken lassen. Diese gewaltige Inflation gestaltete die wirtschaftliche Wiedergenesung äußerst schwierig. Auch die moralischen Schäden waren alles andere als gering, ohne daß man ihr Ausmaß genau ermessen könnte.

27 Die Vierte Republik

Die Vierte Republik hatte das Pech, daß sie nicht unmittelbar auf die Dritte folgte. Wenn dies der Fall gewesen wäre, hätte man ohne Zweifel Sorge getragen, die Exekutivgewalt so stark und stabil auszugestalten, wie dies in den letzten Jahren der Dritten Republik als notwendig erschienen war. Aber dazwischen lag das autoritäre und monarchische System von Vichy. In Reaktion darauf schuf man von neuem ein System der Versammlungsregierung, dessen Regierungen dem Spiel der Parteien anheimgegeben waren. Die zweite ursprüngliche Schwäche der Verfassung war der Umstand, daß sie nur von einer Minderheit der Franzosen angenommen worden war. Dieses schwache Regime sah sich mit den Gefahren der internationalen Situation und den Verkrampfungen des Prozesses der Entkolonisierung konfrontiert. An ihnen ging es auch nach nur zwölfjähriger Dauer zugrunde.

Die Regierung des Generals de Gaulle

Die Führungsverantwortung für den Wiederaufbau und die Neuordnung Frankreichs lief zwangsläufig auf General de Gaulle zu. Er hatte Beweise seiner Klarsicht und Charakterstärke gegeben, das Volk jubelte ihm zu, die Organisationen der Résistance erkannten ihn an, und schließlich war er selbst davon überzeugt, für diese Aufgabe ausersehen zu sein. Anfang September bildete er seine Regierung um, indem er Vertreter der inneren Widerstandsbewegung, darunter auch zwei Kommunisten, in sie aufnahm. Es gelang ihm – allerdings unter Schwierigkeiten –, die Autorität des Staates wiederherzustellen, die anarchische Macht der lokalen Befreiungskomitees zu beenden und die Volksmilizen, die von Kommunisten beherrscht waren, aufzulösen.
Auf die summarischen Hinrichtungen (vielleicht 10000), die persönlichen Racheakte, die willkürlichen Verhaftungen folgte sodann die methodische Strenge der Sondergerichte, die über alle Personen zu urteilen hatten, welche den Feind unterstützt hatten. Es kam zu insgesamt 35000 Verurteilungen, darunter 2800 Todesurteile, von denen 767 tatsächlich vollstreckt wurden. Die wichtigsten Fälle wurden vor einem Hohen Gerichtshof verhandelt. Marschall Pétain, der sich freiwillig ausgeliefert hatte, wurde nach einem die Leidenschaften aufwühlenden Prozeß zum Tod verurteilt. De Gaulle wandelte die Strafe in eine lebenslängliche Ge-

fängnisstrafe ab. Laval wurde hingerichtet. Es gab darüber hinaus eine große Reinigungswelle, durch die viele Tausende von Beamten und andere Personen ihre Posten verloren zugunsten jener, die eine Tätigkeit im Widerstand vorzuweisen hatten.
Neben der Fortsetzung der Kriegsanstrengungen beschloß die provisorische Regierung des Generals de Gaulle eine Reihe von Reformen, die das Leben der Nation auf Dauer prägen sollten: die Verstaatlichung der Kohlengruben, des Luftverkehrs, der Renault-Werke, der Gas- und Elektrizitätswerke, der großen Versicherungen und einiger großer Banken; die Freiheit gewerkschaftlicher Betätigung, die Einrichtung von Betriebsräten in Unternehmen mit mehr als 100 Beschäftigten, die Vereinheitlichung und Ausweitung der sozialen Sicherheit und schließlich die Schaffung einer Planungsbehörde, die den Auftrag hatte, seitens des Staates die notwendigen Vorbereitungen für die Modernisierung und Lenkung der Wirtschaft zu treffen.

Der Beginn des politischen Wiederaufbaus

Die provisorische Regierung hatte die gesamte Gesetzgebung Vichys sofort für null und nichtig erklärt. Es schien darum logisch, daß man einfach zu den Institutionen der Dritten Republik zurückkehrte; so wollten es auch die Radikalen. Aber de Gaulle und die aus der Résistance hervorgegangenen politischen Kräfte und ohne Zweifel auch die Mehrheit der Franzosen wollten etwas Neues schaffen.
Ohne das negative Votum der Beratenden Versammlung zu beachten, entschied sich de Gaulle für die Institution der Volksabstimmung, ein Verfahren, das den alten Republikanern höchst suspekt erschien. Nicht minder widerstrebte ihnen auch die Entscheidung de Gaulles, den Frauen das Wahlrecht zuzubilligen.
Bei den Wahlen am 21. Oktober 1945 mußten die Franzosen und Französinnen nicht nur ihre Abgeordneten bestimmen, sondern sich auch zu zwei Fragen äußern: 1. Soll die gewählte Versammlung eine Verfassunggebende Versammlung sein? Die Antwort lautete: Ja (96 Prozent). 2. Soll diese Versammlung gemäß dem vorliegenden Reglement in ihrer Macht beschränkt sein? Auch hier war die Antwort: Ja (62,8 Prozent). Die nach dem Verhältniswahlrecht durchgeführten Parlamentswahlen führten zu einer Umstrukturierung des Parteiensystems. Die Kommunisten gingen aus diesen Wahlen mit 26 Prozent der Stimmen und 158 Mandaten als stärkste Partei Frankreichs hervor; unmittelbar hinter ihnen kam mit 23,3 Prozent der Stimmen und 152 Abgeordneten eine neue

christliche Partei, das ›Mouvement républicain populaire‹ (M.R.P.). Während die Sozialisten der S.F.I.O. in etwa ihre Position von 1936 zu wahren vermochten (23,4 Prozent), waren die Radikalen (10,5 Prozent) und die verschiedenen Gruppen der Gemäßigten (15,6 Prozent) stark geschrumpft.
Die drei großen Parteien einigten sich ohne Schwierigkeiten auf General de Gaulle als Chef der Regierung. Aber bei der Verteilung der Ministerposten kam es zu einem Kuhhandel, der den General verärgerte. Seine Unzufriedenheit erreichte den Höhepunkt, als die Versammlung den Anspruch erhob, ihn stärker an die Kandare zu nehmen. Am 20. Januar 1946 trat er überraschend zurück.

Die Verfassung der Vierten Republik

Die Versammlung ersetzte den Regierungschef de Gaulle durch den wenige Wochen zuvor gewählten Parlamentspräsidenten, den Sozialisten Félix Gouin. Der im April angenommene Verfassungsentwurf gab alle Macht einem aus nur einer Kammer bestehenden Parlament, gegenüber dem der Präsident der Republik nur eine dekorative Rolle hatte. Dieser Verfassungsentwurf, den de Gaulle öffentlich verurteilt hatte, wurde am 5. Mai einer Volksabstimmung unterworfen und mit 53 Prozent der Stimmen abgelehnt. Die so desavouierte Versammlung mußte sich auflösen. Am 2. Juni wurde eine neue Versammlung gewählt. Diesmal gelang es dem M.R.P. mit 22,6 Prozent der Stimmen, die kommunistische Partei (20,8 Prozent) und auch die Sozialisten (16,1 Prozent) deutlich hinter sich zu lassen. Der Führer des M.R.P., Georges Bidault, wurde Regierungschef.
Im neuen Verfassungsentwurf wurde die allmächtige Stellung der Nationalversammlung etwas korrigiert. Man sah eine zweite Versammlung vor, die jedoch nicht mehr Senat, sondern ›Conseil de la République‹ hieß. Ihm sollten 320 Mitglieder für sechs Jahre angehören, die nach einem sehr komplizierten Wahlsystem in zwei Stufen gewählt wurden. Allerdings hatte dieser Conseil nur die Befugnis, Meinungen zu äußern, denen die Versammlung nicht Rechnung tragen mußte, und – wie der frühere Senat – an der Wahl des Präsidenten der Republik mitzuwirken. Dieser wurde für sieben Jahre gewählt und besaß die gleichen Rechte wie schon 1875, allerdings nicht mehr das Recht zur Auflösung der Versammlung. Dieses Recht ging nun auf den Ministerrat über, war jedoch an so viele Bedingungen geknüpft, daß es nur einmal innerhalb von zwölf Jahren angewendet wurde.

Dieser mittelmäßige Kompromiß wurde am 13. Oktober mit 53 Prozent der Stimmen angenommen, faktisch aber nur von etwas mehr als einem Drittel der Franzosen, denn 32,4 Prozent der Wahlberechtigten hatten sich aus mangelndem Interesse oder aus Verlegenheit der Stimme enthalten. Nach diesen Geburtsfehlern ließen andere Entwicklungen nicht auf sich warten, die das System schließlich wieder ganz in die Gleise der Dritten Republik zurücklenkten. Man bediente sich verschiedener Tricks, um die Verfassungsbestimmung zu umgehen, die eine absolute Mehrheit der Stimmen sowohl bei der Einsetzung wie bei der Absetzung einer Regierung forderte. Schließlich schaffte man diese Verfassungsbestimmung ganz ab.
Erneut litten die Regierungen unter chronischer Instabilität: Vom Dezember 1946 bis zum Mai 1958 gab es nicht weniger als 24 Regierungen. Das lächerliche Ritual der Regierungskrisen, die manchmal mehrere Wochen dauerten, erweckte den Eindruck, daß man, wie de Gaulle sagte, einem »Schattentheater« beiwohne.

Die Politik der Parteien

In der am 10. November 1946 gewählten ersten Nationalversammlung waren wieder die Kommunisten die stärkste Fraktion, unmittelbar gefolgt vom M.R.P.; zwischen diesen beiden hatte die kleinere sozialistische Partei die Rolle eines Züngleins an der Waage. Sie stellte denn auch den ersten Präsidenten der Vierten Republik, den warmherzigen und gewitzten Südländer Vincent Auriol, und den Ministerpräsidenten Paul Ramadier. Dieser bildete im Januar 1947 seine Regierung nach der Drei-Parteien-Formel, die seit Ende 1945 in Kraft war, also aus Vertretern der drei großen Parteien: den Christdemokraten, den Sozialisten und den Kommunisten.
Anfang Mai 1947 stimmten die Kommunisten in einer Debatte über die Wirtschafts- und Sozialpolitik gegen die Regierung. Ramadier schloß ihre Vertreter daraufhin aus seiner Regierung aus. In der Opposition lösten die Kommunisten, die auch die Herren der Gewerkschaft C.G.T. waren, eine Reihe großer Streiks aus, die nacheinander alle öffentlichen Dienste lahmlegten. Sozialistische Gewerkschafter protestierten gegen diesen politischen Mißbrauch des Streikrechts; sie verließen die C.G.T. und gründeten eine rivalisierende Gewerkschaftsorganisation unter dem Namen C.G.T.-F.O. (*force ouvrière*).
Zur selben Zeit tauchte am anderen Ende des politischen Spektrums eine weitere Opposition auf: General de Gaulle trat mit einer Reihe großer

politischer Reden wieder an die Öffentlichkeit. Am 7. April 1947 gründete er in Straßburg das ›Rassemblement du peuple français‹ (Sammlungsbewegung des französischen Volkes, R.P.F.), um die Reform des Staates in Angriff zu nehmen. Bei den Gemeindewahlen im Oktober erhielten die Kandidaten des R.P.F. 40 Prozent der Stimmen. Angesichts dieser beiden Oppositionen von links und von rechts machten die Regierungen der Vierten Republik nun den Versuch, sich auf eine dritte Kraft zu stützen, d. h. auf eine heterogene Koalition aus M.R.P., Sozialisten, Radikalen und Konservativen, die de Gaulle feindlich gesonnen waren. Die Regierungschefs nach Ramadier wurden Zug um Zug diesen verschiedenen Parteien entnommen.

Die Parlamentswahlen vom Juni 1951 komplizierten dieses Spiel noch zusätzlich. Die gaullistische Sammlungsbewegung hatte 110 Mandate vor allem auf Kosten des M.R.P. (88 Mandate) errungen, aber vier andere Parteien (Kommunisten, Sozialisten, Radikale und unabhängige Bauern) waren zusammen etwa gleichstark. Dank dieser als »hexagonal« bezeichneten Zusammensetzung der Kammer wurden die Regierungskoalitionen immer brüchiger. An ihrer Spitze standen in der Regel Politiker der rechten Mitte oder der radikalen Partei, während die Sozialisten seit März 1952 in der Opposition verharrten. Die Abgeordneten der Sammlungsbewegung gingen schließlich, ungeachtet ihrer Verurteilung durch de Gaulle, im System auf und nahmen Ministerposten an. Der enttäuschte und empörte de Gaulle distanzierte sich von ihnen und teilte mit, daß er seinen Bemühungen um eine Sammmlungsbewegung des französischen Volkes ein Ende setzen würde. Die unter dieser Bezeichnung gewählten Abgeordneten nannten sich von nun an »Sozial-Republikaner«.

Das Banner des Antiparlamentarismus wurde nun von einer anderen Bewegung ergriffen. An ihrer Spitze stand Pierre Poujade, der die kleinen Kaufleute und Handwerker hinter sich scharte, die sich durch den Strukturwandel der Wirtschaft in ihrer Existenz bedroht sahen.

In dieser Legislaturperiode gab es nur zwei Männer mit staatsmännischem Format und dauerhaftem Prestige: Antoine Pinay – er war die vollkommene Verkörperung des sowohl vom Verlangen nach Ordnung wie vom Ideal der Freiheit bestimmten Durchschnittsfranzosen und ein umsichtiger Lenker der öffentlichen Finanzen – und neben ihm Pierre Mendès France – ein leidenschaftlicher und mutiger Intellektueller, der seiner Regierung einen sehr persönlichen Stil aufprägte. Die dritte und letzte Versammlung der Vierten Republik wurde am 2. Januar 1956 nach Auflösung des vorausgegangenen Parlaments gewählt. Die Überraschung dieser Wahl war der Durchbruch der poujadistischen Bewegung, die 52 Sitze und 12,5 Prozent der Stimmen erhalten hatte, dies vor allem auf Kosten des M.R.P. (10,6 Prozent) und noch mehr der Sozial-Republikaner (4 Prozent). Die republikanische Front, eine Koalition der nichtkommunistischen Parteien der Linken, schien einen leichten Vorteil zu besitzen. Der damalige Präsident der Republik, René Coty, ernannte den Generalsekretär der Sozialistischen Partei, Guy Mollet, zum Regierungschef. Mollets Regierung, die vor allem mit dem Algerienproblem zu kämpfen hatte, war die längste der Vierten Republik: Sie währte 16 Monate, vom Januar 1956 bis Mitte 1957. Danach brachte eine leichte Verschiebung nach rechts zwei Radikale und schließlich ein Mitglied des M.R.P., Pierre Pflimlin, an die Macht. Unter ihm vollzog sich im Mai 1958 die Liquidierung des Systems der Vierten Republik.

Die Europa-Politik

In den ersten Jahren der Vierten Republik ergaben sich die Umschwünge der Innenpolitik vor allem aus den wirtschaftlichen Problemen, aber auch aus der internationalen Lage, die durch den Kalten Krieg zwischen den Vereinigten Staaten und ihren Verbündeten einerseits und dem sowjetischen Block andererseits charakterisiert wurde. Frankreich zog in seinem wirtschaftlichen Wiederaufbau aus den großzügigen amerikanischen Krediten des Marschall-Plans Nutzen; es konnte sich darum nur an die Vereinigten Staaten anlehnen. Im April 1949 unterzeichnete es den Atlantik-Pakt und trat zum Zwecke der gemeinsamen Verteidigung mit zehn anderen europäischen Staaten, Kanada und den Vereinigten Staaten in die NATO ein.
Bestand aber nicht die Gefahr, daß man in die Rolle eines bloßen amerikanischen Protektorats zurückfiel? Darum glaubte man, daß man allein im Rahmen eines organisierten Europa etwas mehr Unabhängigkeit bewahren könne. Der im Mai 1949 zusammen mit England geschaffene Europarat führte indes lediglich zur Bildung eines in Straßburg tagenden Parlaments ohne Machtbefugnisse. Hingegen war die im Mai 1950 von dem französischen Außenminister Robert Schuman betriebene, von Jean Monnet inspirierte Initiative weitaus wirksamer und kühner. Es ging um die Schaffung einer europäischen Gemeinschaft für Kohle und Stahl; sie bereitete die deutsch-französische Aussöhnung vor, die als ein Eckstein jeder europäischen Konstruktion betrachtet werden muß. Aber die Engländer verweigerten den Beitritt, was die Gemeinschaft im übrigen nicht daran hinderte, erfolgreich zu arbeiten.
Eine unglückliche Wendung führte sodann zu einer Beeinträchtigung

der europäischen Zusammenarbeit. Die in den Korea-Krieg verstrickten Amerikaner wollten Deutschland wiederbewaffnen. Um die Schaffung einer unabhängigen deutschen Wehrmacht zu verhindern, schlug die französische Regierung die Bildung einer Europäischen Verteidigungsgemeinschaft vor. Die schwierigen Verhandlungen führten am 27. Mai 1952 zur Unterzeichnung eines Vertrags. Aber die Ratifizierung dieses Vertrags durch die Nationalversammlung stieß auf den gemeinsamen Widerstand von Kommunisten und Gaullisten, während die anderen Parteien mit Ausnahme des M.R.P. gespalten waren. Am 30. August 1954 wurde die EVG unter der Regierung Mendès France mittels einer unwürdigen Abstimmung über eine Verfahrensfrage von der Nationalversammlung zu Grabe getragen. Bei der Schaffung des Gemeinsamen Marktes war man sich dieser Erfahrung wohl bewußt. Die Regierung ließ deshalb die in einer Vorverhandlung geklärten Prinzipien der wirtschaftlichen europäischen Zusammenarbeit durch die Versammlung bestätigen und unterzeichnete erst danach am 25. März 1957 die Römischen Verträge, durch welche die Europäische Wirtschaftsgemeinschaft (EWG) ins Leben trat.

Kolonialpolitik in Schwarz-Afrika

In der Verfassung von 1946 stand zu lesen: »Frankreich bildet mit den Ländern in Übersee eine Einheit, die auf der Gleichheit der Rechte und Pflichten ohne Unterschied der Rasse und der Religion beruht.« So gab es gewählte Vertreter der ehemaligen Kolonien in der Nationalversammlung und im Conseil de la République, während in den Kolonialländern eine eigene Versammlung über gewisse Vollmachten finanzieller und administrativer Art verfügte. Auf diesem Wege bildete sich in den früheren Kolonien eine politische Elite, die bald selbst in ihren jeweiligen Ländern die Regierungsmacht ausüben wollte. Durch ein Rahmengesetz des Jahres 1957 kam es zu einem ersten Schritt in die gewünschte Richtung. Der von Paris ernannte Gouverneur sollte mit Ministern zusammenarbeiten, die von den mit weiteren Kompetenzen ausgestatteten territorialen Parlamenten gewählt werden sollten.

Der Indochina-Krieg

Während des Zweiten Weltkrieges war Indochina in japanische Hand gefallen, wodurch die gegen Frankreich gerichteten nationalistischen

Bewegungen Auftrieb erhielten. Nach dem Zusammenbruch Japans schickte de Gaulle General Leclerc zur Übernahme der Macht nach Indochina. Dieser verhandelte mit dem Führer der wichtigsten nationalistischen Bewegung kommunistischer Prägung, Ho Tschi-Minh, der aus Furcht vor den Chinesen zu Verhandlungen bereit war; Ho kam sogar nach Frankreich, erhielt aber nicht die von ihm gewünschten Zugeständnisse.
Ende 1946 wurde der Krieg infolge tragischer Zwischenfälle, die durch die Unfähigkeit der lokalen französischen Behörden noch verschlimmert wurden, unvermeidlich. Es kam zu einer brutalen Bombardierung Haiphongs und, im Gegenzug, zu einem Massaker unter den Franzosen von Hanoi. Die Viet-minh wurden von der Sowjetunion und dem kommunistischen China wirksam unterstützt, während die französische Kriegführung, die auf die große Entfernung hin ohnehin schwer zu unterstützen war und auch von der öffentlichen Meinung nicht getragen wurde, ohne Erfolg blieb. Die von den Engländern und Amerikanern mehr oder weniger desavouierten französischen Regierungen wußten nicht mehr recht, wie sie sich in Ehren aus der Verstrickung lösen könnten. Um die Dinge in Gang zu bringen, bedurfte es des psychologischen Schocks der Niederlage von Dien-Bien-Phu im Mai 1954, als eine bedeutende französische Streitmacht von den Viet-minh umzingelt und vernichtet wurde. Mendès France nahm in Genf an einer Konferenz teil, in der die großen Mächte über die Entwicklung in Asien berieten. Mit ihrer Vermittlung schloß er ein Abkommen, das es Frankreich erlaubte, sich völlig aus Indochina zurückzuziehen. Nun mußten die Vereinigten Staaten die Verantwortung dafür übernehmen, daß Südvietnam nicht in die Hände der Kommunisten fiel.
In diesem mehr als sechs Jahre dauernden Krieg hatte Frankreich völlig unnütz 92000 Menschen und drei Milliarden Francs verloren. Im Innern hatte der Indochinakrieg zur weiteren Spaltung der Parteien und zur Diskreditierung des Systems beigetragen.

Nordafrika

Die französische öffentliche Meinung war sich einig darüber, daß Algerien, wo über eine Million Europäer lebten, ein integrierender Bestandteil Frankreichs war und es bleiben sollte. Man war allenfalls bereit, dem Land eine gewisse Verwaltungsautonomie zu gewähren und die Gleichheitschancen für die mohammedanische Bevölkerung zu verbessern, was ihr schon im März 1944 versprochen worden war. Zu diesem Zweck

schuf man ein am 1. September 1947 verabschiedetes »organisches Statut«, das die Bildung einer algerischen Versammlung zum Inhalt hatte, die zu gleichen Teilen aus Franzosen und Arabern bestehen sollte und mit gewissen Kompetenzen auf finanziellem Gebiet ausgestattet war.
Anders verhielt es sich im Fall Tunesiens und Marokkos, wo das Protektorat in die Unabhängigkeit münden mußte. Aber die Sicherheit von Algerien schien die Aufrechterhaltung der französischen Herrschaft über die es umgebenden Länder notwendig zu machen. Erst unter dem unausweichlichen Druck der Ereignisse und der Weltmeinung erhielten Marokko und Tunesien schließlich nach einer Reihe chaotischer Wendungen im März 1956 ihre vollständige Unabhängigkeit. Im Falle Marokkos war man sogar so weit gegangen, den legitimen Herrscher, Sultan Mohammed ben Jussuf, abzusetzen und nach Madagaskar zu deportieren.
Die algerischen Nationalisten hatten sich in der Zwischenzeit verstärkt. Am 1. November 1954 begannen sie in der gebirgigen Region von Constantine den offenen Aufstand. Da trotz strenger Repressalien die Sicherheit nicht wiederhergestellt werden konnte, proklamierte man im März 1955 den Ausnahmezustand und erlegte dem Land eine Militärherrschaft auf. Die Pariser Regierungen standen ungeachtet ihrer Zusammensetzung und ihrer geheimen Wünsche nach Befriedung unter dem doppelten Druck der Algerien-Franzosen, die ihr Leben geschützt wissen wollten, und der Führungskräfte der Armee, die entschlossen waren, die in Indochina erlittene Demütigung wieder wettzumachen. Dennoch akzeptierte der Sozialist Guy Mollet im Prinzip Verhandlungen mit der führenden Organisation des Aufstandes, der Nationalen Befreiungsfront, doch erst nach einem Waffenstillstand. Die Nationale Befreiungsfront hingegen forderte die vorherige Gewährung der Unabhängigkeit. Aus dieser Sackgasse gab es keinen Ausweg, so daß man sich in einen Krieg verwickelte, in dem, wie in allen Bürgerkriegen, auf beiden Seiten Grausamkeiten begangen wurden.

Die Suez-Affäre

Die arabischen Länder bekämpften Frankreich mit propagandistischen Mitteln und unterstützten die Rebellen. Darum ließ sich Guy Mollet dazu verleiten, den Anführer dieser Kampagne, den ägyptischen Diktator Nasser, aufs Haupt schlagen zu wollen. Nassers Entscheidung, den Suezkanal zu verstaatlichen (26. Juli 1956), berührte sowohl britische wie französische Interessen. So bereitete man gemeinsam eine militärische Intervention vor. Sie begann am 31. Oktober unter Ausnutzung einer Offensive Israels gegen Ägypten. Die schlecht durchgeführte Operation hatte erst einen Teil ihrer Zielsetzungen erreicht, als sie am 6. November wegen der gleichgerichteten Drohungen der Vereinigten Staaten und der Sowjetunion sowie der Verurteilung durch die UNO gestoppt wurde. Nasser war zwar militärisch geschlagen worden, konnte jedoch triumphieren, während der französische Einfluß in Ägypten und im ganzen Nahen Osten fast auf Null zurückging.

Das Ende der Vierten Republik (Mai 1958)

Je mehr in Algerien die Hoffnung auf eine Befriedung des Landes durch militärische Mittel schwand, um so mehr fürchteten die Algerien-Franzosen und die Militärs, daß die Regierung eine politische Lösung – d. h. Verhandlungen mit der Algerischen Befreiungsfront – suchen würde, die in die Unabhängigkeit münden mußten. Sie glaubten deshalb, daß nur eine starke Regierung die Situation wiederherstellen könnte. Wie jedoch konnte man das von dem erbärmlichen Regime der Vierten Republik erwarten? Selbst in Frankreich waren viele Politiker, darunter auch der Präsident der Republik, René Coty, zu der Überzeugung gelangt, daß eine Verfassungsänderung notwendig wäre.
Eine Regierungskrise, die am 15. April 1958 begann, offenbarte in eklatanter Form die Ohnmacht des Regimes: Es dauerte fast einen Monat, bis man einen neuen Regierungschef gefunden hatte, nämlich Pierre Pflimlin.
Am gleichen Tag, an dem er das Parlament um die Zustimmung für seine Regierung bittet (13. Mai), nutzt eine Gruppe von aktivistischen Verschwörern eine große Demonstration in Algier zur Besetzung des Regierungssitzes und zur Bildung eines Wohlfahrtsausschusses. Die Armee reagiert nicht. Im Gegenteil, der Oberkommandierende der französischen Truppen in Algerien, General Salan, unterstützt den Wohlfahrtsausschuß und richtet einen Appell an General de Gaulle. Dieser erklärt sich in einer kurzen Mitteilung an die Presse bereit, »die Machtbefugnisse der Republik zu übernehmen« (15. Mai). Danach zieht er sich auf seinen Besitz nach Colombey zurück und überläßt das Regime sich selbst.
Die Versammlung hat Pflimlin mit der Regierung betraut und den Notstand beschlossen. Die Regierung bekennt sich in aller Eile prinzipiell zu einer Verfassungsänderung, ist sich aber des Gehorsams der Ordnungsmächte (Polizei, Gendarmen, Sicherheitsgruppen) nicht mehr si-

cher. Die öffentliche Meinung wird von Gerüchten über die Vorbereitung eines Militärputsches auf dem Festland aufgewühlt. Ein Wohlfahrtsausschuß hat in Korsika bereits die Macht übernommen. General de Gaulle bricht sein Schweigen am 27. Mai und erklärt: »Ich habe das reguläre Verfahren zur Errichtung einer republikanischen Regierung eingeleitet«; ferner verurteilt er jede illegale Aktion. Daraus wird deutlich, daß er in legitimer Form, d. h. im Rahmen der bestehenden Institutionen, an die Macht kommen will.

In den folgenden Tagen läuft die Entwicklung so, wie de Gaulle sie in seinen Unterhaltungen mit den täglich zahlreicher werdenden Politikern, die allein in ihm die Gewähr gegen eine mögliche Militärdiktatur oder eine Volksfront sehen, vorausgesagt hat:

28. Mai: Abdankung der Regierung Pflimlin. Die Linksparteien organisieren eine große antifaschistische Demonstration.

29. Mai: Präsident Coty teilt mit, daß er an den »illustresten aller Franzosen« appelliert habe, und erklärt, daß er zurücktrete, falls das Parlament sich nicht mit de Gaulle einverstanden erkläre.

31. Mai: Die Führung der Sozialistischen Partei, die sich noch am 27. Mai fast einstimmig gegen de Gaulle ausgesprochen hat, beugt sich den Ermahnungen Guy Mollets, der am Tag zuvor den General in Colombey besucht hat. Die Partei stimmt mit der knappen Mehrheit von 77 gegen 74 Stimmen einer Machtübergabe an de Gaulle zu.

1. Juni: Die Nationalversammlung bestätigt mit 329 gegen 224 Stimmen die von de Gaulle gebildete Regierung; darunter sind zahlreiche Führer der großen Parteien, von der Rechten bis zu den Sozialisten.

2. Juni: Das Parlament gibt der Regierung de Gaulle unbeschränkte Vollmachten für die Dauer von sechs Monaten und erteilt ihr unter gewissen Bedingungen den Auftrag, einen neuen Verfassungsentwurf zu erstellen.

Die Vierte Republik ist zwar noch nicht offiziell zu Grabe getragen, aber sie ist bereits tot.

28 Die Fünfte Republik

Als General de Gaulle nach einem zwölf Jahre währenden Rückzug ins Privatleben wieder an die Macht kam, konnte er seinen ehrgeizigen Wunsch verwirklichen, dem Land Institutionen zu geben, die seinen Konzeptionen entsprachen. Unter seiner festen Hand konnten die mit der Entkolonisierung zusammenhängenden Krisen überwunden werden. Frankreich fand wieder zu einer Stabilität, einem Prestige und einer Prosperität, die es lange nicht gekannt hatte. Als jedoch die gefährlichsten Klippen umschifft waren, ertrug man die einsame Macht des alternden Monarchen weniger gern. Die unvorhergesehene Krise vom Mai 1968 ließ die Tiefe des Unbehagens offenbar werden. Die erstaunlich schnelle Wiederherstellung der Verhältnisse war de Gaulles letzter Erfolg; weniger als ein Jahr später war er gezwungen, sich zurückzuziehen. Nach ihm bemühten sich Georges Pompidou und Valéry Giscard d'Estaing mit einem jeweils eigenen Stil, aus seinem Erbe das Beste zu machen.

I. Die Wiederherstellung der Ordnung

Die Geburt der Fünften Republik

Für alle diejenigen, die von Algier bis Paris nach General de Gaulle gerufen und seine Macht akzeptiert hatten, war die Errichtung einer starken Regierung nur mehr das äußerste Mittel zur Lösung des algerischen Problems. Für de Gaulle indessen war die algerische Frage nur der Anlaß gewesen, der es ihm erlaubte, an die Macht zu kommen, um den Staat nach seinen Vorstellungen umzugestalten. Einmal an der Macht konnte er sich wirksam dem algerischen Problem, aber eben *auch* vielen anderen zuwenden.

Durch einen kurzen Besuch in Algier (4.–7. Juni) bekam er die Armee wieder in die Hand und vermochte die Gemüter durch ziemlich zweideutige Worte zu beruhigen, die jede Festlegung vermieden und keine Hoffnung enttäuschten. So erkaufte er sich die notwendige Zeit zur Ausarbeitung und Inkraftsetzung der neuen Verfassung.

Der Entwurf wurde in einem Expertenausschuß unter der Leitung Michel Debrés vorbereitet, ging dann an den Ministerrat, an einen beratenden Verfassungsausschuß und an den Staatsrat. Schließlich präsentierte

General de Gaulle im Rahmen einer symbolischen Feierstunde am 4. September auf dem Platz der Republik den Verfassungstext der gesamten Nation. Die Volksabstimmung fand am 28. September statt und überraschte alle Auguren, denn niemals seit 1936 hatte es so wenige Enthaltungen gegeben (nur 15 Prozent). Die Verfassung wurde mit der großen Mehrheit von 79,25 Prozent der Stimmen angenommen. In Wahrheit galt diese Zustimmung, darüber täuschte sich niemand, weniger einem Dokument als der Persönlichkeit des Generals.

Die Verfassung von 1958

Die Verfassung der Fünften Republik sucht zwei schwer vereinbare Prinzipien miteinander zu verbinden: 1. die Gewaltenteilung mit einer starken und unabhängigen Exekutive, 2. die politische Verantwortung der Regierung gegenüber dem Parlament. Daraus resultiert eine Exekutive mit zwei Spitzen:

1. Der Präsident der Republik, der für die Dauer von sieben Jahren durch ein Wahlmännerkollegium von 80000 Notabeln gewählt wird, ist Hüter der Verfassung, Garant der Kontinuität des Staates und der nationalen Unabhängigkeit; er bestimmt den Premierminister und auf dessen Vorschlag die anderen Mitglieder der Regierung. Außer den Funktionen, die auch in der vorausgehenden Verfassung dem Präsidenten zukamen, verfügt er über drei Vorrechte, die seine politische Vorherrschaft unterstreichen:

- das Recht zur Auflösung der Nationalversammlung;
- das Recht zur Anberaumung einer Volksabstimmung;
- das Recht auf die Übernahme der uneingeschränkten Regierungsgewalt im Falle eines Notstands (Art. 16).

2. Der Premierminister ist mit der Durchführung der Politik beauftragt, führt die notwendigen Ernennungen durch und ist vor dem Parlament verantwortlich.

Das Parlament besteht aus zwei Kammern, der Nationalversammlung, die aufgrund des allgemeinen Wahlrechts gewählt wird, und dem Senat, der wie in der Dritten Republik aus einer eingeschränkten Wahl hervorgeht. Die Gesetze müssen von beiden Kammern angenommen werden, im Falle eines Konflikts hat die Nationalversammlung das letzte Wort. Eine Reihe neuer Bestimmungen schränken die Macht des Parlaments empfindlich ein:

- Minister können nicht Mitglied des Parlaments sein;
- die Dauer der zwei Sitzungsperioden im Jahr ist streng begrenzt; die

Verfassung zählt alle Bereiche der Gesetzgebung einzeln auf; außerhalb dieser Bereiche kann die Regierung durch Dekrete oder mit Erlassen Recht setzen;
- die Regierung kann die Tagesordnung bestimmen;
- die Regierung kann nur durch ein mit absoluter Mehrheit angenommenes Mißtrauensvotum gestürzt werden.

Neben diesen Versammlungen gibt es einen aus neun Mitgliedern bestehenden Verfassungsrat (*Conseil constitutionnel*), der das Funktionieren der Institutionen überwachen soll, sowie einen Wirtschafts- und Sozialrat, der aber ein rein beratendes Organ ist.

Das Funktionieren des Regimes

Die Wahlen zur ersten Nationalversammlung nach der neuen Verfassung fanden Ende November 1958 statt; gewählt wurde nach dem von de Gaulle durchgesetzten System der Mehrheitswahl in zwei Wahlgängen. Stärkste Partei wurde die U.N.R., ›Union pour la nouvelle République‹, eine wenige Wochen vor der Wahl zur Unterstützung des Generals gegründete Partei. Sie erhielt mit 26 Prozent der Stimmen 198 Sitze; dagegen wurden die Kommunisten ein Opfer des Wahlsystems, sie erhielten trotz ihres Stimmenanteils von 21 Prozent nur 10 Sitze. Es war keine Überraschung mehr, daß de Gaulle am 21. Dezember 1958 mit 78,5 Prozent der abgegebenen Stimmen des Wahlmännerkollegiums zum Präsidenten der Republik gewählt wurde. Am 8. Januar 1959 übergab René Coty offiziell die Macht an die Gaulle, und am gleichen Tag ernannte der neue Präsident Michel Debré zum Premierminister.
Blieb noch die Wahl des Senats. Der Einfluß der lokalen Notabeln führte im Senat zu einem stärkeren Anteil von Politikern der Vierten Republik, die de Gaulle feindlich gesonnen waren. Das Palais du Luxembourg, der Sitz des Senats, wurde so zum Hort der empörten, aber ohnmächtigen Kritik gegenüber der Macht des Präsidenten.
In der Nationalversammlung gab es hingegen genügend Abgeordnete verschiedener Richtungen, die sich dem Block der »Unbedingten«, der U.N.R., anschlossen und die Regierung gegen die vereinte Opposition der kommunistischen und sozialistischen Linken und eine Opposition von rechts verteidigten, welche die Algerienpolitik des Staatschefs ablehnte.
Aufgrund der damaligen, vor allem durch die schwierige Regelung der Algerienfrage bedingten Umstände und wegen der Herrschernatur des Generals sollte dem Parlament faktisch eine noch geringere Rolle zufal-

len, als die Verfassung sie vorgesehen hatte. De Gaulle hat sich immer wieder über das Parlament hinweg unmittelbar an das Volk gewandt. Er nützte alle Gelegenheiten, die ihm gut erschienen, um die Herrschaft des Wortes auszuüben, in der sich seine Begabung für schlagende Formulierungen besonders bewähren konnte: Fernsehansprachen, groß aufgezogene Pressekonferenzen, Reisen in die Departements und ins Ausland. Angesichts der dramatischen Ereignisse ließ sich die Regierung Debré für ein Jahr besondere Vollmachten auf dem Gebiet der Sicherheit geben, und im April 1961 nahm de Gaulle die Notstandsbefugnisse des Artikels 16 der Verfassung für sich in Anspruch.

Die Unabhängigkeit Algeriens

Es war die einhellige Meinung der Algerien-Franzosen, die von der Armee und einem großen Teil der Frankreich-Franzosen geteilt wurde, daß 1958 eine Sezession nicht in Frage kam. Niemand, auch de Gaulle nicht, wußte genau, welches Ziel zu erreichen wäre und welchen Weg man einschlagen sollte. Die Lösung konnte sich also nur aus einem tastenden, langwierigen und schmerzhaften Prozeß ergeben. Dies waren die wichtigsten Etappen:

Juni 1958. Die Araber sind voll gültige Bürger und wählen zu den gleichen Bedingungen wie die Europäer.

23. Oktober: De Gaulle bietet den Aufständischen einen »Frieden der Tapferen« an, der jedoch von der provisorischen Regierung der algerischen Republik, der Nachfolgerin der Befreiungsbewegung, abgelehnt wird.

Anfang 1959: Die Armee kontrolliert zwar den größten Teil des algerischen Territoriums, kann jedoch Attentate in den Städten und Guerilla-Aktionen nicht verhindern.

16. September: De Gaulle verkündigt seine Absicht, der algerischen Bevölkerung das Selbstbestimmungsrecht zu geben; diese Maßnahme wird von der Mehrheit der Nationalversammlung gebilligt.

24. Januar 1960: Gruppen von Aktivisten wollen den Putsch vom 13. Mai 1958 wiederholen. Es kommt zu Demonstrationen, blutigem Aufruhr, Barrikaden und dem Versuch, die Armee für sich zu gewinnen. Ein kraftvoller Appell General de Gaulles an die Truppen wird von der Armee befolgt, die Aufständischen kapitulieren.

März 1960: De Gaulle besucht die in Algerien stationierten Einheiten. Er schlägt nun ein algerisches Algerien, das mit Frankreich verbunden ist, vor.

Juni 1960: Vertreter der provisorischen algerischen Regierung kommen zu Verhandlungen nach Melun. Diese bleiben ohne Ergebnis, weil die Algerier politische Konzessionen verlangen, bevor sie bereit sind, den Kampf einzustellen, während de Gaulle umgekehrt verlangt, daß man »sein Messer in der Garderobe abgibt, bevor man verhandelt«.

Juli/Oktober 1960: Die Algerienpolitik ist sowohl politisch wie militärisch in einer Sackgasse. In Frankreich entwickelt sich vor allem in Gewerkschafts- und Intellektuellenkreisen eine starke Meinung zugunsten der Algerier; es kommt zu einer Kampagne gegen die Grausamkeiten der Unterdrückung.

November 1960: De Gaulle spricht von der Eventualität einer algerischen Republik und kündigt an, daß die Franzosen sich in einer Volksabstimmung dazu äußern sollen.

8. Januar 1961: In der Volksabstimmung akzeptieren 75,2 Prozent der Abstimmenden das Prinzip der Selbstbestimmung.

22. April 1961: Es kommt zum Putsch von Algier unter der Leitung von vier pensionierten Generalen, von denen zwei, Salan und Challe, Befehlshaber der französischen Truppen in Algerien waren, in Verbindung mit einigen Bataillonen von Fallschirmjägern. Sie ergreifen die Macht und stecken die Vertreter der Regierung ins Gefängnis. Aber das Gros der Truppen verhält sich abwartend.

23. April: In einer kurzen Ansprache straft de Gaulle »die vier Generale und die ehrgeizigen und fanatischen Offiziere mit beschränktem Menschenverstand« mit seiner Verachtung.

25. April 1961: Challe und seine Mitstreiter geben auf.

Mai/Juli 1961: Verhandlungen mit der provisorischen algerischen Regierung in Evian, dann in Lugrin in der Schweiz. Sie haken sich am Sahara-Problem fest, weil Frankreich sich weigert, die wertvollen französischen Erdölinvestitionen preiszugeben.

5. September 1961: Im Rahmen einer Pressekonferenz gibt de Gaulle beiläufig zu verstehen, daß er die Souveränität Algeriens über die Sahara anerkenne.

9. September: De Gaulle entgeht knapp einem Attentat in Pont-sur-Seine; es ist das Werk der O.A.S., einer aus fanatischen Algerien-Franzosen bestehenden geheimen Partisanenorganisation, die seit Beginn des Jahres sowohl in Frankreich wie in Algerien zahlreiche Attentate gegen Personen verübt hat, die man für die Preisgabe Algeriens verantwortlich macht.

20. März 1962: Veröffentlichung der Abmachungen von Evian und Abschluß der seit Februar geführten Geheimverhandlungen. Errichtung einer provisorischen Exekutivgewalt, Feuereinstellung, Garantien für

die Algerien-Franzosen und die verschiedenen Interessen Frankreichs.

8. April 1962: Referendum in Frankreich. Die Abmachungen von Evian werden von 90 Prozent der Abstimmenden bzw. 64,8 Prozent der Wahlberechtigten gutgeheißen.

Mai/Juni 1962: Die O.A.S. verübt weitere Attentate und Zerstörungen. Es kommt zu einem massiven Auszug von 700000 Franzosen aus Algerien. Die Gefühlskälte, die de Gaulle angesichts dieses Dramas zur Schau stellt, trägt ihm den dauerhaften Haß der Opfer ein.

1. Juli 1962: Volksabstimmung in Algerien zur Legitimierung der errungenen Unabhängigkeit.

Die letzten französischen Truppen verlassen Nordafrika erst im Juni 1964

Das Ende der Entkolonisierung

Die Verfassung von 1958 sah zwischen Frankreich und seinen nun völlig autonom gewordenen ehemaligen Kolonien eine Gemeinschaft (*communauté*) vor. Ein Exekutivrat und ein Senat sollten die Klammer bilden, Präsident sollte der jeweilige Präsident der französischen Republik sein. Wer nach totaler Unabhängigkeit strebte, sollte dieser Gemeinschaft nicht mehr angehören. De Gaulle selbst warb Ende August 1958 für diese Assoziationsformel in Madagaskar und in verschiedenen Ländern Französisch-Schwarzafrikas. Überall wurde sie positiv aufgenommen mit Ausnahme Guineas, dessen nationalistischer Führer Séku Touré sich offen dagegen aussprach. Zur Strafe entzog man ihm jede administrative und wirtschaftliche Unterstützung.

Überall jedoch gerieten die schwarzen Führer, die enge Bindungen mit Frankreich bewahren wollten, unter den Druck junger nationalistischer Elemente, die sich am Beispiel Vietnams und Algeriens orientierten. De Gaulle begriff nun – und es gelang ihm, auch die Franzosen davon zu überzeugen –, daß es notwendig wäre, diese Gefühle zu befriedigen, um die französischen Interessen zu wahren. Im Mai 1960 änderte das Parlament die Verfassung von 1958 und eröffnete den Mitgliedern der Communauté den Zugang zur »internationalen Souveränität«. Die Verbindungen, die man erhalten wollte, nahmen nun die Form zweiseitiger Kooperationsabkommen an. Dies geschah ohne Störungen im Lauf der Jahre 1960 und 1961.

II. Die Glanzzeit de Gaulles

Die Verfassungsreform

Die Regelung des Algerienproblems, die erfolgreiche Durchführung der Entkolonisierung, die wirtschaftliche Genesung des Landes, die Formulierung einer stolzeren und unabhängigeren Außenpolitik – all dies trug dazu bei, daß General de Gaulle sich eine außerordentliche moralische Autorität erwarb.
Gleich nach dem triumphalen Referendum vom 8. April hatte er seinen Willen kundgetan, die Exekutivgewalt noch umfassender auszuüben, indem er Premierminister Michel Debré durch einen Nichtparlamentarier namens Georges Pompidou, seinen früheren Kabinettchef, ersetzte. Am 22. August entging er wie durch ein Wunder einem neuerlichen Attentat der O.A.S. Dieses Ereignis bestärkte ihn, eine Reform vordringlich in Angriff zu nehmen, mit der er sein Verfassungswerk abrunden wollte: die Wahl des Präsidenten der Republik durch das Volk.
Am 12. September beschließt die Regierung, daß diese Reform Gegenstand eines Referendums sein soll. Viele Politiker sind empört, sie finden die Unterstützung der Juristen des Verfassungsrates und des Conseil d'Etat. Der Staatschef, so sagt man, verletze die Verfassung, die für den Fall einer Verfassungsänderung allein das Parlament vorgesehen habe. Der Präsident des Senats, Monnerville, spricht sogar von Betrug. In der Nationalversammlung bringt Paul Reynaud, der letzte Regierungschef der Dritten Republik, einen Tadelsantrag ein, der zur Auflösung der Versammlung führt. Die Wahlen zur Nationalversammlung sollen wenige Wochen nach dem Referendum stattfinden.
Das Referendum findet am 28. Oktober 1962 statt. De Gaulles Vorschlag erhält zwar 62 Prozent der Stimmen, doch es handelt sich nur um 46 Prozent der Wahlberechtigten; dies ermutigt die Opposition zu besonderen Anstrengungen im Wahlkampf. Umsonst: Nach den beiden Wahlgängen vom 18. und 25. November verfügt die U.N.R. über 233 Abgeordnete gegenüber 198 in der voraufgegangenen Legislaturperiode; dazu kommt die Unterstützung der unabhängigen Republikaner, die sich zum Gaullismus bekennen. Die Regierung Pompidou verfügt also über eine hinreichende Mehrheit, die es ihr erlaubt, ohne Schwierigkeiten bis zur Präsidentschaftswahl vom Dezember 1965 zu regieren.

Die Präsidentschaftswahl 1965

Die geschlagenen Parteien richteten nun ihre Hoffnung auf die für Dezember 1965 vorgesehene Wahl des Präsidenten der Republik. Sie bereiteten sich auf diese Wahl durch Umgruppierungen und eine gut aufgezogene Wahlkampagne vor. Am Abend des ersten Wahlgangs vom 5. Dezember war de Gaulle verärgert darüber, daß er nur 43,7 Prozent der Stimmen erhalten hatte, die anderen waren auf fünf Kandidaten entfallen. Der bestplazierte unter diesen Rivalen, François Mitterrand, ein Kandidat der Linken, hatte 32,2 Prozent der Stimmen erhalten. Nach der Verfassung konnte nur er neben de Gaulle beim zweiten Wahlgang aufgestellt werden. Doch er konnte die Stimmen der Rechten und der Mitte, die sich zuerst für andere Kandidaten ausgesprochen hatten, nicht für sich gewinnen. Am 19. Dezember wurde de Gaulle mit 54,6 Prozent der Stimmen klarer Sieger über Mitterrand, der 45,4 Prozent erhalten hatte. De Gaulle konnte nun von neuem eine siebenjährige Amtszeit beginnen.

Die Außenpolitik

Die Außenpolitik gehörte zu den dem Präsidenten vorbehaltenen Bereichen der Politik. Hier versuchte er im geheimen zu wirken, ohne sich viel um die Meinung des Parlaments zu kümmern.
Die Politik de Gaulles, so scheint es, hatte folgende Zielsetzungen: Wiederherstellung des Prestiges Frankreichs, das durch die Niederlage im Krieg und durch die Schwächen der Vierten Republik schwer angeschlagen war, Wahrnehmung einer politischen Rolle, die seiner glorreichen Vergangenheit würdig war, Sicherung seiner Unabhängigkeit angesichts zweier Supermächte, die die Vorherrschaft über die Welt unter sich aufgeteilt haben. Da die zur Verfügung stehenden Mittel den Ambitionen nicht immer angemessen waren, mußte diese Politik oft zu theatralischen Effekten Zuflucht nehmen; sie arbeitete mit der Hoffnung, daß der Anschein, würde er nur genügend stark bekräftigt, sich schließlich in Realität verwandle.
Da Frankreich im Einflußbereich der Vereinigten Staaten lag, mußte sich seine Politik der Unabhängigkeit vor allem gegenüber der amerikanischen Weltmacht behaupten. Schon im März 1959 entzieht de Gaulle die französische Mittelmeerflotte dem Kommando der Nato, dann veranlaßt er die amerikanischen strategischen Bomberkommandos zur Aufgabe ihrer Basen in Frankreich (Juni 1959); schließlich, im März 1966, ver-

kündet de Gaulle den Rückzug aller französischen Truppen aus der Nato, was die Übersiedlung des Hauptquartiers von Paris nach Belgien zur Folge hat. Trotz Behinderungen durch die Amerikaner und gegen eine starke Opposition in Frankreich selbst verfolgt de Gaulle die Absicht, Frankreich mit einer unabhängigen Atommacht, der »force de frappe«, auszustatten. Die erste französische Atombombe explodiert am 13. Februar 1960 in der Sahara; in Marcoule im Rhônetal wird ein riesiger und kostspieliger Komplex zur Anreicherung von Uran geschaffen. De Gaulle weigert sich 1962, an der Genfer Abrüstungskonferenz teilzunehmen und den amerikanisch-sowjetischen Vertrag über die Beendigung oberirdischer Atomversuche zu unterzeichnen.
Auch die Europapolitik des Generals hat antiamerikanische Züge. Er will ein europäisches Europa, kein atlantisches. Deshalb hat er sich mittels persönlicher Kontakte zu Bundeskanzler Adenauer zunächst um eine engere Bindung an Deutschland bemüht. Aus diesem Grund auch trieb er die Errichtung des Gemeinsamen Marktes voran und nötigte die Partner Frankreichs, ihre Meinungsverschiedenheiten in Fragen der Agrarpolitik zu überwinden. Aus diesem Grund verhinderte er auch Englands Eintritt in den Gemeinsamen Markt, das, wie de Gaulle meinte, nur die Rolle eines trojanischen Pferdes für die Vereinigten Staaten spielen würde.
Die gleiche Tendenz findet man auch in den Beziehungen mit der übrigen Welt. De Gaulle hat die Vereinigten Staaten in den schweren Krisen der Berliner Blockade und der amerikanisch-sowjetischen Konfrontation in Kuba entschieden unterstützt, sich jedoch durch eine Reihe von Schritten etwas aus der westlichen Allianz gelöst: Er versuchte den Sowjets entgegenzukommen; er etablierte schon im Januar 1964 Beziehungen mit dem kommunistischen China und kritisierte offen das militärische Engagement der Vereinigten Staaten in Vietnam; er verurteilte 1967 den israelischen Sechs-Tage-Krieg und ermutigte den Separatismus der französischen Kanadier.
De Gaulles unbeugsamer Nationalismus hat ihm zwar innenpolitisch genützt, weil er den chauvinistischen Gefühlen der Franzosen aller Parteien, darunter auch der Kommunisten, schmeichelte, aber ihm auch einige seiner früheren Anhänger entfremdet, vor allem bei dem M.R.P. und den Sozialisten, die ihm seine Ablehnung der Idee eines politisch geeinten Europa und seine sarkastischen Bemerkungen zu diesem Thema nicht verzeihen konnten.

Der wirtschaftliche Fortschritt

Schon Ende Dezember 1958 hatte de Gaulle ein ganzes Bündel wirkungsvoller Maßnahmen zur wirtschaftlichen Gesundung, die von Finanzminister Antoine Pinay vorbereitet worden waren, in Kraft gesetzt; eine Verringerung des Defizits im Staatshaushalt durch Abschaffung von Subventionen an die verstaatlichten Industrien und eine Erhöhung der direkten Steuern; eine neue Abwertung des Franc, die Schaffung des »franc lourd«, der soviel wert ist wie 100 alte Francs; Abschaffung der Devisenkontrollen und Liberalisierung des Außenhandels.
Diese Maßnahmen, die durch die Rückkehr der politischen Stabilität und die Verwirklichung des Gemeinsamen Marktes unterstützt wurden, hatten zunächst spektakuläre Ergebnisse: Zwischen 1959 und 1963 lag die Wachstumsrate der französischen Wirtschaft (6,3 Prozent) höher als die aller anderen Länder Europas und der Vereinigten Staaten und Kanadas. Die Staatsverschuldung, die sich 1958 auf 1700 Millionen Dollar beziffert hatte, war Ende 1962 getilgt. Allerdings war dieses Wachstum von einer gefährlichen Inflation begleitet; man traf deshalb 1963 einige Stabilisierungsmaßnahmen, die jedoch den Aufschwung bremsten und von neuem zu einer unausgeglichenen Handelsbilanz führten.
Der schnelle Strukturwandel in der Wirtschaft führte auch zu sozialen Problemen. Die Bauern, die den schnellen Rhythmus der Modernisierung nicht mitmachen konnten, suchten mehr als einmal Zuflucht zu heftigen Demonstrationen. Die Industriearbeiter waren zwar durch die am Lebenshaltungskostenindex ausgerichtete Garantie eines Mindestlohns besser abgesichert, aber sie gewannen immer mehr den Eindruck, daß die Schere zwischen den niedrigen Löhnen und den höheren Einkommen sich beständig vergrößerte. Nach 1963 kam es dann auch wieder zu Arbeitslosigkeit. Diese soziale Malaise war auch eine der Ursachen der Explosion vom Frühjahr 1968.

III. Der Niedergang

Die Krise von 1968

Bei den Parlamentswahlen vom März 1967 gab es einen Rückschlag für die gaullistische Mehrheit, die circa 40 Mandate verlor, und einen Zuwachs für die verschiedenen Gruppen der linken Opposition, die zusammen 48,9 Prozent der Stimmen erhielten. Premierminister Pompidou setzte sich über die Angriffe der Opposition hinweg, indem er sich schon gleich zu Beginn der Parlamentsperiode das Recht zuerkennen ließ, gesetzgeberische Maßnehmen in den Bereichen Wirtschaft und Gesellschaft auf dem Verordnungswege zu beschließen.

In den folgenden Monaten konnte man an vielerlei Anzeichen ein allgemeines Unbehagen feststellen, das sehr verschiedenartig und vage in seinen Motiven war. Nichts ließ jedoch jene Krise vorausahnen, die das Regime beinahe zu Fall gebracht hätte. Zum Auslöser wurden Unruhen, die Ende März 1968 von der Universität Nanterre ausgegangen waren. Sie nahmen am 3. Mai in Paris in der Gegend der Sorbonne gewaltsame Formen an und wurden durch die Brutalität der Repression seitens der Polizei noch verstärkt. Eine dramatische Berichterstattung über Funk und Fernsehen heizte die Situation noch weiter an. In den folgenden Tagen erfaßte die Unruhe einen großen Teil der Studenten, auch einen Teil der Professoren. Die Gewerkschaften und die Linksparteien waren zunächst durch die ungeheure Bewegung romantischen und anarchistischen Charakters verwirrt, in der die trunkene Parole wichtiger zu sein schien als die Tat. Vom 13. Mai an greift die Unruhe jedoch auch auf die Arbeiter über. Es kommt zu wilden Streiks, die oft von der Basis der Gewerkschaften ausgehen und rasch das gesamte Land lähmen. General de Gaulle bricht seinen Staatsbesuch in Rumänien ab und hält am 24. Mai eine Fernsehansprache, die jedoch ohne Wirkung bleibt. Georges Pompidou ruft die führenden Vertreter der Arbeitgeber und der Gewerkschaften zusammen. Am 27. Mai werden die Abmachungen von »Grenelle« unterzeichnet, die den Arbeitern erhebliche Vorteile bringen.

Sie werden jedoch von den Arbeiterversammlungen in den Betrieben abgelehnt. Der Generalstreik geht weiter. Die C.G.T. und die kommunistische Partei fassen die Bildung einer Linksregierung mit Mitterrand und Mendès France an der Spitze ins Auge. In den Regierungskreisen erreicht die Verwirrung ihren Höhepunkt, als man erfährt, daß de Gaulle den Elysée-Palast am 29. Mai verlassen hat, um sich nach Colombey zu begeben. Ist das Machtvakuum nun da? In Wahrheit hat er sich der Unterstützung der führenden Offiziere der in Deutschland stationierten französischen Truppen versichert. Am 30. Mai kehrt er nach Paris zurück und hält um 16.30 Uhr eine kurze, nur drei Minuten dauernde Ansprache, in der er seine Entscheidungen mitteilt:

Er bleibt auf seinem Posten; er hält an seiner Regierung fest; er löst die Nationalversammlung auf und appelliert an seine Anhänger, ihn zu unterstützen. Dieser Ruf wird gehört: Mehr als 500000 Personen sammeln sich zu einem Marsch auf den Champs-Elysées und akklamieren dem Staatschef. Es kommt zu einer völligen Umkehrung der Verhältnisse. Die Linksparteien, welche die persönliche Macht des Präsidenten unter

Berufung auf die Demokratie kritisiert hatten, können die Entscheidung durch den Wähler nicht zurückweisen. Die Gewerkschaftsorganisationen, die mit der äußersten Linken in der Studentenbewegung nichts zu tun haben wollen, lassen die Arbeit wieder aufnehmen. Die protestierenden Studenten werden in wachsendem Maße kritisiert und schließlich zerstreut. Das außergewöhnlichste Ergebnis dieser verrückten Tage ist vielleicht die Tatsache, daß es bei den Auseinandersetzungen zwar Tausende von Verletzten, aber nur zwei Tote gab.

Das Ende der Herrschaft de Gaulles

In den Wahlen vom 23. und 30. Juni 1968 offenbarte sich der Abscheu eines großen Teils der Franzosen gegenüber dem Schauspiel der Anarchie, welches die Linksparteien zu begünstigen schienen. Die U.N.R., die nun zur U.D.R. (Union pour la défense de la République) geworden war, erhielt 294 Sitze und verfügte so im neuen Parlament über die absolute Mehrheit, während der Prozentsatz der Stimmen der Linken auf 41 Prozent zurückging und die Zahl der kommunistischen Abgeordneten von 73 auf 34 fiel.
De Gaulle bekundete seinen Willen zur Veränderung, indem er Georges Pompidou durch Couve de Murville ersetzen ließ, einen Mann, der ihm seit 1958 als Außenminister treu gedient hatte. Edgar Faure hatte als Erziehungsminister die Aufgabe, das gesamte höhere Bildungswesen zu reformieren. Dem General war es vor allem wichtig, den Wünschen entgegenzukommen, die sich in der Explosion des Mai offenbart hatten: mehr Partizipation der lokalen und beruflichen Interessen an den Entscheidungen des Staates.
Diesem Projekt der Dezentralisierung wollte de Gaulle den Charakter einer Verfassungsreform geben. Er wollte die Franzosen von neuem dazu bringen, sich in einem Plebiszit für ihn auszusprechen, und die Zustimmung sollte noch deutlicher ausfallen, als es bei den Wahlen vom Juni der Fall gewesen war. Am 10. April teilte er mit, daß er sich aus der Politik zurückziehen würde, wenn die Mehrheit ihn nicht unterstütze. Dies war ein riskanter Schritt, denn die öffentliche Meinung begünstigte zwar eine Regionalreform, aber sie verstand nicht, warum diese Reform auch die Verwandlung des Senats in der von de Gaulle gewünschten Form nach sich ziehen müßte, wobei er sich offensichtlich von seinem Groll gegen diese Versammlung leiten ließ. Andererseits hatte die übliche Erpresserformel »Ich oder das Chaos« ihre Glaubwürdigkeit verloren, seit Georges Pompidou zu verstehen gegeben hatte, daß er durchaus bereit

wäre, notfalls die Nachfolge zu übernehmen. Beim Referendum vom 27. April 1969 zählte man 53,2 Prozent Nein-Stimmen. Am Morgen des 28. April teilte Charles de Gaulle mittels eines hochmütigen Kommuniqués von nur siebzehn Worten der Nation mit, daß er die Macht nicht länger ausübe. Er lebte von da an zurückgezogen in Colombey, erschien nicht mehr in der Öffentlichkeit, gab keine politischen Erklärungen mehr ab und mied mit Ausnahme seiner Verwandten fast jeden menschlichen Kontakt; er beschäftigte sich mit der Herausgabe seiner Reden und der Abfassung seiner Memoiren. Sein plötzlicher Tod am 9. November 1970 war für die ganze Nation, ja selbst für die Welt, ein Anlaß zu tiefer Trauer.

IV. Nach de Gaulle

Die Präsidentschaft Pompidous

Georges Pompidou war bei der Präsidentschaftswahl der einzige Kandidat der gaullistischen U.D.R. und der Rechten; ihm standen vier Kandidaten der uneinigen Linken und ein Kandidat der Mitte gegenüber; bei letzterem handelte es sich um Alain Poher, den Senatspräsidenten, der in seiner Rolle als interimistischer Staatschef bekannt geworden war und sich Sympathien erworben hatte. Die Zersplitterung der Stimmen der Linken machten Poher zum Gegenkandidaten Pompidous bei der zweiten Wahl. Die angewiderten Wähler der Linken enthielten sich jedoch in großer Zahl (35,5 Prozent der Wahlberechtigten) ihrer Stimme, so daß Pompidou mit der Mehrheit von 57,5 Prozent der Stimmen zum Präsidenten gewählt wurde.
Dieser solide und geschickte Politiker stammte aus der Auvergne und wußte durch seine Statur und sein Lächeln zu beruhigen. In allen Bereichen hat er in subtiler Weise Entschlossenheit mit Flexibilität zu verbinden vermocht; er blieb im Grunde dem Gaullismus treu, öffnete sich jedoch auch anderen politischen Richtungen. Der von ihm ausgewählte Premierminister gab den Beziehungen zwischen der Regierung und dem Parlament einen neuen Akzent. Von nun an wurde das Parlament stärker in die großen Entscheidungen eingeschaltet. Die von ihm anvisierte neue Gesellschaft sollte auf Zusammenwirken und Verantwortlichkeit beruhen. In diesem Geist ließ Premierminister Chaban-Delmas einige nützliche soziale Reformen verabschieden.
Pompidou verließ zwar nicht die großen Linien der gaullistischen Außenpolitik, nämlich die Unabhängigkeit gegenüber den Supermächten

und die Zusammenarbeit mit den afrikanischen Staaten, verlieh ihr jedoch einen weniger provozierenden oder freundlicheren Charakter. Seine wichtigste Neuerung war die Aufgabe des Widerstands Frankreichs gegen die Zulassung Großbritanniens zum Gemeinsamen Markt, eine Entscheidung übrigens, die von der Bevölkerung nicht besonders unterstützt wurde, denn beim Referendum, das dieses Thema am 23. April 1972 zum Gegenstand hatte, stimmten nur 36,1 Prozent aller Wahlberechtigten mit Ja gegenüber 17,2 Prozent Nein-Stimmen, während die übrigen sich enthielten (39,5 Prozent) oder weiße Stimmzettel abgaben (7,1 Prozent).
Dieser halbe Mißerfolg führte zu einem Anwachsen der Kritik der Opposition gegenüber der Regierung Chaban-Delmas. Links wie rechts von der regierenden Mehrheit vermehrten sich die Anzeichen des Unbehagens über den »U.D.R.-Staat«, dem man vorwarf, er stelle die Macht in den Dienst des Kapitals. Präsident Pompidou entschloß sich deshalb, die Dinge selbst in die Hand zu nehmen; er ersetzte Chaban-Delmas durch Pierre Messmer, einen ebenso treuen wie diskreten Gaullisten von großer moralischer Integrität. Zusammen mit ihm gewann er die Parlamentswahlen vom März 1973: Die Parteien der Mehrheit errangen einen knappen Vorsprung vor der Koalition der Linken (46,9 Prozent gegenüber 45,5 Prozent). Dank dem Mehrheitswahlsystem verfügten sie in der Versammlung jedoch über 278 von 490 Sitzen. Die U.D.R. konnte also weiter regieren.

Das Ende Pompidous

Entgegen den Erwartungen führten die Parlamentswahlen zu keinem Wechsel, weder in der personellen Zusammensetzung der Regierung noch in der Ausrichtung der Politik. Die einzige bedeutsame Initiative des Präsidenten, eine Verfassungsreform, welche die Amtsdauer des Präsidenten von sieben auf fünf Jahre verkürzen sollte, fand in den beiden Versammlungen nicht die erforderliche Drei-Fünftel-Mehrheit. Pompidou mußte davon Abstand nehmen.
Zu Beginn des Jahres 1974 sah sich die Regierung ziemlich hilflos den Auswirkungen der Weltwirtschaftskrise gegenüber: Es kam zu einem Nachlassen der Produktion, zu Preissteigerungen und zu vermehrter Arbeitslosigkeit. Die öffentliche Meinung wurde beunruhigt durch Gerüchte über den Gesundheitszustand des Präsidenten. Pompidou starb am 2. April 1974, bevor es ihm möglich war, die Nachfolgefrage zu regeln.

Valéry Giscard d'Estaing

Das entstandene Vakuum ließ den Ambitionen verschiedener Politiker auf die Präsidentschaft freien Lauf: Bei den Wahlen vom Mai 1974 gab es nicht weniger als 12 Kandidaten. Diesmal schien die Linke dank der Persönlichkeit des Sozialistenführers François Mitterrand besser geeinigt, der mit den Kommunisten und einem Teil der Radikalen unter dem Banner eines »gemeinsamen Regierungsprogramms«, das mit großem Getöse verkündet worden war, ein Bündnis geschlossen hatte. Die U.D.R. auf der Rechten war gespalten: Eine Mehrheit unterstützte Chaban-Delmas, während eine Minderheit unter Führung Jacques Chiracs sich für den Kandidaten der unabhängigen Republikaner, Valéry Giscard d'Estaing, aussprach, der einen »Wandel im Rahmen der Kontinuität« versprochen hatte. Giscard erhielt auch die Unterstützung der Reformisten der Mitte, die zur vorherigen Regierung in Opposition standen.
Beim ersten Wahlgang lag François Mitterrand mit 43,4 Prozent der Stimmen klar vorn, während Giscard d'Estaing nur 33 Prozent für sich verbuchen konnte, aber dieser bekam im zweiten Wahlgang die Stimmen der Rechten, die zuerst an andere Kandidaten gegangen waren. Das Duell zwischen diesen beiden hochbegabten Politikern hat die Franzosen fasziniert. Der Anteil der Nichtwähler war geringer als bei jeder vorherigen Wahl. Schließlich machte Giscard d'Estaing mit einem Plus von 350000 Stimmen das Rennen; er erhielt insgesamt 50,7 Prozent.
Nach dieser Wahl, in der sich die Zweiteilung der politischen Bühne Frankreichs und zugleich das Ende der gaullistischen Vorherrschaft offenbarte, bekundete der neue Präsident in den verschiedensten Formen seinen Wunsch, den Staat zu modernisieren, das politische Leben zu entkrampfen und die Gesellschaft von ihren Fesseln zu befreien. Aber seine gute Absicht stieß auf fast unüberwindbar erscheinende Widerstände: die systematische Feindseligkeit einer Opposition, die jeden Dialog verweigert, die ökonomische Krise, die kostspielige soziale Reformen verhindert und die Unzufriedenheit unter den von Arbeitslosigkeit und von der Inflation betroffenen arbeitenden Massen erhöht. Hinzu kamen der Skeptizismus und die Trägheit, welche die natürlichen Stützen der Macht zu unterminieren drohen.
Im Frühjahr 1978 waren von neuem Parlamentswahlen fällig. Frankreich und die interessierte Öffentlichkeit der Welt fieberten dem Ergebnis dieser Wahlen mit großer Spannung entgegen, denn vorausgegangene Wahlen auf der Ebene der Gemeinden und der Kantone ließen einen Wahlsieg der Vereinigten Linken als eine reale Möglichkeit erscheinen. Doch Monate vor der Wahl brachen die Kommunisten einen mör-

derischen Streit mit den im Volk immer populärer werdenden Sozialisten unter François Mitterrand vom Zaun, in dem es um eine Neuinterpretation des 1974 beschlossenen Gemeinsamen Programms ging. Obwohl die meisten Meinungsforschungsinstitute eine Parlamentsmehrheit für die Vereinigte Linke für wahrscheinlich gehalten hatten, war schon am Abend des ersten Wahlgangs offenkundig, daß der von vielen erwartete, von manchen erhoffte, von anderen befürchtete Machtwechsel nicht zustande kommen würde. Am Ende ergab sich eine klare parlamentarische Mehrheit für die alten regierenden Parteien, wenn auch mit veränderten internen Kräfteverhältnissen. Staatspräsident Giscard d'Estaing wurde als der eigentliche Sieger dieser Wahl gefeiert. Der viel diskutierte Verfassungskonflikt zwischen dem Präsidenten und einer gegen den Präsidenten gerichteten parlamentarischen Mehrheit, für den die Verfassung selbst keine Lösung vorgesehen hatte, fand nicht statt. Während das schwierige Bündnis der Linken an der Niederlage zerbrach, führte der Präsident seine Politik im alten Stil und im alten Geiste weiter. Er hat bis zu den nächsten Präsidentschaftswahlen im Jahre 1981 Veränderungen der innenpolitischen Kräfteverhältnisse, die seine Autorität bedrohen könnten, kaum zu befürchten. Die Verfassung der Fünften Republik ist noch intakt, auch wenn sie unter dem gegenwärtigen Staatspräsidenten von einem nüchterneren und weniger nationalistischen Geist beseelt wird als zu Zeiten de Gaulles.

Register

Wolfgang Mommsen (Hrsg.)
Imperialismus
Seine geistigen, politischen und wirtschaftlichen Grundlagen.
Ein Quellen- und Arbeitsbuch.
Reihe »Kritische Wissenschaft«, 280 Seiten, Pb 28,– DM.
(Preisänderungen vorbehalten)

Der vorliegende Band bringt eine umfassende Dokumentation der Epoche des Hochimperialismus von der Mitte des 19. Jahrhunderts bis zum Ende des I. Weltkriegs. Einleitend wird ein Überblick über die herrschenden Forschungsrichtungen zum Problem des Imperialismus gegeben. Umfassende statistische Daten hinsichtlich der geographischen Entwicklung der europäischen Kolonialreiche wie der Kapitalströme in unentwickelten Regionen der Welt vermitteln eine sichere Grundlage für ein Verständnis der imperialistischen Prozesse sowohl unter sozioökonomischen wie unter politischen Gesichtspunkten..

Klaus Hänsch (Hrsg.)
Frankreich. Eine Länderkunde
In der Reihe »Hallo Nachbarn«, 188 Seiten, Pb 12,80 DM.
(Preisänderungen vorbehalten)

In Zusammenarbeit mit dem Deutsch-französischen Jugendwerk geben namhafte Kenner Frankreichs einen höchst unterhaltsamen und doch tiefschürfenden Überblick über Werden und Sein unseres Nachbarlandes. Geschichte und Gesellschaft, Politik und Wirtschaft, Kultur und Lebensweise werden so geschildert, daß sich Leser aller Altersstufen und Schichten davon angesprochen fühlen können.

Aus dem Inhalt:
Klaus Hänsch (Ministerium für Wissenschaft und Forschung, Düsseldorf): Frankreich und Deutschland/Josef Müller-Marein (Publizist): Freunde und Nachbarn/Karl Jetter (FAZ-Korrespondent, Paris): Partner und Konkurrenten/Udo Kempf (Prof. für Politische Wissenschaft, Freiburg): Politiker und Parteien/Rüdiger Stephan (Deutscher Akademischer Austauschdienst, Paris): Schule und Hochschule/Alfred Grosser (Prof. an der Sorbonne): Nachwort – Frankreich kennenlernen

Hoffmann und Campe Verlag

HoCa-Wissenschaft

Historische Perspektiven

Band 1
Michael H. Kater
Studentenschaft und Rechtsradikalismus in Deutschland, 1918–1933
Eine sozialgeschichtliche Studie zur Bildungskrise in der Weimarer Republik
361 Seiten, DM 58,–

Band 2
Klaus-Jörg Ruhl
Spanien im Zweiten Weltkrieg
Franco, die Falange und das „Dritte Reich"
414 Seiten, DM 58,–

Band 3
Wolfgang Schieder (Hrsg.)
Faschismus als soziale Bewegung
Deutschland und Italien im Vergleich
216 Seiten, DM 24,80

Band 4
Folkert Meyer
Schule der Untertanen
Lehrer und Politik in Preußen 1848–1900
294 Seiten, DM 65,–

Band 5
Gerald D. Feldman, unter Mitarbeit von Heidrun Homburg
Industrie und Inflation
Studien und Dokumente zur Politik der deutschen Unternehmer 1916–1923
422 Seiten, DM 58,–

Band 6
Hans-Jürgen Puhle (Hrsg.)
Lateinamerika
Historische Realität und Dependencia-Theorien
240 Seiten, DM 32,–

Band 7
Volker Losemann
Nationalsozialismus und Antike
Studien zur Entwicklung des Faches Alte Geschichte 1933–1945
284 Seiten, DM 48,–

Band 8
Rainer Hoffmann
Maos Rebellen
Sozialgeschichte der chinesischen Kulturrevolution
227 Seiten, DM 32,–

Band 9
Dörte Winkler
Frauenarbeit im „Dritten Reich"
253 Seiten, DM 36,–

Band 10
Walter L. Bernecker
Anarchismus und Bürgerkrieg
Zur Geschichte der Sozialen Revolution in Spanien 1936–1939
376 Seiten, DM 68,–

Band 11
Otto Dann (Hrsg.)
Nationalismus und sozialer Wandel
240 Seiten, DM 34,–

Band 12
Falk Pingel
Häftlinge unter SS-Herrschaft
Widerstand, Selbstbehauptung und Vernichtung im Konzentrationslager
338 Seiten, DM 58,–

Band 13
Heinz-Dietrich Löwe
Antisemitismus und reaktionäre Utopie
Russischer Konservatismus im Kampf gegen den Wandel von Staat und Gesellschaft 1890–1917
303 Seiten, DM 58,–

Band 14
Friedrich Grundmann
Agrarpolitik im Dritten Reich
Anspruch u. Wirklichkeit des Reichserbhofgesetzes
240 Seiten, DM 54,–

Band 15
Heinrich-W. Krumwiede
Politik und katholische Kirche im gesellschaftlichen Modernisierungsprozeß
Tradition und Entwicklung in Kolumbien
ca. 380 Seiten, ca. DM 58,–

Preisänderungen vorbehalten

Hoffmann und Campe